2015年青海大学教材建设项目资助

计量经济学
ECONOMETRICS

刘晓平 ◎ 编著

·北京·

图书在版编目（CIP）数据

计量经济学 / 刘晓平编著.
—北京：中国经济出版社，2018.4（2021.5 重印）
ISBN 978-7-5136-4959-9

Ⅰ.①计… Ⅱ.①刘… Ⅲ.①计量经济学

Ⅳ.① F224.0

中国版本图书馆 CIP 数据核字（2017）第 273495 号

责任编辑　　葛　晶
责任印制　　马小宾
封面设计　　任燕飞装帧设计工作室

出版发行	中国经济出版社
印 刷 者	北京九州迅驰传媒文化有限公司
经 销 者	各地新华书店
开　　本	787mm×1092mm　1/16
印　　张	20
字　　数	500 千字
版　　次	2018 年 4 月第 1 版
印　　次	2021 年 5 月第 3 次
定　　价	65.00 元
广告经营许可证	京西工商广字第 8179 号

中国经济出版社　网址　www.economyph.com　社址　北京市东城区安定门外大街 58 号　邮编 100011
本版图书如存在印装质量问题，请与本社销售中心联系调换（联系电话：010-57512564）

版权所有　盗版必究（举报电话：010-57512600）
国家版权局反盗版举报中心（举报电话：12390）　　服务热线：010-57512564

前言

计量经济学作为经济学、统计学与数学的交叉学科，在现代经济学的发展过程中地位逐渐加强，成为培养经济学人才所必需的知识基础、方法论基础和能力基础的最重要课程。经济学越来越注重实证分析，计量经济学提供了强大的数量分析工具，可以承担经济政策实验室的任务。在我国，建立计量经济学模型已经成为经济理论研究和实际经济分析的一种主流的实证研究方法。计量经济学是一门现代数量分析方法论课程，是经济管理类专业必须掌握的现代分析工具，具有很强的应用性，学完该课程后，要求学生应掌握计量经济学方法论的基本原理，具备对经济问题和现象进行数量分析和研究的基本能力。为此，青海大学计量经济学课程组教师编写了本教材，目的在于加强青海大学重点课程计量经济学的建设，加强国家级经济学特色专业的建设，完善计量经济学的课程体系，为同学们提供更好的教学服务产品，提高学生的实践应用能力。

本教材详细论述了经典的单方程计量经济学模型的理论方法，包括一元线性回归模型、多元线性回归模型、放宽基本假定的模型理论方法。系统介绍了联立方程计量经济学模型、虚拟变量模型和滞后变量模型等专门模型、时间序列计量经济学模型的理论方法，论述了计量经济学应用模型。本教材集理论、方法、应用为一体，以经典性线性模型为主，适当介绍一些具有适用性的非经典模型，突出案例分析与实验操作，并结合中国及各区域经济问题的实例研究，注重计量经济学方法论的实践应用性。

本教材适合于作为高等院校经济、管理学科本科生与研究生的学习教材或教学参考书，也可供具有一定数学、经济学和经济统计学基础的经济管理人员和研究人员阅读和参考。

本教材中存在很多不足之处，恳请各位老师与同学批评指正，帮助我们进一步修订与完善。

刘晓平

2017 年 6 月

目录

第一章 绪论

第一节　什么是计量经济学 1

第二节　计量经济模型与数据 4

第三节　计量经济学的研究方法 6

本章小结 8

本章练习题 9

第二章 一元线性回归模型

第一节　回归分析概述 10

第二节　一元线性回归模型的参数估计 15

第三节　一元线性回归模型的统计检验 22

第四节　一元线性回归模型的预测 26

第五节　案例分析 29

本章小结 37

本章练习题 39

第三章 多元线性回归模型

第一节　多元线性回归模型 42

第二节　多元线性回归模型的估计 44

第三节　多元线性回归模型的统计检验 49
  第四节　多元线性回归模型的预测 53
  第五节　案例分析 55
  本章小结 65
  本章练习题 68

第四章　放宽基本假定的模型

  第一节　异方差性 71
  第二节　序列相关性 78
  第三节　多重共线性 88
  第四节　随机解释变量问题 95
  第五节　案例分析 100
  本章小结 126
  本章练习题 128

第五章　专门模型

  第一节　虚拟变量模型 131
  第二节　滞后变量模型 136
  第三节　案例分析 145
  本章小结 162
  本章练习题 163

第六章　联立方程计量经济学模型理论与方法

  第一节　问题的提出 167
  第二节　联立方程计量经济学模型的若干基本概念 168
  第三节　联立方程计量经济学模型的识别 172
  第四节　联立方程模型的单方程估计方法 179
  第五节　案例分析 186

本章小结 197

本章练习题 198

第七章 时间序列计量经济学模型的理论与方法

第一节 数据的平稳性及其检验 200

第二节 协整与误差修正模型 210

第三节 案例分析 218

本章小结 8

本章练习题 9

第八章 计量经济学应用模型

第一节 计量经济学应用模型的设定 237

第二节 生产函数模型 243

第三节 需求函数模型 253

第四节 消费函数模型 259

第五节 投资函数模型 264

本章练习题 267

第九章 Eviews 软件的基本知识

第一节 Eviews 简介 269

第二节 Eviews 的功能键 273

第三节 Eviews 软件的基本操作与实验 284

附 录

参考文献

第一章 绪 论

第一节 什么是计量经济学

一、计量经济学的定义

英文"Econometrics"一词最早是由挪威经济学家、第一届诺贝尔经济学奖获得者拉格纳·费瑞希（Ragnar Frich）于1926年仿照"Biometrics"（"生物计量学"）提出来的。中文译名有两种：经济计量学与计量经济学。前者是从英文直译而来，试图从名称上强调它是一门研究经济计量方法论的学科；后者试图通过名称强调它是一门经济学科。本教材采用后一种译名"计量经济学"。

1930年费瑞希、荷兰经济学家丁伯根（Tinbergen）等和一些国家的经济学家在美国成立了"计量经济学会"，并于1933年该学会创办了《计量经济学》杂志。在这个杂志的创刊号上费瑞希说："统计学、经济理论和数学三个方面观点的每一种观点本身都不是充分条件，三者的统一才是强有力的工具，正是由于这三者的统一才构成了计量经济学。"可见，计量经济学是经济理论、数学和统计学相结合的一门综合性学科。具体地说，计量经济学就是在经济理论的指导下，以客观事实为依据，运用数学和统计学的方法，借助于计算机技术从事经济关系与经济活动数量规律的研究，并以建立和应用计量经济模型为核心的一门经济学科。而且必须指出，这些计量经济模型是具有随机性特征的。

在这个定义中，强调以下几点：
1. 计量经济学是一门应用经济学，是以经济现象为研究对象的；
2. 计量经济学目的在于揭示经济关系与经济活动数量规律；
3. 计量经济学是经济理论、统计学、数学三者的综合；
4. 计量经济学核心内容是建立和应用计量经济模型。

二、计量经济学与其他相关学科的关系

计量经济学是经济理论、统计学、数学的综合，它与相关学科的关系如图1.1.1所示：

图1.1.1表明计量经济学是数理经济学、经济统计学和数理统计学的交集，而数理经济学是经济理论与数学的交集，数理统计学是数学和统计学的交集，经济统计学是经济理论与统计学的交集。显然，每一交集形成了一门特定的学科，有其独立的研究对象或特点。这些特定学科彼此不能混淆或替代。

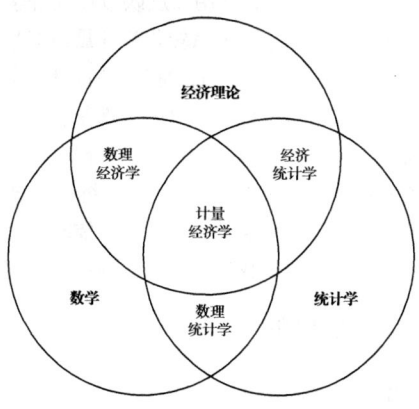

图 1.1.1 计量经济学与相关学科的关系

经济理论着重于经济现象的定性研究，而计量经济学着重于定量方面的研究。虽然数理经济学也

是着重于研究经济的定量方面，但它仅是用数学形式表达经济理论，并不关心经济理论的可测性，而且模型所反映的经济变量之间的关系是确定的。而经济计量学的主要兴趣在于利用由数理经济学提出的数学方程及实际数据来验证经济理论；模型所反映的经济变量间的关系是非确定性的、随机的相关关系。数理经济学为计量经济学提供建模依据。

统计学是关于如何收集、整理、分析数据的科学。经济学与统计学结合形成了经济统计学。经济统计所关心的是描述性的统计量，如国内生产总值等指标与指数等，着重于收集、整理并以图表的形式表达数据，并不利用所收集的数据来验证经济理论。而经济计量学则利用经济统计所提供的数据来估计经济变量之间的数量关系并加以验证。

数理统计为各种类型数据的收集、整理与分析提供切实可靠的数学方法，是计量经济学建立计量经济模型的主要工具。但是数理统计学在研究变量之间的关系时，要求各种变量必须服从某种规律，即服从某种分布。在现实经济生活中，各经济变量很难完全满足这一假定，但又必须研究经济变量之间的关系，所以计量经济学必须在数理统计方法技术的基础上，开发出特有的分析方法技术。

为了说明上述内容，我们以商品市场需求的研究为例。

对某一商品市场需求研究，经济理论中假定需求量取决于它的价格与其他有关商品的价格、消费者的收入和消费偏好。这就完全肯定了需求量只由四个因素决定，关系非常明确。数理经济学用线性需求函数形式表示对其商品的需求关系

$$Q = b_0 + b_1P_1 + b_2P_2 + b_3Y + b_4T \tag{1.1.1}$$

其中，Q 为某一商品的需求量；

P_1 为该商品的价格；

P_2 为与该商品有关的其他商品的综合价格；

Y 为消费者的收入；

T 为消费者的消费偏好；

b_i 为需求函数中待定参数，表示变量之间的具体联系。

模型（1.1.1）表明，只有方程右边的四个因素中某些发生变化时，需求量 Q 跟着变化，再也没有其他因素影响需求量了。然而实际的经济生活中绝非如此，人们的社会影响、心理变化、所处地理位置，甚至天气等偶然因素，对需求量都会产生影响。虽说不是主要的，但也必须加以考虑。为此，计量经济学构建如下模型

$$Q = b_0 + b_1P_1 + b_2P_2 + b_3Y + b_4T + u \tag{1.1.2}$$

在模型（1.1.2）中，u 是一个随机变量。它是用以反映数理经济学模型中未考虑的所谓的非主要因素的影响，从而将数理经济学所描述的确定型关系转化为计量经济学中不确定型的关系。

经济统计学研究的内容主要有两个方面，一方面是指标的设计问题，即用什么指标来反映商品的需求量，如何测量消费者的收入水平及消费偏好等；另一方面是各指标是如何变化的。经济统计学重点不在于测度变量之间的具体关系。虽然数理统计学可以用以研究这些变量之间的具体数量关系，但是它事先对模型中的随机误差项 u 做出严格的假定（这些假定将在本教材第二章和第三章具体说明）。在现实世界中，数理统计所做的假定是很难满足的，为了揭示需求量、价格、消费者收入水平、消费偏好等变量之间的关系，计量经济学必须研究数理统计之外的一些模型技术与方法问题。

三、计量经济学研究的内容及目的

1. 计量经济学研究的内容

由定义可知，计量经济学的核心内容是建立和应用计量经济模型。围绕这一核心内容，计量经济学经过 70 多年的发展逐渐形成了一个独立的学科体系，其内容可概括为两个方面：一是理论计量经

济学；二是应用计量经济学。

理论计量经济学是以计量经济学理论与方法技术为研究内容，目的在于为应用计量经济学提供方法论。所谓计量经济学理论与方法技术的研究，实质上是指研究如何运用、改造和发展数理统计方法，使之成为适合测定随机经济关系的特殊方法。

计量经济学的研究内容可用图 1.1.2 概括。

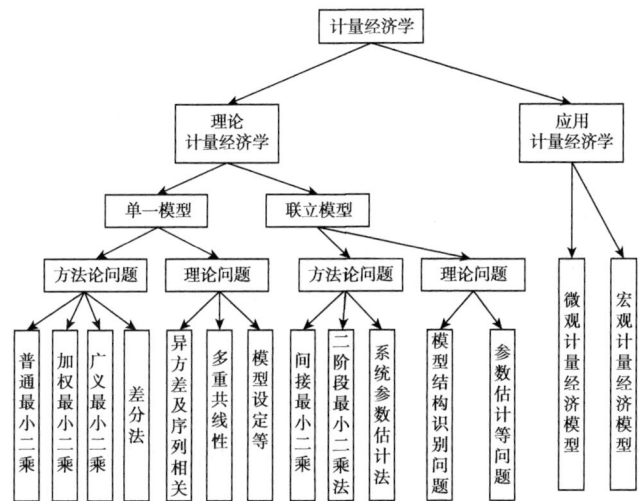

图 1.1.2　计量经济学研究内容

应用计量经济学是在一定的经济理论的指导下，以反映经济事实的统计数据为依据，用计量经济方法技术研究计量经济模型的实用化或探索实证经济规律、分析经济现象和预测经济行为。应用计量经济学的研究目的在于进行经济结构分析、经济预测和经济政策评价。

2. 计量经济学研究的目的

计量经济学包括理论计量经济学和应用计量经济学两大部分内容。由于理论计量经济学的目的是为应用计量经济学提供方法论的，因此，计量经济学的研究目的实质就是应用计量经济学的研究目的，即进行经济结构分析、经济预测和经济政策评价。

经济结构分析就是运用已建立起来的计量经济模型对经济关系进行的定量测定，包括验证、比较与同一经济现象相应的几种经济假说。例如，在研究某地区商品需求时，最终建立的计量经济模型是

$$\hat{Q} = 58.62 - 12.65 P_1 + 6.23 P_2 + 2.35 Y \qquad (1.1.3)$$

运用这个模型所做的结构分析是：一般商品需求理论认为，商品的需求量与其价格反方向变化，与相关商品的价格同向变化，与消费者的收入水平同向变化。模型 1.1.3 中各参数正负号恰好说明了这一点。也就是说，此模型验证了上述理论。商品需求量与各变量的具体数量体现于模型中各变量的系数。我们可以说在其他因素固定的情况下，如果该商品的价格每增加一个单位，商品的平均需求量就要减少 12.65 个单位；如果该商品的相关商品的价格每增加一个单位，该商品的平均需求量就会增加 6.23 个单位；如果消费者的收入水平每提高一元，则该商品的平均需求量就会增加 2.35 个单位。

$$\hat{Q} = 58.62 - 12.65 \times (-1) + 6.23 \times 0.5 + 2.35 \times 21 = 123.735 \text{（单位）} \qquad (1.1.4)$$

经济政策评价就是运用已估计出来的计量经济模型，对几个不同的政策方案的后果进行评价，以供决策者进行选择。具体方法有两种，一种是通过引入目标函数，把已估计出来的计量经济模型视为约束条件，在各种政策方案中使目标函数达到最大值；另一种方法是模拟各种政策方案，对每一方案下有关变量的将来数值进行条件预测并进行比较。

计量经济学研究这三个目的是密切相联的。预测所使用的计量经济模型是结构分析所正确决定的已估计的模型,通过计量经济模型所进行的政策评价则是一种以政策变量的给定值为条件的预测。

第二节 计量经济模型与数据

计量经济学方法及其应用,都是围绕建立、估计、检验和运用计量经济模型这一核心进行的。人们可以通过各种各样的模型来揭示、阐明自然现象和社会经济现象的本质与发展规律。

一、计量经济模型

1. 计量经济模型的形式及其构成要素

所谓模型就是真实现象(如客观世界的结构体系或运行过程)的一种表示或模仿。建立模型的目的在于对真实现象进行解释、预测和控制。在科学研究中会使用各种各样的模型。不同的学科、领域所使用的模型的形式与结构也不尽相同。在这些众多的模型中,最为重要的有文字/逻辑模型、几何模型与代数模型三类。文字/逻辑模型就是指在假设一定条件下,用文字类比和例证分析的办法,推断客观世界如何运行。大多数经济学说都属于此类。几何模型就是指用几何图形来表现变量之间的关系的模型。如盈亏平衡图就是用几何图形的形式来表现产品销售成本、产品销售收入、产品销售利润与产品销售量之间的关系。代数模型是用一组代数方程来对客观世界进行的描述,它是计量经济学使用最多的一种模型形式。

从科学研究的需要来看,模型的好坏在于其真实性与简单性。所说的真实性是指模型能比较真实地代表所要研究的客观世界,并包括了研究对象的主要因素;简单性是说模型所包含的变量尽可能地少,模型的形式尽可能地简单,确保模型的可操作性、有效性。经济模型就是经济现象的表示或模仿,如投入产出模型、最优化模型、系统动力学模型等。每一种经济假说,都可以看作一个经济模型。计量经济学所研究和应用的模型是经济模型的一种,与其他经济模型有着本质的区别。

所谓计量经济模型就是经济变量之间所存在的随机关系的一种数学表达式,其一般表达式为

$$Y = f(X, u; b) \tag{1.2.1}$$

模型(1.2.1)中包含有经济变量 Y 和 X、随机误差项 u、参数 b 及方程的形式 $f(\cdot)$ 四个要素。经济变量,也就是用于描述经济活动水准的各种量,是经济计量建模的基础。模型(1.2.1)中的经济变量 Y 是分析研究的对象,将其称为因变量或被解释变量;模型右边中的经济变量 X 是 Y 的影响因素,将其称为自变量或解释变量。

随机误差项 u 是一个随机变量,用于表示模型中尚未包含的影响因素对因变量的影响,其具体内容将在第二章中介绍。

参数 b 是模型中表示变量之间数量关系的常系数,它将各种经济变量连接在计量经济模型之中,具体说明解释变量对因变量的影响程度。在未经实际资料估计之前,参数是未知的。对模型参数进行有效的估计是计量经济学研究的主要内容之一。

方程的形式 $f(\cdot)$ 就是将计量经济模型前三个要素联系在一起的数学表达式,如线性形式和非线性形式、单一模型形式和联立模型形式。

2. 计量经济模型的特点

与其他经济模型相比,计量经济模型有如下特点:①经验性,即计量经济模型对各种经济变量之间的关系在经济理论的指导下进行试验估算,使经济理论具有经验内容,对经济行为进行经验观察,使经济分析具有经验基础;②随机性,即计量经济模型所反映的经济活动(或经济现象)是随机的,同时把随机误差(观察误差、修改误差、估算误差或计算误差等)作为其必要的要素;③动态性,即

计量经济模型具有较长的时间跨度,具体地,它是一种动态的外推模型,含有不同时期的经济变量,把过去的经济行为和现在的经济行为联系起来,对根据现在的经济行为推断分析(预测)未来时期的经济行为起到了桥梁的作用。

二、计量经济分析中的数据

数据是经过收集、分析、概括,用以表达和说明的事实和数字。因某项特定研究而收集的数据合在一起称为数据集。表1.2.1是我国通讯类板块17个上公司2000年年报部分指标的一个数据集。

1. 单位、变量和观测值

单位是收集数据所依赖的对象。对表1.2.1数据来说,每只股票就是一个单位。因为有17只股票,所以这个数据集就有17个单位。

变量,又称指标,是单位中所感兴趣的特征。表1.2.1这个数据集中有以下6个变量,即股票代码、股票名称、总股本、总资产、每股收益、净资产收益率。

数据是通过收集每个单位的各个变量的数据值而获取的。为某个单位而收集的数据值的集合称为观察值。在表1.2.1中,我们可以看出:第一个单位(上海金陵)的观察值是600621,52408.24,1820180.13,0.5和20.9。总体中总共有17个单位,因此就有17组观察值,每组观察值有5个变量,所以该数据集就有85个数据值。

表1.2.1 17只通讯类股票的数据集

代码	名称	总股本(万股)	总资产(千元)	每股收益	净资产收益率(%)
600621	上海金陵	52408.24	1820180.13	0.5	20.9
600640	联通国脉	36488.27	1360093.88	0.17	5.1
600654	飞乐股份	44000.18	1649743.88	0.2	10.87
600680	上海邮通	30492.53	1177456.13	0.09	5.12
600775	南京熊猫	65501.5	2456214.75	0.2	16.68
600776	XD东方通	62800	7945672.5	0.6	10.62
0032	深桑达A	13081.2	845296.13	0.24	12.95
0063	中兴通讯	46340	6321007	0.86	18.78
0400	许继电气	37827.2	2078864	0.53	14.29
0542	TCL通讯	18810.88	1090892.5	0.14	6.01
0552	甘长风A	17787	520333.28	0.18	13.79
0561	陕长岭A	39701.26	1648605.75	0.03	1.63
0603	威达医械	11186.25	259167.59	0.02	1.65
0682	东方电子	91795.2	1847906.88	0.52	33.9
0703	世纪光华	10660	534257.81	0.22	9.09
0727	华东科技	31373.86	1147658	0.33	12.62
0839	中信国安	59000	2393878	0.45	18.13

资料来源:摘自上市公司2000年年报,应用分析家软件整理

2. 质量数据和数量数据

数据按不同的标志,可有不同的分类。按数据的性质划分,可分为质量数据和数量数据两大类。质量数据是用来识别单位某一特征的标记或名称。例如表1.2.1中股票代码变量的数据值是用来辨别股票上市场所及交易所中某只股票的标记。因此,该数据是定性的,股票代码被称为定性变量。定性

变量取值为整数。如果只取两个数值的定性变量又可称为虚拟变量。

数量数据是用于表示规模或水平的数据。例如，在表1.2.1中，总股本这个数据就是数量数据，如在第一个单位中所得的数据值52408.24万股就表示上海金陵公司的股票规模。因为这个数据是定量的，所以总股本被称为定量变量。总资产、每股收益、净资产收益率也都是定量变量。

数量数据总是以数量的形式出现，而质量数据则既可能以数量形式出现，也可能以非数量形式出现。两者最主要的区别在于能否用于算术运算且结果有意义。数量数据不但可以进行算术运算，而且计算结果还有意义，很容易解释。而质量数据虽能以数量形式记录，可以进行算术运算，但运算结果没有任何意义。

3. 横截面数据、时间序列数据和合并数据

这是按数据与时间的关系来划分的。在同一时刻或几乎同一时点所收集的数据称为横截面数据。表1.2.1就是截面数据，因为这些数据描述的是17家上市公司5个变量在2000年末处的状态。在若干个时期内所收集到的数据称为时间序列数据。例如，从1953年到2017年我国GDP增长率数据。时间序列数据是建立计量经济模型应用最多的数据形式。

合并数据是指既有时间序列数据又有横截面数据。例如，我们收集"九五"时期（1996年至2000年）我国各省市国内生产总值、人均收入水平等指标的数据，那么，这个数据集合就是一个合并数据。每个省市"九五"时期的国内生产总值、人均收入是时间序列数据，而各省市每年的国内生产总值、人均收入则组成横截面数据。在合并数据中有一类特殊的数据，称为嵌板数据或纵向数据。这种数据是在同一横截面单位，如一个家庭或一个公司，在不同时期的调查数据。例如，我国城市居民家计调查。在每一时期的调查中，同样的家庭被调查，以观察自上一次调查以来，其家庭收入与支出情况是否有变化。纵向数据就是通过重复上述过程而得到的，它可对研究家庭行为的动态化提供非常有用的信息。

对同一变量在一系列时间与不同空间范围进行观察的结果。对变量的观察，可以在相同的时间、相同的空间范围内进行；也可以在不同的时间、不同的空间范围内进行。我们称前者所得的数据为嵌板数据或纵向数据。嵌板数据可以提供关于各个实体的动态信息、是经济计量学的重要研究内容之一。

4. 数据来源

成功的计量经济研究需要大量高质量的数据。对于一些宏观数据可以从国家统计局每年出版的《中国统计年鉴》以及各省市统计局出版的统计年鉴中获得。对于一些微观数据一方面要通过各公司内部收集，另一方面也可通过抽样调查获得。无论从哪获得一定要注意数据资料的可比性。数据来源是否可靠，直接影响到数据的质量，进而影响计量经济模型的有效性。收集数据是一个非常困难的事情，幸运的是国际互联网为我们提供了方便。我们可以通过访问中国经济信息网，即中经数据网（http://cedb.cei.gov.cn）、国家统计局的中国统计信息网（www.stats.gov.cn）等。

第三节　计量经济学的研究方法

应用计量经济学方法，建立计量经济模型并用于研究客观经济现象，一般可分为以下五个步骤：

一、根据经济理论建立计量经济模型

计量经济学方法，就是定量分析经济现象中各因素之间数量关系的计量经济方法。因此，首先，根据经济理论分析所研究的经济现象，找出经济现象间的因果关系及相互间的联系。把问题作为因变量（或被解释变量），影响问题的主要因素作为自变量（或解释变量），非主要因素归入随机项。其次，按照它们之间的行为关系，选择适当的数学形式描述这些变量之间的关系，一般用一组数学上彼此独立，互不矛盾，完整有解的方程组表示。

变量的正确选择关键在于能否正确把握所研究经济现象的经济学内涵。理论模型的建立主要依据

经济行为理论。例如，常用的生产函数、消费函数、投资函数等，在数理经济学中，已有广泛的研究。但是，现代经济学比较重视实证研究，任何理论模型的建立，如果不能很好解释过去，那是不能为人们所接受的。这就要求理论模型在参数估计，模型检验的过程中不断得到修正，以便得到一个较好的反映客观经济规律的数学模型。此外，还可以根据散点图或模拟的方法，选择一个拟合效果较好的数学模型。

二、样本数据的收集

建立了模型之后，应该根据模型中变量的含义，口径收集并整理样本数据。样本数据质量的好坏与样本数据的完整性、准确性、可比性和一致性有着密切关系。所谓完整性是指经济数据作为系统状态和其外部环境的数量描述，必须是完整的。所谓数据的准确性，一是它必须准确反映研究对象的状态；二是它必须是模型中所要求的数据。数据的可比性问题就是通常所说的数据统计口径必须是一致的。所谓一致性是指样本数据的来源与被估计母体应属于同一个母体。

三、模型参数的估计

建立计量经济模型之后，要根据样本数据选择适当的方法对模型中的参数进行估计。在选择方法时一般要考虑：经济关系的性质，每种估计方法的特性，方法的难易和费用的多少等。

四、模型的检验

模型的检验就是对估计的模型参数进行检验。所谓检验就是对参数估计值加以评定，确定它们在理论上是否有意义，在统计上是否显著。只有通过检验的模型才能用于经济实际，所以模型检验也是重要的一环。检验的准则有：

1. 经济意义准则

经济意义准则是由经济理论决定的，主要是参数的符号和大小是否符合经济理论对这些参数的符号和大小的约束。如果不符，则要查找原因并采取必要的修正措施；否则，参数估计值视为不可靠。

2. 统计检验准则

统计检验是由统计理论决定的，其目的在于评定模型参数估计值的可靠性。常用的统计检验有拟合优度检验、t检验、F检验等。应该指出，统计检验准则相对经济意义准则来说是第二位的。

如果违背了经济意义准则，即使统计检验通过了，估计的参数也是没有意义的，也是不可取的。

3. 计量经济检验准则

计量经济检验是由计量经济学理论确定的，主要是用来检验所采用的计量经济方法是否令人满意，计量经济方法的假设条件是否得到满足，从而确定统计检验的可靠性。常用的检验方法主要包括随机项的序列相关检验，异方差检验和解释变量的多重共线检验等。

总之，模型参数估计值的评定是一个相当复杂的工作，需要进行反复试算，逐一检验，才能确定对它们的取舍。如果样本数据较丰富，还可以进行模型的预测检验，进一步检验估计值的稳定性和相对样本容量变化时的灵敏度，以确定是否可以延拓到样本以外的范围。

五、计量经济模型的应用

计量经济模型建立并通过了检验，一般即可认为该模型就是实际经济系统的缩影，因而对实际问题的分析就转化为对该问题的计量经济模型的研究。计量经济模型的应用，又可分为结构分析、政策评价和经济预测三个方面。

每一步的具体问题的研究，尤其是模型估计、模型检验和模型应用是本教材研究的重点。以上五个步骤可概括图1.3.1。

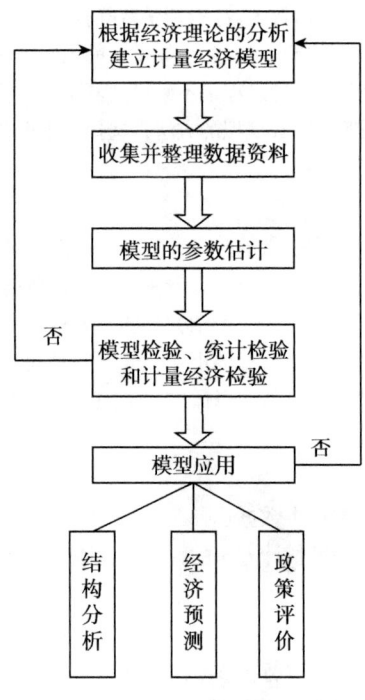

图 1.3.1 计量经济学研究的步骤

本章小结

本章既是计量经济学入门的基础，又是整个教材的纲。要求学生通过本章的学习应达到：了解计量经济学产生和发展的背景；了解计量经济学的性质及与其他学科的关系；了解计量经济学的基本概念和计量经济学的基本研究方法；对计量经济学中的模型、变量、数据等有基本的认知。建立对计量经济学整体的概略认识，为学习以后各章做好准备。

1.计量经济学是一门由经济学、统计学和数学结合而成的交叉学科，但归根结底，它是一门经济学，是经济的计量学或计量的经济学。作为一门实证学科，计量经济学要以一定的经济理论作假设，然后通过统计资料和数学的方法加以验证。

2.计量经济学是经济理论、数学和经济统计与数理统计的"综合"。然而，计量经济学并不是经济理论、数学和经济统计与数理统计的"简单综合"。计量经济学从20世纪30年代起已演化为一门独立的学科，具有自身的研究对象和研究方法。

不可否认，计量经济学与经济统计学、数理统计学和数学存在密不可分的关系。但并不妨碍计量经济学是一门具有独特性质的独立的经济学科。

3.计量经济方法可分为以下几个步骤：①以经济理论或经济假说为指导，设定理论的数学模型（一般为数理经济模型）；②设定理论的计量经济模型；③获得数据；④估计参数；⑤检验模型；⑥应用模型。

4.计量经济学模型至少要作以下三类检验：

（1）经济意义检验。即需要检验模型以及所估计出的参数是否符合经济意义。

（2）统计检验。通常用拟合优度检验、方程和变量的显著性检验和估计值标准差检验，来检验模型以及所估计出的参数值的可靠性。

（3）计量经济学检验。主要包括序列相关检验、异方差检验、多重共线性检验等。

5. 计量经济学模型主要有以下几个方面的用途：①结构分析，即研究一个或几个经济变量发生变化及结构参数的变动对其他变量以至整个经济系统产生何种的影响；其原理是弹性分析、乘数分析与比较静力分析。②经济预测，即用其进行中短期经济的因果预测；其原理是，从历史和现在已经发生的经济活动中找出变化规律，利用规律做出预测。③政策评价，即利用计量经济模型定量分析政策变量变化对经济系统运行的影响，是对不同政策执行情况的"模拟仿真"。④检验与发展经济理论，即利用计量经济模型和实际统计资料实证分析某个理论假说的正确与否。

6. 计量经济学研究中所用的数据包括：①截面数据：截面数据集就是在给定的同一时期或时点上对各个个体单位（如地区、企业、居民户、个人等）所采集的样本构成的数据集。②时序数据：时序数据集也称时间序列数据集是由给定的一个或几个变量在不同时期或时点上采集的样本观测值所构成的数据集。③混合截面数据：混合截面数据就是把不同时期或时点上的截面数据混合起来，即形成既有截面数据又有时序数据特点的数据集。

本章练习题

1. 计量经济学是一门怎样的学科？它与经济学、统计学和数学的关系是怎样的？
2. 计量经济模型一般由哪些要素组成？
3. 计量经济学中应用的数据是怎样进行分类的？每种数据的应用需注意哪些问题？
4. 计量经济模型建立与应用一般需要进行哪些工作？这些工作之间的逻辑联系是怎样的？
5. 计量经济学的研究对象和内容是什么？
6. 计量经济学模型主要有哪些应用领域？各自的原理是什么？
7. 模型检验包括几个方面？具体含义是什么？
8. 建立与应用计量经济学模型的主要步骤有哪些？
9. 计量经济学的方法论是什么？请结合具体实例进行阐述。
10. 1998年，为应对亚洲金融危机，我国政府提出了实施"积极的财政政策"的主张。积极财政政策的主要内容就是通过发行国债，支持重大的基础设施建设，以此来拉动经济增长。2003年3月5日朱镕基总理在第十届全国人民代表大会第一次会议上所做的政府工作报告中指出："这几年，面对国际经济环境严峻和国内有效需求不足的困难局面，我们采取的最重要举措，就是果断地把宏观调控的重点，从实行适度从紧的财政政策和货币政策，治理通货膨胀，转为实行扩大内需的方针，实施积极的财政政策和稳健的货币政策，抑制通货紧缩趋势，并在实践中适时完善政策措施，把握调控力度，确保取得成效。"请你结合有关经济理论，联系实际背景，谈谈怎样运用经济计量学研究经济问题的方法对实施积极的财政政策所取得的成效进行实证研究？
11. 下列假想模型是否属于揭示因果关系的计量经济学模型，为什么？

（1）$S_t = 112.0 + 0.12 R_t$，其中 S_t 为第 t 年农村居民储蓄增加额（单位：亿元），R_t 为第 t 年城镇居民可支配收入总额（单位：亿元）。

（2）$S_{t-1} = 4432.0 + 0.3 R_t$，其中 S_{t-1} 为第 $t-1$ 年农村居民储蓄余额（单位：亿元），R_t 为第 t 年农村居民纯收入总额（单位：亿元）。

12. 指出下列模型中的错误，并说明理由

$$RS_t = 8300.0 - 0.24 RI_t + 1.12 IV_t$$

其中，RS_t 为第 t 年社会消费品零售总额（单位：亿元），RI_t 为第 t 年居民收入总额（单位：亿元）（城镇居民可支配收入总额与农村居民纯收入总额之和），IV_t 为第 t 年全社会固定资产投资总额（单位：亿元）。

第二章 一元线性回归模型

单方程计量经济学模型是相对于联立方程模型而言的，它以单一经济现象为研究对象，模型中只包括一个方程，是应用最为普遍的计量经济学模型。经典单方程计量经济学模型的理论与方法，不仅是计量经济学内容体系中最重要的组成部分，也是联立方程模型理论与方法的基础。本章首先从简单线性回归模型入手，介绍经典单方程计量经济模型的设定与估计问题，为以下各章的学习打下基础。

第一节 回归分析概述

一、回归分析基本概念

1. 变量间的相互关系

无论是自然现象还是社会经济现象，大都存在不同程度的联系。计量经济学的主要问题之一就是要探寻各种经济变量之间的相互联系程度、联系方式及其运动规律。各种经济变量间的关系可分为两类：一类是确定的函数关系，另一类是不确定的统计相关关系。

确定性现象间的关系常常表现为函数关系。如圆面积 S 与圆半径 r 间的关系，只要半径值 r 给定，与之对应的圆面积 S 也就随之确定：$S = \pi r^2$。

非确定性现象间的关系常常表现为统计相关关系，如农作物产量 Y 与施肥量 X 间的关系。其特点是，农作物产量 Y 随着施肥量 X 的变化呈现某种规律性的变化：在适当的范围内，随着 X 的增加，Y 也增加。但与上述函数关系不同的是，给定施肥量 X，与之对应的农作物产量 Y 并不能确定。主要原因在于，除了施肥量外，还有诸如阳光、气温、降雨等其他许多因素都在影响着农作物的产出量。这时，我们无法确定农作物产量与施肥量间确定的函数关系，但却能通过统计计量等方法研究它们间的统计相关关系。农作物产量 Y 作为非确定性变量，也被称为随机变量。

当然，变量间的函数关系与相关关系并不是绝对的，在一定条件下两者可相互转化。例如，在对确定性现象的观测中，往往存在测量误差，这时函数关系常会通过相关关系表现出来；反之，如果对非确定性现象的影响因素能够一一辨认，并全部纳入变量间的依存关系式中，则变量间的相关关系就会向函数关系转化。相关分析与回归分析主要研究非确定性现象间的统计相关关系。

2. 相关分析与回归分析

变量间的统计相关关系可以通过相关分析与回归分析来研究，相关分析（correlation analysis）主要研究随机变量间的相关形式及相关程度。

从变量间相关的表现形式来看，有线性相关与非线性相关之分，前者往往表现为变量的散点图接近于一条直线。对变量间线性相关程度的大小可通过相关系数来测量，两个变量 X 和 Y 的总体相关系数为

$$\rho_{XY} = \frac{Cov(X,Y)}{\sqrt{Var(X)Var(Y)}} \quad (2.1.1)$$

其中，$Cov(X,Y)$ 是变量 X 和 Y 的协方差，$Var(X)$ 和 $Var(Y)$ 分别是变量 X 和 Y 的方差。

如果给出 X 与 Y 的一组样本 (X_i, Y_i)，$i = 1, 2, \cdots, n$，样本相关系数为

$$r_{XY} = \frac{\sum_{i=1}^{n}(X_i - \bar{X})(Y_i - \bar{Y})}{\sqrt{\sum_{i=1}^{n}(X_i - \bar{X})^2 \sum_{i=1}^{n}(Y_i - \bar{Y})^2}} \quad (2.1.2)$$

其中，$\bar{X}$ 与 $\bar{Y}$ 分别是变量 X 与 Y 的样本均值。

多个变量间的线性相关程度，可用复相关系数与偏相关系数来度量。

具有相关关系的变量间有时存在着因果关系，这时，我们可以通过回归分析（regression analysis）来研究它们之间的具体依存关系。例如，根据经济学理论，消费支出与可支配收入之间不但密切相关，而且有着因果关系，即可支配收入的变化往往是消费支出变化的原因。这时，不仅可以通过相关分析研究两者间的相关程度，而且可以通过回归分析研究两者间的具体依存关系，即考察可支配收入每 1 元的变化所引起的消费支出的平均变化。

回归分析是研究一个变量关于另一个（些）变量的依赖关系的计算方法和理论。其目的在于通过后者的已知或设定值，去估计和（或）预测前者的（总体）均值。前一个变量称为被解释变量（Explained Variable）或应变量（Dependent Variable）后一个变量称为解释变量（Explanatory Variable）或自变量（Independent Variable）。

相关分析与回归分析既有联系又有区别。首先，两者都是研究非确定性变量间的统计依赖关系，并能测度线性依赖程度的大小。其次，两者间又有明显的区别。相关分析仅仅是从统计数据上测度变量间的相关程度，而无须考察两者间是否有因果关系，因此，变量的地位在相关分析中是对称的，而且都是随机变量；回归分析则更关注具有统计相关关系的变量间的因果关系分析，变量的地位是不对称的，有解释变量与被解释变量之分，而且解释变量也往往被假设为非随机变量。最后，相关分析只关注变量间的联系程度，不关注具体的依赖关系；而回归分析则更加关注变量间的具体依赖关系，因此可以进一步通过解释变量的变化来估计或预测被解释变量的变化，达到深入分析变量间依存关系、掌握其运动规律的目的。

回归分析构成计量经济学的方法论基础，其主要内容包括：根据样本观察值对经济计量模型参数进行估计，求得回归方程；对回归方程、参数估计值进行显著性检验；利用回归方程进行分析、评价及预测。

二、总体回归函数

由于统计相关的随机性，回归分析关心的是根据解释变量的已知或给定值，考察被解释变量的总体均值，即当解释变量取某个确定值时，与之统计相关的被解释变量所有可能出现的对应值的平均值。

例 2.1.1：一个假想的社区是由 100 户家庭组成的总体，要研究该社区每月家庭消费支出 Y 与每月家庭可支配收入 X 的关系，即根据家庭的每月可支配收入，考察该社区家庭每月消费支出的平均水平。为研究方便，将该 100 户家庭组成的总体按收入水平划分为 10 个组，并分别分析每一组的家庭消费支出（见表 2.1.1）。

由于不确定因素的影响，对同一收入水平 X，不同家庭的消费支出不完全相同，但由于调查的完备性，给定收入水平 X 的消费支出 Y 的分布是确定的，即以 X 的给定值为条件的 Y 的条件分布（Conditional Distribution）是已知的，如 $P(Y=561|X=800)=1/4$。因此，给定收入 X 的值，可得消费支出 Y 的条件均值（Conditional Mean）或条件期望（Conditional Expectation），如 $E(Y|X=800)=605$。表 2.1.2 给出了 10 组收入水平下相应家庭消费支出的条件概率，以及各收入水平组家庭消费支出的条件均值。

以图 2.1.1 中的数据绘出可支配收入 X 与家庭消费支出 Y 的散点（见图 2.1.1）。从该散点图可以看出，虽然不同的家庭消费支出存在差异，但平均来说，随着可支配收入的增加，家庭消费支出也在增加。进一步来说，该例中 Y 的条件均值恰好落在一根正斜率的直线上，这条直线称为总体回归线。

表 2.1.1　某社区家庭每月收入与消费支出统计　　　　　　　　　单位：元

	每月家庭可支配收入（X）								
	800	1100	1400	1700	2000	2300	2600	2900	3200	3500
每月家庭消费支出（Y）	561	638	869	1023	1254	1408	1650	1969	2090	2299
	594	748	913	1100	1309	1452	1738	1991	2134	2321
	627	814	924	1144	1364	1551	1749	2046	2178	2530
	638	847	979	1155	1397	1595	1804	2068	2266	2629
		935	1012	1210	1408	1650	1848	2101	2354	2860
		968	1045	1243	1474	1672	1881	2189	2486	2871
			1078	1254	1496	1683	1925	2233	2552	
			1122	1298	1496	1716	1969	2244	2585	
			1155	1331	1562	1749	2013	2299	2640	
			1188	1364	1573	1771	2035	2310		
			1210	1408	1606	1804	2101			
				1430	1650	1870	2112			
				1485	1716	1947	2200			
							2002			
共计	2420	4950	11495	16445	19305	23870	25025	21450	21285	15510

表 2.1.2　各收入水平组相应家庭消费支出的条件概率与各组家庭消费支出的条件均值

收入水平(元)	800	1100	1400	1700	2000	2300	2600	2900	3200	3500
条件概率	1/4	1/6	1/11	1/13	1/13	1/14	1/13	1/10	1/9	1/6
条件均值(元)	605	825	1045	1265	1485	1705	1925	2145	2365	2585

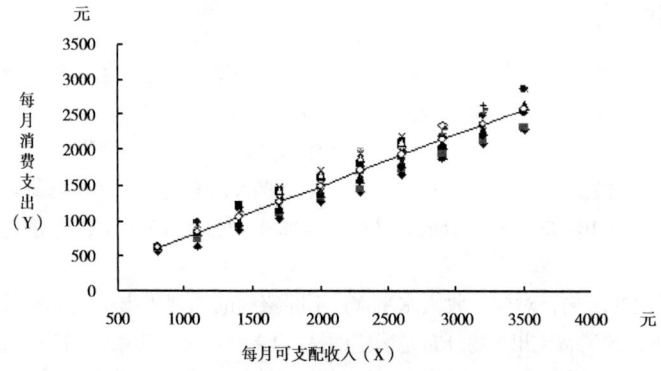

图 2.1.1　不同收入水平组家庭消费支出的条件分布

在给定解释变量 X_i 条件下被解释变量 Y_i 的期望轨迹称为总体回归线（Population Regression Line），或更一般地称为总体回归曲线（Population Regression Curve）。相应的函数

$$E(Y|X_i) = f(X_i) \qquad (2.1.3)$$

称为（双变量）总体回归函数（Population Regression Function, PRF）。

总体回归函数（PRF）表明被解释变量 Y_i 的平均状态（总体条件期望）随解释变量 X 变化的规律。至于具体的函数形式，是由所考察总体固有的特征来决定的。由于实践中总体往往无法全部考察到，因此总体回归函数形式的选择就是一个经验方面的问题。这时经济学等相关学科的理论就显得很重要。

如生产函数常以 Cobb-Douglas 幂函数的形式出现，U 形边际成本函数以二次多项式的形式出现等。将居民消费支出看成是其可支配收入的线性函数时，式（2.1.3）可进一步写成

$$E(Y|X_i) = \beta_0 + \beta_1 X_i \qquad (2.1.4)$$

其中，β_0，β_1 是未知参数，称为回归系数（Regression Coefficients）。式（2.1.4）也称为线性总体回归函数。线性函数形式最为简单，其中参数的估计与检验也相对容易，而且多数非线性函数可转换为线性形式，因此，为了研究的方便，计量经济学中总体回归函数常设定成线性形式。

需注意的是，经典计量经济方法中所涉及的线性函数，指回归系数是线性的，即回归系数只以它的一次方出现，对解释变量则可以不是线性的。

三、随机干扰项

在上述家庭收入—消费支出例中，总体回归函数 PRF 描述了所考察总体的家庭消费支出平均说来随可支配收入变化的规律，但对某一个别家庭，其消费支出 Y_i 不一定恰好就是给定收入 X_i 下的消费的平均值 $E(Y|X_i)$。图 2.1.1 显示，个别家庭消费支出 Y_i 聚集在给定收入水平 X_i 下所有家庭平均消费支出 $E(Y|X_i)$ 的周围。

对每一个个别家庭，记

$$\mu_i = Y_i - E(Y|X_i) \qquad (2.1.5)$$

称 μ_i 为观察值 Y_i 围绕它的期望值 $E(Y|X_i)$ 的离差（Deviation），是一个不可观测的随机变量，又称为随机干扰项（Stochastic Disturbance）或随机误差项（Stochastic Error）。

由式（2.1.5），个别家庭的消费支出为

$$Y_i = E(Y|X_i) + \mu_i \qquad (2.1.6)$$

或，在线性假设下

$$Y_i = \beta_0 + \beta_1 X_i + \mu_i \qquad (2.1.7)$$

即，给定收入水平 X_i，个别家庭的支出可表示为两部分之和：①该收入水平下所有家庭的平均消费支出 $E(Y|X_i)$，称为系统性（Systematic）或确定性（Deterministic）部分；②其他随机或非系统性（Nonsystematic）部分 μ_i。

式（2.1.6）或式（2.1.7）称为总体回归函数 PRF 的随机设定形式。表明被解释变量 Y 除了受解释变量 X 的系统性影响外，还受其他未包括在模型中的诸多因素的随机性影响，μ 即为这些影响因素的综合代表。由于方程中引入了随机项，成为计量经济学模型，因此也称为总体回归模型（Population Regression Model）。

在总体回归函数中引入随机干扰项，主要有以下几方面的原因：

1. 代表未知的影响因素。由于对所考察总体认识上的非完备性，许多未知的影响因素还无法引入模型，因此，只能用随机干扰项代表这些未知的影响因素。

2. 代表残缺数据。即使所有的影响变量都能被包括在模型中，但某些变量的数据却无法取得。如经济理论指出，居民消费支出除受可支配收入的影响外，还受财富拥有量的影响，但后者在实践中往往是无法收集到的。这时，模型中不得不省略这一变量，而将其归入随机干扰项。

3. 代表众多细小影响因素。有一些影响因素已经被认识，而且其数据也可以收集到，但它们对被解释变量的影响却是细小的。考虑到模型的简洁性，以及取得诸多变量数据可能带来的较大成本，建

模时往往省掉这些细小变量，而将它们的影响综合到随机干扰项中。

4. 代表数据观测误差。由于某些主客观的原因，在取得观测数据时，往往存在测量误差，这些观测误差也被归入随机干扰项。

5. 代表模型设定误差。由于经济现象的复杂性，模型的真实函数形式往往是未知的，因此，实际所设定的模型可能与真实的模型有偏差。随机干扰项包含了这种模型的设定误差。

6. 变量的内在随机性。即使模型没有设定误差，也不存在数据观测误差，由于某些变量所固有的内在随机性，也对被解释变量产生随机性影响。这种影响只能被归入随机干扰项中。

总之，随机干扰项具有非常丰富的内容，在计量经济模型的建立中起着重要的作用。

四、样本回归函数

尽管总体回归函数揭示了所考察总体被解释变量与解释变量间的平均变化规律，但总体的信息往往无法全部获得，因此，总体回归函数实际上是未知的。现实的情况往往是，通过抽样，得到总体的样本，再通过样本的信息来估计总体回归函数。

仍以例 2.1.1 中小区家庭可支配收入与消费支出的关系为例，假设从该总体中按每组收入水平各取一个家庭进行观测，得到如表 2.1.3 所示的一个样本。问题归结为：能否从该样本中预测整个总体对应于选定 X 的平均每月消费支出，即能否从该样本估计总体回归函数 PRF？

表 2.1.3 家庭消费支出与可支配收入的一个随机样本

Y	800	1100	1400	1700	2000	2300	2600	2900	3200	3500
X	594	638	1122	1155	1408	1595	1969	2078	2585	2530

核样本的散点图如图 2.1.2 所示，可以看出，该样本散点图近似于一条直线。画一条直线以尽好地拟合该散点图，由于样本取自总体，可用该线近似地代表总体回归线。该线称为样本回归线（sample regression lines），其函数形式记为

$$\hat{Y}_i = f(X_i) = \hat{\beta}_0 + \hat{\beta}_1 X_i \qquad (2.1.8)$$

称为样本回归函数（Sample Regression Function，SRF）。

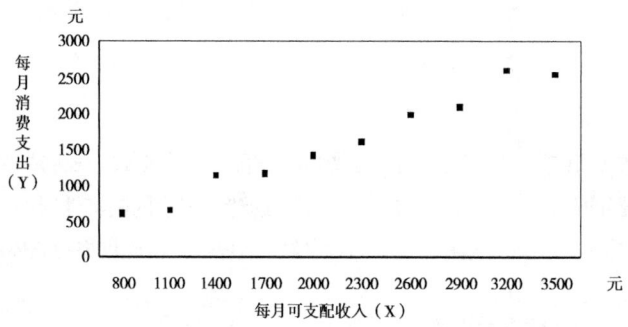

图 2.1.2 家庭可支配收入与消费支出的样本散点

将式（2.1.8）看作式（2.1.7）的近似替代，则 $\hat{Y}_i$ 就为 $E(Y|X_i)$ 的估计量、$\hat{\beta}_i$ 为 β_i 的估计量，这里 $i=0,1$。

同样地，样本回归函数也有如下的随机形式

$$Y_i = \hat{Y}_i + \hat{\mu}_i = \hat{\beta}_0 + \hat{\beta}_1 X_i + e_i \qquad (2.1.9)$$

其中，e_i 称为（样本）残差（或剩余）项（residual），代表了其他影响 Y_i 的随机因素的集合，可看

作 的估计量 $\hat{\mu}_i$。由于方程中引入了随机项，成为计量经济模型，因此，也称为样本回归模型（Sample Regression Model）。

回归分析的主要目的，就是根据样本回归函数 SRF，估计总体回归函数 PRF。也就是根据

$$Y_i = \hat{Y}_i + e_i = \hat{\beta}_0 + \hat{\beta}_1 X_i + e_i \text{ 估计 } Y_i = E(Y|X_i) + \mu_i = \beta_0 + \beta_1 X_i + \mu_i$$

即，设计一"方法"构造 SRF，以使 SRF 尽可能"接近"PRF，或者说使 $\hat{\beta}_i(i=0,1)$ 尽可能接近 $\beta_i(i=0,1)$。图 2.1.3 绘出了总体回归线与样本回归线的基本关系。

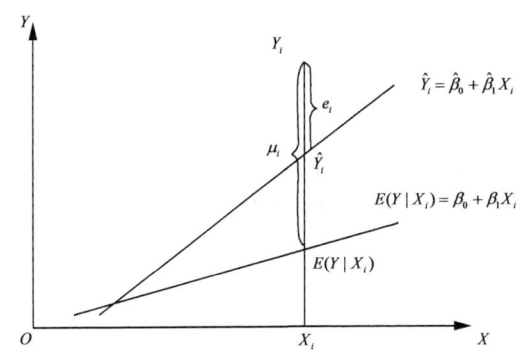

图 2.1.3　总体回归线与样本回归线的基本关系

第二节　一元线性回归模型的参数估计

单方程计量经济学模型分为线性模型和非线性模型两大类。在线性模型中，变量之间的关系呈线性关系；在非线性模型中，变量之间的关系呈非线性关系。线性回归模型是线性模型的一种，它的数学基础是回归分析，即用回归分析方法建立的线性模型，用以揭示经济现象中的因果关系。

一元线性回归模型是最简单的计量经济学模型，在模型中只有一个解释变量，其一般形式是

$$Y_i = \beta_0 + \beta_1 X_i + \mu_i \quad i=1,2,\cdots,n \tag{2.2.1}$$

其中，Y 为被解释变量，X 为解释变量，β_0 与 β_1 为待估参数，μ 为随机干扰项。

一、一元线性回归模型的基本假设

回归分析的主要目的是要通过样本回归函数（模型）SRF 尽可能准确地估计总体回归函数（模型）PRF。估计方法有多种，其种最广泛使用的是普通最小二乘法（Ordinary Least Squares, OLS）。

为保证参数估计量具有良好的性质，通常对模型提出若干基本假设。如果实际模型满足这些基本假设，普通最小二乘法就是一种适用的估计方法；如果实际模型不满足这些基本假设，普通最小二乘法就不再适用，而要发展其他方法来估计模型。所以，严格地说，下面的基本假设并不是针对模型的，而是针对普通最小二乘法的。

对模型（2.2.1），基本假设包括对解释变量 X 的假设，以及对随机扰动项 μ 的假设：

假设1：解释变量 X 是确定性变量，不是随机变量，而且在重复抽样中取固定值。

假设2：随机误差项 μ 具有 0 均值、同方差及不序列相关性。即 $E(\mu_i)=0, i=1,2,\cdots,n, Var(\mu_i) = \sigma^2, i=1,2,\cdots,n, Cov(\mu_i,\mu_j)=0 \quad i \neq j \quad i,j=1,2,\cdots,n$

假设3：随机误差项与解释变量之间不相关。即 $Cov(X_i,\mu_i)=0 \quad i=1,2,\cdots,n$

假设4：随机误差项服从0均值、同方差、零协方差的正态分布。即 $\mu_i \sim N(0,\sigma^2)$　　$i=1,2,\cdots,n$

需注意的是，如果假设1.2成立，则假设3成立，因为这时显然有 $Cov(X_i,\mu_i) = E[(X_i - E(X_i))(\mu_i - E(\mu_i))] = (X_i - E(X_i)E[\mu_i - E(\mu_i)] = 0$；另外，如果假设4成立，则假设2成立，因为对两正态分布变量来说，零协方差就意味着两变量相互独立。

以上假设也称为线性回归模型的经典假设或高斯（Gauss）假设，满足该假设的线性回归模型，也称为经典线性回归模型（Classical Linear Regression Model，CLRM）。

另外，在进行模型回归时，还有两个暗含的假设：

假设5：随着样本容量的无限增加，解释变量X的样本方差趋于一有限常数。即

$$\sum(X_i - \bar{X})^2 / n \to Q, \quad n \to \infty$$

假设6：回归模型是正确设定的。

假设5旨在排除时间序列数据出现持续上升或下降的变量作为解释变量，因为这类数据不仅使大样本统计推断变得无效，而且往往产生所谓的伪回归问题（Spurious Regression Problem）。关于伪回归的确切含义将在第七章中讨论。假设6也被称为模型没有设定偏误（Specification Error），它的确切含义将在第五章中讨论。

在实际建立模型的过程中，除了随机误差项的正态假设外，对模型是否满足其他假设都要进行检验。这就是"建立计量经济学模型步骤"中"计量经济学检验"的任务。对于随机误差项的正态假设，根据中心极限定理，当样本容量趋于无穷大时，都是满足的。

二、参数的普通最小二乘估计（OLS）

已知一组样本观测值（Y_i,X_i），（$i=1,2,\cdots,n$），要求样本回归函数尽可能好地拟合这组值，即样本回归线上的点 $\hat{Y}_i$ 与真实观测点 Y_i 的"总体误差"尽可能地小，或者说被解释变量的估计值与观测值应该在总体上最为接近，最小二乘法（Ordinary Least Squares，OLS）给出的判断标准是：二者之差的平方和

$$Q = \sum_1^n (Y_i - \hat{Y}_i)^2 = \sum_1^n (Y_i - (\hat{\beta}_0 + \hat{\beta}_1 X_i))^2 \qquad (2.2.2)$$

最小。即在给定样本观测值之下，选择出 $\hat{\beta}_0$、$\hat{\beta}_1$ 能使 Y_i 与 $\hat{Y}_i$ 之差的平方和最小。

为什么用平方和？因为样本回归线上的点 $\hat{Y}_i$ 与真实观测点 Y_i 之差可正可负，简单求和可能将很大的误差抵销掉，只有平方和才能反映二者在总体上的接近程度。这就是最小二乘原理。

根据微积分学的运算，当 Q 对 $\hat{\beta}_0$、$\hat{\beta}_1$ 的一阶偏导数为0时，Q 达到最小。即

$$\begin{cases} \dfrac{\partial Q}{\partial \hat{\beta}_0} = 0 \\ \dfrac{\partial Q}{\partial \hat{\beta}_1} = 0 \end{cases} \text{可推得用于估计} \hat{\beta}_0 \text{、} \hat{\beta}_1 \text{的下列方程组}$$

$$\begin{cases} \sum(Y_i - \hat{\beta}_0 - \hat{\beta}_1 X_i) = 0 \\ \sum(Y_i - \hat{\beta}_0 - \hat{\beta}_1 X_i)X_i = 0 \end{cases} \qquad (2.2.3)$$

或
$$\begin{cases} \Sigma Y_i = n\hat{\beta}_0 + \hat{\beta}_1 \Sigma X_i \\ \Sigma Y_i X_i = \hat{\beta}_0 \Sigma X_i + \hat{\beta}_1 \Sigma X_i^2 \end{cases} \tag{2.2.4}$$

解得

$$\begin{cases} \hat{\beta}_0 = \dfrac{\Sigma X_i^2 \Sigma Y_i - \Sigma X_i \Sigma Y_i X_i}{n\Sigma X_i^2 - (\Sigma X_i)^2} \\ \hat{\beta}_1 = \dfrac{n\Sigma Y_i X_i - \Sigma Y_i \Sigma X_i}{n\Sigma X_i^2 - (\Sigma X_i)^2} \end{cases} \tag{2.2.5}$$

方程组（2.2.3）或（2.2.4）称为正规方程组（normal equations）。记

$$\sum x_i^2 = \sum (X_i - \bar{X})^2 = \sum X_i^2 - \frac{1}{n}\left(\sum X_i\right)^2$$

$$\sum x_i y_i = \sum (X_i - \bar{X})(Y_i - \bar{Y}) = \sum X_i Y_i - \frac{1}{n}\sum X_i \sum Y_i$$

式（2.2.5）的参数估计量可以写成：

$$\begin{cases} \hat{\beta}_1 = \dfrac{\sum x_i y_i}{\sum x_i^2} \\ \hat{\beta}_0 = \bar{Y} - \hat{\beta}_1 \bar{X} \end{cases} \tag{2.2.6}$$

称为 OLS 估计量的离差形式（deviation form）。在计量经济学中，往往以小写字母表示对均值的离差。由于 $\hat{\beta}_0$、$\hat{\beta}_1$ 的估计结果是从最小二乘原理得到的，故称为普通最小二乘估计量（ordinary least squares estimators）。

顺便指出，记 $\hat{y}_i = \hat{Y}_i - \bar{Y}$，则有 $\hat{y}_i = (\hat{\beta}_0 + \hat{\beta}_1 X_i) - (\beta_0 + \hat{\beta}_1 \bar{X} + \bar{e}) = \hat{\beta}_1(X_i - \bar{X}) - \frac{1}{n}\sum e_i$

可得

$$\hat{y}_i = \hat{\beta}_1 x_i \tag{2.2.7}$$

其中，用到了正规方程组的第一个方程 $\sum e_i = \sum (Y_i - (\hat{\beta}_0 + \hat{\beta}_1 X_i)) = 0$。式（2.2.7）也称为样本回归函数的离差形式。

在结束普通最小二乘估计的时候，需要交代一个重要的概念，即"估计量"（estimator）和"估计值"（estimate）的区别。由式（2.2.5）或式（2.2.6）给出的参数估计结果是由一个具体样本资料计算出来的，它是一个"估计值"，或者"点估计"，是参数估计量 $\hat{\beta}_0$ 和 $\hat{\beta}_1$ 的一个具体数值；但从另一个角度，仅仅把式（2.2.5）或式（2.2.6）看作 $\hat{\beta}_0$ 和 $\hat{\beta}_1$ 的一个表达式，那么，则是 Y_i 的函数，而 Y_i 是随机变量，所以 $\hat{\beta}_0$ 和 $\hat{\beta}_1$ 也是随机变量，在这个角度上，称为"估计量"。在本章后续内容中，有时把 $\hat{\beta}_0$ 和 $\hat{\beta}_1$ 作为随机变量，有时又把 $\hat{\beta}_0$ 和 $\hat{\beta}_1$ 作为确定的数值，道理就在于此。

三、参数估计的最大或然法（ML）

最大或然法（Maximum Likelihood，ML），也称最大似然法，是不同于最小二乘法的另一种参数估计方法，是从最大或然原理出发发展起来的其他估计方法的基础。虽然其应用没有最小二乘法普遍，但在计量经济学理论上占据很重要的地位，因为最大或然原理比最小二乘原理更本质地揭示了通过样本估计母体参数的内在机理，计量经济学理论的发展，更多地是以最大或然原理为基础的，对于一些

特殊的计量经济学模型，只有最大或然方法才是很成功的估计方法。

对于最小二乘法，当从模型总体随机抽取 n 组样本观测值后，最合理的参数估计量应该使得模型能最好地拟合样本数据。而对于最大或然法，当从模型总体随机抽取 n 组样本观测值后，最合理的参数估计量应该使得从模型中抽取该 n 组样本观测值的概率最大。显然，这是从不同原理出发的两种参数估计方法。

从总体中经过 n 次随机抽取得到样本容量为 n 的样本观测值，在任一次随机抽取中，样本观测值都以一定的概率出现，如果已经知道总体的参数，当然由变量的频率函数可以计算其概率。如果只知道总体服从某种分布，但不知道其分布参数，通过随机样本可以求出总体的参数估计量。以正态分布的总体为例。每个总体都有自己的分布参数期望和方差，如果已经得到 n 组样本观测值，在这些可供选择的总体中，哪个总体最可能产生已经得到的 n 组样本观测值呢？显然，要对每个可能的正态总体估计取得 n 组样本观测值的联合概率，然后选择其参数能使观测值的联合概率为最大的那个总体。将样本观测值联合概率函数称为变量的或然函数。在已经取得样本观测值的情况下，使或然函数取极大值的总体分布参数所代表的总体具有最大的概率取得这些样本观测值，该总体参数即是所要求的参数。通过或然函数极大化以求得总体参数估计量的方法被称为极大或然法。

在满足基本假设条件下，对一元线性回归模型 $Y_i = \beta_0 + \beta_1 X_i + \mu_i$ i=1,2,…,n

随机抽取 n 组样本观测值 Y_i, X_i（i=1,2,…,n），假如模型的参数估计量已经求得到，为 $\hat{\beta}_0$ 和 $\hat{\beta}_1$，那么 Y_i 服从如下的正态分布 $Y_i \sim N(\hat{\beta}_0 + \hat{\beta}_1 X_i, \sigma^2)$

于是，Y_i 的概率函数为 $$P(Y_i) = \frac{1}{\sigma\sqrt{2\pi}} e^{-\frac{1}{2\sigma^2}(Y_i - \hat{\beta}_0 - \hat{\beta}_1 X_i)^2} \quad i=1,2,\cdots,n$$

因为 Y_i 是相互独立的，所以 YY_i 的所有样本观测值的联合概率，也即或然函数为

$$L(\hat{\beta}_0, \hat{\beta}_1, \sigma^2) = P(Y_1, Y_2, \cdots, Y_n) = \frac{1}{(2\pi)^{\frac{n}{2}} \sigma^n} e^{-\frac{1}{2\sigma^2} \Sigma(Y_i - \hat{\beta}_0 - \hat{\beta}_1 X_i)^2} \quad (2.2.8)$$

将该或然函数极大化，即可求得模型参数的极大或然估计量。

由于或然函数的极大化与或然函数的对数的极大化是等价的，所以，取对数或然函数如下

$$L^* = \ln(L) = -n\ln(\sqrt{2\pi}\sigma) - \frac{1}{2\sigma^2}\Sigma(Y_i - \hat{\beta}_0 - \hat{\beta}_1 X_i)^2 \quad (2.2.9)$$

对 L^* 求极大值，等价于对 $\Sigma(Y_i - \hat{\beta}_0 - \hat{\beta}_1 X_i)^2$ 求极小值。$\Sigma(Y_i - \hat{\beta}_0 - \hat{\beta}_1 X_i)^2$ 极小值的条件为

$$\begin{cases} \frac{\partial}{\partial \hat{\beta}_0} \Sigma(Y_i - \hat{\beta}_0 - \hat{\beta}_1 X_i)^2 = 0 \\ \frac{\partial}{\partial \hat{\beta}_1} \Sigma(Y_i - \hat{\beta}_0 - \hat{\beta}_1 X_i)^2 = 0 \end{cases}$$

解得模型的参数估计量为 $$\begin{cases} \hat{\beta}_0 = \frac{\Sigma X_i^2 \Sigma Y_i - \Sigma X_i \Sigma Y_i X_i}{n\Sigma X_i^2 - (\Sigma X_i)^2} \\ \hat{\beta}_1 = \frac{n\Sigma Y_i X_i - \Sigma Y_i \Sigma X_i}{n\Sigma X_i^2 - (\Sigma X_i)^2} \end{cases}$$

可见，在满足一系列基本假设的情况下，模型结构参数的最大或然估计量与普通最小二乘估计量是相同的。

例 2.2.1：在上述家庭可支配收入—消费支出例中，对于所抽出的一组样本数，参数估计的计算

可通过下面的表 2.2.1 进行。

表 2.2.1 参数估计的计算

	X_i	Y_i	x_i	y_i	$x_i y_i$	x_i^2	y_i^2	X_i^2	Y_i^2
1	800	594	−1350	−973	1314090	1822500	947508	640000	352836
2	1100	638	−1050	−929	975870	1102500	863784	1210000	407044
3	1400	1122	−750	−445	334050	562500	198381	1960000	1258884
4	1700	1155	−450	−412	185580	202500	170074	2890000	1334025
5	2000	1408	−150	−159	23910	22500	25408	4000000	1982464
6	2300	1595	150	28	4140	22500	762	5290000	2544025
7	2600	1969	450	402	180720	202500	161283	6760000	3876961
8	2900	2078	750	511	382950	562500	260712	8410000	4318084
9	3200	2585	1050	1018	1068480	1102500	1035510	10240000	6682225
10	3500	2530	1350	963	1299510	1822500	926599	12250000	6400900
求和	21500	15674			5769300	7425000	4590020	53650000	29157448
平均	2150	1567							

由式（2.2.6）计算得

$$\hat{\beta}_1 = \frac{\sum x_i y_i}{\sum x_i^2} = \frac{5769300}{7425000} = 0.777 \ , \quad \hat{\beta}_0 = \bar{Y} - \hat{\beta}_1 \bar{X} = 1567 - 0.777 \times 2150 = -103.172$$

因此，由该样本估计的回归方程为

$$\hat{Y}_i = -103.172 + 0.777 X_i$$

四、最小二乘估计量的性质

当模型参数估计出后，需考虑参数估计值的精度，即是否能代表总体参数的真值。一般地，由于抽样波动的存在，以及所选估计方法的不同，都会使估计的参数与总体参数的真值有差距，因此考察参数估计量的统计性质就成了衡量该估计量"好坏"的主要准则。

一个用于考察总体的估计量，可从如下几个方面考察其优劣性：①线性性，即它是否是另一随机变量的线性函数；②无偏性，即它的均值或期望值是否等于总体的真实值；③有效性，即它是否在所有线性无偏估计量中具有最小方差；④渐近无偏性，即样本容量趋于无穷大时，它的均值序列趋于总体真值；⑤一致性，即样本容量趋于无穷大时，它是否依概率收敛于总体的真值；⑥渐近有效性，即样本容量趋于无穷大时，它在所有的一致估计量中具有最小的渐近方差。

这里，前三个准则也称作估计量的小样本性质（Small-sample Properties），因为一旦某估计量具有该类性质，它是不以样本的大小而改变的。拥有这类性质的估计量称为最佳线性无偏估计量（Best Liner Unbiased Estimator，BLUE）。当然，在小样本情形下，有时很难找到最佳线性无偏估计量，这时就需要考察样本容量增大时估计量的渐近性质。后三个准则称为估计量的大样本或渐近性质（Large-sample or Asymptotic Properties）。如果小样本情况下不能满足估计的准则，则应扩大样本容量，考察参数估计量的大样本性质。

可以证明，在经典线性回归的假定下，最小二乘估计量是具有最小方差的线性无偏估计量。

1. 线性性，即估计量 $\hat{\beta}_0$、$\hat{\beta}_1$ 是 Y_i 的线性组合。

由式（2.2.6）可知 $\hat{\beta}_1 = \dfrac{\sum x_i y_i}{\sum x_i^2} = \dfrac{\sum x_i(Y_i - \bar{Y})}{\sum x_i^2} = \dfrac{\sum x_i Y_i}{\sum x_i^2} + \dfrac{\bar{Y}\sum x_i}{\sum x_i^2} = \sum k_i Y_i$ 其中，$k_i = \dfrac{x_i}{\sum x_i^2}$

同样地 $\hat{\beta}_0 = \bar{Y} - \hat{\beta}_1 \bar{X} = \dfrac{1}{n}\sum Y_i - \sum k_i Y_i \bar{X} = \sum(\dfrac{1}{n} - \bar{X}k_i)Y_i = \sum w_i Y_i$ 其中，$w_i = \dfrac{1}{n} - \bar{X}k_i$

2.无偏性，即估计量 $\hat{\beta}_0$、$\hat{\beta}_1$ 的均值（期望）等于总体回归参数真值 β_0 与 β_1。

由线性性得 $\hat{\beta}_1 = \sum k_i Y_i = \sum k_i(\beta_0 + \beta_1 X_i + \mu_i) = \beta_0 \sum k_i + \beta_1 \sum k_i X_i + \sum k_i \mu_i$

易知，$\sum k_i = \dfrac{\sum x_i}{\sum x_i^2} = 0$，$\sum k_i X_i = 1$，故 $\hat{\beta}_1 = \beta_1 + \sum k_i \mu_i$，

$E(\hat{\beta}_1) = E(\beta_1 + \sum k_i \mu_i) = \beta_1 + \sum k_i E(\mu_i) = \beta_1$

同样地，容易得出 $E(\hat{\beta}_0) = E(\beta_0 + \sum w_i \mu_i) = E(\beta_0) + \sum w_i E(\mu_i) = \beta_0$

3.有效性（最小方差性），即在所有线性无偏估计量中，最小二乘估计量 $\hat{\beta}_0$、$\hat{\beta}_1$ 具有最小方差。

首先，由 $\hat{\beta}_1$、$\hat{\beta}_0$ 是关于 Y_i 的线性函数可求得它们的方差

$$\operatorname{var}(\hat{\beta}_1) = \operatorname{var}(\sum k_i Y_i) = \sum k_i^2 \operatorname{var}(\beta_0 + \beta_1 X_i + \mu_i) = \sum k_i^2 \operatorname{var}(\mu_i) = \sum \left(\dfrac{x_i}{\sum x_i^2}\right)^2 \sigma^2 = \dfrac{\sigma^2}{\sum x_i^2} \quad (2.2.10)$$

$$\operatorname{var}(\hat{\beta}_0) = \operatorname{var}(\sum w_i Y_i) = \sum w_i^2 \operatorname{var}(\beta_0 + \beta_1 X_i + \mu_i) = \sum(1/n - \bar{X}k_i)^2 \sigma^2 = \sum\left[\left(\dfrac{1}{n}\right)^2 - 2\dfrac{1}{n}\bar{X}k_i + \bar{X}^2 k_i^2\right]\sigma^2$$

$$= \left(\dfrac{1}{n} - \dfrac{2}{n}\bar{X}\sum k_i + \bar{X}^2 \sum\left(\dfrac{x_i}{\sum x_i^2}\right)^2\right)\sigma^2 = \left(\dfrac{1}{n} + \dfrac{\bar{X}^2}{\sum x_i^2}\right)\sigma^2 = \dfrac{\sum x_i^2 + n\bar{X}^2}{n\sum x_i^2}\sigma^2 = \dfrac{\sum X_i^2}{n\sum x_i^2}\sigma^2 \quad (2.2.11)$$

其次，假设 $\hat{\beta}_1^*$ 是其他估计方法得到的关于 β_1 的线性无偏估计量

$\hat{\beta}_1^* = \sum c_i Y_i$ 其中，$c_i = k_i + d_i$，d_i 为不全为零的常数，则容易证明 $\operatorname{var}(\hat{\beta}_1^*) \geq \operatorname{var}(\beta_1)$

同理，设 $\hat{\beta}_0^*$ 是其他估计方法得到的关于 β_0 的线性无偏估计量，则有 $\operatorname{var}(\hat{\beta}_0^*) \geq \operatorname{var}(\beta_0)$

由以上分析可以看出，普通最小二乘估计量（ordinary least Squares Estimators）具有线性性、无偏性、最小方差性等优良性质，称为最佳线性无偏估计量（best linear unbiased estimator，BLUE），这就是著名的高斯–马尔可夫定理（Gauss–Markov theorem）。显然这些优良的性质依赖于对模型的基本假设。

由于最小二乘估计量拥有一个"好"的估计量所应具备的小样本特性，它自然也拥有大样本特性。如对 $\hat{\beta}_1$ 的一致性来说，易知

$$P\lim(\hat{\beta}_1) = P\lim(\beta_1 + \sum k_i \mu_i) = P\lim(\beta_1) + P\lim\left(\dfrac{\sum x_i \mu_i}{\sum x_i^2}\right) = \beta_1 + \dfrac{P\lim(\sum x_i \mu_i / n)}{P\lim(\sum x_i^2 / n)}$$

等式右边第二项分子是 X 与 μ 的样本协方差的概率极限，它等于总体协方差 $Cov(X,\mu)$，根据基本假设，其值为 0；而分母是 X 的样本方差的概率极限，由基本假设为一有限常数 Q，因此

$$P\lim(\hat{\beta}_1) = \beta_1 + \dfrac{0}{Q} = \beta_1$$

五、参数估计量的概率分布及随机干扰项方差的估计

1. 参数估计量 $\hat{\beta}_0$ 和 $\hat{\beta}_1$ 的概率分布

为了达到对所估计参数精度测定的目的，还需进一步确定参数估计量的概率分布。由于普通最小二乘估计量 $\hat{\beta}_0$ 和 $\hat{\beta}_1$ 分别是 Y_i 的线性组合，因此 $\hat{\beta}_0$、$\hat{\beta}_1$ 的概率分布取决于 Y。在 μ 是正态分布的假设下，Y 是正态分布，则 $\hat{\beta}_0$ 和 $\hat{\beta}_1$ 也服从正态分布，其分布特征由其均值和方差唯一决定。由此可得

$$\hat{\beta}_1 \sim N(\beta_1, \frac{\sigma^2}{\sum x_i^2}), \qquad \hat{\beta}_0 \sim N(\beta_0, \frac{\sum X_i^2}{n\sum x_i^2}\sigma^2)$$

于是，$\hat{\beta}_0$ 和 $\hat{\beta}_1$ 的标准差分别为

$$\sigma_{\hat{\beta}_1} = \sqrt{\sigma^2 / \sum x_i^2} \qquad (2.2.12)$$

$$\sigma_{\hat{\beta}_0} = \sqrt{\frac{\sigma^2 \sum X_i^2}{n\sum x_i^2}} \qquad (2.2.13)$$

标准差可用来衡量估计量接近其真实值的程度，进而判断估计量的可靠性（见图 2.2.1）。

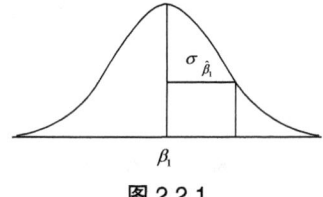

图 2.2.1

2. 随机误差项 μ 的方差 σ^2 的估计

在估计的参数 $\hat{\beta}_0$ 和 $\hat{\beta}_1$ 的方差表达式中，都含有随机扰动项的方差 σ^2。由于 σ^2 实际上是未知的，因此 $\hat{\beta}_0$ 和 $\hat{\beta}_1$ 的方差实际上无法计算，这就需要对其进行估计。由于随机项 μ_i 不可观测，只能从 μ_i 的估计——残差 e_i 出发，对总体方差 σ^2 进行估计。可以证明 σ^2 的最小二乘估计量为

$$\hat{\sigma}^2 = \frac{\sum e_i^2}{n-2} \qquad (2.2.14)$$

它是关于 σ^2 的无偏估计量。在最大或然估计法中，由或然方程

$$\frac{\partial}{\partial \sigma^2}L^* = -\frac{n}{2\sigma^2} + \frac{1}{2\sigma^2}\Sigma(Y_i - \hat{\beta}_0 - \beta_1 X_i)^2 = 0$$

也可解得 σ^2 的如下最大或然估计量

$$\hat{\sigma}^2 = \frac{1}{n}\Sigma(Y_i - \hat{\beta}_0 - \beta_1 X_i)^2 = \frac{\sum e_i^2}{n} \qquad (2.2.15)$$

对照式（2.2.14）知，σ^2 的最大或然估计量不具无偏性，但却具有一致性。

在随机误差项 μ 的方差 σ^2 估计出后，参数 $\hat{\beta}_0$ 和 $\hat{\beta}_1$ 的方差和标准差的估计量分别是：

$\hat{\beta}_1$ 的样本方差 $\quad\quad\quad\quad\quad S_{\hat{\beta}_1}^2 = \hat{\sigma}^2 / \sum x_i^2$ （2.2.16）

$\hat{\beta}_1$ 的样本标准差 $\quad\quad\quad S_{\hat{\beta}_1} = \hat{\sigma} / \sqrt{\sum x_i^2}$ （2.2.17）

$\hat{\beta}_0$ 的样本方差 $\quad\quad\quad\quad\quad S_{\hat{\beta}_0}^2 = \hat{\sigma}^2 \sum X_i^2 / n\sum x_i^2$ （2.2.18）

$\hat{\beta}_0$ 的样本标准差 $\quad\quad\quad S_{\hat{\beta}_0} = \hat{\sigma} \sqrt{\sum X_i^2 / n\sum x_i^2}$ （2.2.19）

第三节 一元线性回归模型的统计检验

回归分析是要通过样本所估计的参数来代替总体的真实参数，或者说是用样本回归线代替总体回归线。尽管从统计性质上已知，如果有足够多的重复抽样，参数的估计值的期望（均值）就等于其总体的参数真值，但在一次抽样中，估计值不一定就等于该真值。那么，在一次抽样中，参数的估计值与真值的差异有多大，是否显著，这就需要进一步进行统计检验。主要包括拟合优度检验、变量的显著性检验及参数的区间估计。

一、拟合优度检验

拟合优度检验，顾名思义，是检验模型对样本观测值的拟合程度。检验的方法，是构造一个可以表征拟合程度的指标，在这里称为统计量，统计量是样本的函数。从检验对象中计算出该统计量的数值，然后与某一标准进行比较，得出检验结论。有人也许会问，采用普通最小二乘估计方法，已经保证了模型最好地拟合了样本观测值，为什么还要检验拟合程度？问题在于，在一个特定的条件下做得最好的并不一定就是高质量的。普通最小二乘法所保证的最好拟合，是同一个问题内部的比较，拟合优度检验结果所表示优劣是不同问题之间的比较。例如图 2.3.1 和图 2.3.2 中的直线方程都是由散点表示的样本观测值的最小二乘估计结果，对于每个问题它们都满足残差的平方和最小，但是二者对样本观测值的拟合程度显然是不同的。

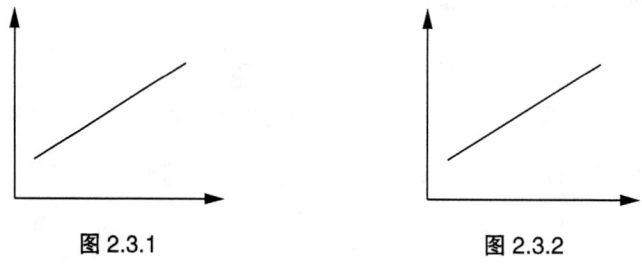

图 2.3.1　　　　　　　　图 2.3.2

1. 总离差平方和的分解

已知由一组样本观测值 (X_i, Y_i)，i=1,2,…,n 得到如下样本回归直线 $\hat{Y}_i = \hat{\beta}_0 + \hat{\beta}_1 X_i$

而 Y 的第 i 个观测值与样本均值的离差 $y_i = (Y_i - \bar{Y})$ 可分解为两部分之和

$$y_i = Y_i - \bar{Y} = (Y_i - \hat{Y}_i) + (\hat{Y}_i - \bar{Y}) = e_i + \hat{y}_i \quad (2.3.1)$$

如图 2.3.3 所示，其中，$\hat{y}_i = (\hat{Y}_i - \bar{Y})$ 是样本回归直线理论值（回归拟合值）与观测值的平均值之差，可认为是由回归直线解释的部分；$e_i = (\hat{Y}_i - \bar{Y})$ 是实际观测值与回归拟合值之差，是回归直线不能解释的部分。显然，如果 Y_i 落在样本回归线上，则第 i 个观测值与样本均值的离差，全部来自样本回归拟合值与样本均值的离差，即完全可由样本回归线解释。表明在该点处实现完全拟合。

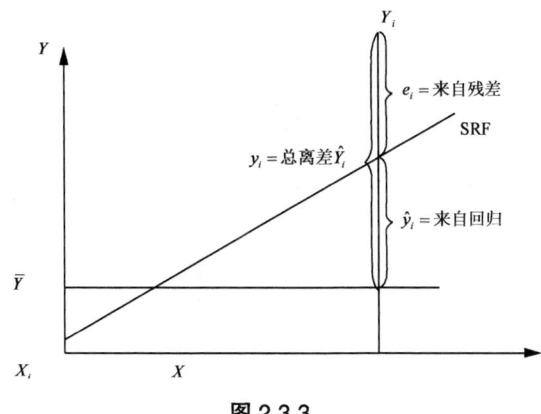

图 2.3.3

对于所有样本点，则需考虑这些点与样本均值离差的平方和。由于

$$\Sigma y_i^2 = \Sigma \hat{y}_i^2 + \Sigma e_i^2 + 2\Sigma \hat{y}_i e_i$$

可以证明 $\Sigma \hat{y}_i e_i = 0$，所以有

$$\Sigma y_i^2 = \Sigma \hat{y}_i^2 + \Sigma e_i^2 \tag{2.3.2}$$

记 $\Sigma y_i^2 = \Sigma(Y_i - \bar{Y})^2 = TSS$，称为总离差平方和（Total Sum of Squares），反映样本观测值总体离差的大小；$\Sigma \hat{y}_i^2 = \Sigma(\hat{Y}_i - \bar{Y})^2 = ESS$，称为回归平方和（Explained Sum of Squares），反映由模型中解释变量所解释的那部分离差的大小；$\Sigma e_i^2 = \Sigma(Y_i - \hat{Y}_i)^2 = RSS$，称为残差平方和（Residual Sum of Squares），反映样本观测值与估计值偏离的大小，也是模型中解释变量未解释的那部分离差的大小。

式（2.3.2）表明的观测值围绕其均值的总离差平方和可分解为两部分，一部分来自回归线，另一部分则来自随机势力。因此，可用来自回归线的回归平方和占 Y 的总离差的平方和的比例来判断样本回归线与样本观测值的拟合优度。

读者也许会问，既然 RSS 反映样本观测值与估计值偏离的大小，可否直接用它作为拟合优度检验的统计量？这里提出了一个普遍的问题，即作为检验统计量的一般应该是相对量，而不能用绝对量。因为用绝对量作为检验统计量，无法设置标准。在这里，RSS，即残差平方和，与样本容量关系很大，当 n 比较小时，它的值也较小，但不能因此而判断模型的拟合优度就好。

2. 可决系数 R^2 统计量

根据上述关系，可以用

$$R^2 = \frac{ESS}{TSS} = 1 - \frac{RSS}{TSS} \tag{2.3.3}$$

检验模型的拟合优度，称 R^2 为可决系数（coefficient of determination）。显然，在总离差平方和中，回归平方和所占的比重越大，残差平方和所占的比重越小，则回归直线与样本点拟合得越好。如果模型与样本观测值完全拟合，则有 $R^2=1$。当然，模型与样本观测值完全拟合的情况是不可能发生的，R^2 不可能等于 1。但毫无疑问的是该统计量越接近于 1，模型的拟合优度越高。

在实际计算可决系数时，在 $\hat{\beta}_1$ 已经估计出后，一个较为简单的计算公式为

$$R^2 = \hat{\beta}_1^2 \left(\frac{\Sigma x_i^2}{\Sigma y_i^2} \right) \tag{2.3.4}$$

这里用到了样本回归函数的离差形式来计算回归平方和

$$ESS = \Sigma \hat{y}_i^2 = \Sigma(\hat{\beta}_1 x_i)^2 = \hat{\beta}_1^2 \Sigma x_i^2$$

在例 2.1.1 的收入—消费支出例中，$R^2 = \hat{\beta}_1^2 \dfrac{\Sigma x_i^2}{\Sigma y_i^2} = \dfrac{(0.777)^2 \times 7425000}{4590020} = 0.9766$

说明在线性回归模型中，家庭消费支出总变差（variation）中，由家庭可支配收入的变差解释的部分占 97.66%，模型的拟合优度较高。

由式（2.3.3）知，可决系数的取值范围为 $0 \leq R^2 \leq 1$，是一个非负的统计量。它也是随着抽样的不同而不同，即是随抽样而变动的统计量。为此，对可决系数的统计可靠性也应进行检验，这将在第 3 章中进行。

二、变量的显著性检验

变量的显著性检验，旨在对模型中被解释变量与解释变量之间的线性关系是否显著成立做出推断，或者说考察所选择的解释变量是否对被解释变量有显著的线性影响。

从上面的拟合优度检验中可以看出，拟合优度高，则解释变量对被解释变量的解释程度就高，线性影响就强，可以推测模型线性关系成立；反之，就不成立。但这只是一个模糊的推测，不能给出一个统计上的严格的结论。因此，还必须进行变量的显著性检验。变量的显著性检验所应用的方法是数理统计学中假设检验。

1. 假设检验

假设检验是统计推断的一个主要内容，它的基本任务是根据样本所提供的信息，对未知总体分布的某些方面的假设做出合理的判断。

假设检验的程序是，首先根据实际问题的要求提出一个论断，称为统计假设，记为 H_0；其次根据样本的有关信息，对 H_0 的真伪进行判断，做出拒绝 H_0 或接受 H_0 的决策。

假设检验的基本思想是概率性质的反证法。为了检验原假设 H_0 是否正确，先假定这个假设是正确的，看由此能推出什么结果。如果导致一个不合理的结果，则表明"假设为 H_0 正确"是错误的，即原假设 H_0 不正确，因此要拒绝原假设 H_0。如果没有导致一个不合理现象的出现，则不能认为原假设 H_0 不正确，因此不能拒绝原假设 H_0。

概率性质的反证法的根据是小概率事件原理，该原理认为"小概率事件在一次试验中几乎是不可能发生的"。在原假设 H_0 下构造一个事件，这个事件在"原假设 H_0 是正确"的条件下是一个小概率事件。随机抽取一组容量为 n 的样本观测值进行该事件的试验，如果该事件发生了，说明"原假设 H_0 是正确"是错误的，因为不应该出现的小概率事件出现了。因而应该拒绝原假设 H_0。反之，如果该小概率事件没有出现，就没有理由拒绝原假设 H_0，应该接受原假设 H_0。

2. 变量的显著性检验

用以进行变量显著性检验的方法主要有三种，即 F 检验、t 检验和 z 检验。它们的区别在于构造的统计量不同。应用最为普遍的 t 检验，在目前使用的计量经济学软件包中，都有关于 t 统计量的计算结果。我们在此只介绍 t 检验。

对于一元线性回归方程中的 $\hat{\beta}_1$，已经知道它服从正态分布 $\hat{\beta}_1 \sim N(\beta_1, \dfrac{\sigma^2}{\Sigma x_i^2})$

进一步根据数理统计学中的定义，如果真实的 σ^2 未知，而用它的无偏估计量 $\hat{\sigma}^2 = \Sigma e_i^2 / (n-2)$ 替代时，可构造如下统计量 $t = \dfrac{\hat{\beta}_1 - \beta_1}{\sqrt{\hat{\sigma}^2 \Sigma x_i^2}} = \dfrac{\hat{\beta}_1 - \beta_1}{S_{\hat{\beta}_1}}$ （2.3.5）

则该统计量服从自由度为 $(n-2)$ 的 t 分布。因此，可用该统计量作为 β_1 显著性检验 t 的统计量。

如果变量 X 是显著的，那么参数 β_1 应该显著地不为0。于是，在变量显著性检验中设计的原假设为：$H_0: \beta_1 = 0$

给定一个显著性水平 α，查 t 分布表（见附录），得到一个临界值 $t_{\frac{\alpha}{2}}(n-2)$。因为 t 分布是双尾分布，所以按照 $\alpha/2$ 查 t 分布表中的临界值。于是 $|t| > t_{\frac{\alpha}{2}}(n-2)$（这里的 t 已不同于（2.3.5）式，其中 $\beta_1 = 0$）为原假设 H_0 下的一个小概率事件。在参数估计完成后，可以很容易计算 t 的数值。如果发生了 $|t| > t_{\frac{\alpha}{2}}(n-2)$，则在 $(1-\alpha)$ 的置信度下拒绝原假设 H_0，即变量 X 是显著的，通过变量显著性检验。如果未发生 $|t| > t_{\frac{\alpha}{2}}(n-2)$，则在 $(1-\alpha)$ 置信度下接受原假设 H_0，即变量 X 是不显著的，未通过变量显著性检验。

对于一元线性回归方程中的，可构造如下 t 统计量进行显著性检验

$$t = \dfrac{\hat{\beta}_0 - \beta_0}{\sqrt{\hat{\sigma}^2 \Sigma X_i^2 n \Sigma x_i^2}} = \dfrac{\hat{\beta}_0 - \beta_0}{S_{\hat{\beta}_0}}$$ （2.3.6）

同样地，该统计量服从自由度为 $n-2$ 的 t 分布，检验的原假设一般仍为 $\beta_0 = 0$。

在例2.1.1与例2.2.1中，首先计算 σ^2 的估计值

$$\hat{\sigma}^2 = \dfrac{\Sigma e_i^2}{n-2} = \dfrac{\Sigma y_i^2 - \hat{\beta}_1^2 \Sigma x_i^2}{n-2} = \dfrac{4590020 - 0.777^2 \times 7425000}{10-2} = 13402$$

于是 $\hat{\beta}_0$ 和 $\hat{\beta}_1$ 的标准差的估计值分别是

$$S_{\hat{\beta}_1} = \sqrt{\hat{\sigma}^2 / \Sigma x_i^2} = \sqrt{13402/7425000} = \sqrt{0.0018} = 0.0425$$

$$S_{\hat{\beta}_0} = \sqrt{\hat{\sigma}^2 \Sigma X_i^2 / n \Sigma x_i^2} = \sqrt{13402 \times 53650000 / 10 \times 7425000} = 98.41$$

t 统计量的计算结果分别为

$$t_1 = \hat{\beta}_1 / S_{\hat{\beta}_1} = 0.777 / 0.0425 = 18.29 \qquad t_0 = \hat{\beta}_0 / S_{\hat{\beta}_0} = -103.17 / 98.41 = -1.048$$

给定一个显著性水平 $\alpha=0.05$，查 t 分布表中自由度为8 [在这个例子中 $(n-2) = 8$]、$\alpha=0.05$ 的临界值，得到 $t_{\frac{\alpha}{2}}(8) = 2.306$。可见 $|t_1| > t_{\frac{\alpha}{2}}(n-2)$，说明解释变量家庭可支配收入在95%的置信度下显著，即通过了变量显著性检验。但 $|t_0| < t_{\frac{\alpha}{2}}(n-2)$，表明在95%的置信度下，无法拒绝截距项为零的假设。

三、参数的置信区间

假设检验可以通过一次抽样的结果检验总体参数可能的假设值的范围（最常用的假设为总体参数值为零），但它并没有指出在一次抽样中样本参数值到底离总体参数的真值有多"近"。要判断样本参数的估计值在多大程度上可以"近似"地替代总体参数的真值，往往需要通过构造一个以样本参数

的估计值为中心的"区间",来考察它以多大的可能性（概率）包含着真实的参数值。这种方法就是参数检验的置信区间估计。

要判断估计的参数值 $\hat{\beta}_i$ 离真实的参数值 β_i 有多"近",可预先选择一个概率 $\alpha(0<\alpha<1)$,并求一个正数 δ,使得随机区间（random interval）$(\hat{\beta}_i-\delta,\hat{\beta}_i+\delta)$ 包含参数 β_i 的真值的概率为 $1-\alpha$。即

$$P(\hat{\beta}_i - \delta \leq \beta_i \leq \hat{\beta}_i + \delta) = 1-\alpha$$

如果存在这样一个区间,称之为置信区间（confidence interval）；$1-\alpha$ 称为置信系数（置信度）（confidence coefficient）,α 称为显著性水平（level of significance）;置信区间的端点称为置信限（confidence limit）或临界值（critical values）。

在变量的显著性检验中已经知道：$t = \dfrac{\hat{\beta}_i - \beta_i}{S_{\hat{\beta}_i}} \sim t(n-2)(i=0,1)$

这就是说,如果给定置信度 $1-\alpha$,从 t 分布表中查得自由度为的临界值 $t_{\frac{\alpha}{2}}$,那么 t 值处在 $(-t_{\frac{\alpha}{2}},t_{\frac{\alpha}{2}})$ 的概率是 $1-\alpha$。表示为 $P(-t_{\frac{\alpha}{2}} < t < t_{\frac{\alpha}{2}}) = 1-\alpha$

即 $P\left(-t_{\frac{\alpha}{2}} < \dfrac{\hat{\beta}_i - \beta_i}{S_{\hat{\beta}_i}} < t_{\frac{\alpha}{2}}\right) = 1-\alpha$,$P\left(\hat{\beta}_i - t_{\frac{\alpha}{2}} \times S_{\hat{\beta}_i} < \beta_i < \hat{\beta}_i + t_{\frac{\alpha}{2}} \times S_{\hat{\beta}_i}\right) = 1-\alpha$

于是得到 $(1-\alpha)$ 的置信度 β_i 下的置信区间是

$$(\hat{\beta}_i - t_{\frac{\alpha}{2}} \times S_{\hat{\beta}_i},\hat{\beta}_i + t_{\frac{\alpha}{2}} \times S_{\hat{\beta}_i}) \qquad (2.3.7)$$

在例 2.1.1 与例 2.2.1 中,如果给定 $\alpha = 0.01$,查表得 $t_{\frac{\alpha}{2}}(n-2) = t_{0.005}(8) = 3.355$

从假设检验中已得到 $S_{\hat{\beta}_1} = 0.042$,$S_{\hat{\beta}_0} = 98.41$

于是,根据（2.3.6）计算得到 β_1、β_0 的置信区间分别为（0.6345,0.9195）（-433.32,226.98）

显然,参数的置信区间小于的置信区间。

由于置信区间一定程度地给出了样本参数估计值与总体参数真值的"接近"程度,因此置信区间越小越好。如何才能缩小置信区间?从式（2.3.7）不难看出：①增大样本容量 n。在同样的样本容量下,n 越大,t 分布表中的临界值越小;同时,增大样本容量,还可使样本参数估计量的标准差减小;②提高模型的拟合优度,因为样本参数估计量的标准差与残差平方和成正比,模型优度越高,残差平方应越小。

第四节 一元线性回归模型的预测

计量经济学模型的一个重要应用是经济预测。对于一元线性回归模型 $\hat{Y}_i = \hat{\beta}_0 + \hat{\beta}_1 X_i$

如果给定样本以外的解释变量的观测值 X_0,可以得到被解释变量的预测值 $\hat{Y}_0$,可以以此作为其条件均值 $E(Y|X=X_0)$ 或个别值 Y 的一个近似估计。严格地说,这只是被解释变量的预测值的估计值,而不是预测值。原因在于两方面:一是模型中的参数估计量是不确定的,二是随机项的影响。所以,我们得到的仅能是预测值的一个估计值,预测值仅以某一个置信度处于以该估计值为中心的一个区间中。预测更大程度上说是一个区间估计问题。

一、$\hat{Y}_0$ 是条件均值 $E(Y|X=X_0)$ 或个值 Y 的一个无偏估计

在总体回归函数为 $E(Y|X) = \beta_0 + \beta_1 X$ 的情况下，Y 在 $X = X_0$ 时的条件均值为

$E(Y|X=X_0) = \beta_0 + \beta_1 X_0$ 通过样本回归函数 $\hat{Y} = \hat{\beta}_0 + \hat{\beta}_1 X$，求得 $X = X_0$ 的拟合值为 $\hat{Y}_0 = \hat{\beta}_0 + \hat{\beta}_1 X_0$

$$E(\hat{Y}_0) = E(\hat{\beta}_0 + \hat{\beta}_1 X_0) = E(\hat{\beta}_0) + X_0 E(\hat{\beta}_1) = \beta_0 + \beta_1 X_0 \tag{2.4.1}$$

另外，在总体回归模型为 $Y = \beta_0 + \beta_1 X + \mu$ 的情况下，Y 在 $X = X_0$ 时的值为

$$Y_0 = \beta_0 + \beta_1 X_0 + \mu, \quad E(Y_0) = E(\beta_0 + \beta_1 X_0 + \mu) = \beta_0 + \beta_1 X_0 + E(\mu) = \beta_0 + \beta_1 X_0 \tag{2.4.2}$$

式（2.4.1）与式（2.4.2）说明在 $X = X_0$ 时，样本估计值 $\hat{Y}_0$ 是总体均值 $E(Y|X=X_0)$ 和个值 Y_0 的无偏估计，因此可用作为 Y_0 的预测值。

二、总体条件均值与个值预测值的置信区间

1. 总体均值预测值的置信区间

由于 $\hat{Y}_0 = \hat{\beta}_0 + \hat{\beta}_1 X_0$ 且 $\hat{\beta}_1 \sim N(\beta_1, \frac{\sigma^2}{\Sigma x_i^2})$，$\hat{\beta}_0 \sim N(\beta_0, \frac{\Sigma X_i^2}{n \Sigma x_i^2} \sigma^2)$

则 $E(\hat{Y}_0) = E(\hat{\beta}_0) + X_0 E(\hat{\beta}_1) = \beta_0 + \beta_1 X$ $Var(\hat{Y}_0) = Var(\hat{\beta}_0) + 2 X_0 Cov(\hat{\beta}_0, \hat{\beta}_1) + X_0^2 Var(\hat{\beta}_1)$

可以证明 $Cov(\hat{\beta}_0, \hat{\beta}_1) = -\sigma^2 \bar{X} / \Sigma x_i^2$

因此 $Var(\hat{Y}_0) = \frac{\sigma \Sigma X_i^2}{n \Sigma x_i^2} - \frac{2 X_0 \bar{X} \sigma^2}{\Sigma x_i^2} + \frac{X_0^2 \sigma^2}{\Sigma x_i^2} = \frac{\sigma^2}{\Sigma x_i^2} \left(\frac{\Sigma X_i^2 - n\bar{X}^2}{n} + \bar{X}^2 - 2 X_0 \bar{X} + X_0^2 \right)$

$$= \frac{\sigma^2}{\Sigma x_i^2} \left(\frac{\Sigma x_i^2}{n} + \left(X_0 - \bar{X} \right)^2 \right) = \sigma^2 \left(\frac{1}{n} + \frac{\left(X_0 - \bar{X} \right)^2}{\Sigma x_i^2} \right)$$

故 $\hat{Y}_0 \sim N \left\{ \beta_0 + \beta_1 X_0, \sigma^2 \left[\frac{1}{n} + \frac{\left(X_0 - \bar{X} \right)^2}{\Sigma x_i^2} \right] \right\} \tag{2.4.3}$

将未知的 σ^2 代以它的无偏估计量 $\hat{\sigma}^2$，则可构造 t 统计量

$$t = \frac{\hat{Y}_0 - (\beta_0 + \beta_1 X_0)}{S_{\hat{Y}_0}} \sim t(n-2) \tag{2.4.4}$$

其中，$S_{\hat{Y}_0} = \sqrt{\hat{\sigma}^2 (\frac{1}{n} + \frac{\left(X_0 - \bar{X} \right)^2}{\Sigma x_i^2})}$，于是，在 $1 - \alpha$ 的置信度下，总体均值 $E(Y|X_0)$ 的置信区间为

$$\hat{Y}_0 - t_{\frac{\alpha}{2}} \times S_{\hat{Y}_0} < E(Y|X_0) < \hat{Y}_0 + t_{\frac{\alpha}{2}} \times S_{\hat{Y}_0} \tag{2.4.5}$$

2. 总体个值预测值的预测区间

由 $Y_0 = \beta_0 + \beta_1 X_0 + \mu$ 知 $Y_0 \sim N(\beta_0 + \beta_1 X_0, \sigma^2)$

于是 $\hat{Y}_0 - Y_0 \sim N\left\{0, \sigma^2\left[1 + \frac{1}{n} + \frac{(X_0 - \bar{X})^2}{\Sigma x_i^2}\right]\right\}$ （2.4.6）

将未知的 σ^2 代以它的无偏估计量 $\hat{\sigma}^2$，则可构造 t 统计量

$$t = \frac{\hat{Y}_0 - Y_0}{S_{\hat{Y} - Y_0}} \sim t(n-2)$$ （2.4.7）

其中，$S_{\hat{Y} - Y_0} = \sqrt{\hat{\sigma}^2 \left(1 + \frac{1}{n} + \frac{(X_0 - \bar{X})^2}{\Sigma x_i^2}\right)}$ 从而在 $1 - \alpha$ 的置信度下，Y_0 的置信区间为

$$\hat{Y}_0 - t_{\frac{\alpha}{2}} \times S_{\hat{Y} - Y_0} < Y_0 < \hat{Y}_0 + t_{\frac{\alpha}{2}} \times S_{\hat{Y} - Y_0}$$ （2.4.8）

在例 2.1.1 及例 2.2.1 的收入—消费支出例中，得到的样本回归函数为

$\hat{Y}_i = -103.172 + 0.777 X_i$ 则在 $X_0 = 1000$ 处，$\hat{Y}_0 = -103.172 + 0.777 \times 1000 = 673.84$，它可作为总体均值 $E(Y|X=1000)$ 或个值 Y 在 X=1000 处的预测的估计值。而

$$Var(\hat{Y}_0) = 13402\left[\frac{1}{10} + \frac{(1000 - 2150)^2}{7425000}\right] = 3727.29 \quad S(\hat{Y}_0) = 61.05$$

因此，总体均值 $E(Y|X=1000)$ 的 95% 的置信区间为：

$673.84 - 2.306 \times 61.05 < E(Y|X=1000) < 673.84 + 2.306 \times 61.05$ 或为 $(533.05, 814.62)$

同样地，对于 Y 在 X=1000 的个体值 Y_0，其 95% 的置信区间为：

$673.84 - 2.306 \times 130.88 < Y_{x=1000} < 673.84 + 2.306 \times 130.88$ 或为 $(372.03, 975.65)$

如图 2.4.1 所示，如果对每个 X 值求其总体均值 E(Y|X) 的 95% 的置信区间，将区间端点连接起来，可以得到关于总体回归函数的置信带（域）（confidence band）。同样地，对每个 X 值求其个值 Y 的 95% 的置信区间，将区间端点连接起来，可以得到关于个体的置信带（域）。可以看出，Y_0 的个体的置信带比其总体均值的置信带宽。

对于 Y 的总体均值 $E(Y_0)$ 与个体值 Y_0 的预测区间（置信区间），①样本容量 n 越大，预测精度越高，反之预测精度越低；②样本容量一定时，置信带的宽度当在 X 均值处最小，其附近进行预测（插值预测）精度越大；X 越远离其均值，置信带越宽，预测可信度下降。

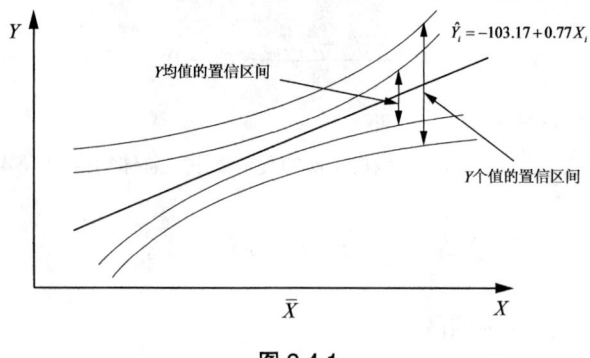

图 2.4.1

第五节 案例分析

【案例1】青海省城市化与经济增长模型

一、模型的设定

根据世界各国的发展经验可以发现,城市化水平与经济增长服从一个统计上显著的S形曲线规律。城市化的推进,有利于改善经济结构,促进国内消费需求和第三产业发展。城市化水平与人均收入之间存在一个稳定的数量关系。测算青海省城市化和经济发展之间的数量关系,被解释变量为城市化水平,解释变量为经济发展水平,建立一元回归模型

$$Y_i = \beta_0 + \beta_1 X_i + \mu$$

其中,Y_i 为青海省城市化率,X_i 为青海省人均GDP,从2012年《青海统计年鉴》中得到数据;利用Eviews软件绘制散点图如下:

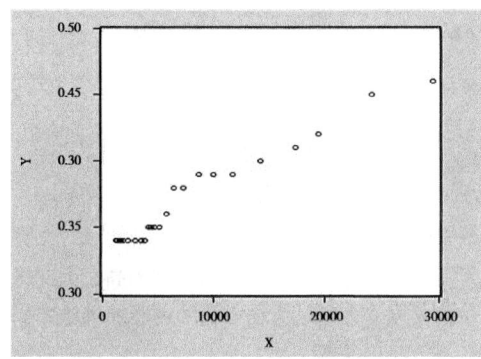

图 2.5.1　X 与 Y 关系的散点

二、估计参数

利用Eviews软件,按照前面例子中所介绍的有关步骤,得出回归估计结果。如表2.5.1所示:

表 2.5.1　青海省城市化率 Y 对人均 GDP 的回归

Dependent Variable: LNY
Method: Least Squares
Date: 04/13/13　Time: 00:05
Sample: 1988 2011
Included observations: 24

Variable	Coefficient	Std. Error	t-Statistic	Prob.
C	-1.809444	0.067742	-26.71079	0.0000
LNX	0.094528	0.007843	12.05278	0.0000
R-squared	0.868476	Mean dependent var		-0.997527
Adjusted R-squared	0.862497	S.D. dependent var		0.094486
S.E. of regression	0.035037	Akaike info criterion		-3.785197
Sum squared resid	0.027006	Schwarz criterion		-3.687026
Log likelihood	47.42237	F-statistic		145.2695
Durbin-Watson stat	0.283225	Prob(F-statistic)		0.000000

参数估计结果:

$$\widehat{LNY}_i = -1.809444 + 0.094528 LNX_i$$
　　　　　　（0.067742）　（0.007843）
　　　　t=（-26.71079）　（12.05278）
　　　　R^2=0.868476 df=22 S.E=0.035037 DW=0.283225

三、模型检验

1. 经济意义检验

从回归结果可以看出，人均GDP的参数为正数，方程斜率为正，说明人均GDP每增加1%，城市化率提高0.09%。可以看出，二者的总量关系基本保持恒定，并且出现良好的增长势头。

2. 拟合优度检验和统计检验

用Eviews得出回归模型参数估计结果的同时，已经给出了用于模型检验的相关数据。

拟合优度的度量：由表2.5.1可以看出，本例中可决系数为0.868476，说明所建模型整体上对样本数据拟合较好，即解释变量"人均GDP"对被解释变量"城市化率"的绝大部分差异做出了解释。

对回归系数t检验：针对$H_0: \beta_0 = 0$和$H_1: \beta_1 = 0$，β_0的标准误差和t值分别为$SE(\beta_0) = 0.067742$，$t(\beta_0) = -26.71079$，β_1的标准误差和t值分别为$SE(\beta_1) = 0.007843$，$t(\beta_1) = 12.05278$。取$\alpha = 0.05$，查t分布表得自由度为$n-2=22$的临界值$t_{0.025}(22) = 2.074$。因为$|t(\beta_0)| = |-26.71079| > t_{0.025}(22) = 2.074$，所以能拒绝$H_0: \beta_0 = 0$，因为$t(\beta_1) = 12.05278 > t_{0.025}(22) = 2.074$，所以应拒绝$H_0: \beta_1 = 0$。这表明，经济增长对城市化水平具有显著影响。

随着青海省经济的快速发展，城市化水平也在不断得到提高，因此城市化的过程中要更加重视经济的发展，只有经济取得较快的发展，才能够为城市化的发展提供雄厚的资金后盾。

【案例2】青海省农村居民消费模型

一、模型设定

为了分析青海省农村居民消费水平，收集青海省1989—2011年的时间序列数据，建立以农村居民人均消费水平为被解释变量Y，以农村居民家庭人均纯收入为解释变量X的一元回归模型。

表2.5.2　青海省农村居民人均纯收入与消费支出　　　　　　　　单位：元

年份	农村居民消费支出 Y	农村居民家庭人均纯收入 X
1989	413.29	463.52
1990	474.8	559.78
1991	486.25	555.56
1992	495.9	603.4
1993	585.19	672.56
1994	745.72	869.34
1995	913.8	1029.77
1996	1052.3	1173.8
1997	1085.38	1320.63
1998	1117.79	1426

续表

年份	农村居民消费支出 Y	农村居民家庭人均纯收入 X
1999	1133.63	1486.31
2000	1218.2	1490.49
2001	1345.6	1610.87
2002	1411.7	1710.8
2003	1572	1817.38
2004	1676.4	2004.59
2005	2085.5	2165.11
2006	2214.89	2358.37
2007	2475.8	2683.78
2008	2974.9	3061.24
2009	3243.6	3346.2
2010	3858.5	3862.7
2011	4536.8	4608.5

资料来源：《青海统计年鉴 2012》

利用 Eviews 软件绘制散点图如下：

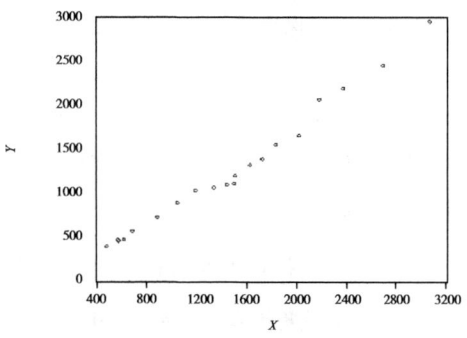

图 2.5.2　Y 与 X 关系散点图

根据 X 与 Y 关系的散点图判断，X 与 Y 之间存在线性相关关系，因此可以建立一元线性回归模型

$$Y_i = \beta_0 + \beta_1 X_i + \mu_i$$

其中，Y_i 为农村居民人均消费水平，X_i 为农村居民家庭人均纯收入，斜率系数 β_1 的经济意义是农村居民家庭人均纯收入每增加 1 元，农村居民人均消费水平平均增加 β_1。

二、估计参数

运用 Eviews 软件进行回归分析，结果如下表：

表 2.5.3　青海省农村居民消费模型的估计结果

Dependent Variable: Y
Method: Least Squares
Date: 02/27/13　Time: 14:02
Sample: 1989 2011
Included observations: 23

Variable	Coefficient	Std. Error	t-Statistic	Prob.

C	−185.5941	41.45498	−4.477004	0.0002
X	1.012375	0.019873	50.94126	0.0000
R-squared	0.991973	Mean dependent var		1613.824
Adjusted R-squared	0.991590	S.D. dependent var		1134.693
S.E. of regression	104.0566	Akaike info criterion		12.21069
Sum squared resid	227383.5	Schwarz criterion		12.30943
Log likelihood	−138.4229	F-statistic		2595.012
Durbin-Watson stat	0.624225	Prob（F-statistic）		0.000000

参数估计结果：

$$\hat{Y}_i = -185.5941 + 1.012375 X_i$$

（41.45498）（0.019873）

t =（−4.477004）（50.94126）

R^2=0.991973 F=2595.012 S.E=104.0566

三、模型检验

1. 经济意义检验

从回归结果可以看出，农村居民家庭人均纯收入的参数为正数，方程斜率为正，说明农村居民家庭人均纯收入每增加 1 元，农村居民消费水平平均增加 1.012375 元。可以看出，农村居民家庭人均纯收入和农村居民消费水平的总量关系基本保持恒定，并且出现良好的增长势头。

2. 统计推断检验

从回归结果来看，可决系数 R^2=0.991973，说明所建模型整体上对样本数据拟合较好。对回归系数 t 检验：针对 $H_0: \beta_0 = 0$ 和 $H_0: \beta_1 = 0$，估计的回归系数 β_0 的标准误差和 t 值分别为 $SE(\beta_0) = 41.45498$，$t(\beta_0) = -4.477004$，β_1 的标准误差和 t 值分别为 $SE(\beta_1) = 0.019873$，$t(\beta_1) = 50.94126$。取 $\alpha = 0.05$，查 t 分布表得自由度为 n−2=23−2 的临界值 $t_{0.025}(21) = 2.080$。因为 $t(\beta_0) = -4.477004 < t_{0.025}(21) = 2.080$，所以能拒绝 $H_0: \beta_0 = 0$，因为 $t(\beta_1) = 50.94126 > t_{0.025}(21) = 2.080$，所以应拒绝 $H_0: \beta_1 = 0$。这表明，农村居民家庭人均纯收入对农村居民消费水平具有显著影响。

四、模型结论

在实施扩大内需宏观经济政策的背景下，农村消费市场是不容忽视的。由模型可以看出农村居民家庭人均收入对消费水平的影响是较大的，所以增加农村居民收入是提高农村消费水平的一个重要手段。所以政府在扩大内需的同时要想方设法的增加居民的收入，多渠道增加农民收入。要增加居民的财产收入，同时要拓展投资渠道，鼓励农民的适度投资。

【案例3】中国各地区城市居民消费模型

一、模型设定

居民消费在社会经济的持续发展中有着重要的作用。居民合理的消费模式和居民适度的消费规模有利于经济持续健康的增长，而且这也是人民生活水平的具体体现。改革开放以来随着中国经济的快速发展，人民生活水平不断提高，居民的消费水平也不断增长。但是在看到这个整体趋势的同时，还应看到全国各地区经济发展速度不同，居民消费水平也有明显差异。为了分析何为影响各地区居民消费支出有明显差异的最主要因素,并分析影响因素与消费水平的数量关系,可以建立相应的计量经济模型去研究。如果研究中国各地区城市居民消费差异,应选择同一时期各地区城镇居民的消费支出来建立模型。被解释变量 Y 为中国各地区城市居民年平均消费支出,城市居民人均可支配收入作为解释变量 X。从 2012 年《中国统计年鉴》中得到数据:

表2.5.4 2011年中国各地区城市居民人均年消费支出和可支配收入 单位:元

地区	城镇居民人均年消费支出 Y	城镇居民人均年可支配收入 X
北京	30037.0	32903.03
天津	23359.7	26920.86
河北	15330.7	18292.23
山西	14055.0	18123.87
内蒙古	18996.3	20407.57
辽宁	20560.5	20466.84
吉林	14803.8	17796.57
黑龙江	14346.7	15696.18
上海	37557.5	36230.48
江苏	21597.7	26340.73
浙江	26856.4	30970.68
安徽	14923.3	18606.13
福建	19761.6	24907.40
江西	14028.9	17494.87
山东	19983.5	22791.84
河南	15615.5	18194.80
湖北	15935.5	18373.87
湖南	16783.0	18844.05
广东	25526.8	26897.48
广西	15681.4	18854.06
海南	13271.9	18368.95
重庆	17972.6	20249.70
四川	15687.5	17899.12
贵州	13876.7	16495.01
云南	14463.6	18575.62
西藏	11393.3	16195.56
陕西	16213.4	18245.23
甘肃	13573.8	14988.68
青海	13348.2	15603.31
宁夏	17038.0	17578.92
新疆	14662.9	15513.62

资料来源:《中国统计年鉴2012》

根据样本数据做城市居民家庭平均每人每年消费支出（Y）和城市居民人均年可支配收入（X）的散点图，从散点图可以看出居民家庭平均每人每年消费支出（Y）和城市居民人均年可支配收入（X）大体呈现为线性关系，所以建立的计量经济模型为如下线性模型

$$Y_i = \beta_1 + \beta_2 X_i + u_i$$

二、利用 Eviews 软件估计参数

假定所建模型及随机扰动项 u_i 满足古典假定，可以用 OLS 法估计其参数。

1. 建立工作文件

首先，双击 Eviews 图标，进入 Eviews 主页。在菜单一次点击 File\New\Workfile，出现对话框"Workfile Range"。在"Workfile frequency"中选择数据频率：

  Annual（年度） Weekly（周数据）
  Quartrly（季度） Daily（5 day week）（每周 5 天日数据）
  Semi Annual（半年） Daily（7 day week）（每周 7 天日数据）
  Monthly（月度） Undated or irregular（未注明日期或不规则的）

在本例中是截面数据，选择"Undated or irregular"。并在"Start date"中输入开始时间或顺序号，如"1"在"end date"中输入最后时间或顺序号，如"31"点击"ok"出现"Workfile UNTITLED"工作框。其中已有变量："c"—截距项"resid"—剩余项。

在"Objects"菜单中点击"New Objects"，在"New Objects"对话框中选"Group"，并在"Name for Objects"上定义文件名，点击"OK"出现数据编辑窗口。

若要将工作文件存盘，点击窗口上方"Save"，在"SaveAs"对话框中给定路径和文件名，再点击"ok"，文件即被保存。

2. 输入数据

在数据编辑窗口中，首先按上行键"↑"，这时对应的"obs"字样的空格会自动上跳，在对应列的第二个"obs"有边框的空格键入变量名，如"Y"，再按下行键"↓"，对因变量名下的列出现"NA"字样，即可依顺序输入响应的数据。其他变量的数据也可用类似方法输入。也可以在 Eviews 命令框直接键入"data X Y"（一元时）或"data Y $X_1 X_2$…"（多元时），回车出现"Group"窗口数据编辑框，在对应的 Y、X 下输入数据。

若要对数据存盘，点击"fire/Save As"，出现"Save As"对话框，在"Drives"点所要存的盘，在"Directories"点存入的路径（文件名），在"Fire Name"对所存文件命名，或点已存的文件名，再点"ok"。

若要读取已存盘数据，点击"fire/Open"，在对话框的"Drives"点所存的磁盘名，在"Directories"点文件路径，在"Fire Name"点文件名，点击"ok"即可。

3. 估计参数

方法一：在 Eviews 主页界面点击"Quick"菜单，点击"Estimate Equation"，出现"Equation specification"对话框，选 OLS 估计，即选击"Least Squares"，键入"Y C X"，点"ok"或按回车，即出现如表 2.5.5 的回归结果。

表 2.5.5 Y 与 X 关系的估计结果

Dependent Variable: Y
Method: Least Squares

Date: 05/24/13   Time: 17:10
Sample: 1 31
Included observations: 31

Variable	Coefficient	Std. Error	t-Statistic	Prob.
C	4224.268	884.4130	4.776353	0.0000
X	0.911407	0.046991	19.39543	0.0000
R-squared	0.928427	Mean dependent var		20607.33
Adjusted R-squared	0.925959	S.D. dependent var		5362.833
S.E. of regression	1459.249	Akaike info criterion		17.47157
Sum squared resid	61752838	Schwarz criterion		17.56409
Log likelihood	−268.8094	F-statistic		376.1827
Durbin-Watson stat	1.186211	Prob（F-statistic）		0.000000

参数估计的结果为：

$$\hat{Y}_i = 4224.268 + 0.911407 X_i$$

　　　　（884.4130）　（0.046991）

　　t=（4.776353）　（19.39543）

R^2=0.928427　F=376.1827　df=29

三、模型检验

1. 经济意义检验

所估计的参数 $\hat{\beta}_2 = 0.911407$，说明城市居民人均年可支配收入每增长 1 元，可导致居民消费支出增长 0.911407 元。这与经济学中边际消费倾向的意义相符。

2. 拟合优度和统计检验

用 Eviews 得出回归模型参数估计结果的同时，已经给出了用于模型检验的相关数据。

拟合优度的度量：可以看出，本例中可决系数为 0.928427，说明所建模型整体上对样本数据拟合较好，即解释变量"城市居民人均年可支配收入"对被解释变量"城市居民人均年消费支出"的绝大部分差异做出了解释。

对回归系数的 t 检验：针对 $H_0: \beta_1 = 0$ 和 $H_0: \beta_2 = 0$，由表 2.5.5 中还可以看出，估计的回归系数 $\hat{\beta}_1$ 的标准误差和 t 值分别为：$SE(\beta_1) = 884.4130$，$t(\beta_1) = 4.77635$；$\hat{\beta}_2$ 的标准误差和 t 值分别为 $SE(\beta_2) = 0.046991$，$t(\beta_1) = 19.39543$。取 $\alpha = 0.05$，查 t 分布表得自由度为 $n - 2 = 31 - 2 = 29$ 的临界值 $t_{0.025}(29) = 2.045$。因为 $t(\beta_1) = 4.776353 > 2.045$，所以应拒绝 $H_0: \beta_1 = 0$；因为 $t(\beta_2) = 19.39543 > 2.045$，所以应拒绝 $H_0: \beta_2 = 0$。这表明，城市人均年可支配收入对人均年消费支出有显著影响。

四、回归预测

计量经济学模型的一个重要应用是经济预测。对于一元线性回归模型 $\hat{Y}_i = \hat{\beta}_0 + \hat{\beta}_1 X_i$

如果给定样本以外的解释变量的观测值 X_0，可以得到被解释变量的预测值 $\hat{Y}_0$，可以此作为其条

件均值 $E(Y|X=X_0)$ 或个别值 Y 的一个近似估计。

由案例中的数据可以看出，2011年中国西部五省区城市居民人均年可支配收入均在19000元以下，人均消费支出也都在18000元以下。在西部大开发政策推动下，如果西部五省区的城市居民人均年可支配收入第一步争取达到20000元，第二步再争取达到25000元，利用所估计的模型可预测这时城市居民可能达到的人均年消费支出水平。可以注意到，这里的预测是利用截面数据模型对被解释变量在不同空间状况的空间预测。

用Eviews作回归预测，首先在"Workfile"窗口点击"Range"，出现"Change Workfile Range"窗口，将"End data"由"31"改为"33"，点"OK"，将"Workfile"中的"Range"扩展为1—33。在"Workfile"窗口点击"sampl"，将"sampl"窗口中的"1 31"改为"1 33"，点"OK"，将样本区也改为1—33。

为了输入20000、25000，在Eviews命令框键入data x / 回车，在X数据表中的"32"位置输入"20000"，在"33"的位置输入"25000"，将数据表最小化。

然后在"Equation"框中，点击"Forecast"，得对话框。在对话框中的"Forecast name"（预测值序列名）键入"Y_f"，回车即得到模型估计值及标准误差的图形。双击"Workfile"窗口中出现的"Yf"，在"Yf"数据表中的"32"位置出现预测值17356.9，在"33"位置出现22450.27。这是当 $x=20000$ 和 $x=25000$ 时人均消费支出的点预测值。

为了作区间预测，在X和Y的数据表中，点击"View"选"Descriptive Stats\Cmmon Sample"，则得到 X 和 Y 的描述统计结果（见表2.5.6）：

表 2.5.6 X 和 Y 的描述统计结果

	X	Y
Mean	20607.33	17975.57
Median	18373.87	15687.50
Maximum	36230.48	37557.50
Minimum	14988.68	11393.30
Std. Dev.	5362.833	5669.645
Skewness	1.461151	1.785956
Kurtosis	4.274184	6.117445
Jarque–Bera	13.12771	29.03281
Probability	0.001410	0.000000
Observations	31	31

根据表中数据可计算得到

$$\Sigma x_i^2 = \sigma_x^2(n-1) = 5362.833^2(31-1) = 862799334$$

$$(x_{f1} - \bar{x})^2 = (20000-20607.33)^2 = 368849.729, \quad (x_{f2} - \bar{x})^2 = (25000-20607.33)^2 = 19295549.7$$

取 $\alpha = 0.05$，Y_f 平均值置信度95%的预测区间为 $\hat{Y}_f \mp t_{\alpha/2} \hat{\sigma} \sqrt{\dfrac{1}{n} + \dfrac{(X_f - \bar{X})^2}{\sum x_i^2}}$

$X_{f1}=20000$ 时　预测区间为：17356.95 ± 37.3816

$X_{f2}=25000$ 时　预测区间为：22450.27 ± 695.7648

也就是说，当 $X_{f1}=20000$ 元时，Y_{f1} 平均值置信度95%的预测区间为（16819.5184，17894.2876）元，当 $X_{f2}=25000$ 元时，Y_{f2} 平均值置信度95%的预测区间为（21754.5052，23146.0348）

Y_f 个别值置信度 95% 的预测区间为：$\hat{Y}_f \mp t_{\alpha/2} \hat{\sigma} \sqrt{1 + \dfrac{1}{n} + \dfrac{(X_f - \overline{X})^2}{\sum x_i^2}}$

$X_{f1}=20000$ 时　　预测区间为：17356.9 ± 3241.7694

$X_{f2}=25000$ 时　　预测区间为：22450.27 ± 3064.2005

即是说当 $X_{f1}=20000$ 元时，第一步 Y_{f1} 个别值置信度 95% 的预测区间为（14324.7366, 20389.0634）元，当 $X_{f2}=25000$ 元时，第二步 Y_{f2} 个别值置信度 95% 的预测区间为（19386.0695, 25514.4705）在"Equation"框中，点击"Forecast"可得预测值及标准误差的图形如图 2.5.3 所示：

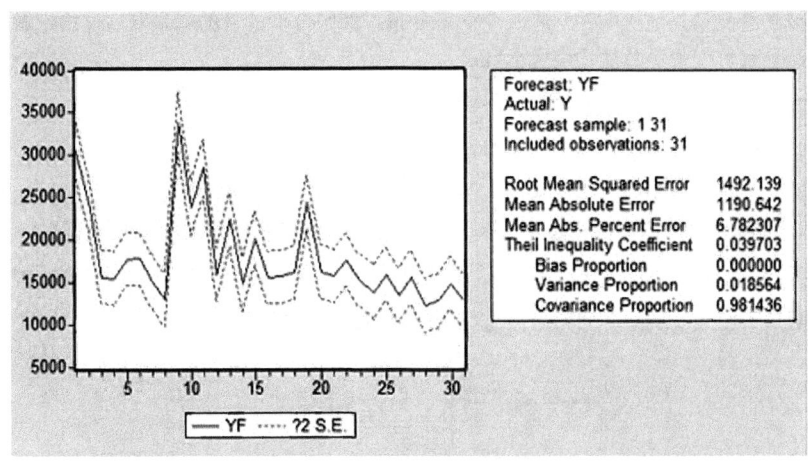

图 2.5.3　Y 的预测值与标准误差

本章小结

本章是整个课程的重要的基础部分。通过教学应达到：熟练掌握简单一元线性回归模型的基本理论和方法；清楚一元线性回归的古典假定条件、基本的数学推导和结论；熟知一元线性回归模型的有关检验；能够运用计量经济专门软件独立地建立简单线性回归模型。

1. 变量之间的统计关系

现象之间的相互联系一般可以分为两种不同的类型：一类为变量间的关系是确定的，称为函数关系；而另一类变量之间的关系是不确定的，称为统计关系。

变量之间的函数关系表达的是变量之间在数量上的确定性关系，即一个或几个变量在数量上的变动就会引起另一个变量在数量上的确定性变动，它们之间的关系可以用函数关系 $y=f(x)$ 准确地加以描述，这里 x 可以是一个向量。当知道了变量 x 的值，就可以计算出一个确切的 y 值来。

变量之间统计关系，是指一个或几个变量在数量上的变动会引起另一个变量数量上发生变动，但变动的结果不是唯一确定的，亦即变量之间的关系不是一一对应的，因而不能用函数关系进行表达。变量之间的统计关系可以用数学模型 $y=f(x)+\varepsilon$ 来表示。这里的 x 既可以是单个变量，也可以是向量。$f(x)$ 是一个确定的函数关系，它既可以是线性的，也可以是非线性的。

统计关系可以通过函数关系加一个随机变量加以描述。

2. 相关分析和回归分析

虽然都是研究两个或两个以上变量之间的关系，但二者之间既有区别又有联系。

首先，二者的研究目的不同。前者主要研究变量之间是否存在线性关系以及这种关系的强弱程度，而后者则是在前者的基础上进一步研究变量之间的联系方式，以便在给定一个或几个变量值的条件下预测或控制另一个变量的值。因此，相关分析中的变量之间的关系是对等的，而回归分析中的变量间的地位是不对等的。在进行回归分析时，必须明确变量间的依赖关系，即哪个变量依赖于哪个或哪些变量。一般把说明或解释另一个变量的变量称为解释变量，用 X 表示；而作为被说明或被解释的变量称为被解释变量，用 Y 表示。

其次，两者的假设条件不同。相关分析假设研究的两个变量都是随机的。事实上，只要有一个变量是确定性的，则相关系数一定为零。而回归分析一般都假设解释变量是确定性的，在重复抽样中取固定的值；被解释变量是随机的，它有一个概率分布。回归分析的目的就是要通过给定解释变量的值来预测或控制被解释变量的总体均值或个别值。

3. 总体回归函数与样本回归函数的关系

总体回归函数是对总体变量间关系的定量表述，由总体回归模型在若干基本假设下得到，但它只是建立在理论之上，在现实中只能先从总体中抽取一个样本，获得样本回归函数，并用它对总体回归函数做出统计推断。在总体回归模型中，假定我们取得了解释变量 X 和被解释变量 Y 的一组样本观测数据 (x_1, y_1)，(x_2, y_2)，…，(x_i, y_i)，…，(x_n, y_n)，则可根据给定的估计准则得到样本回归模型和样本回归函数。下图表明了总体回归函数与样本回归函数之间的关系。

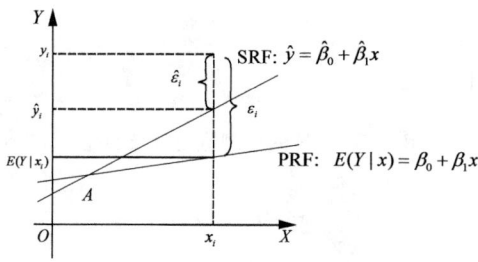

从上图可以清楚地看出，若 x_i 在点 A 的右边，则 $\hat{y}_i$ 将高估真实的 $E(Y|x_i)$；若 x_i 在点 A 的左边，则将低估真实的 $E(Y|x_i)$。由于样本回归函数随着样本的不同而有所不同，所以这种高估或低估是不可避免的。

4. 一元线性回归分析有以下几个主要步骤：

第一步，根据研究的目的和内容确定被解释变量 Y 和解释变量 X，即变量的选择问题。

选择解释变量的一个原则是：既要与被解释变量 Y 有密切的关系，又要考虑变量资料的可得性，还要兼顾模型简洁。

第二步，模型的设定。

模型设定从根本上来说，是根据研究的经济现象，依据相应的经济理论加以确定的。可以说，依据的经济理论正确与否是模型建立的关键。当然对经济现象历史分析的实践经验也是模型设定的重要依据。实践中，当经济理论和实践经验都较为缺乏时，如研究一个从未研究过的新问题时，人们通常的做法是：根据所收集到的资料作散点图，再依据散点图的形状来确定模型应采用的形式。

第三步，参数估计。

根据设定的模型，利用已经收集到的样本数据，应用最小二乘法对模型中的参数进行估计。目前关于最小二乘法估计的软件很多，如 Eviews，SAS 等都可以用来对参数进行估计，包括回归参数 β_0，β_1 以及随机误差项的方差 σ^2 的估计。

第四步，模型的检验和修正。

当模型中的参数估计出来以后，模型基本上就建立了。但是模型建立的好坏还需对模型本身及其参数作必要的检验。常用的检验经济检验、统计检验、计量经济检验以及残差图检验。如果模型通过了以上所有检验，则模型拟合较好，可以进行实际运用。如果某一种检验没有通过，就需要找出其未通过的原因，并根据具体情况对模型、估计方法等进行修正或调整。

第五步，模型的运用。

模型的运用是回归分析的目的和问题的出发点。回归模型的一个重要应用是进行预测，或者通过预测达到控制目的。就一元线性回归分析而言，就是给定解释变量的一个特定值，来预测对应被解释变量的平均值和个别值。

整个过程以流程图的形式给出如下：

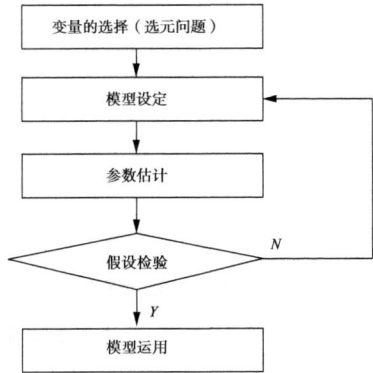

5. 如何根据 Eviews 软件回归的结果进行模型的检验

（1）回归直线拟合优度的检验

在 Eviews 软件运行结果中，可以直接得到拟合优度 R^2 的值，"R-squared"即是统计量，"Adjusted R-squared"即是调整的 R^2 统计量。

（2）回归系数估计量的显著性检验 t

在 Eviews 软件中，通常只要看 t 值所对应的概率 p，在 Eviews 软件中用 Prob. 表示，它被定义为 Prob. $= p = P\{t(n-2) > |t|\}$。由概率统计知识可知，只要 t 值所对应的概率 p 小于给定的显著性水平 α，就一定有 t 值的绝对值大于临界值 $t_{\frac{\alpha}{2}}(n-2)$。也就是说，只要比较 Prob. 和 α 的大小就可以判断 β_0 和 β_1 与 0 是否有显著差异。

（3）回归方程的显著性检验

在 Eviews 软件中，通常只要看 F 值所对应的概率 p。在 Eviews 软件中用 Prob（F-statistic）表示，它被定义为 Prob（F-statistic）$= p = P\{F(1,n-2) > F\}$。由概率统计知识可知，只要 F 值所对应的概率 p 小于给定的显著性水平 α，就一定有 F 值大于临界值 $F_\alpha(1,n-2)$。也就是说，只要比较 Prob（F-statistic）和 α 的大小就可以判断两变量线性关系是否显著。

本章练习题

1. 判别下列模型是否为线性回归模型：

（1）$Y_i = \beta_0 + \beta_1 \left(1/X_i \right)$

（2）$Y_i = \beta_0 + \beta_1 \ln X_i + u_i$

（3）$\ln Y_i = \beta_0 + \beta_1 X_i + u_i$

（4）$\ln Y_i = \beta_0 + \beta_1 \ln X_i + u_i$

（5）$Y_i = \beta_0 + \beta_1 \beta_3 X_i + u_i$

（6）$Y_i = \beta_0 + \beta_1^2 X_i + u_i$

2. 根据上题中给出的数据，对每一个 X 值，随机抽取一个 Y 值，结果如下：

Y	70	65	90	95	110	115	120	140	155	150
X	80	100	120	140	160	180	200	220	140	260

以 Y 为纵轴，X 为横轴作图。

（1）你认为 Y 与 X 之间是怎样的关系？

（2）求样本回归函数？写出计算步骤？

3. 证明：$\Sigma e_i = 0$，从而证明：$E(e) = 0$。

4. 证明：$\Sigma e_i x_i = 0$

5. 证明：$\sum e_i \hat{Y}_i = 0$

6. 假定有如下的回归结果

$$\hat{Y}_t = 2.6911 - 0.4795 X_t$$

其中，Y 表示美国的咖啡消费量（每天每人消费的杯数），X 表示咖啡的零售价格（单位：美元/杯），t 表示时间。问：

（1）这是一个时间序列回归还是横截面序列回归？做出回归线。

（2）如何解释截距的意义？它有经济含义吗？如何解释斜率？

（3）能否求出真实的总体回归函数？

（4）根据需求的价格弹性定义：弹性 = 斜率 $\times X / Y$，依据上述回归结果，你能求出对咖啡需求的价格弹性吗？如果不能，计算此弹性还需要其他什么信息？

7. 参数估计量的无偏性和有效性的含义是什么？

8. 线性回归模型的基本假设有哪些？违背基本假设的计量经济学模型是否就不可以估计？

9. 已知回归模型 $E = \alpha + \beta N + u$，式中 E 为某类公司一名新员工的起始薪金（单位：元），N 为所受教育水平（单位：年）。随机干扰项 u 的分布未知，其他所有假设都满足。

（1）从直观及经济角度解释 α 和 β。

（2）OLS 估计量 $\hat{\alpha}$ 和 $\hat{\beta}$ 满足线性性、无偏性及有效性吗？简单陈述理由。

（3）对参数的假设检验还能进行吗？简单陈述理由。

10. 在上例中，如果被解释变量新员工起始薪金的计量单位由元改为百元，估计的截距项与斜率项有无变化？如果解释变量所受教育水平的度量单位由年改为月，估计的截距项与斜率项有无变化？

11. 对于人均存款与人均收入之间的关系式 $S_t = \alpha + \beta Y_t + u_t$，使用美国 36 年的年度数据，得到如下估计模型（括号内为标准差）

$$\hat{S}_t = 384.105 + 0.067 Y_t, \quad R^2 = 0.538$$

（151.105）（0.011）

（1）β 的经济解释是什么？

（2）α 和 β 的符号是什么？为什么？实际的符号与你的直觉一致吗？如果有冲突的话，你可以给出可能的原因吗？

（3）你对于拟合优度有什么看法吗？

12. 假设已经得到关系式 $Y = \beta_0 + \beta_1 X$ 的最小二乘估计，试回答：

（1）假设决定把 X 变量的单位扩大 10 倍，这样对原回归的斜率和截距会有什么样的影响？如果把 Y 变量的单位扩大 10 倍，又会怎样？

（2）假定给 X 的每个观测值都增加 2，对原回归的斜率和截距会有什么样的影响？如果给 Y 的每个观测值都增加 2，又会怎样？

13. 现代投资分析的特征线涉及如下回归方程

$$r_t = \beta_0 + \beta_1 r_{mt} + u_t$$

其中，r_t 表示股票或债券的收益率，r_{mt} 表示有价证券的收益率（用市场指数表示，如标准普尔 500 指数），t 表示时间。在投资分析中，β_1 被称为债券的安全系数，是用来度量市场的风险程度的，即市场的发展对公司的财产有何影响。依据 1956—1976 年 240 个月的数据，Fogler 和 Ganpathy 得到 IBM 股票收益率的回归方程如下

$$\hat{r}_t = 0.7264 + 1.0598 r_{mt}$$
$$(0.3001)\quad(0.072\,8)$$
$$R^2 = 0.4710$$

（1）解释回归参数的意义。

（2）如何解释 R^2？

（3）安全系数 $\beta > 1$ 的证券称为不稳定证券，建立适当的零假设及备选假设，检验 IBM 的股票是否是易变股票（$\alpha = 5\%$）。

14. 假设某人通过一容量为 19 的样本估计了消费函数 $C_i = \alpha + \beta Y_i + u_i$，并获得下列结果

$$\hat{C}_i = 15 + 0.81 Y_i$$
$$(3.1)\ (18.7)$$
$$R^2 = 0.98$$

（1）利用 t 值检验假设 $\beta = 0$（取显著水平为 5%）。

（2）确定参数估计量的标准差。

（3）构造 β 的 95% 的置信区间，这个区间包括 0 吗？

15. 设回归模型指定为 $Y_t = \beta X_t + u_t$，这里 u_t 满足所有的基本假设。现给出了参数 β 的估计量：$\hat{\beta} = \dfrac{\sum X_t Y_t}{\sum X_t^2}$，证明 $\hat{\beta}$ 是 β 的无偏估计量。

第三章　多元线性回归模型

在实际经济问题中，一个变量往往受到多个原因变量的影响。如家庭消费支出，除了受家庭可支配收入的影响外，还受诸如家庭所拥有的财富、物价水平、金融机构存款利息、甚至广告、就业状况等多种因素的影响，表现在线性回归模型中的解释变量有多个。这样的模型被称为多元线性回归模型。多元线性回归模型参数估计的原理与一元线性回归模型相同，只是计算更为复杂。

第一节　多元线性回归模型

一、多元线性回归模型

多元线性回归模型的一般形式为

$$Y_i = \beta_0 + \beta_1 X_{1i} + \beta_2 X_{2i} + \cdots + \beta_k X_{ki} + \mu_i \quad i=1,2,\cdots,n \tag{3.1.1}$$

其中，k 为解释变量的数目，β_j 称为回归参数（regression coefficient）。人们习惯上把常数项看成为一个虚变量的参数，在参数估计过程中该虚变量的样本观测值始终取 1。这样，模型中解释变量的数目为（k+1）。

同一元回归分析一样，式（3.1.1）也被称为总体回归函数（population regression function）的随机表达形式。它的非随机表达式为

$$E(Y_i | X_{1i}, X_{2i}, \cdots, X_{ni}) = \beta_0 + \beta_1 X_{1i} + \beta_2 X_{2i} + \cdots + \beta_k X_{ki} \tag{3.1.2}$$

可见，多元回归分析是以多个解释变量的固定值为条件的回归分析，方程表示各变量 X 值固定时 Y 的平均响应。β_j 也被称为偏回归系数（partial regression coefficient），表示在其他解释变量保持不变的情况下，X_j 每变化 1 个单位时，Y 的均值 E（Y）的变化，或者说 β_j 给出 X_j 的单位变化对 Y 均值的"直接"或"净"（不含其他变量）影响。

由式（3.1.1）表示的 n 个随机方程的矩阵表达式为

$$\mathbf{Y} = \mathbf{X}\beta + \mu \tag{3.1.3}$$

其中 $\mathbf{X} = \begin{bmatrix} 1 & X_{11} & X_{21} & \cdots & X_{k1} \\ 1 & X_{12} & X_{22} & \cdots & X_{k2} \\ \vdots & \vdots & \vdots & & \vdots \\ 1 & X_{1n} & X_{2n} & \cdots & X_{kn} \end{bmatrix}_{n \times (k+1)} \quad \beta = \begin{bmatrix} \beta_0 \\ \beta_1 \\ \beta_2 \\ \vdots \\ \beta_k \end{bmatrix}_{(k+1) \times 1} \quad \mu = \begin{bmatrix} \mu_1 \\ \mu_2 \\ \vdots \\ \mu_n \end{bmatrix}_{n \times 1}$

同一元回归分析相仿，在给出考察总体中的一个样本时，我们估计样本回归函数（sample regression function），并让它近似代表未知的总体回归函数。

样本回归函数可表示为

$$\hat{Y}_i = \hat{\beta}_0 + \hat{\beta}_1 X_{1i} + \hat{\beta}_2 X_{2i} + \cdots + \hat{\beta}_{ki} X_{ki} \tag{3.1.4}$$

其随机表示式为

$$Y_i = \hat{\beta}_0 + \hat{\beta}_1 X_{1i} + \hat{\beta}_2 X_{2i} + \cdots + \hat{\beta}_{ki} X_{ki} + e_i \tag{3.1.5}$$

其中，e_i 称为残差或剩余项（residuals），可看成是总体回归函数中随机扰动项 μ_i 的近似替代。同样地，式（3.1.4）与式（3.1.5）中样本回归函数的矩阵表达式分别为：

$$\hat{\mathbf{Y}} = \mathbf{X}\beta \tag{3.1.6}$$

$$\mathbf{Y} = \mathbf{X}\hat{\boldsymbol{\beta}} + \mathbf{e} \qquad (3.1.7)$$

其中 $\hat{\boldsymbol{\beta}} = \begin{pmatrix} \hat{\beta}_0 \\ \hat{\beta}_1 \\ \vdots \\ \hat{\beta}_k \end{pmatrix}$, $\mathbf{e} = \begin{pmatrix} e_1 \\ e_2 \\ \vdots \\ e_n \end{pmatrix}$

二、多元线性回归模型的基本假定

为了使参数估计量具有良好的统计性质，对多元线性回归模型（3.1.1）或模型（3.1.3）可做出类似于一元回归分析那样的若干基本假设。

假设 1，解释变量 $X_1, X_2, \cdots, X_k$ 是非随机的或固定的，且各 X 之间互不相关，即各 X 间无多重共线性（no multicollinearity）。

假设 2，随机误差项具有零均值、同方差及不序列相关性 $E(\mu_i) = 0 \quad i = 1,2,\cdots,n$，$Var(\mu_i) = E(\mu_i^2) = \sigma^2 \quad i = 1,2,\cdots,n$，$Cov(\mu_i, \mu_j) = E(\mu_i \mu_j) = 0 \quad i \neq j \quad i,j = 1,2,\cdots,n$

假设 3，解释变量与随机项不相关 $Cov(X_{ji}, \mu_i) = 0 \quad j = 1,2\cdots,k \quad i = 1,2,\cdots,n$

假设 4，随机项满足正态分布 $\mu_i \sim N(0, \sigma^2)$

上述假设的矩阵符号表示为：

假设 1，$n \times (k+1)$ 矩阵 X 是非随机的，且 X 的秩 $\rho(\mathbf{X}) = k+1$，即 X 满秩。

假设 2，$E(\mu) = E\begin{pmatrix} \mu_1 \\ \vdots \\ \mu_n \end{pmatrix} = \begin{pmatrix} E(\mu_1) \\ \vdots \\ E(\mu_n) \end{pmatrix} = 0$

$E(\mu\mu') = E\begin{pmatrix} \begin{pmatrix} \mu_1 \\ \vdots \\ \mu_n \end{pmatrix} (\mu_1 \cdots \mu_n) \end{pmatrix} \quad \begin{pmatrix} \mu_1 & & \mu_1\mu \\ \vdots & \ddots & \vdots \\ \mu_n\mu & & \mu_n \end{pmatrix}$

$= \begin{pmatrix} var(\mu_1) & \cdots & cov(\mu_1, \mu_n) \\ \vdots & \ddots & \vdots \\ cov(\mu_n, \mu_1) & \cdots & var(\mu_n) \end{pmatrix} = \begin{pmatrix} \sigma^2 & \cdots & 0 \\ \vdots & \ddots & \vdots \\ 0 & \cdots & \sigma^2 \end{pmatrix} = \sigma^2 \mathbf{I}$

假设 3，$E(\mathbf{X}'\mu) = 0$，即 $E\begin{pmatrix} \sum \mu_i \\ \sum X_{1i}\mu_i \\ \vdots \\ \sum X_{Ki}\mu_i \end{pmatrix} = \begin{pmatrix} \sum E(\mu_i) \\ \sum X_{1i}E(\mu_i) \\ \vdots \\ \sum X_{Ki}E(\mu_i) \end{pmatrix} = 0$

假设 4，向量 μ 有一多维正态分布，即 $\mu \sim N(\mathbf{0}, \sigma^2\mathbf{I})$

同样地，多元回归模型还具有如下两个重要假设：

假设 5，样本容量趋于无穷时，各解释变量的方差趋于有界常数，即 $n \to \infty$ 时，

$$\frac{1}{n}\sum x_{ji}^2 = \frac{1}{n}\sum (X_{ji} - \bar{X}_j)^2 \to Q_j \text{ 或 } \frac{1}{n}\mathbf{x}'\mathbf{x} \to \mathbf{Q}$$

其中：$\mathbf{Q}$ 为一非奇异固定矩阵，矩阵 $\mathbf{x}$ 是由各解释变量的离差为元素组成的 $n \times k$ 阶矩阵

$$\mathbf{x} = \begin{pmatrix} x_{11} & \cdots & x_{k1} \\ \vdots & \cdots & \vdots \\ x_{1n} & \cdots & x_{kn} \end{pmatrix}$$

该假设同样是为了进行大样本的统计推断以及避免出现所谓的伪回归问题。

假设 6，回归模型的设定是正确的。

第二节 多元线性回归模型的估计

同一元回归模型的估计一样，多元回归模型参数估计的任务仍有两项：一是求得反映变量之间数量关系的结构参数的估计量 $\hat{\beta}_j$（j=1,2,…,k）；二是求得随机误差项的方差估计 $\hat{\sigma}^2$。模型（3.1.1）或模型（3.1.2）在满足第三章第一节所列的基本假设的情况下，可以采用普通最小二乘法、最大或然法或者矩估计法估计参数。

一、普通最小二乘估计

随机抽取被解释变量和解释变量的 n 组样本观测值 $(Y_i, X_{ji}), i=1,2,\cdots,n, j=0,1,2,\cdots k$

如果样本函数的参数估计值已经得到，则有

$$\hat{Y}_i = \hat{\beta}_0 + \hat{\beta}_1 X_{1i} + \hat{\beta}_2 X_{2i} + \cdots + \hat{\beta}_{ki} X_{Ki} \qquad i=1,2,\cdots,n \tag{3.2.1}$$

那么，根据最小二乘原理，参数估计值应该是下列方程组的解

$$\begin{cases} \dfrac{\partial}{\partial \hat{\beta}_0} Q = 0 \\ \dfrac{\partial}{\partial \hat{\beta}_1} Q = 0 \\ \dfrac{\partial}{\partial \hat{\beta}_2} Q = 0 \\ \quad \vdots \\ \dfrac{\partial}{\partial \hat{\beta}_k} Q = 0 \end{cases} \tag{3.2.2}$$

其中

$$Q = \sum_{i=1}^{n} e_i^2 = \sum_{i=1}^{n} (Y_i - \hat{Y}_i)^2 \tag{3.2.3}$$

于是得到关于待估参数估计值的正规方程组

$$\begin{cases} \Sigma(\hat{\beta}_0 + \hat{\beta}_1 X_{1i} + \hat{\beta}_2 X_{2i} + \cdots + \hat{\beta}_k X_{ki}) = \Sigma Y_i \\ \Sigma(\hat{\beta}_0 + \hat{\beta}_1 X_{1i} + \hat{\beta}_2 X_{2i} + \cdots + \hat{\beta}_k X_{ki})X_{1i} = \Sigma Y_i X_{1i} \\ \Sigma(\hat{\beta}_0 + \hat{\beta}_1 X_{1i} + \hat{\beta}_2 X_{2i} + \cdots + \hat{\beta}_k X_{ki})X_{2i} = \Sigma Y_i X_{2i} \\ \qquad\qquad\qquad\qquad \vdots \\ \Sigma(\hat{\beta}_0 + \hat{\beta}_1 X_{1i} + \hat{\beta}_2 X_{2i} + \cdots + \hat{\beta}_k X_{ki})X_{ki} = \Sigma Y_i X_{ki} \end{cases} \quad (3.2.4)$$

解该（k+1）个方程组成的线性代数方程组，即可得到（k+1）个待估参数的估计值 $\hat{\beta}_j, j = 0,1,2,\cdots,k$。式（3.2.4）的矩阵形式如下：

$$\begin{pmatrix} n & \sum X_{1i} & \cdots & \sum X_{ki} \\ \sum X_{1i} & \sum X_{1i}^2 & \cdots & \sum X_{1i}X_{ki} \\ \cdots & \cdots & \cdots & \cdots \\ \sum X_{ki} & \sum X_{ki}X_{1i} & \cdots & \sum X_{ki}^2 \end{pmatrix} \begin{pmatrix} \hat{\beta}_0 \\ \hat{\beta}_1 \\ \cdots \\ \hat{\beta}_k \end{pmatrix} = \begin{pmatrix} 1 & 1 & \cdots & 1 \\ X_{11} & X_{12} & \cdots & X_{1n} \\ \cdots & \cdots & \cdots & \cdots \\ X_{k1} & X_{k2} & \cdots & X_{kn} \end{pmatrix} \begin{pmatrix} Y_1 \\ Y_2 \\ \cdots \\ Y_n \end{pmatrix}$$

即
$$(\mathbf{X}'\mathbf{X})\hat{\beta} = \mathbf{X}'\mathbf{Y} \quad (3.2.5)$$

由于 $\mathbf{X}'\mathbf{X}$ 满秩，故有

$$\hat{\beta} = (\mathbf{X}'\mathbf{X})^{-1}\mathbf{X}'\mathbf{Y} \quad (3.2.6)$$

将上述过程用矩阵表示如下：

根据最小二乘原理，需寻找一组参数估计值 $\hat{\beta}$，使得残差平方和

$Q = \sum_{i=1}^{n} e_i^2 = \mathbf{e}'\mathbf{e} = (\mathbf{Y} - \mathbf{X}\hat{\beta})'(\mathbf{Y} - \mathbf{X}\beta)$ 最小。即参数估计值应该是下列方程组

$\dfrac{\partial}{\partial \hat{\beta}}(\mathbf{Y} - \mathbf{X}\hat{\beta})'(\mathbf{Y} - \mathbf{X}\beta) = 0$ 的解。求解过程如下

$$\frac{\partial}{\partial \hat{\beta}}(\mathbf{Y}'\mathbf{Y} - \hat{\beta}'\mathbf{X}'\mathbf{Y} - \mathbf{Y}'\mathbf{X}\beta + \beta'\mathbf{X}'\mathbf{X}\beta) = 0$$

$$\frac{\partial}{\partial \hat{\beta}}(\mathbf{Y}'\mathbf{Y} - 2\mathbf{Y}'\mathbf{X}\hat{\beta} + \beta'\mathbf{X}'\mathbf{X}\beta) = 0$$

$$-\mathbf{X}'\mathbf{Y} + \mathbf{X}'\mathbf{X}\hat{\beta} = 0$$

即得到 $\mathbf{X}'\mathbf{Y} = \mathbf{X}'\mathbf{X}\hat{\beta}$。于是，参数的最小二乘估计值为：$\hat{\beta} = (\mathbf{X}'\mathbf{X})^{-1}\mathbf{X}'\mathbf{Y}$

例 3.2.1：在例 2.1.1 的家庭收入—消费支出例中

$$(\mathbf{X}'\mathbf{X}) = \begin{pmatrix} 1 & 1 & \cdots & 1 \\ X_1 & X_2 & \cdots & X_n \end{pmatrix} \begin{pmatrix} 1 & X_1 \\ 1 & X_2 \\ \cdots & \cdots \\ 1 & X_n \end{pmatrix} = \begin{pmatrix} n & \sum X_i \\ \sum X_i & \sum X_i^2 \end{pmatrix} = \begin{pmatrix} 10 & 21500 \\ 21500 & 53650000 \end{pmatrix}$$

$$\mathbf{X}'\mathbf{Y} = \begin{pmatrix} 1 & 1 & \cdots & 1 \\ X_1 & X_2 & \cdots & X_n \end{pmatrix} \begin{pmatrix} Y_1 \\ Y_2 \\ \cdots \\ Y_n \end{pmatrix} = \begin{pmatrix} \sum Y_i \\ \sum X_i Y_i \end{pmatrix} = \begin{pmatrix} 15674 \\ 39468400 \end{pmatrix}$$

可求得 $(\mathbf{X}'\mathbf{X})^{-1} = \begin{pmatrix} 0.7226 & -0.0003 \\ -0.0003 & 1.35E-07 \end{pmatrix}$

于是 $\hat{\beta} = \begin{pmatrix} \hat{\beta}_1 \\ \hat{\beta}_2 \end{pmatrix} = \begin{pmatrix} 0.7226 & -0.0003 \\ -0.0003 & 1.35E-07 \end{pmatrix} \begin{pmatrix} 15674 \\ 39648400 \end{pmatrix} = \begin{pmatrix} -103.172 \\ 0.7770 \end{pmatrix}$

对于式（3.2.4）的正规方程组 $\mathbf{X'Y} = \mathbf{X'X}\hat{\beta}$，将 $\mathbf{Y} = \mathbf{X}\hat{\beta} + \mathbf{e}$ 代入得 $\mathbf{X'X}\hat{\beta} + \mathbf{X'e} = \mathbf{X'X}\beta$
于是
$$\mathbf{X'e} = 0 \tag{3.2.7}$$

或 $\sum_i e_i = 0$，$\sum_i X_{ji} e_i = 0$ $j=1,2,\cdots,k$

式（3.2.7）是多元线性回归模型正规方程组的另一种写法。由此可得出多元回归分析中的样本回归函数的离差形式

$$y_i = \hat{\beta}_1 x_{1i} + \hat{\beta}_2 x_{2i} + \cdots + \hat{\beta}_k x_{ki} + e_i \quad i=1,2,\cdots,n \tag{3.2.8}$$

其矩阵形式为
$$\mathbf{y} = \mathbf{x}\hat{\beta} + \mathbf{e} \tag{3.2.9}$$

其中，$\mathbf{y} = \begin{pmatrix} y_1 \\ y_2 \\ \vdots \\ y_n \end{pmatrix}$, $\mathbf{x} = \begin{pmatrix} x_{11} & x_{21} & \cdots & x_{k1} \\ x_{12} & x_{22} & \cdots & x_{k2} \\ \cdots & \cdots & \cdots & \cdots \\ x_{1n} & x_{2n} & \cdots & x_{kn} \end{pmatrix}$, $\hat{\beta} = \begin{pmatrix} \hat{\beta}_1 \\ \hat{\beta}_2 \\ \vdots \\ \hat{\beta}_k \end{pmatrix}$ 容易推出，在离差形式下，参数的最小二乘估计结果为

$$\hat{\beta} = (\mathbf{x'x})^{-1}\mathbf{x'Y} \tag{3.2.10}$$

$$\hat{\beta}_0 = \bar{Y} - \hat{\beta}_1 \bar{X}_1 - \cdots - \hat{\beta}_k \bar{X}_k \tag{3.2.11}$$

最后，可以证明随机误差项 u 的方差的无偏估计量为：$\hat{\sigma}^2 = \dfrac{\sum e_i^2}{n-k-1} = \dfrac{\mathbf{e'e}}{n-k-1}$ （3.2.12）

二、最大或然估计

对于多元线性回归模型（3.1.1），由于 $\mu_i \sim N(0,\sigma^2)$ 所以 $Y_i \sim N(\mathbf{X}_1\beta,\sigma^2)$ 其中

$\mathbf{X}_1 = \begin{bmatrix} 1 & X_{1i} & X_{2i} & \cdots & X_{ki} \end{bmatrix}$

$\mathbf{Y}$ 的随机抽取的 n 组样本观测值的联合概率为

$$\begin{aligned} L(\hat{\beta},\sigma^2) = P(Y_1,Y_2,\cdots,Y_n) &= \frac{1}{(2\pi)^{\frac{n}{2}} \sigma^n} e^{-\frac{1}{2\sigma^2}\sum(Y_i - (\beta_0 + \beta_1 X_{1i} + \beta_2 X_{2i} + \cdots + \beta_k X_{ki}))^2} \\ &= \frac{1}{(2\pi)^{\frac{n}{2}} \sigma^n} e^{-\frac{1}{2\sigma^2}(\mathbf{Y}-\mathbf{X}\hat{\beta})'(\mathbf{Y}-\mathbf{X}\beta)} \end{aligned} \tag{3.2.13}$$

这就是变量 $\mathbf{Y}$ 的或然函数。对数或然函数为

$$L^* = Ln(L) = -nLn(\sqrt{2\pi}\sigma) - \frac{1}{2\sigma^2}(\mathbf{Y}-\mathbf{X}\hat{\beta})'(\mathbf{Y}-\mathbf{X}\beta) \tag{3.2.14}$$

对或然函数求极大值，即对对数或然函数求极大值，也就是对 $(\mathbf{Y}-\mathbf{X}\hat{\beta})'(\mathbf{Y}-\mathbf{X}\beta)$ 求极小值，就可以得到一组参数估计量 $\hat{\beta}$，即为参数的最大或然估计 $\hat{\beta} = (\mathbf{X'X})^{-1}\mathbf{X'Y}$。显然，其结果与参数的普通最小二乘估计是相同的。

三、矩估计（Moment Method，MM）

普通最小二乘估计是通过得到一个关于参数估计值的正规方程组并对它进行求解而完成的。正规方程组（3.2.4）或（3.2.5）可以从另一种思路来导出。

对原总体多元线性回归模型 $\mathbf{Y} = \mathbf{X}\beta + \mu$ 两边分别左乘 $\mathbf{X}'$，即得到 $\mathbf{X}'\mathbf{Y} = \mathbf{X}'\mathbf{X}\beta + \mathbf{X}'\mu$ 或 $\mathbf{X}'(\mathbf{Y} - \mathbf{X}\beta) = \mathbf{X}'\mu$，对方程的两边求期望，有 $E(\mathbf{X}'(\mathbf{Y} - \mathbf{X}\beta)) = \mathbf{0}$ （3.2.15）

这里用到了解释变量与随机扰动项不相关的基本假设 $E(\mathbf{X}'\mu) = \mathbf{0}$。

式（3.2.15）称为原总体回归方程的一组矩条件，表明了原总体回归方程所具有的内在特征。如果随机抽出原总体的一个样本，由该样本估计出的样本回归方程 $\hat{\mathbf{Y}} = \mathbf{X}\hat{\beta}$ 能够近似代表总体回归方程的话，则应成立

$$\frac{1}{n}\mathbf{X}'(\mathbf{Y} - \mathbf{X}\hat{\beta}) = 0 \quad (3.2.16)$$

由此得到正规方程组（3.2.5）$\mathbf{X}'\mathbf{Y} = \mathbf{X}'\mathbf{X}\hat{\beta}$ 解此正规方程组即得样本估计参数。这种估计样本回归方程的方法称为矩估计法，可见其参数估计结果与普通最小二乘法（OLS）以及最大似然估计法（ML）一致。

值得一提的是，矩方法是工具变量方法（Instrumental Variables，IV）和广义矩估计法（Generalized Moment Method，GMM）的基础。在矩方法中关键是利用了基本假设 $E(\mathbf{X}'\mu) = \mathbf{0}$

如果某个解释变量与随机项相关，只要能找到1个工具变量，仍然可以构成一组矩条件，这就是工具变量法（IV）。如果存在大于 k+1 个变量与随机项不相关，可以构成一组包含大于 k+1 个方程的矩条件，这就是广义矩估计法（GMM）。

四、参数估计量的性质

当多元线性回归模型满足基本假设的情况下，其参数的普通最小二乘估计、最大或然估计及矩估计仍具有线性性、无偏性和有效性。同时，随着样本容量增加，即当 n→∞时，参数估计量具有渐近无偏性和渐近有效性，从而也具有一致性。

1. 线性性，由于 $\hat{\beta} = (\mathbf{X}'\mathbf{X})^{-1}\mathbf{X}'\mathbf{Y} = \mathbf{C}\mathbf{Y}$，其中 $\mathbf{C} = (\mathbf{X}'\mathbf{X})^{-1}\mathbf{X}'$ 为一仅与固定的 X 有关的行向量。可见，参数估计量是被解释变量 Y 的线性组合。

2. 无偏性，参数估计量 $\hat{\beta}$ 的无偏性证明如下

$$\begin{aligned}E(\hat{\mathbf{B}}) &= E((\mathbf{X}'\mathbf{X})^{-1}\mathbf{X}'\mathbf{Y}) \\ &= E((\mathbf{X}'\mathbf{X})^{-1}\mathbf{X}'(\mathbf{X}\beta + \mu)) \\ &= \beta + (\mathbf{X}'\mathbf{X})^{-1}E(\mathbf{X}'\mu) \\ &= \beta\end{aligned} \quad (3.2.17)$$

这里利用了解释变量与随机误差项不相关的假设，$E(\mathbf{X}'\mu) = 0$

3. 有效性，首先给出参数估计量 $\hat{\beta}$ 的方差 – 协方差矩阵

$$\begin{aligned}
Cov(\hat{\beta}) &= E(\beta - E(\beta))(\beta - E(\beta))' \\
&= E(\hat{\beta} - \beta)(\beta - \beta)' \\
&= E((\mathbf{XX'})^{-1}\mathbf{X'}\mu\mu'\mathbf{X}(\mathbf{X'X})^{-1}) \\
&= (\mathbf{X'X})^{-1}\mathbf{X'}E(\mu\mu')\mathbf{X}(\mathbf{X'X})^{-1} \\
&= E(\mu\mu')(\mathbf{X'X})^{-1} \\
&= \sigma^2\mathbf{I}(\mathbf{X'X})^{-1} \\
&= \sigma^2(\mathbf{X'X})^{-1}
\end{aligned} \qquad (3.2.18)$$

其中，利用了 $\hat{\beta} = (\mathbf{X'X})^{-1}\mathbf{X'Y} = (\mathbf{X'X})^{-1}\mathbf{X'}(\mathbf{X}\beta + \mu) = \beta + (\mathbf{X'X})^{-1}\mathbf{X'}\mu$ 和 $E(\mu\mu') = \sigma^2\mathbf{I}$，$\mathbf{I}$ 为单位矩阵。

根据高斯—马尔可夫定理，式（3.2.18）表示的方差在所有无偏估计量的方差中是最小的。所以该参数估计量具有有效性。

五、样本容量问题

模型参数估计是在样本观测值的支持下完成的，计量经济学模型，说到底是从表现已经发生的经济活动的样本数据中寻找经济活动中内含的规律性，所以，它对样本数据具有很强的依赖性。而收集与整理样本数据又是一件困难的工作，于是选择合适的样本容量，既能满足建模的需要，又能减轻收集数据的困难，是一个重要的实际问题。

从建模需要来讲，当然是样本容量越大越好，这是显而易见的。这里需要讨论的是满足基本要求的样本容量和最小样本容量。

1. 最小样本容量

所谓"最小样本容量"，即从最小二乘原理和最大或然原理出发，欲得到参数估计量，不管其质量如何，所要求的样本容量的下限。

从参数估计量 $\hat{\beta} = (\mathbf{X'X})^{-1}\mathbf{X'Y}$ 中可以看到，欲使 $\hat{\beta}$ 存在，必须使 $(\mathbf{X'X})^{-1}$ 存在。为使得 $(\mathbf{X'X})^{-1}$ 存在，必须满足 $|\mathbf{X'X}| \neq 0$。即矩阵 $(\mathbf{X'X})$ 为 $(k+1)$ 阶满秩矩阵。而矩阵乘积的秩不超过各个因子矩阵的秩，即 $R(\mathbf{AB}) \leqslant \min(R(\mathbf{A}), R(\mathbf{B}))$。其中符号 R 表示矩阵的秩。所以，只有当 $R(\mathbf{X}) \geqslant k+1$ 时，矩阵 $(\mathbf{X'X})$ 才为 $(k+1)$ 阶满秩矩阵。而 $\mathbf{X}$ 为 $n \times (k+1)$ 阶矩阵，其秩最大为 $(k+1)$，此时必须有 $n \geqslant k+1$。即样本容量必须不少于模型中解释变量的数目（包括常数项）。这就是最小样本容量。

2. 满足基本要求的样本容量

虽然当 $n \geqslant k+1$ 时可以得到参数估计量，但除了参数估计量质量不好以外，一些建立模型所必需的后续工作也无法进行。例如，参数的统计检验要求样本容量必须足够大，Z 检验在 $n < 30$ 时不能应用；t 检验为检验变量显著性的最常用方法，经验表明，当 $n-k \geqslant 8$ 时 t 分布较为稳定，检验才较为有效。所以，一般经验认为，当 $n \geqslant 30$ 或者至少 $n \geqslant 3(k+1)$ 时，才能说满足模型估计的基本要求。

如果出现样本容量较小，甚至少于"最小样本容量"，那么只依靠样本信息是无法完成模型估计的。这时需要引入非样本信息，例如先验信息和后验信息，并采用其他估计方法，例如贝叶斯（Bayes）估计方法，才能完成模型的参数估计。

六、多元线性回归模型的参数估计实例

在例 2.5.1 中，我们已建立了中国居民人均消费一元线性模型。这里我们再考虑建立多元线性模型。在中国，居民消费是在国内生产总值经过初次分配和再分配后形成的，所以选择人均国内生产总值（GDP）为解释变量是恰当的。另外，居民消费水平具有一定的惯性，即居民当年的消费支出在

一定程度上受上一年已经实现了的消费支出的影响，因此，模型中再引入前一年居民人均消费［CONSP（-1）］作为另一解释变量。由于人均居民消费滞后一期，估计区间为1979—2000年，形成例3.2.2。

Eviews软件估计结果如表3.2.1所示：

表3.2.1 中国居民人均消费对人均GDP与滞后一期人均消费的回归（1979—2000年）

LS // Dependent Variable is CONS
Sample (adjusted): 1979 2000
Included observations: 22 after adjusting endpoints

Variable	Coefficient	Std. Error	t-Statistic	Prob.
C	120.7000	36.51036	3.305912	0.0037
GDPP	0.221327	0.060969	3.630145	0.0018
CONSP (-1)	0.451507	0.170308	2.651125	0.0158
R-squared	0.995403	Mean dependent var		928.4946
Adjusted R-squared	0.994920	S.D. dependent var		372.6424
S.E. of regression	26.56078	Akaike info criterion		6.684995
Sum squared resid	13404.02	Schwarz criterion		6.833774
Log likelihood	-101.7516	F-statistic		2057.271
Durbin-Watson stat	1.278500	Prob (F-statistic)		0.000000

两个解释变量前的参数估计值分别为0.2213和0.4515，都为正数，且都处于0~1，常数项的估计值也为正，这些参数估计值的经济含义是合理的。随机误差项的方差的估计值为 $\hat{\sigma}^2$ =13404.02/（22-3）=705.47。

第三节 多元线性回归模型的统计检验

多元线性回归模型的参数估计出来后，即求出样本回归函数后，还需进一步对该样本回归函数进行统计检验，以判定估计的可靠程度。包括拟合优度检验、方程总体线性性显著性检验、变量显著性检验以及参数的置信区间估计等方面。

一、拟合优度检验

1. 可决系数与调整的可决系数

在一元线性回归模型中，使用可决系数来衡量样本回归线对样本观测值的拟合程度。在多元线性回归模型中，我们也可用该统计量来衡量样本回归线对样本观测值的拟合程度。

记 $TSS = \Sigma(Y_i - \bar{Y})^2$ 为总离差平方和，$ESS = \Sigma(\hat{Y} - \bar{Y})$ 为回归平方和，为剩余平方和，则

$$TSS = \Sigma(Y_i - \bar{Y})^2$$
$$= \Sigma((Y_i - \hat{Y}_i) + (\hat{Y}_i - \bar{Y}))^2$$
$$= \Sigma(Y_i - \hat{Y}_i)^2 + 2\Sigma(Y_i - \hat{Y}_i)(\hat{Y}_i - \bar{Y}) + \Sigma(\hat{Y}_i - \bar{Y})^2$$

由于 $\sum(Y_i - \hat{Y})(\hat{Y}_i - \bar{Y}) = \sum e_i(\hat{Y}_i - \bar{Y}) = \hat{\beta}_0 \sum e_i + \hat{\beta}_1 \sum e_i X_{1i} + \cdots + \hat{\beta}_k \sum e_i X_{ki} + \bar{Y}\sum e_i = 0$ 所以有

$$TSS = \sum(Y_i - \hat{Y}_i)^2 + \sum(\hat{Y}_i - \bar{Y})^2 = RSS + ESS \tag{3.3.1}$$

即总离差平方和可分解为回归平方和与剩余平方和两部分。回归平方和反映了总离差平方和中可由样本回归线解释的部分，它越大，剩余平方和越小，表明样本回归线与样本观测值的拟合程度越高。因此，可用回归平方和占总离差平方和的比重来衡量样本回归线对样本观测值的拟合程度。

$$R^2 = \frac{ESS}{TSS} = 1 - \frac{RSS}{TSS} \quad (3.3.2)$$

该统计量越接近于1,模型的拟合优度越高。

在应用过程中发现,如果在模型中增加一个解释变量,R^2 往往增大。这是因为残差平方和往往随着解释变量个数的增加而减少,至少不会增加。这就给人一个错觉:要使模型拟合得好,只要增加解释变量即可。但是,现实情况往往是,由增加解释变量个数引起的 R^2 的增大与拟合好坏无关,因此在多元回归模型之间比较拟合优度,R^2 就不是一个适合的指标,必须加以调整。

在样本容量一定的情况下,增加解释变量必定使自由度减少,所以调整的思路是将残差平方和与总离差平方和分别除以各自的自由度,以剔除变量个数对拟合优度的影响。记 $\bar{R}^2$ 为调整的可决系数(adjusted coefficient of determination),则有

$$\bar{R}^2 = 1 - \frac{RSS/(n-k-1)}{TSS/(n-1)} \quad (3.3.3)$$

其中,$(n-k-1)$ 为残差平方和的自由度,$(n-1)$ 为总离差平方和的自由度。显然,如果增加的解释变量没有解释能力,则对残差平方和 RSS 的减小没有多大帮助,却增加待估参数的个数,从而使 $\bar{R}^2$ 有较大幅度下降。

调整的可决系数与未经调整的可决系数这间存在如下关系

$$\bar{R}^2 = 1 - (1 - R^2)\frac{n-1}{n-k-1} \quad (3.3.4)$$

在实际应用中,$\bar{R}^2$ 达到多大才算模型通过了检验?没有绝对的标准,要看具体情况而定。模型的拟合优度并不是判断模型质量的唯一标准,有时甚至为了追求模型的经济意义,可以牺牲一点拟合优度。而且,在下一部分中,我们将推导出 $\bar{R}^2$ 与另一个统计量的关系,那时会对 $\bar{R}^2$ 有新的认识。

在例3.2.2中,$\bar{R}^2$ =0.9954,比例2.5.1中的 R^2 =0.9927大,这应该说是很好的拟合结果了。

2. 赤池信息准则和施瓦茨准则

为了比较所含解释变量个数不同的多元回归模型的拟合优度,常用的标准还有赤池信息准则(Akaike Information Criterion,AIC)和施瓦茨准则(Schwarz Criterion,SC),其定义分别为

$$AIC = \ln\frac{e'e}{n} + \frac{2(k+1)}{n} \quad (3.3.5)$$

$$AC = \ln\frac{e'e}{n} + \frac{k}{n}\ln n \quad (3.3.6)$$

这两准则均要求仅当所增加的解释变量能够减少 AIC 值或 AC 值时才在原模型中增加该解释变量。显然,与调整的可决系数相仿,如果增加的解释变量没有解释能力,则对残差平方和 e'e 的减小没有多大帮助,却增加待估参数的个数,这时可能导致 AIC 或 AC 的值增加。

在例3.2.2中,Eviews 的估计结果显示 AIC 值与 AC 值分别为 6.68 与 6.83,分别小于例2.5.1 中只包含人均国内生产总值一个解释变量时的相应值 7.09 与 7.19。从这一点来看,可以说前期人均居民消费应包括在模型中。

二、方程的显著性检验(F 检验)

方程的显著性检验,旨在对模型中被解释变量与解释变量之间的线性关系在总体上是否显著成立做出推断。

从上面的拟合优度检验中可以看出,拟合优度高,则解释变量对被解释变量的解释程度就高,可

以推测模型总体线性关系成立；反之，就不成立。但这只是一个模糊的推测，不能给出一个在统计上严格的结论。这就要求进行方程的显著性检验。方程的显著性检验所应用的方法仍是数理统计学中假设检验。

1. 方程显著性的 F 检验

方程显著性的 F 检验是要检验模型

$$Y_i = \beta_0 + \beta_1 X_{1i} + \beta_2 X_{2i} + \cdots + \beta_k X_{ki} + \mu_i \quad i=1,2,\cdots,n$$

中参数是否显著不为 0。按照假设检验的原理与程序，原假设与备择假设分别为

$H_0: \beta_1 = 0, \beta_2 = 0, \cdots, \beta_k = 0$，$H_1: \beta_i$ 不全为零

F 检验的思想来自于总离差平方和的分解式 TSS=ESS+RSS

由于回归平方和 $ESS = \sum \hat{y}_i^2$ 是解释变量 X 的联合体对被解释变量 Y 的线性作用的结果，考虑比值 $ESS/RSS = \sum \hat{y}_i^2 / \sum e_i^2$。如果这个比值较大，则 X 的联合体对 Y 的解释程度高，可认为总体存在线性关系，反之总体上可能不存在线性关系。因此，可通过该比值的大小对总体线性关系进行推断。

根据数理统计学中的知识，在原假设 H_0 成立的条件下，统计量

$$F = \frac{ESS/k}{RSS/(n-k-1)} \tag{3.3.7}$$

服从自由度为 $(k, n-k-1)$ 的 F 分布。

给定一个显著性水平 α，可得到一个临界值 $F_\alpha(k, n-k-1)$，根据样本在求出 F 统计量的数值后，可通过 $F > F_\alpha(k, n-k-1)$ 或 $F \leq F_\alpha(k, n-k-1)$ 来拒绝或接受原假设 H_0，以判定原方程总体上的线性关系是否显著成立。

对于例 3.2.2，计算得到 $F = 2057.3$，给定一个显著性水平 $\alpha = 0.05$，查分布表，得到一个临界值（例中解释变量数目为 2，样本容量为 22）$F_{0.05}(2,19) = 3.52$，显然有 $F > F_\alpha(k, n-k-1)$ 表明模型的线性关系在 95% 的置信水平下显著成立。

2. 关于拟合优度检验与方程显著性检验关系的讨论

拟合优度检验和方程显著性检验是从不同原理出发的两类检验，前者是从已经得到估计的模型出发，检验它对样本观测值的拟合程度。后者是从样本观测值出发检验模型总体线性关系的显著性。但是二者又是关联的，模型对样本观测值的拟合程度高，模型总体线性关系的显著性就强。那么，找出两个用作检验标准的统计量之间的数量关系，在实际应用中互为验证，是有实际意义的。

用式（3.3.3）和式（3.3.7）分别表示的两个统计量之间存在下列关系：

$$\bar{R}^2 = 1 - \frac{n-1}{n-k-1+kF} \tag{3.3.8}$$

或

$$F = \frac{\bar{R}^2/k}{(1-\bar{R}^2)/(n-k-1)} \tag{3.3.9}$$

由式（3.3.9）可知 F 与 $\bar{R}^2$ 同向变化：当 $\bar{R}^2 = 0$ 时，$F = 0$；$\bar{R}^2$ 越大，F 值也越大；当 $\bar{R}^2 = 1$ 时，F 为无穷大。因此，F 检验是所估计回归的总显著性的一个度量，也是 $\bar{R}^2$ 的一个显著性检验。亦即，检验原假设 $H_0: \beta_1 = 0, \beta_2 = 0, \cdots, \beta_2 = 0$，等价于检验 $\bar{R}^2 = 0$ 这一虚拟假设。

那么，对于例 3.2.2，给定一个显著性水平 $\alpha = 0.05$ 时，查 F 分布表，得到临界值 $F_{0.05}(2,19)=3.52$，即只要 F 统计量的值大于 3.52，模型的线性关系在 95% 的水平下是显著成立的。将该数值代入式

（3.3.8），计算得到对应的 $\bar{R}^2$ 为 0.1935。如果我们首先得到 $\bar{R}^2$ 为 0.1935，肯定认为该模型质量不高，殊不知它的总体线性关系的显著性水平达到 95%。这样，在应用中不必对 $\bar{R}^2$ 过分苛求，重要的是需考察模型的经济关系是否合理。

三、变量的显著性检验（t 检验）

对于多元线性回归模型，方程的总体线性关系是显著的，并不能说明每个解释变量对被解释变量的影响都是显著的，必须对每个解释变量进行显著性检验，以决定是否作为解释变量被保留在模型中。如果某个变量对被解释变量的影响并不显著，应该将它剔除，以建立更为简单的模型。变量显著性检验中应用最为普遍的是 t 检验，在目前使用的计量经济学软件包中，都有关于 t 统计量的计算结果。

1. t 统计量

在上一节中，已经导出了参数估计量的方差为

$$Cov(\hat{\beta}) = \sigma^2 (\mathbf{X'X})^{-1}$$

以 c_{ii} 表示矩阵 $(\mathbf{X'X})^{-1}$ 主对角线上的第 i 个元素，于是参数估计量 $\hat{\beta}_i$ 的方差为

$$Var(\hat{\beta}_i) = \sigma^2 c_{ii}$$

其中，σ^2 为随机误差项的方差，在实际计算时，用它的估计量 $\hat{\sigma}^2$ 代替。这样，当模型参数估计完成后，就可以计算每个参数估计量的方差值。

因为 $\hat{\beta}_i$ 服从如下正态分布 $\hat{\beta}_i \sim N(\beta_i, \sigma^2 c_{ii})$

因此，可构造如下 t 统计量 $\quad t = \dfrac{\hat{\beta}_i - \beta_i}{s_{\hat{\beta}_i}} = \dfrac{\beta_i - \beta_i}{\sqrt{c_{ii}\dfrac{\mathbf{e'e}}{n-k-1}}} \sim t(n-k-1)$ （3.3.10）

该统计量即为用于变量显著性检验的 t 统计量。

2. t 检验

在变量显著性检验中设计的原假设与备择假设为 $H_0: \beta_i = 0$（$i=1,2,\cdots,k$）H_1：不是所有的 $\beta_i = 0$

给定一个显著性水平 α，得到一个临界值 $t_{\frac{\alpha}{2}}(n-k-1)$，于是可根据 $|t| > t_{\frac{\alpha}{2}}(n-k-1)$ 或 $|t| \leqslant t_{\frac{\alpha}{2}}(n-k-1)$ 来拒绝或接受原假设 H_0，从而判定对应的解释变量是否应包括在模型中。

需注意的是，在一元线性回归中，t 检验与 F 检验是一致的。

一方面，t 检验与 F 检验都是对相同的原假设：进行检验；另一方面，两个统计量之间有如下关系

$$F = \dfrac{\sum \hat{y}_i^2}{\sum e_i^2 / (n-2)} = \dfrac{\hat{\beta}_1^2 \sum x_i^2}{\sum e_i^2 / (n-2)} = \dfrac{\hat{\beta}_1^2}{\sum e_i^2 / (n-2) \sum x_i^2} = \left(\dfrac{\beta_1}{\sqrt{\sum e_i^2/(n-2)\sum x_i^2}}\right)^2$$

$$= \left(\hat{\beta}_1 \bigg/ \sqrt{\dfrac{\sum e_i^2}{n-2} \cdot \dfrac{1}{\sum x_i^2}}\right)^2 = t^2$$

在例 3.2.2 中，已经由应用软件计算出所有 t 的数值，分别为

$|t_0| = 3.306 \quad |t_1| = 3.630 \quad |t_2| = 2.651$

给定一个显著性水平 $\alpha=0.05$，查分布表中自由度为 19〔在这个例子中 $(n-k-1)=19$〕的相应临

界值，得到 $t_{\frac{\alpha}{2}}(19) = 2.093$。可见，计算的所有 t 值都大于该临界值，所以拒绝原假设。即是说，包括常数项在内的 3 个解释变量都在 95% 的水平下显著，都通过了变量显著性检验。

经常遇到一些实际问题，各个变量的 t 值相差较大，有的在很高的显著性水平下显著，有的则在不太高的显著性水平下显著，是否都认为通过显著性检验？没有绝对的显著性水平。关键仍然是考察变量在经济关系上是否对解释变量有影响，显著性检验起到验证的作用；同时还要看显著性水平不太高的变量在模型中以及模型应用中的作用，不要简单地剔除变量。

四、参数的置信区间

参数的假设检验用来判别所考察的解释变量是否对被解释变量有显著的线性性影响，但并未回答在一次抽样中，所估计的参数值离参数的真实值有多"近"。这需要进一步通过对参数的置信区间的估计来考察。

在变量的显著性检验中已经知道

$$t = \frac{\hat{\beta}_i - \beta_i}{S_{\hat{\beta}_i}} \sim t(n-k-1)$$

容易推出：在 $1-\alpha$ 的置信水平下 β_i 的置信区间是

$$(\hat{\beta}_i - t_{\frac{\alpha}{2}} \times S_{\hat{\beta}_i}, \hat{\beta}_i + t_{\frac{\alpha}{2}} \times S_{\hat{\beta}_i}) \tag{3.3.11}$$

其中，$t_{\frac{\alpha}{2}}$ 为 t 分布表中显著性水平为 α、自由度为 $n-k-1$ 的临界值。

在例 3.2.2 中，如果给定 $\alpha = 0.05$，查表得 $t_{\frac{\alpha}{2}}(n-k-1) = t_{0.025}(19) = 2.093$

$$\hat{\beta}_0 = 120.70 \quad s_{\hat{\beta}_0} = 36.51$$

从回归计算中得到 $\hat{\beta}_1 = 0.2213 \quad s_{\hat{\beta}_1} = 0.061$

$$\hat{\beta}_2 = 0.4515 \quad s_{\hat{\beta}_2} = 0.170$$

根据式（3.3.11）计算得到 β_0、β_1、β_2 的置信区间分别为 （44.284, 197.116），（0.0937, 0.3489），（0.0951, 0.8080）

显然，参数 β_2 的置信区间最小。

同样地，在实际应用中，我们希望置信水平越高越好，置信区间越小越好。如何才能缩小置信区间？从式（3.3.11）中可看出：①增大样本容量 n。在同样的置信水平下，n 越大，临界值越小；同时，增大样本容量，在一般情况下可使 $S_{\hat{\beta}_i} = \sqrt{c_{ii} \frac{\mathbf{e'e}}{n-k-1}}$ 减小，因为式中分母的增大是肯定的，分子并不一定增大。②更主要的是提高模型的拟合优度，以减小残差平方和 $\mathbf{e'e}$。设想一种极端情况，如果模型完全拟合样本观测值，残差平方和为 0，则置信区间也为 0。③提高样本观测值的分散度。在一般情况下，样本观测值越分散，c_{ii} 越小。

值得注意的是，置信水平的高低与置信区间的大小存在此消彼长的关系。置信水平越高，在其他情况不变时，临界值 $t_{\frac{\alpha}{2}}$ 越大，置信区间越大。如果要求缩小置信区间，在其他情况不变时，就必须降低对置信水平的要求。

第四节　多元线性回归模型的预测

计量经济学模型的一个重要应用是经济预测。对于模型 $\hat{\mathbf{Y}} = \mathbf{X}\hat{\beta}$ 如果给定样本以外的解释变量的

观测值 $\mathbf{X_0} = (1, X_{10}, X_{20}, \cdots, X_{k0})$，可以得到被解释变量的预测值 $\hat{Y}_0 = \mathbf{X_0}\hat{\beta}$。

同样地，严格地说，这只是被解释变量的预测值的估计值，而不是预测值。原因在于模型中参数估计量的不确定性及随机项的影响两个方面。因此，我们得到的仅是预测值的一个估计值。为了进行科学预测，还需求出预测值的置信区间，包括 $E(Y_0)$ 和 Y_0 的置信区间。

一、$E(Y_0)$ 的置信区间

已知 $E(\hat{Y}_0) = E(\mathbf{X_0}\hat{\beta}) = \mathbf{X_0}E(\beta) = \mathbf{X_0}\beta = E(Y_0)$

$Var(\hat{Y}_0) = E(\mathbf{X_0}\hat{\beta} - \mathbf{X_0}\beta)^2 = E(\mathbf{X_0}(\beta-\beta)\mathbf{X_0}(\beta-\beta))$

由于 $\mathbf{X_0}(\hat{\beta}-\beta)$ 为标量，因此
$$Var(\hat{Y}_0) = E(\mathbf{X_0}(\hat{\beta}-\beta)(\beta-\beta)'\mathbf{X_0}')$$
$$= \mathbf{X_0}E(\hat{\beta}-\beta)(\beta-\beta)'\mathbf{X_0}'$$
$$= \sigma^2\mathbf{X_0}(\mathbf{X'X})^{-1}\mathbf{X_0}'$$

容易证明 $\hat{Y}_0 \sim N(\mathbf{X_0}\beta, \sigma^2\mathbf{X_0}(\mathbf{X'X})^{-1}\mathbf{X_0}')$

取随机扰动项的样本估计量 $\hat{\sigma}^2$，可构造如下 t 统计量 $\dfrac{\hat{Y}_0 - E(Y_0)}{\hat{\sigma}\sqrt{\mathbf{X_0}(\mathbf{X'X})^{-1}\mathbf{X_0}'}} \sim t(n-k-1)$

于是，得到 $(1-\alpha)$ 的置信水平下 $E(Y_0)$ 的置信区间

$$\hat{Y}_0 - t_{\frac{\alpha}{2}} \times \hat{\sigma}\sqrt{\mathbf{X_0}(\mathbf{X'X})^{-1}\mathbf{X_0}'} < E(Y_0) < \hat{Y}_0 + t_{\frac{\alpha}{2}} \times \sigma\sqrt{\mathbf{X_0}(\mathbf{X'X})^{-1}\mathbf{X_0}'} \tag{3.4.1}$$

二、Y_0 的置信区间

如果已经知道实际的预测值 Y_0，那么预测误差为 $e_0 = Y_0 - \hat{Y}_0$

容易证明
$$E(e_0) = E(\mathbf{X_0}\beta + \mu_0 - \mathbf{X_0}\hat{\beta})$$
$$= E(\mu_0 - \mathbf{X_0}(\hat{\beta}-\beta))$$
$$= E(\mu_0 - \mathbf{X_0}(\mathbf{X'X})^{-1}\mathbf{X'}\mu)$$
$$= 0$$

$$Var(e_0) = E(e_0^2)$$
$$= E(\mu_0 - \mathbf{X_0}(\mathbf{X'X})^{-1}\mathbf{X'}\mu)^2$$
$$= \sigma^2(1 + \mathbf{X_0}(\mathbf{X'X})^{-1}\mathbf{X_0}')$$

e_0 服从正态分布，即 $e_0 \sim N\{0, \sigma^2[1 + \mathbf{X_0}(\mathbf{X'X})^{-1}\mathbf{X_0}']\}$

取随机扰动项的样本估计量 $\hat{\sigma}^2$，可得 e_0 的方差的估计量 $\hat{\sigma}_{e_0}^2 = \sigma^2[1 + \mathbf{X_0}(\mathbf{X'X})^{-1}\mathbf{X_0}']$

构造 t 统计量 $t = \dfrac{\hat{Y}_0 - Y_0}{\hat{\sigma}_{e_0}} \sim t(n-k-1)$ 可得给定 $(1-\alpha)$ 的置信水平下 Y_0 的置信区间：

$$\hat{Y}_0 - t_{\frac{\alpha}{2}} \times \hat{\sigma}\sqrt{1 + \mathbf{X_0}(\mathbf{X'X})^{-1}\mathbf{X_0}'} < Y_0 < \hat{Y}_0 + t_{\frac{\alpha}{2}} \times \hat{\sigma}\sqrt{1 + \mathbf{X_0}(\mathbf{X'X})^{-1}\mathbf{X_0}'} \tag{3.4.2}$$

例 3.2.2 中，2001 年人均 GDP 为 4033.1 元，于是人均居民消费的预测值为

$\hat{Y}_{2001} = 120.7 + 0.2213 \times 4033.1 + 0.4515 \times 1690.8 = 1776.8$（元）

2001 年实测的居民人均消费支出（1990 年价）为 1782.2 元，可见相对误差为 -0.31%。比一元回归模型的精度提高。下面给出预测的置信区间。

在 95% 的置信度下，临界值 $t_{0.025}(19) = 2.093$，随机扰动项方差的估计值为 $\hat{\sigma}^2 = 705.5$

$(\mathbf{X'X})^{-1} = \begin{pmatrix} 1.88952 & 0.00285 & -0.00828 \\ 0.00285 & 0.00001 & -0.00001 \\ -0.00828 & -0.00001 & 0.00004 \end{pmatrix}$，$\mathbf{X_0}'(\mathbf{X'X})^{-1}\mathbf{X_0} = 0.3938$

于是 $E(\hat{Y}_{2001})$ 的 95% 的置信区间为 $1776.8 \pm 2.093 \times \sqrt{705.5} \times \sqrt{0.3938}$ 或（1741.8, 1811.7）

同样，易得 $\hat{Y}_{2001}$ 的 95% 的置信区间为 $1776.8 \pm 2.093 \times \sqrt{705.5} \times \sqrt{1.3938}$ 或（1711.1, 1842.4）

需要指出的是，我们经常听到这样的说法，"如果给定解释变量值，根据模型就可以得到被解释变量的预测值为…值"，这种说法是不科学的，也是计量经济学模型无法达到的。如果一定要给出一个具体的预测值，那么它的置信水平则为 0；如果一定要回答以 100% 的置信水平处在什么区间中，那么这个区间是 ∞。

第五节 案例分析

【案例1】 中国税收收入模型

一、模型设定

为了全面反映中国税收增长的全貌，选择包括中央和地方税收的"国家财政收入"中的"各项税收"（以下简称税收收入）作为被解释变量，以反映国家税收的增长；选择"国内生产总值（GDP）"作为经济整体增长水平的代表；选择中央和地方"财政支出"作为公共财政需求的代表；选择"商品零售物价指数"作为物价水平的代表。所以解释变量可以设定为 2011 年全国各省市的可观测的"国内生产总值""财政支出""商品零售物价指数"等变量。

表 3.5.1　模型数据表　　　　　　　单元：亿元

	税收收入	地区生产总值	财政支出	商品零售价格指数（上年=100）
北京市	2854.63	16251.93	3245.23	103.2
天津市	1004.51	11307.28	1796.33	104.7
河北省	1348.51	24515.76	3537.39	105
山西省	872.88	11237.55	2363.85	104.9
内蒙古自治区	985.69	14359.88	2989.21	104.9
辽宁省	1974.85	22226.7	3905.85	105
吉林省	624.19	10568.83	2201.74	104.9
黑龙江省	741.85	12582	2794.08	104.5
上海市	3172.72	19195.69	3914.88	104.1
江苏省	4124.62	49110.27	6221.72	104.6
浙江省	2952.01	32318.85	3842.59	105.5
安徽省	1108.31	15300.65	3302.99	105.3
福建省	1254.31	17560.18	2198.18	104.8
江西省	777.09	11702.82	2534.60	104.8
山东省	2603.13	45361.85	5002.07	104.7
河南省	1263.10	26931.03	4248.82	105.7
湖北省	1067.11	19632.26	3214.74	105.6
湖南省	915.40	19669.56	3520.76	105.5
广东省	4548.66	53210.28	6712.40	105.1
广西壮族自治区	644.80	11720.87	2545.28	106
海南省	295.69	2522.66	778.80	105.4
重庆市	881.07	10011.37	2570.24	104.7

续表

	税收收入	地区生产总值	财政支出	商品零售价格指数（上年=100）
四川省	1537.42	21026.68	4674.92	104.6
贵州省	518.14	5701.84	2249.40	105.5
云南省	881.95	8893.12	2929.60	105.1
西藏自治区	45.83	605.83	758.11	103.7
陕西省	933.84	12512.3	2930.81	104.8
甘肃省	284.04	5020.37	1791.24	105.4
青海省	119.85	1670.44	967.47	105.4
宁夏回族自治区	177.13	2102.21	705.91	105.3
新疆维吾尔自治区	593.41	6610.05	2284.49	105.1

资料来源：《中国统计年鉴2012》

2011年中国各地方税收收入、国内生产总值、财政支出、商品零售价格指数设定的线性回归模型为

$$Y_t = \beta_1 + \beta_2 X_{2t} + \beta_2 X_{3t} + \beta_3 X_{4t} + u_t$$

二、估计参数

利用Eviews估计模型的参数，有以下步骤：

1. 建立工作文件

启动Eviews，点击File\New\Workfile，在对话框"Workfile Range"。在"Objects"菜单中点击"New Objects"，在"New Objects"对话框中选"Group"，并在"Name for Objects"上定义文件名，点击"OK"出现数据编辑窗口。

2. 输入数据

点击"Quik"下拉菜单中的"Empty Group"，出现"Group"窗口数据编辑框，点第一列与"obs"对应的格，在命令栏输入"Y"，点下行键"↓"，即将该序列命名为Y，并依次输入Y的数据。用同样方法在对应的列命名X2、X3、X4，并输入相应的数据。或者在Eviews命令框直接键入"data Y、X2、X3、X4…"，回车出现"Group"窗口数据编辑框，在对应的Y、X2、X3、X4下输入相应的数据。

3. 估计参数

点击"Procs"下拉菜单中的"Make Equation"，在出现的对话框的"Equation Specification"栏中键入"Y C X2 X3 X4"，在"Estimation Settings"栏中选择"Least Sqares"（最小二乘法），点"ok"，即出现回归结果：

表 3.5.2　参数估计表

Dependent Variable: Y
Method: Least Squares
Date: 05/24/13   Time: 22:15
Sample: 1 31
Included observations: 31

Variable	Coefficient	Std. Error	t-Statistic	Prob.
C	52407.17	15347.44	3.414717	0.0020
X1	0.057254	0.017499	3.271868	0.0029
X2	0.185163	0.161988	2.143061	0.2630

X3	−501.1190	145.9721	−3.432977	0.0019
R-squared	0.855646	Mean dependent var		1326.024
Adjusted R-squared	0.839607	S.D. dependent var		1144.855
S.E. of regression	458.5038	Akaike info criterion		15.21373
Sum squared resid	5676096.	Schwarz criterion		15.39876
Log likelihood	−231.8128	F-statistic		53.34691
Durbin-Watson stat	1.696129	Prob（F-statistic）		0.000000

根据表中数据，模型估计的结果为：

$$\hat{Y}_i = 52407.17 + 0.057254X_1 + 0.185163X_2 - 501.1190X_3$$

（15347.44）（0.017499）（0.161988）（145.9721）

（3.414717）（3.271868）（2.143061）（−3.432977）

R^2=0.8556 $\bar{R}^2$=0.8396 F=53.3469 df=27

三、模型检验

1. 经济意义检验

模型估计结果说明，在假定其他变量不变的情况下，当年 GDP 每增长 1 亿元，税收收入就会增长 0.057254 亿元；在假定其他变量不变的情况下，当年财政支出每增长 1 亿元，税收收入会增长 0.185163 亿元；在假定其他变量不变的情况下，当年零售商品物价指数上涨一个百分点，税收收入就会减少 501.1190 亿元。这与理论分析和经验判断相一致。

2. 统计检验

（1）拟合优度：由表中数据可以得到：$R^2 = 0.8556$，修正的可决系数为 $\bar{R}^2 = 0.8396$，这说明模型对样本的拟合很好。

（2）F 检验：针对 $H_0: \beta_2 = \beta_3 = \beta_4 = 0$，给定显著性水平 $\alpha = 0.05$，在 F 分布表中查出自由度为 $k-1=3$ 和 $n-k=27$ 的临界值 $F(3,27)=2.96$。由表中得到 $F=53.34691$，由于 $F=53.3469>2.96$，应拒绝原假设 $H_0: \beta_2 = \beta_3 = \beta_4 = 0$，说明回归方程显著，即"国内生产总值""财政支出""商品零售物价指数"等变量联合起来确实对"税收收入"有显著影响。

（3）t 检验：分别针对 $H_0: \beta_j = 0$ $(j=1,2,3,4)$，给定显著性水平 $\alpha = 0.05$，查 t 分布表得自由度为 $n-k=27$ 临界值 $t_{0.025}=2.052$。由表 3.5.1 中数据可得，与 $\hat{\beta}_1$、$\hat{\beta}_2$、$\hat{\beta}_3$、$\hat{\beta}_4$ 对应的 t 统计量分别为 3.414717、3.271868、2.143061、−3.432977，其绝对值均大于 2.052，这说明分别都应当拒绝 $H_0: \beta_j = 0$ $(j=1,2,3,4)$，也就是说，当在其他解释变量不变的情况下，解释变量"国内生产总值"（X_2）、"财政支出"（X_3）、"商品零售物价指数"（X_4）分别对被解释变量"税收收入" Y 都有显著的影响。

【案例 2】青海省三江源地区三次产业发展与经济增长模型

一、模型的设定

三江源地区位于我国西部、青藏高原腹地、青海省南部，为长江、黄河和澜沧江的源头汇水区。是我国最重要、影响范围最大的生态调节区，也是生态环境最脆弱和生态环境日益恶化的地区。三江源地区在生态移民后，产业结构发生了巨大的变化，从传统放牧到如今的生态畜牧业，从对生态环境不加保护的粗放式的旅游到如今的生态旅游，从只有极少数人才会的民族工艺到如今全村人都在搞特色产品加工，说明了移民后的牧民群众生产生活都向前迈了一大步。尽管移民后的牧民群众生产生活都得到了极大的改善，但由于源区经济基础薄弱，产业结构发展长期以第一产业为主，二、三产业发展为辅，产业结构不合理；又加上移民群众文化素质低，导致牧民群众生产生活观念转变较慢；源区民族文化底蕴深厚，人口迁移和文化融合问题突出、移民群众法律意识淡薄，社会服务体系不健全等问题影响三江源地区生态移民后续产业的发展。

考虑到不同产业结构对生产影响的函数 $Y=F(X_1,X_2,\cdots,X_k,A)$，其中 Y 表示总产出；X_i 表示第 i 产业的产值，（$i=1,2,3$）；A 表示经济制度和技术水平。对函数求全微分，则

$$dY=\frac{\partial Y}{\partial X_1}dX_1+\frac{\partial Y}{\partial X_2}dX_2+\frac{\partial Y}{\partial X_3}dX_3+\ldots+\frac{\partial Y}{\partial X_k}dX_k+\frac{\partial Y}{\partial A}dA_1 \quad (3.5.1)$$

上式两端同时除以 Y 得到

$$\frac{dY}{Y}=\frac{X_1}{Y}\frac{\partial Y}{\partial X_1}\frac{dX_1}{X_1}+\frac{X_2}{Y}\frac{\partial Y}{\partial X_2}\frac{dX_2}{X_2}+\frac{X_3}{Y}\frac{\partial Y}{\partial X_3}\frac{dX_3}{X_3}+\ldots+\frac{X_k}{Y}\frac{\partial Y}{\partial X_k}\frac{dX_k}{X_k}+\frac{A}{Y}\frac{\partial Y}{\partial A}\frac{dA}{A} \quad (3.5.2)$$

其中，$\frac{X_i}{Y}\frac{\partial Y}{\partial X_i}$ 表示第 i 产业的总产出弹性，记为 β_i，那么上式中可以写成：

$$\frac{dY}{Y}=\beta_1\frac{dX_1}{X_1}+\beta_2\frac{dX_2}{X_2}+\ldots+\beta_k\frac{dX_k}{X_k}+\beta_0 \quad (3.5.3)$$

其中，$\beta_0=\frac{A}{Y}\frac{\partial Y}{\partial A}\frac{dA}{A}$ 表示经济制度变迁对总产出的贡献。因此可以利用以下计量模型衡量产业结构对经济增长的贡献。

$$\mathrm{Ln}(\hat{Y})=\beta_0+\beta_1\mathrm{Ln}(X_1)+\beta_2\mathrm{Ln}(X_2)+\beta_3\mathrm{Ln}(X_3)+\varepsilon \quad (3.5.4)$$

根据所建立的计量模型，选取的样本年限以 2000—2009 年共 10 年，选取变量为国内生产总值 Y、第一产业产值 X_1、第二产业产值 X_2、第三产业产值 X_3。

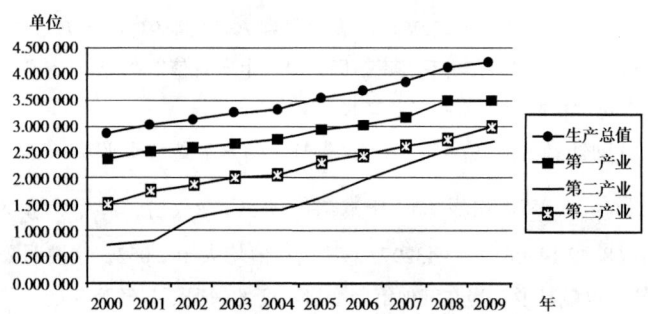

图 3.5.1　三江源地区 2000—2009 年地区生产总值

表 3.5.3　三江源地区三次产业生产总值统计表　　　　单位：亿元

年份	生产总值	第一产业	第二产业	第三产业
2000	17.454	10.74643	2.09448	4.613092
2001	20.3023	12.2565	2.29416	5.751642
2002	23.0385	13.17111	3.497244	6.370145
2003	26.0333	14.41203	4.003922	7.617344
2004	27.6225	15.96857	3.92792	7.726013
2005	34.2289	19.08603	5.014534	10.12833

续表

年份	生产总值	第一产业	第二产业	第三产业
2006	39.3473	20.70061	6.940864	11.70582
2007	47.4999	24.4482	9.40973	13.64197
2008	62.2539	33.77274	12.78073	15.70043
2009	68.2652	33.9278	15.15487	19.18252

资料来源：《青海统计年鉴2011》

二、模型参数估计

用 Eviews 计量经济软件对方程（3.5.4）进行回归分析得

$$\text{Ln}(\hat{Y}) = 0.929 + 0.592\text{Ln}(X_1) + 0.152\text{Ln}(X_2) + 0.267\text{Ln}(X_3) \quad (3.5.5)$$

（18.843）（21.60）　　（21.611）　　（8.182）

$R^2 = 0.999980 \quad \bar{R}^2 = 0.999982 \quad F = 25620.342 \quad D.W. = 2.162$

从方程（3.5.5）中可以得出：该回归方程的可决系数 $R^2 = 0.999980$，而调整的后可决系数 $\bar{R}^2 = 0.999982$，说明上式模型中的拟合优度很高，第一产业、第二产业、第三产业对国内生产总值有很好的解释意义。

由于 D.W. 值为 2.162，不存在序列相关；$R^2 = 0.999980$，表明模型整体上拟合非常好；F 值为 25620.342，$F = 25620.342 > F_{0.05}(2, 10) = 4.10$，因而该模型通过 F 检验；在 5% 的显著性水平下，自由度 $n-k-1 = 10$ 的 t 统计量的临界值 $t_{0.025}(10) = 2.228$，因此所有变量参数均通过 t 检验，该模型通过检验。

三、模型分析结论

三江源地区2000—2009年的第一产业、第二产业、第三产业占GDP平均份额分别为19.85%、6.51%、10.24%，再由模型分析可知三江源地区的第一产业每增长1%，其生产总值将会平均增长0.592%；第二产业产值每增长1%，其生产总值将平均增长0.152%；第三产业产值每增长1%，其生产总值将平均长0.267%。由此，在三江源地区的经济增长中，对经济增长拉动最大的是第一产业，其次是第三产业，最后是第二产业。

【案例3】中国税收增长的分析模型

一、研究的目的要求

改革开放以来，随着经济体制改革的深化和经济的快速增长，中国的财政收支状况发生很大变化，中央和地方的税收收入1978年为519.28亿元，到2002年已增长到17636.45亿元，25年间增长了33倍。为了研究影响中国税收收入增长的主要原因，分析中央和地方税收收入的增长规律，预测中国税收未来的增长趋势，需要建立计量经济模型。

影响中国税收收入增长的因素很多，但据分析主要的因素可能有：①从宏观经济看，经济整体增长是税收增长的基本源泉。②公共财政的需求，税收收入是财政收入的主体，社会经济的发展和社会保障的完善等都对公共财政提出要求，因此对预算支出所表现的公共财政的需求对当年的税收收入可能会有一定的影响。③物价水平。我国的税制结构以流转税为主，以现行价格计算的GDP等指标和经营者的收入水平都与物价水平有关。④税收政策因素。我国自1978年以来经历了两次大的税制改革，一次是1984—1985年的国有企业利改税,另一次是1994年的全国范围内的新税制改革。税制改革对税收会产生影响,特别是1985年税收陡增215.42%。但是第二次税制改革对税收增长速度的影响不是非常大。因此,可以从以上几个方面,分析各种因素对中国税收增长的具体影响。

二、模型设定

为了全面反映中国税收增长的全貌,选择包括中央和地方税收的"国家财政收入"中的"各项税收"作为被解释变量,以反映国家税收的增长;选择"国内生产总值(GDP)"作为经济整体增长水平的代表;选择中央和地方"财政支出"作为公共财政需求的代表;选择"商品零售物价指数"作为物价水平的代表。由于财税体制的改革难以量化,而且1985年以后财税体制改革对税收增长影响不是很大,可暂不考虑税制改革对税收增长的影响。所以解释变量设定为可观测的"国内生产总值""财政支出""商品零售物价指数"等变量。从《中国统计年鉴》收集到以下数据(见表3.5.4):

表 3.5.4 模型数据表   单位:亿元

年份	税收收入(Y)	国内生产总值(X_2)	财政支出(X_3)	商品零售价格指数(X_4)(%)
1978	519.28	3624.1	1122.09	100.7
1979	537.82	4038.2	1281.79	102.0
1980	571.70	4517.8	1228.83	106.0
1981	629.89	4862.4	1138.41	102.4
1982	700.02	5294.7	1229.98	101.9
1983	775.59	5934.5	1409.52	101.5
1984	947.35	7171.0	1701.02	102.8
1985	2040.79	8964.4	2004.25	108.8
1986	2090.73	10202.2	2204.91	106.0
1987	2140.36	11962.5	2262.18	107.3
1988	2390.47	14928.3	2491.21	118.5
1989	2727.40	16909.2	2823.78	117.8
1990	2821.86	18547.9	3083.59	102.1
1991	2990.17	21617.8	3386.62	102.9
1992	3296.91	26638.1	3742.20	105.4
1993	4255.30	34634.4	4642.30	113.2
1994	5126.88	46759.4	5792.62	121.7
1995	6038.04	58478.1	6823.72	114.8
1996	6909.82	67884.6	7937.55	106.1
1997	8234.04	74462.6	9233.56	100.8
1998	9262.80	78345.2	10798.18	97.4
1999	10682.58	82067.5	13187.67	97.0
2000	12581.51	89468.1	15886.50	98.5
2001	15301.38	97314.8	18902.58	99.2
2002	17636.45	104790.6	22053.15	98.7

设定的线性回归模型为

$$Y_t = \beta_1 + \beta_2 X_{2t} + \beta_2 X_{3t} + \beta_3 X_{4t} + u_t$$

三、估计参数

利用 Eviews 估计模型的参数，步骤是：

（1）建立工作文件：启动 Eviews，点击 File\New\Workfile，在对话框"Workfile Range"。在"Workfile frequency"中选择"Annual"（年度），并在"Start date"中输入开始时间"1978"，在"end date"中输入最后时间"2002"，点击"ok"，出现"Workfile UNTITLED"工作框。其中已有变量："c"——截距项"resid"——剩余项。在"Objects"菜单中点击"New Objects"，在"New Objects"对话框中选"Group"，并在"Name for Objects"上定义文件名，点击"OK"出现数据编辑窗口。

（2）输入数据：点击"Quik"下拉菜单中的"Empty Group"，出现"Group"窗口数据编辑框，点第一列与"obs"对应的格，在命令栏输入"Y"，点下行键"↓"，即将该序列命名为 Y，并依次输入 Y 的数据。用同样方法在对应的列命名 X2、X3、X4，并输入相应的数据。或者在 Eviews 命令框直接键入"data Y、X3、X4…"，回车出现"Group"窗口数据编辑框，在对应的 Y、X2、X3、X4 下输入相应的数据。

（3）估计参数：点击"Procs"下拉菜单中的"Make Equation"，在出现的对话框的"Equation Specification"栏中键入"Y、C、X2、X3、X4"，在"Estimation Settings"栏中选择"Least Sqares"（最小二乘法），点"ok"，即出现回归结果：

表 3.5.5　参数估计结果

Dependent Variable: Y
Method: Least Squares
Date: 07/05/05　Time: 16:54
Sample: 1978 2002
Included observations: 25

Variable	Coefficient	Std. Error	t-Statistic	Prob.
C	−2582.791	940.6128	−2.745860	0.0121
X2	0.022067	0.005577	3.956605	0.0007
X3	0.702104	0.033236	21.12466	0.0000
X4	1.012375	0.019873	2.744859	0.0121
R-squared	0.997430	Mean dependent var		4848.366
Adjusted R-squared	0.997063	S.D. dependent var		4870.971
S.E. of regression	263.9599	Akaike info criterion		14.13512
Sum squared resid	1463172	Schwarz criterion		14.33014
Log likelihood	−172.6890	F-statistic		2717.238
Durbin-Watson stat	0.948542	Prob（F-statistic）		0.000000

根据表中数据，模型估计的结果为：

$$\hat{Y}_i = -2582.791 + 0.022067 X_2 + 0.702104 X_3 + 1.012375 X_4$$
$$(940.6128)\quad (0.0056)\quad (0.0332)\quad (0.019873)$$
$$t = (-2.7459)\quad (3.9566)\quad (21.1247)\quad (2.7449)$$
$$R^2 = 0.9974 \quad \overline{R}^2 = 0.9971 \quad F = 2717.238 \quad df = 21$$

四、模型检验

1. 经济意义检验

模型估计结果说明，在假定其他变量不变的情况下，当年 GDP 每增长 1 亿元，税收收入就会平均增长 0.02207 亿元；在假定其他变量不变的情况下，当年财政支出每增长 1 亿元，税收收入会平均增长 0.7021 亿元；在假定其他变量不变的情况下，当年零售商品物价指数上涨一个百分点，税收收入就会平均增长 1.012375 亿元。这与理论分析和经验判断相一致。

2. 统计检验

（1）拟合优度：由表中数据可以得到：$R^2 = 0.9974$，修正的可决系数为 $\overline{R}^2 = 0.9971$，这说明模型对样本的拟合很好。

（2）F检验：针对 $H_0: \beta_2 = \beta_3 = \beta_4 = 0$，给定显著性水平 $\alpha = 0.05$，在F分布表中查出自由度为 $k-1=3$ 和 $n-k=21$ 的临界值 $F_\alpha(3,21) = 3.075$。由表中得到F=2717.238，由于 $F = 2717.238 > F_\alpha(3,21) = 3.075$，应拒绝原假设 $H_0: \beta_2 = \beta_3 = \beta_4 = 0$，说明回归方程显著，即"国内生产总值""财政支出""商品零售物价指数"等变量联合起来确实对"税收收入"有显著影响。

（3）t检验：分别针对 $H_0: \beta_j = 0$（$j=1,2,3,4$），给定显著性水平 $\alpha = 0.05$，查t分布表得自由度为n-k=21临界值 $t_{\alpha/2}(n-k) = 2.080$。由表中数据可得，与 $\hat{\beta}_1$、$\hat{\beta}_2$、$\hat{\beta}_3$、$\hat{\beta}_4$ 对应的t统计量分别为 -2.7459、3.9566、21.1247、2.7449，其绝对值均大于 $t_{\alpha/2}(n-k) = 2.080$，这说明分别都应当拒绝 $H_0: \beta_j = 0$（$j=1,2,3,4$），也就是说，当在其他解释变量不变的情况下，解释变量"国内生产总值"（X_2）、"财政支出"（X_3）、"商品零售物价指数"（X_4）分别对被解释变量"税收收入"Y都有显著的影响。

【案例4】青海省农业产业化与农民增收关系模型

一、实证分析模型的建立

在青海省农民收入增长的影响因素中，选取非农劳动力占乡村劳动力的比重、农产品收购价格指数、农村工业品零售价格指数、国家财政支农资金四个影响因素建立双对数形式的模型：

$$LOG(Y) = \beta_0 + \beta_1 LOG(L_t) + \beta_2 LOG(P_t) + \beta_3 LOG(F_t) + \beta_4 LOG(I_t) + \mu_t$$

其中，Y代表农民人均纯收入，L代表非农劳动占乡村劳动力的比重，P代表农产品收购价格指数，F代表国家财政支农资金，I代表农村工业品零售价格指数，t代表不同的年份，μ_t 为随机扰动项。样本数据均从1995—2006年，共12年的一个时间序列，保证了时间的完整性。

二、模型参数估计

根据《青海统计年鉴》和第二次农业普查成果可得到上述变量数据，并通过Eviews软件用最小二乘法得出如下回归结果。

表 3.5.6 农民收入影响因素的计量结果

自变量	系数	标准差	t-统计值	零系数概率
常数项（C）	4.218026	1.214701	-3.472479	0.0104
LOG（L）	0.118381	0.032398	3.653961	0.0081
LOG（P）	0.435679	0.332406	1.310680	0.2313
LOG（F）	0.119199	0.017422	6.842022	0.0002
LOG（I）	-0.228475	0.547199	-2.245022	0.0596
R^2	0.989360	F 统计值		7.370670
调整后的 R^2	0.983280	F 统计值概率		0.245627

三、模型分析结论

从分析结果来看，四个解释变量包括常数项都通过了T值检验，而且系数为零的概率也非常小，R^2 达到0.99调整后的 R^2 也达到了0.98，说明回归方程具有较高的拟合程度。从表中分析结果来看，四个解释变量对收入影响弹性分别为：0.12，0.44，0.12 和 -0.23（小数点后保留了两位数字）。说明当农村非农劳动力比重每增长1%，农民收入将增长0.12%；农产品收购价格每增长1%，农民收入将增长0.44%；国家财政支农每增长1%，农民收入增长0.12%；而当农村工业品零售价格指数每增长1%，农民收入要下降0.23%。说明模型具有明显的经济意义。实证分析结果表明，在市场经济条件下，市场环境的改善和农业产业化的非农经营水平对农民的增收起到重要作用。

【案例5】青海省经济增长影响因素模型

一、模型的设定

在1957年由Solow提出了用总量生产函数度量技术进步的总量增长方程，认为产出量的增长是由资本数量的增长、劳动数量的增长和技术的进步共同贡献的结果。用数学表达式表示为

$$\frac{\Delta Y}{Y} = \frac{\Delta A}{A} + \alpha \frac{\Delta K}{K} + \beta \frac{\Delta L}{L} \tag{3.5.6}$$

其中，α和β分别为资本和劳动的产出弹性，那么式中后两项分别表示资本数量的增长和劳动数量的增长对产出增长的贡献；$\Delta A/A$被用来度量技术进步对产出增长的贡献。

生产函数是描述生产过程中投入的生产要素的某种组合同它可能的最大产出量之间的依存关系的数学表达式。即

$$Y = f(A, K, L, \cdots) \tag{3.5.7}$$

其中Y为产出量，A、K、L分别为技术、资本、劳动等投入要素。

20世纪20年代末，美国数学家Charles Cobb和经济学家Paul Dauglas提出了生产函数这一名词，并用1899-1922年的数据资料，导出了著名的Cobb-Dauglas生产函数

$$Y = AK^{\alpha}L^{\beta} \tag{3.5.8}$$

对于区域经济增长问题的研究，我们可以选择Cobb-Dauglas生产函数模型，并结合总量增长方程进行经济增长要素的贡献率。收集青海省1990—2011年经济增长相关数据如下表所示：

表3.5.7　模型数据表

年份	国内生产总值（现价）Y	年末从业人员数（万人）L	全社会固定资产投资总额K	Y/L	K/L
1990	69.94	17.304512	22.25	4.04172	1.285792
1991	75.1	18.465632	23.94	4.067015	1.296463
1992	87.52	20.922634	30.27	4.18303	1.446759
1993	109.68	24.382916	44.73	4.498231	1.834481
1994	138.4	32.713475	45.2	4.230673	1.381694
1995	167.8	38.024265	55.58	4.412972	1.461698
1996	184.17	44.289948	77.66	4.15828	1.753445
1997	202.79	45.907308	97.66	4.417379	2.12733
1998	220.92	46.157407	116.38	4.786231	2.521372
1999	239.38	48.604729	128.13	4.925035	2.636163
2000	263.68	49.763044	154.83	5.298711	3.111345
2001	300.13	57.359169	201.61	5.232468	3.51487

续表

年份	国内生产总值（现价）Y	年末从业人员数（万人）L	全社会固定资产投资总额 K	Y/L	K/L
2002	340.65	61.40015	245.02	5.548032	3.990544
2003	390.2	63.47347	285.12	6.14745	4.491955
2004	466.1	69.71295	318.06	6.685989	4.562423
2005	543.32	78.02958	367.15	6.963	4.705267
2006	648.5	93.05214	419.62	6.969211	4.509515
2007	797.35	112.0644	487.47	7.115105	4.34991
2008	1018.62	136.89506	582.85	7.440882	4.257641
2009	1081.27	159.7793	800.51	6.767272	5.010098
2010	1350.43	160.8435	1068.73	8.395925	6.644533
2011	1670.44	187.6543	1434.33	8.901688	7.64347

资料来源：《2012年青海省统计年鉴》

利用时序数据资料估计生产函数时，因劳动力与资金高度相关，又容易产生多重共线性。因此国内很多研究为了消除多重共线性通常假定规模报酬不变，即 $\alpha + \beta = 1$

$$Y = AL^{\alpha}K^{1-\alpha} \tag{3.5.9}$$

将式（3.5.9）两边同时除以 L 得：

$$Y/L = A(K/L)^{1-\alpha} \tag{3.5.10}$$

为了减少异方差性的影响，对模型（3.5.10）取对数得：

$$Ln(Y/L) = LnA + (1-\alpha)Ln(K/L) \tag{3.5.11}$$

很显然，式（3.5.11）可以看作是一线性方程，所以参数 LnA 和 $1-\alpha$ 可以在转化函数形式和此数据的基础上可用最小二乘法进行估计。

二、模型参数的估计

运用计量经济学软件 Eviews 回归数据得到如下结果：

表 3.5.8 参数估计结果表

Dependent Variable: LNY
Method: Least Squares
Date: 04/11/13   Time: 15:16
Sample: 1990 2011
Included observations: 22

Variable	Coefficient	Std. Error	t-Statistic	Prob.
C	1.241069	0.036123	34.35715	0.0000
LNX	0.432638	0.029879	14.47972	0.0000
R-squared	0.912916	Mean dependent var		1.707326
Adjusted R-squared	0.908561	S.D. dependent var		0.253909
S.E. of regression	0.076779	Akaike info criterion		-2.209260
Sum squared resid	0.117901	Schwarz criterion		-2.110074
Log likelihood	26.30186	F-statistic		209.6622
Durbin-Watson stat	0.673786	Prob（F-statistic）		0.000000

即

$$Ln(Y/L) = 1.241069 + 0.432638Ln(K/L) \tag{3.5.12}$$

$R^2=0.912916$，$F=209.6622$。R^2 值接近于 1，显然模型拟合效果较好，通过检验。因此青海省的柯布—道格拉斯生产函数为

$$Y = e^{1.241069} L^{0.567362} K^{0.432638} \qquad (3.5.13)$$

可以通过模型计算各要素的贡献率，先计算产出增长率、劳动投入增长率、资本投入增长率，记作 y、l、k；y、l、k 分别是以 1990 年为基期的有关经济数据计算得到；进而利用其数据计算各要素的贡献率，劳动投入贡献率、资本投入贡献率、综合效率或科技进步贡献率分别记作 EL、EK、ET。投入要素对产出的贡献一般采用增加一个单位要素投入增加的产出，即要素的边际产出和产出弹性的乘积表示。在计算各要素对经济增长贡献份额的基础上计算各要素对经济增长的贡献率，公式如下：

各要素对经济增长率的贡献率 = 各要素对经济增长的贡献份额 / 经济增长率

则 $EL = \alpha l / y$；$EK = \beta k / y$；$ET = 1 - EL - EK$。其中 α、β 是回归预测中估计得到的数值。

三、模型分析结论

通过青海省 C–D 生产函数的回归及有关数据的计算与处理，我们可以得到如下的结果：

（1）从对 1990—2011 年增长率可以看出，1992—1996 年和 2003—2011 年是两段经济增长的高峰期，经济平均增长率分别约为 14.40% 和 13.25%；相对而言，1997—2002 年可以说是一个经济发展的低谷，平均经济增长率约为 8.98%。相对而言，各个对应时期的资本投入是与其成正比的，并且资本投资增长率明显高于经济增长率，资本投入平均增长率分别约为 16.93%、29.07% 和 9.65%。虽然历年来青海省的经济增长率一直高于全国水平，但就其分析结果而言青海省的经济基础比较薄弱，在全国仍然属于经济落后的省份。

（2）劳动力的增长速度相对缓慢，近年来并呈现下降趋势，其对经济增长的份额不高。

（3）数据结果显示科学技术进步的贡献率起伏变化不定，且差距之大令人惊讶。但科学技术进步历来是经济增长的主要力量，出现这种情况也可能是由于近年来青海省的投资过热有关。具体原因有待于进一步考证。

（4）从整个结果来看，资本投入在各要素的贡献率中是最高的，劳动投入的贡献率相对较低，而综合要素的贡献率为负值，这说明青海省的经济增长主要是依靠物资资本的大量投入，甚至是以牺牲综合效率为代价的，这种只追求数量的增加，而不注重效率和效益的发展模式不太利于今后青海省的经济发展，扭转这种现状应该是当务之急。

（5）根据回归的青海省 C—D 生产函数显示，青海省资本的产出弹性约为 0.68，劳动的产出弹性约为 0.32，说明青海省经济增长主要是靠资本投入的增加，这也与以上的分析是相符的。特别是近年来青海省经济取得显著成效，这与青海省积极引进外资，为投资商创造良好的发展环境是分不开的。

本章小结

通过本章的学习应达到：了解多元线性回归模型的产生背景；掌握模型的古典假定、模型的参数估计以及模型的统计检验；在本章结束之前，学生能够根据所学知识，独立地选择一个经济研究问题，确定研究对象，按照计量经济分析的工作程序（建立理论模型，收集统计数据，参数的估计和检验）去分析研究，并写出分析报告。

1. 多元线性回归模型的经典假设

假设讨论的多元线性回归模型为 k 元，即解释变量为 k 个，多元线性回归模型的一般表达式为

$$Y = \beta_0 + \beta_1 X_1 + \beta_2 X_2 + \cdots + \beta_k X_k + \varepsilon$$

如果我们随机抽取了一个容量为 n 的样本，其观测值为

$(y_i, x_{1i}, x_{2i}, \cdots, x_{ki}), i = 1, 2, \cdots, n$

则有 $Y_i = \beta_0 + \beta_1 X_{1i} + \beta_2 X_{2i} + \cdots + \beta_k X_{ki} + \varepsilon_i \quad i = 1, 2, \cdots, n$

经典假设内容主要有：

（1）$E(\varepsilon_i) = 0, i = 1, 2, \cdots, n$：即随机误差项对被解释变量的影响平均结果为零，此为零均值假设。

（2）$Var(\varepsilon_i) = \sigma^2, i = 1, 2, \cdots, n$：即所有随机误差项的方差相等，此为同方差假设。

（3）$Cov(\varepsilon_i, \varepsilon_j) = 0, \ i \neq j, i, j = 1, 2, \cdots, n$：即不同随机误差项之间是不相关的，此为不相关假设。

（4）所有的解释变量是确定性的，因而是非随机的，它和随机误差项 ε 不相关。

（5）数量矩阵 X 的秩满足不等式 $R(X) = k+1$，也就是解释变量之间不存在多重共线性。

（6）为了满足假设检验和预测的需要，一般还要进一步假设 $\varepsilon_i \sim N(0, \sigma^2)$，$i = 1, 2, \cdots, n$，即所有的随机误差项服从正态分布，此为正态分布假设。

2. 多元回归模型的参数估计

根据最小二乘法的思想，由极值原理得到

$$\frac{\partial S}{\partial \beta} = -2X'Y + 2X'X\hat{\beta} = 0$$

解上式得到

$$\beta = (X'X)^{-1}X'Y$$

3. 基于 OLS 估计量的性质

（1）线性性

证明：令 $A = (X'X)^{-1}X'$，并记矩阵 $A = (a_{ij})_{(k+1) \times n}$，参数的估计值可以表示为

$$\hat{\beta} = AY$$

其中的一个典型代表 $\hat{\beta}_i$ 可以表示为

$$\hat{\beta}_i = a_{i1}y_1 + a_{i2}y_2 + \cdots + a_{in}y_n \quad (i = 0, 1, 2, \cdots, k) \text{ 从而线性性得证。}$$

（2）无偏性

证明：根据式（3.2.5）有

$$\hat{\beta} = (X'X)^{-1}X'Y = (X'X)^{-1}X'(X\beta + \varepsilon) = \beta + (X'X)^{-1}X\varepsilon$$

等式对两边取期望有

$$E(\hat{\beta}) = \beta + E[(X'X)^{-1}X\varepsilon] = \beta + (X'X)^{-1}XE(\varepsilon) = \beta$$

从而无偏性得证。

（3）方差有效性

这里我们只给出参数估计量 $\hat{\beta}$ 的方差——协方差矩阵，根据有

$$Cov(\hat{\beta}) = E[(\beta - E(\beta))(\beta - E(\beta))'] = (X'X)^{-1}XE(\varepsilon\varepsilon')X'(X'X)^{-1} = (X'X)^{-1}\sigma^2$$

对于某个估计量 $\hat{\beta}_i$，显然有

$$Var(\hat{\beta}_i) = (X'X)^{-1}_{ii}\sigma^2$$

其中，$(X'X)^{-1}_{ii}$ 表示矩阵 $(X'X)^{-1}$ 主对角线上第 i 个元素。

如果 $\lim\limits_{n \to \infty} \frac{X'X}{n} = Q \neq 0$，则在大样本下，估计量是回归系数的一致估计。

4. 多元线性回归方程线性性检验

（1）决定系数与调整的决定系数

多元线性回归模型的线性性检验也是建立在三个离差平方和的基础上，即总离差平方和 $\text{TSS} = \sum_{i=1}^{n}(y_i - \overline{y})^2$，回归平方和 $\text{ESS} = \sum_{i=1}^{n}(\hat{y}_i - \overline{y})^2$，残差平方和 $\text{RSS} = \sum_{i=1}^{n}(y_i - \hat{y}_i)^2$。这三个平方和具有等式关系 TSS= RSS+ESS。与一元线性回归一样，定义 $R^2 = \text{ESS}/\text{TSS}$，它衡量各个解释变量对被解释变量变动的解释程度，显然其取值是在0~1，值越接近1，则解释变量的解释程度越高，值越接近0，则解释变量的解释能力越弱。一般来说，增加解释变量的个数，会增加回归平方和ESS，所以 R^2 就会变大，这样容易引起误导，把不显著的解释变量也留在回归方程中，鉴于此，需要对该指标加以调整，这就是调整的决定系数，定义为 $\overline{R}^2 = 1 - \dfrac{RSS/n-k-1}{TSS/n-1} = 1 - (1-R^2)\dfrac{n-1}{n-k-1}$，该指标考虑到加入解释变量对自由度的影响，因而是合理的。

（2）方程线性性显著检验

方程线性性显著性检验正是建立在这三个平方和的基础上，其检验步骤如下：

a 建立原假设和备择假设

$$H_0: \beta_1 = \beta_2 = \cdots = \beta_k = 0, \qquad H_1: \beta_i \neq 0, \qquad (i=1,2,\cdots,k)$$

b 构造 F 统计量：在原假设成立下，不加证明地指出下列结论是成立的

$$F = \frac{ESS/k}{\sigma^2} / \frac{(n-k-1)s^2/(n-k-1)}{\sigma^2} = \frac{ESS}{ks^2}$$

c 根据估计的结果，计算出统计量值 F。

d 根据给定显著性水平 α 和自由度，查 F 分布的临界表得到临界值 $F_\alpha(k, n-k-1)$。

e 比较统计量值 F 和临界值 $F_\alpha(k, n-k-1)$，做出判断，规则如下：

若 $F > F_\alpha(k, n-k-1)$，则拒绝原假设，接受备择假设，从而回归模型变量之间线性关系显著；若 $F \leq F_\alpha(k, n-k-1)$，则接受原假设，拒绝备则假设，从而回归模型变量之间线性关系不显著。

（3）参数显著性的 t 检验

单参数假设检验的基本步骤如下：

a 建立假设检验：$H_0: \beta_i = 0 \qquad H_1: \beta_i \neq 0, i = 0,1,2,\cdots,k$

b 构造检验的统计量：在原假设成立的条件下有 $t_i = \dfrac{\hat{\beta}_i}{s\sqrt{(X'X)^{-1}_{ii}}} \sim t(n-k-1)$

c 计算统计量的值 t_i。

d 给定显著性水平 α，查 t 分布的临界表，得到临界值 $t_{\alpha/2}(n-k-1)$。

e 比较计算的统计量值和查表得到的临界值，给出判断，规则如下：

如果 $|t_i| > t_{\alpha/2}(n-k-1)$，则拒绝原假设，接受备择假设，即系数 $\beta_i = 0$ 在给定显著性水平下与0有显著性差异；如果 $|t_i| \leq t_{\alpha/2}(n-k-1)$，则接受原假设，拒绝备择假设，即系数 β_i 在给定显著性水平下与0没有显著性差异。

5. 多元线性回归模型的预测

（1）点预测

假设有观测值 $X_0 = (1, x_{01}, x_{02}, x_{03}, \cdots, x_{0k})$，那么得到被解释变量的一个点估计为

$\hat{y}_0 = X_0\hat{\beta}$ 从而得到总体均值 $E(y_0|X_0)$ 和总体个别值 y_0 的一个无偏估计，即

$$E(y_0|X_0) = E(\hat{y}_0) = E(X_0\hat{\beta}) = X_0\beta$$

（2）区间预测

a 总体均值 $E(y_0|X_0)$ 的区间预测

令 $\delta_0 = E(y_0|X_0) - \hat{y}_0$，则 δ_0 也正态分布，其期望和方差分别为

$$E(\delta_0) = E(y_0|X_0) - E(\hat{y}_0) = 0, Var(\delta_0) = Var(E(y_0|X_0) - X_0\hat{\beta}) = X_0(X'X)^{-1}X_0'\sigma^2$$

由于该方差表达式中含有未知参数 σ^2，所以不能直接使用正态分布构建统计量进行区间估计。与参数检验一样，可以使用 t 分布，根据概率论的知识可以证明

$$\frac{E(y_0|X_0) - \hat{y}_0}{s\sqrt{X_0(X'X)^{-1}X_0'}} \sim t(n-k-1)$$

如果取显著性水平为 α，则根据 t 分布和区间估计理论得到总体均值 $E(y_0|X_0)$ 的区间估计为：

$$\hat{y}_0 - t_{\alpha/2}(n-k-1)s\sqrt{X_0(X'X)^{-1}X_0'} \leq E(y_0|X_0) \leq \hat{y}_0 + t_{\alpha/2}(n-k-1)s\sqrt{X_0(X'X)^{-1}X_0'}$$

b 总体个别值 y_0 的区间预测

令 $e_0 = y_0 - \hat{y}_0$，则 e_0 也具有正态分布性质，其期望和方差分别为

$$E(e_0) = E(y_0) - E(\hat{y}_0) = 0$$
$$Var(e_0) = Var(y_0 - \hat{y}_0) = Var(X_0\beta + \varepsilon_0 - X_0\hat{\beta}) = Var[X_0(\beta - \hat{\beta}) + \varepsilon_0]$$
$$= [1 + X_0(X'X)^{-1}X_0']\sigma^2$$

同样由于该方差表达式中含有未知参数 σ^2，所以不能直接使用正态分布构建统计量进行区间估计。仿照总体均值预测，可以使用 t 分布，根据概率论的知识可以证明

$$\frac{y_0 - \hat{y}_0}{s\sqrt{1 + X_0(X'X)^{-1}X_0'}} \sim t(n-k-1)$$

在显著性水平为 α 下，则根据 t 分布和区间估计理论得到总体个别值 y_0 的区间估计为

$$\hat{y}_0 - t_{\alpha/2}(n-k-1)s\sqrt{1 + X_0(X'X)^{-1}X_0'} \leq y_0 \leq \hat{y}_0 + t_{\alpha/2}(n-k-1)s\sqrt{1 + X_0(X'X)^{-1}X_0'}$$

由此可见，虽然个别值与总体均值的点估计是相同的，但个别值的区间预测要比相同显著性水平下的总体均值区间预测的范围要宽。

本章练习题

1. 多元线性回归模型的基本假设是什么？试说明在证明最小二乘估计量的无偏性和有效性的过程中，哪些基本假设起了作用？

2. 在多元线性回归分析中，t 检验与 F 检验有何不同？在一元线性回归分析中二者是否有等价的作用？

3. 为什么说对模型参数施加约束条件后，其回归的残差平方和一定不比未施加约束的残差平方和小？在什么样的条件下，受约束回归与无约束回归的结果相同？

4. 在一项调查大学生一学期平均成绩（Y）与每周在学习（X_1）、睡觉（X_2）、娱乐（X_3）与其他各种活动（X_4）所用时间的关系的研究中，建立如下回归模型

$$Y = \beta_0 + \beta_1 X_1 + \beta_2 X_2 + \beta_3 X_3 + \beta_4 X_4 + u$$

如果这些活动所用时间的总和为一周的总小时数168。问：保持其他变量不变，而改变其中一个

变量的说法是否有意义？该模型是否有违背基本假设的情况？如何修改此模型以使其更加合理？

5. 下表给出三变量模型的回归结果：

方差来源	平方和（SS）	自由度（d.f.）	平方和的均值（MSS）
来自回归（ESS）	65965	—	—
来自残差（RSS）	—	—	—
来自总离差（TSS）	66042	14	

（1）求样本容量 n，残差平方和 RSS，回归平方和 ESS 及残差平方和 RSS 的自由度。

（2）求拟合优度 R^2 及调整的拟合优度 $\bar{R}^2$。

（3）检验假设：X_2 和 X_3 对 Y 无影响。应采用什么假设检验？为什么？

（4）根据以上信息，你能否确定 X_2 和 X_3 对 Y 的影响？

6. 某地区通过一个样本容量为 722 的调查数据得到劳动力受教育的一个回归方程为

$$Y = 10.36 - 0.094X_1 + 0.131X_2 + 0.210X_3, \quad R^2 = 0.214$$

其中，Y 为劳动力受教育年数，X_1 为该劳动力家庭中兄弟姐妹的人数，X_2 与 X_3 分别为母亲与父亲受教育的年数。问：

（1）X_1 是否具有预期的影响？为什么？若 X_2 与 X_3 保持不变，为了使预测的受教育水平减少一年，需要 X_1 增加多少？

（2）请对 X_2 的系数给予适当的解释。

（3）如果两个劳动力都没有兄弟姐妹，但其中一个的父母受教育的年数为 12 年，另一个的父母受教育的年数为 16 年，则两人受教育的年数预期相差多少？

7. 以企业研发支出（R&D）占销售额的比重为被解释变量 Y，以企业销售额 X_1 与利润占销售额的比重 X_2 为解释变量，一个容量为 32 的样本企业的估计结果如下：

$$Y = 0.472 + 0.32 \log X_1 + 0.05 X_2$$
$$\quad (1.37) \quad (0.22) \quad (0.046)$$
$$R^2 = 0.099$$

其中，括号中为系数估计值的标准差。

（1）解释 $\log X_1$ 的系数。如果 X_1 增加 10%，估计 Y 会变化多少个百分点？这在经济上是一个很大的影响吗？

（2）针对 R&D 强度随销售额的增加而提高这一备择假设，检验它不随 X_1 而变化的假设。分别在 5% 和 10% 的显著性水平上进行这个检验。

（3）利润占销售额的比重 X_2 对 R&D 强度 Y 是否在统计上有显著的影响？

8. 某公司决定建造一个新的百货店，对已有的 30 个百货店的销售作为其所处地理位置特征的函数进行回归分析，并且用该回归方程作为新百货店的不同位置的可能销售额，估计得出（括号内为估计的标准差）

$$\hat{Y}_t = 30 + 0.1 \times X_{1t} + 0.01 \times X_{2t} + 10.0 \times X_{3t} + 3.0 \times X_{4t}$$
$$\quad (0.02) \quad (0.01) \quad (1.0) \quad (1.0)$$

其中，Y_t = 第 i 个百货店的日均销售额（百美元）；

X_{1t} = 第 i 个百货店前每小时通过的汽车数量；

X_{2t} = 第 i 个百货店所处区域内的平均收入；

X_{3t} = 第 i 个百货店内所有的桌子数量；

X_{4t} = 第 i 个百货店所处地区竞争店面的数量。

请回答以下问题：

（1）各个变量前参数估计的符号是否与期望的符号一致；

（2）计算每个变量参数估计值的 T 值；

（3）在 $\alpha = 0.05$ 的显著性水平下检验各变量的显著性。

第四章 放宽基本假定的模型

计量经济回归分析,是在对线性回归模型提出若干基本假定的条件下,应用普通最小二乘法得到了无偏的、有效的参数估计量。但是,在实际的计量经济学问题中,完全满足这些基本假定的情况并不多见。不满足基本假定的情况,称为基本假定违背。主要包括:随机误差项序列存在异方差性;随机误差项序列存在序列相关性;解释变量之间存在多重共线性;解释变量是随机变量且与随机误差项相关。

除此之外,还有模型设定有偏误及解释变量的方差随着样本容量的增加而不断增加这两类基本假定的违背。

在进行计量经济的回归分析时,必须对所研究对象是否满足 OLS 下的基本假定进行检验,即检验是否存在一种或多种违背基本假定的情况,这种检验称为计量经济检验。经过计量经济检验发现出现一种或多种基本假定违背时,则不能直接使用 OLS 法进行参数估计,而必须采取补救措施或发展新的估计方法。本章主要讨论基本假定违背的前四种情形。

第一节 异方差性

对于模型 $Y_i = \beta_0 + \beta_1 X_{1i} + \beta_2 X_{2i} + \cdots + \beta_k X_{ki} + \mu_i \quad i=1,2,\cdots,n$ （4.1.1）

同方差性假设为:$Var(\mu_i) = \sigma^2 \quad i=1,2,\cdots,n$

如果出现 $Var(\mu_i) = \sigma_i^2 \quad i=1,2,\cdots,n$

即对于不同的样本点,随机误差项的方差不再是常数,而互不相同,则认为出现了异方差性（Heteroskedasticity）。

一、异方差的类型

同方差性假定的意义是指,每个 μ_i 围绕其零平均值的变差并不随解释变量 X 的变化而变化,无论解释变量是大还是小,每个 μ_i 的方差保持相同,即

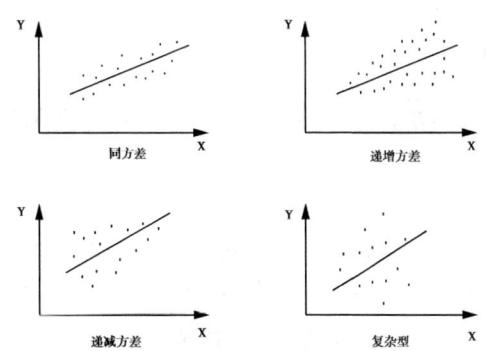

图 4.1.1 异方差的类型

在异方差的情况下,σ_i^2 已不是常数,它随 X 的变化而变化,即 $\sigma_i^2 = f(X_i)$。异方差一般可归结为三种类型（见图 4.1.1）:单调递增型:σ_i^2 随 X 的增大而增大;单调递减型:σ_i^2 随 X 的增大而减小;复杂型:σ_i^2 与 X 的变化呈复杂 $\sigma_i^2 = $ 常数 $\neq f(X_i)$ 形式。

二、实际经济问题中的异方差性

在实际经济问题中,哪些情况容易出现异方差性?下面以三个例子加以说明。

例 4.1.1:在截面资料下研究居民家庭的储蓄形为 $Y_i = \beta_0 + \beta_1 X_i + \mu_i$

其中,Y_i——第 i 个家庭的储蓄额;

X_i——第 i 个家庭的可支配收入。

在该模型中,μ_i 项的常数方差这一假定往往不符合实际情况。对高收入家庭来说,储蓄的差异较大,低收入家庭的储蓄则更有规律性(如为某一特定目的而储蓄),差异较小。因此 μ_i 的方差往往随 X_i 的增加而增加,呈单调递增型变化。

例 4.1.2:以绝对收入假设为理论假设、以截面数据为样本建立居民消费函数:

$$C_i = \beta_0 + \beta_1 Y_i + \mu_i$$

将居民按照收入等距离分成 n 组,取组平均数为样本观测值。我们知道,一般情况下居民收入服从正态分布,所以处于每个收入组中的人数是不等的,处于中等收入组中的人数最多,处于两端收入组中的人数最少。人数多的组平均数的误差小,人数少的组平均数的误差大。所以样本观测值的观测误差随着解释变量观测值的不同而不同,如果样本观测值的观测误差构成随机误差项的主要部分,那么对于不同的样本点,随机误差项的方差互不相同,出现了异方差性。更进一步分析,在这个例子中,随机误差项的方差是随着解释变量 Y(收入)的观测值的增大而呈 U 型变化,是复杂型的一种。

例 4.1.3:以某一行业的企业为样本建立企业生产函数模型。

$Y_i = \beta_0 A_i^{\beta_1} K_i^{\beta_2} L_i^{\beta_3} e^{\mu_i}$ 产出量为被解释变量,选择资本、劳动、技术等投入要素为解释变量,那么每个企业所处的外部环境对产出量的影响被包含在随机误差项中。由于每个企业所处的外部环境对产出量的影响程度不同,造成了随机误差项的异方差性。这时,随机误差项的方差并不随某一个解释变量观测值的变化而呈规律性变化,为复杂型的一种。

一般经验告诉我们,对于采用截面数据作样本的计量经济学问题,由于在不同样本点上解释变量以外的其他因素的差异较大,所以往往存在异方差性。

三、异方差性的后果

计量经济学模型一旦出现异方差性,如果仍采用普通最小二乘法估计模型参数,会产生一系列不良的后果。

1. 参数估计量非有效

根据第二章第二节中关于参数估计量的无偏性和有效性的证明过程,可以看出,当计量经济学模型出现异方差性,其普通最小二乘法参数估计量仍然具有线性性、无偏性,但不具有有效性。因为在有效性证明中利用了 $E(\mu\mu') = \sigma^2 \mathbf{I}$,而且,在大样本情况下,尽管参数估计量具有一致性,但仍然不具有渐近有效性。

2. 变量的显著性检验失去意义

在第二章第三节中关于变量的显著性检验中,构造了 t 统计量,它是建立在随机误差项共同的方差 σ^2 不变而正确估计了参数方差 $s_{\hat{\beta}_i}$ 的基础之上的。如果出现了异方差性,估计的 $s_{\hat{\beta}_i}$ 出现偏误(偏大或偏小),t 检验失去意义。其他检验也是如此。

3. 模型的预测失效

一方面，由于上述后果，使模型不具有良好的统计性质；另一方面，在预测值的置信区间中也包含参数方差的估计量 $s_{\hat{\beta}_i}$。所以，当模型出现异方差性时，仍然使用 OLS 估计量，将导致预测区间偏大或偏小，预测功能失效。

四、异方差性的检验

关于异方差性的检验方法，是计量经济学中一个重要的课题。在一些计量经济学教科书和文献中，可以见到十多种检验方法，如图示检验法、等级相关系数法、戈里瑟检验、巴特列特检验、戈德菲尔特—夸特检验等，很难说哪一种方法是最好的。这些方法尽管不同，但存在一个共同的思路。正如上面所指出的，异方差性，即相对于不同的样本点，也就是相对于不同的解释变量观测值，随机误差项具有不同的方差，那么检验异方差性，也就是检验随机误差项的方差与解释变量观测值之间的相关性。各种检验方法就是在这个思路下发展起来的。

问题在于用什么来表示随机误差项的方差。一般的处理方法是首先采用普通最小二乘法估计模型，以求得随机误差项的估计量（注意，该估计量是不严格的），我们称为"近似估计量"，用 $\tilde{e}_i$ 表示。于是有 $Var(\mu_i) = E(\mu_i^2) \approx \tilde{e}^2$，$\tilde{e}_i = y_i - (\hat{y}_i)_{OLS}$ （4.1.2）

即用 $\tilde{e}_i^2$ 来表示随机误差项的方差。下面有选择地介绍几种异方差的检验方法。

1. 图示检验法

既可用 X–Y 的散点图进行判断，也可用某一 X–$\tilde{e}_i^2$ 的散点图进行判断。对前者看是否存在明显的散点扩大、缩小或复杂型趋势（不在一个固定的带型域中）（见图 4.1.1）；对后者看是否形成一斜率为零的直线（见图 4.1.2）。

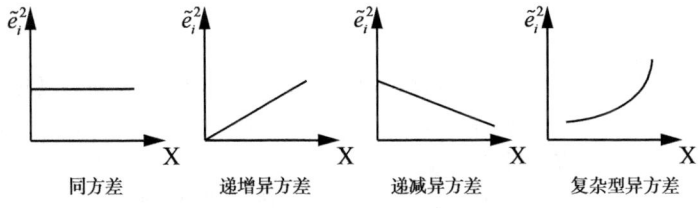

图 4.1.2 不同异方差类型

图示检验法只能进行大概的判断，其他检验方法则更为严格。

2. 帕克（Park）检验与戈里瑟（Gleiser）检验

帕克检验与戈里瑟检验的基本思想是，以 $\tilde{e}_i^2$ 或 $|\tilde{e}_i|$ 为被解释变量，以原模型的某一解释变量 X_j 为解释变量，建立如下方程：

$$\tilde{e}_i^2 = f(X_{ji}) + \varepsilon_i \text{ 或 } |\tilde{e}_i| = f(X_{ji}) + \varepsilon_i$$

选择关于变量 X_j 的不同的函数形式，对方程进行估计并进行显著性检验，如果存在某一种函数形式，使方程显著成立，则说明原模型存在异方差性。如帕克检验常用 $f(X_{ji}) = \sigma^2 X_{ji}^\alpha e^{\varepsilon_i}$ 或 $Ln(\tilde{e}_i^2) = Ln\sigma^2 + \alpha Ln X_{ji} + \varepsilon_i$ 进行检验，若 α 在统计上是显著的，表明存在异方差性。

当然，由于 $f(X_j)$ 的具体形式未知，因此需要进行各种形式的试验。

3. 戈德菲尔德—匡特（Goldfeld-Quandt）检验

帕克检验与戈里瑟检验的困难在于需要选择不同的解释变量、偿试各种不同的函数形式进行多次反复试算；并且在进行试算的回归模型中，其随机项本身就可能不满足OLS的经典假设。戈德菲尔德—匡特检验则可同时克服这两大困难。

G-Q 检验以 F 检验为基础，适用于样本容量较大、异方差递增或递减的情况。其基本思想是，先按某一解释变量对样本排序，再将排序后的样本一分为二，对两个子样分别进行 OLS 回归，然后利用两个子样的残差平方和之比构造 F 统计量进行异方差检验。G-Q 检验的步骤可描述如下：

（1）将 n 组样本观察值按某一被认为有可能引起异方差的解释变量观察值的大小排队；

（2）将序列中间的 $c=\frac{1}{4}n$ 个观察值除去，并将剩下的观察值划分为较小与较大的相同的两个子样本，每个子样样本容量均为 $(n-c)/2$；

（3）对每个子样分别进行 OLS 回归，并计算各自的残差平方和。分别用 $\sum \tilde{e}_{1i}^2$ 与 $\sum \tilde{e}_{2i}^2$ 表示较小与较大的残差平方和（自由度均为 $\frac{n-c}{2}-k-1$）；

（4）在同方差性假定下，构造如下满足 F 分布的统计量

$$F=\frac{\sum \tilde{e}_{2i}^2 / (\frac{n-c}{2}-k-1)}{\sum \tilde{e}_{1i}^2 / (\frac{n-c}{2}-k-1)} \sim F(\frac{n-c}{2}-k-1, \frac{n-c}{2}-k-1)$$

（5）给定显著性水平 α，确定 F 分布表中相应的临界值 $F_\alpha(v_1, v_2)$，若 $F>F_\alpha(v_1, v_2)$，则拒绝同方差性假设，表明存在异方差。当然，还可根据两个残差平方和对应的子样的顺序判断是递增异方差还是递减异方差。

4. 怀特（White）检验

戈德菲尔德—匡特检验需要按某一被认为有可能引起异方差的解释变量观察值的大小排序，因此，可能需对各个解释变量进行轮流试验。而且，该方法只能检验递增或递减型异方差。而怀特检验则不需要排序，且对任何形式的异方差都适用。

下面以 2 个解释变量的回归模型为例说明怀特检验的基本思想与步骤。

假设回归模型为

$$Y_i = \beta_0 + \beta_1 X_{1i} + \beta_2 X_{2i} + \mu_i$$

可先对该模型作 OLS 回归，并得到 $\tilde{e}_i^2$；然后做如下辅助回归：

$$\tilde{e}_i^2 = \alpha_0 + \alpha_1 X_{1i} + \alpha_2 X_{2i} + \alpha_3 X_{1i}^2 + \alpha_4 X_{2i}^2 + \alpha_5 X_{1i}X_{2i} + \varepsilon_i$$

可以证明，在同方差假设下，从该辅助回归得到的可决系数 R^2 与样本容量 n 的乘积，渐近地服从自由度为辅助回归方程中解释变量个数的 χ^2 分布：$nR^2 \sim \chi^2$

则可在大样本下，对统计量 nR^2 进行相应的 χ^2 检验。

需要注意的是，辅助回归仍是检验 $\tilde{e}_i^2$ 与解释变量可能的组合的显著性，因此，辅助回归方程中还可引入解释变量的更高次方。如果存在异方差性，则表明 $\tilde{e}_i^2$ 确与解释变量的某种组合有显著的相关性，这时往往显示出有较高的可决系数 R^2 以及某一参数的 t 检验值较大。当然，在多元回归中，由于辅助回归方程中可能有太多解释变量，从而使自由度减少，有时可去掉交叉项。

五、异方差的修正

如果模型被检验证明存在异方差性,则需要发展新的方法估计模型,最常用的方法是加权最小二乘法(Weighted Least Squares, WLS)。

加权最小二乘法是对原模型加权,使之变成一个新的不存在异方差性的模型,然后采用普通最小二乘法估计其参数。加权的基本思想是,在采用 OLS 方法时,对较小的残差平方 e_i^2 赋予较大的权数,对较大的 e_i^2 赋予较小的权数,以对残差提供的信息的重要程度作一番校正,提高参数估计的精度。

加权最小二乘法,就是对加了权重的残差平方和实施 OLS 法:

$$\sum w_i e_i^2 = \sum w_i [Y_i - (\hat{\beta}_0 + \beta_1 X_1 + \cdots + \beta_k X_k)]^2 \quad (4.1.3)$$

其中,w_i 为权数

例如,如果在检验过程中已经知道:

$$Var(\mu_i) = E(\mu_i)^2 = \sigma_i^2 = f(X_{ji})\sigma^2$$

即随机误差项的方差与解释变量之间存在相关性,那么可以用去除原模型,使之变成如下形式的新模型:

$$\frac{1}{\sqrt{f(X_{ji})}} y_i = \beta_0 \frac{1}{\sqrt{f(X_{ji})}} + \beta_1 \frac{1}{\sqrt{f(X_{ji})}} X_{1i} + \beta_2 \frac{1}{\sqrt{f(X_{ji})}} X_{2i} + \cdots + \beta_k \frac{1}{\sqrt{f(X_{ji})}} X_{ki} + \frac{1}{\sqrt{f(X_{ji})}} \mu_i$$

在该模型中,存在 $Var\left(\frac{1}{\sqrt{f(X_{ji})}}\mu_i\right) = E\left(\frac{1}{\sqrt{f(X_{ji})}}\mu_i\right)^2 = \frac{1}{f(X_{ji})} E(\mu_i)^2 = \sigma^2$

即满足同方差性。于是,可以用普通最小二乘法估计其参数,得到关于参数 $\beta_0, \beta_1, \cdots, \beta_k$ 的无偏的、有效的估计量。这就是加权最小二乘法,在这里权就是 $1\big/\sqrt{f(X_{ji})}$

如果直接用 $w_i = 1/\sigma_i = 1\big/\sqrt{f(X_{ji})}\sigma$ 作为权数,则容易验证变换后模型的随机误差项的方差等于 1,也满足同方差性。此时加权最小二乘法就是对如下加了权的模型采用普通最小二乘法:

$$\frac{1}{\sigma_i} Y_i = \frac{1}{\sigma_i} \beta_0 + \frac{1}{\sigma_i} \beta_1 X_{ii} + \cdots + \frac{1}{\sigma_i} \beta_k X_{ki} + \frac{1}{\sigma_i} \mu_i \quad (4.1.4)$$

或求解 $\quad \min \sum \frac{1}{\sigma_i} e_i^2 = \sum \frac{1}{\sigma_i} \left[Y_i - \left(\hat{\beta}_0 + \hat{\beta}_1 X_1 + \cdots + \hat{\beta}_k X_k \right) \right]^2 \quad (4.1.5)$

一般情况下,对于模型 $\mathbf{Y} = \mathbf{X}\beta + \mu$ $\quad (4.1.6)$

存在 $E(\mu) = 0$,$Cov(\mu) = E(\mu\mu') = \sigma^2 \mathbf{W}$,

$$W = \begin{bmatrix} w_1 & & & \\ & w_2 & & \\ & & \ddots & \\ & & & w_n \end{bmatrix} \quad (4.1.7)$$

即存在异方差性。显然,W 是一对称正定矩阵,因此存在一可逆矩阵 D 使 $\mathbf{W} = \mathbf{DD}'$
用 $\mathbf{D}^{-1}$ 左乘(4.1.6)两边,得到一个新的模型:

$$\mathbf{D}^{-1}\mathbf{Y} = \mathbf{D}^{-1}\mathbf{X}\beta + \mathbf{D}^{-1}\mu \quad (4.1.8)$$

即 $\mathbf{Y}_* = \mathbf{X}_*\beta + \mu_*$，该模型具有同方差性。因为 $E(\mu_*\mu_*') = E(\mathbf{D}^{-1}\mu\mu'\mathbf{D}^{-1'}) = \mathbf{D}^{-1}E(\mu\mu')\mathbf{D}^{-1'}$

$= \mathbf{D}^{-1}\sigma^2\Omega\mathbf{D}^{-1'} = \mathbf{D}^{-1}\sigma^2 DD'\mathbf{D}^{-1'} = \sigma^2\mathbf{I}$

于是，可以用普通最小二乘法估计模型（4.1.7），记参数估计量为 $\hat{\beta}_*$，则

$$\begin{aligned}\hat{\beta}_* &= (\mathbf{X}_*'\mathbf{X}_*)^{-1}\mathbf{X}_*'\mathbf{Y}_* \\ &= (\mathbf{X}'\mathbf{D}^{-1'}\mathbf{D}^{-1}\mathbf{X})^{-1}\mathbf{X}'\mathbf{D}^{-1'}\mathbf{D}^{-1}\mathbf{Y} \\ &= (\mathbf{X}'\mathbf{W}^{-1}\mathbf{X})^{-1}\mathbf{X}'\mathbf{W}^{-1}\mathbf{Y}\end{aligned} \quad (4.1.9)$$

这就是原模型（4.1.5）的加权最小二乘估计量，是无偏的、有效的估计量。

如何得到权矩阵 $\mathbf{D}^{-1}$？从上述推导过程来看，它来自原模型残差项 μ 的方差-协方差矩阵 $\sigma^2\mathbf{W}$，因此仍然可对原模型首先采用普通最小二乘法，得到随机误差项的近似估计量，以此构成 $\sigma^2\mathbf{W}$ 的估计量，即

$$\sigma^2\hat{\mathbf{W}} = \begin{pmatrix} \tilde{e}_i^2 & & \\ & \ddots & \\ & & \tilde{e}_n^2 \end{pmatrix} \quad (4.1.9)$$

这时可直接以 $D^{-1} = diag\{1/|\tilde{e}_1|, 1/|\tilde{e}_2|, \cdots 1/|\tilde{e}_n|\}$ 作为权矩阵。

值得一提的是，在实际操作中人们通常采用如下的经验方法，即并不对原模型进行异方差性检验，而是直接选择加权最小二乘法，尤其是采用截面数据作样本时。如果确实存在异方差性，则被有效地消除了；如果不存在异方差性，则加权最小二乘法等价于普通最小二乘法。

六、案例——中国农村居民人均消费函数

例4.1.4：中国农村居民人均消费支出主要由人均纯收入来决定。农村人均纯收入除包括从事农业经营的收入外，还包括从事其他产业的经营性收入以及工资性收入、财产收入和转移支付收入等。为了考察从事农业经营的收入和其他收入对中国农村居民消费支出增长的影响，可使用如下双对数模型：

$$\ln Y = \beta_0 + \beta_1 \ln X_1 + \beta_2 \ln X_2 + \mu$$

其中，表示农村家庭人均消费支出，X_1 表示从事农业经营的收入，X_2 表示其他收入。表4.1.1列出了中国2001年各地区农村居民家庭人均纯收入及消费支出的相关数据。

表4.1.1 中国2001年各地区农村居民家庭人均纯收入与消费支出相关数据　单位：元

地区	人均消费支出	从事农业经营的收入	其他收入	地区	人均消费支出	从事农业经营的收入	其他收入
北京	3552.1	579.1	4446.4	湖北	2703.36	1242.9	2526.9
天津	2050.9	1314.6	2633.1	湖南	1550.62	1068.8	875.6
河北	1429.8	928.8	1674.8	广东	1357.43	1386.7	839.8
山西	1221.6	609.8	1346.2	广西	1475.16	883.2	1088.0
内蒙古	1554.6	1492.8	480.5	海南	1497.52	919.3	1067.7
辽宁	1786.3	1254.3	1303.6	重庆	1098.39	764.0	647.8

续表

地区	人均消费支出	从事农业经营的收入	其他收入	地区	人均消费支出	从事农业经营的收入	其他收入
吉林	1661.7	1634.6	547.6	四川	1336.25	889.4	644.3
黑龙江	1604.5	1684.1	596.2	贵州	1123.71	589.6	814.4
上海	4753.2	652.5	5218.4	云南	1331.03	614.8	876.0
江苏	2374.7	1177.6	2607.2	西藏	1127.37	621.6	887.0
浙江	3479.2	985.8	3596.6	陕西	1330.45	803.8	753.5
安徽	1412.4	1013.1	1006.9	甘肃	1388.79	859.6	963.4
福建	2503.1	1053.0	2327.7	青海	1350.23	1300.1	410.3
江西	1720.0	1027.8	1203.8	宁夏	2703.36	1242.9	2526.9
山东	1905.0	1293.0	1511.6	新疆	1550.62	1068.8	875.6
河南	1375.6	1083.8	1014.1				

资料来源:《中国农村住户调查年鉴(2002)》《中国统计年鉴(2002)》

普通最小二乘法的估计结果如下:

$$\ln \hat{Y} = 1.655 + 0.3166 \ln X_1 + 0.5084 \ln X_2$$
$$(1.87) \quad (3.02) \quad\quad (10.04)$$
$$R^2 = 0.7831 \quad \bar{R}^2 = 0.7676 \quad DW = 1.89 \quad F = 50.53 \quad RSS = 0.8232$$

估计结果显示,其他收入而不是从事农业的收入的增长,对农户人均消费支出的增长更有刺激作用。下面对该模型进行异方差性检验。

可以认为不同地区农村人均消费支出的差别主要来源非农经营收入及其他收入的差别上,因此,如果存在异方差性,则可能是 X_2 引起的。模型 OLS 回归得到的残差平方项 $\tilde{e}_i^2$ 与 $\ln X_2$ 的散点图表明(见图 4.1.3),存在递增型异方差性。

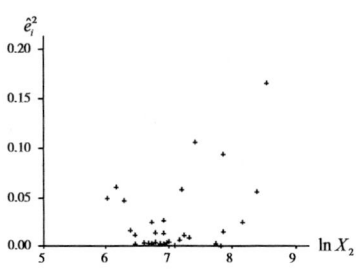

图 4.1.3 散点图

再进行进一步的统计检验。首先采用 G-Q 检验。

将原始数据按 X_2 排成升序,去掉中间的 7 个数据,得两个容量为 12 的子样本。对两个子样本分别作 OLS 回归,求各自的残差平方和 RSS_1 和 RSS_2:

子样本 1: $\ln \hat{Y} = 4.061 + 0.343 \ln X_1 + 0.119 \ln X_2$
$$(3.18) \quad (4.13) \quad\quad (0.94)$$
$$R^2 = 0.7068, \quad RSS_1 = \sum e_i^2 = 0.0648$$

子样本 2: $\ln \hat{Y} = 0.791 + 0.138 \ln X_1 + 0.776 \ln X_2$
$$(0.43) \quad (0.73) \quad\quad (6.53)$$

$$R^2 = 0.8339, \quad RSS_2 = \sum e_i^2 = 0.2792$$

计算 F 统计量：F= RSS_2 / RSS_1 =0.2792/0.0648=4.31

在 5%的显著性水平下，自由度为（9,9）的 F 分布的临界值为 $F_{0.05}(9,9)$=3.18，据此拒绝两组子样方差相同的假设，从而该总体随机项存在递增异方差性。

再采用怀特检验。记 $\hat{e}_i^2$ 为对原始模型进行 OLS 回归得到的残差平方项，将其与 X_1、X_2 及其平方项与交叉项作辅助回归，得

$$\hat{e}^2 = -0.17 + 0.102\ln X_1 + 0.015(\ln X_1)^2 - 0.055\ln X_2 + 0.026(\ln X_2)^2 - 0.043\ln X_1 \ln X_2$$

（-0.04）　（0.10）　　（0.21）　　（-0.12）　　（1.47）　　（-1.11）

$$R^2 = 0.4638$$

似乎没有哪个参数的 t 检验是显著的，且可决系数的值也比较小。但怀特统计量 nR^2=31×0.4638=14.38，该值大于 5%显著性水平下、自由度为 5 的 χ^2 分布的相应临界值 $\chi^2_{0.05}$=11.07，因此，拒绝同方差的原假设。

去掉交叉项后的辅助回归结果为

$$\hat{e}^2 = 3.842 - 0.570\ln X_1 + 0.042(\ln X_1)^2 - 0.539\ln X_2 + 0.039(\ln X_2)^2$$

（1.36）　（-0.64）　　（064）　　（-2.76）　　（2.90）

$$R^2 = 0.4374$$

显然，其他收入 X_2 项与 X_2 的平方项的参数的 t 检验是显著的，且怀特统计量 n=31×0.4374=13.56，因此，在 5%的显著性水平下，仍是拒绝同方差这一原假设。

下面我们采用加权最小二乘法对原模型进行回归。

用原模型的 OLS 估计量 $\hat{e}_i^2$ 作为随机扰动项方差—协方差矩阵的主对角线元素，这相当于用为权重进行加权最小二乘估计（WLS），则有

$$\ln \hat{Y} = 1.497 + 0.319\ln X_1 + 0.527\ln X_2$$

（5.12）　（5.94）　　（28.94）

$$R^2 = 0.9999 \quad \bar{R}^2 = 0.9999 \quad DW=2.49 \quad F=924432 \quad RSS=0.0706$$

可以看出，无论是拟合优度，还是各参数的 t 统计量值都有了显著的改进。

第二节　序列相关性

普通最小二乘法（OLS）要求计量模型的随机误差项相互独立或不相关。如果模型的随机误差项违背了互相独立的基本假设的情况，称为序列相关性（Serial Correlation）。

对于模型　　$Y_i = \beta_0 + \beta_1 X_{1i} + \beta_2 X_{2i} + \cdots + \beta_k X_{ki} + \mu_i \quad i=1,2,\cdots,n$ 　　　　（4.2.1）

在其他假设仍成立的条件下，随机扰动项序列相关即意味着 $Cov(\mu_i, \mu_j) = E(\mu_i, \mu_j) \neq 0$，或

$$Cov(\mu) = E(\mu\mu') = \begin{pmatrix} \sigma^2 & \cdots & E(\mu_1\mu_n) \\ \vdots & \ddots & \vdots \\ E(\mu_n\mu_1) & \cdots & \sigma^2 \end{pmatrix} = \begin{pmatrix} \sigma^2 & \cdots & \sigma_{1n} \\ \vdots & \ddots & \vdots \\ \sigma_{n1} & \cdots & \sigma^2 \end{pmatrix} = \sigma^2\Omega \neq \sigma^2\mathbf{I} \quad (4.2.2)$$

如果仅存在 $E(\mu_i\mu_{i+1}) \neq 0 \quad i=1,2,\cdots,n-1$ 　　　　　　　　　　　　　　　（4.2.3）

称为一阶序列相关，或自相关（autocorrelation），这是最常见的一种序列相关问题。自相关往往

可写成如下形式： $\mu_i = \rho\mu_{i-1} + \varepsilon_i \quad -1 < \rho < 1$ （4.2.4）

其中，称为自协方差系数（coefficient of autocovariance）或一阶自相关系数（first-order coefficient of autocorrelation），是满足以下标准的OLS假定的随机干扰项：

$$E(\varepsilon_i) = 0, \quad \text{var}(\varepsilon_i) = \sigma^2, \quad \text{cov}(\varepsilon_i, \varepsilon_{i-s}) = 0 \quad s \neq 0$$

由于序列相关性经常出现在以时间序列为样本的模型中，因此，本节将代表不同样本点的下标用表示。

一、实际经济问题中的序列相关性

实际经济问题中，序列相关产生的原因主要来自以下三个方面：

1. 经济变量固有的惯性

大多数经济时间数据都有一个明显的特点，就是它的惯性，表现在时间序列不同时间的前后关联上。例如，以绝对收入假设为理论假设、以时间序列数据为样本建立居民总消费函数模型

$$C_t = \beta_0 + \beta_1 Y_t + \mu_t \quad t=1,2,\cdots,n$$

我们知道，一般情况下居民总消费（C）除受总收入（Y）影响外，还受其他因素影响，如消费习惯等。但这些因素没有包括在解释变量中，它们对消费量的影响则被包含在随机误差项中。如果该项影响构成随机误差项的主要部分，则可能出现序列相关性。即对于不同的年份，由于消费习惯等因素的惯性，它们对消费量的影响也是具有内在联系的。于是在不同的样本点之间，随机误差项出现了相关性，这就产生了序列相关性。更进一步分析，在这个例子中，随机误差项之间表现为正相关。

又如，在如下农产品供给模型中

$$Q_t = \beta_0 + \beta_1 P_{t-1} + \mu_t$$

农产品供给（Q）对价格（P）的反映本身存在一个滞后期，意味着，农户在年度 t 的过量生产（使该期价格下降）很可能导致在年度 $t+1$ 削减产量；反之，t 年的减产又导致 $t+1$ 年的增产。这时，随机干扰项往往表现出负相关的特征。

2. 模型设定的偏误

所谓模型设定偏误（Specification error）是指所设定的模型"不正确"。主要表现在模型中丢掉了重要的解释变量或模型函数形式有偏误。如本来应该估计的模型为

$$Y_t = \beta_0 + \beta_1 X_{1t} + \beta_2 X_{2t} + \beta_3 X_{3t} + \mu_t$$

但在模型设定中做了下述回归：$Y_t = \beta_0 + \beta_1 X_{1t} + \beta_2 X_{2t} + v_t$

因此，该式中 $v_t = \beta_3 X_{3t} + \mu_t$，于是在 X_3 确实影响 Y 的情况下，这种模型设定的偏误往往导致随机项中有一个重要的系统性影响因素，使其呈序列相关性。

又如，如果真实的边际成本回归模型应为

$$Y_t = \beta_0 + \beta_1 X_{1t} + \beta_2 X_{1t}^2 + \mu_t$$

其中，Y = 边际成本，X_1 = 产出，但建模时设立了如下模型：

$$Y_t = \beta_0 + \beta_1 X_{1t} + v_t$$

因此，由于 $v_t = \beta_2 X_{1t}^2 + \mu_t$，包含了产出的平方对随机项的系统性影响，随机项也呈现序列相关性。

3. 数据的"编造"

在实际经济问题中，有时为了需要，有些数据是通过已知数据生成的。因此，新生成的数据与原

数据间就有了内在的联系，表现出序列相关性。例如，季度数据来自月度数据的简单平均，这种平均的计算减弱了每月数据的波动而引进了数据中的匀滑性，这种匀滑性本身就能使随机扰动项中出现系统性的因素，从而出现序列相关。还有就是两个时间点之间的"内插"技术也会导致随机项的序列相关性。

一般经验告诉我们，对于采用时间序列数据作样本的计量经济学问题，由于在不同样本点上解释变量以外的其他因素在时间上的连续性，带来它们对被解释变量的影响的连续性，所以往往存在序列相关性。

二、序列相关性的后果

计量经济学模型一旦出现序列相关性，如果仍采用普通最小二乘法估计模型参数，会产生下列不良后果：

1. 参数估计量非有效

根据 OLS 估计中关于参数估计量的无偏性和有效性的证明过程，可以看出，当计量经济学模型出现序列相关性，其普通最小二乘法参数估计量仍然具有线性无偏性，但不具有有效性。因为在有效性证明中利用了 $E(\mu\mu') = \sigma^2 I$

即同方差性和互相独立性条件。而且，在大样本情况下，参数估计量虽然具有一致性，但仍然不具有渐近有效性。

2. 变量的显著性检验失去意义

在变量的显著性检验中，t 统计量是建立在参数方差正确估计基础之上的，这只有当随机误差项具有同方差性和互相独立性时才能成立。如果存在序列相关，估计的参数方差 $s_{\hat{\beta}_i}$ 出现偏误（偏大或偏小），t 检验就失去意义。其他检验也是如此。

3. 模型的预测功能失效

模型的预测失效区间预测与参数估计量的方差有关，在方差估计有偏误的情况下，使得预测估计不准确，预测精度降低。所以，当模型出现序列相关性时，它的预测功能失效。

三、序列相关性的检验

关于序列相关性的检验方法有多种，如冯诺曼比检验法、回归检验法、$D.W.$ 检验等。这些检验方法的共同思路是，首先采用普通最小二乘法估计模型，以求得随机误差项的"近似估计量"，用 $\tilde{e}_t$ 表示

$$\tilde{e}_t = Y_t - \left(\hat{Y}_t\right)_{ols}$$

然后通过分析这些"近似估计量"之间的相关性以达到判断随机误差项是否具有序列相关性的目的。

1. 图示法

由于残差 $\tilde{e}_t$ 可以作为 μ_t 的估计，因此，如果 μ_t 存在序列相关，必然会由残差项 $\tilde{e}_t$ 反映出来，因此可利用 $\tilde{e}_t$ 的变化图形来判断随机项的序列相关性（见图 4.2.1）。

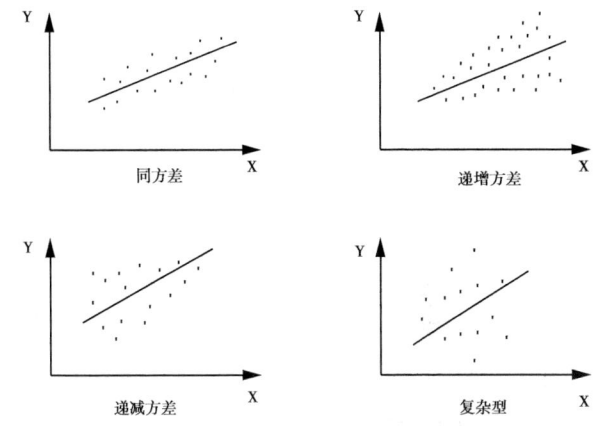

图 4.2.1 残差项序列相关图

2. 回归检验法

以 $\tilde{e}_t$ 为被解释变量,以各种可能的相关量,诸如以 $\tilde{e}_{t-1}$、$\tilde{e}_{t-2}$、$\tilde{e}_t^2$ 等为解释变量,建立各种方程:

$$\tilde{e}_t = \rho \tilde{e}_{t-1} + \varepsilon_t \qquad t=2,\cdots,n$$

$$\tilde{e}_t = \rho_1 \tilde{e}_{t-1} + \rho_2 \tilde{e}_{t-2} + \varepsilon_t \qquad t=3,\cdots,n$$

$$\cdots$$

对方程进行估计并进行显著性检验,如果存在某一种函数形式,使方程显著成立,则说明原模型存在序列相关性。具体应用时需要反复试算。回归检验法的优点是一旦确定了模型存在序列相关性,也就同时知道了相关的形式,而且它适用于任何类型的序列相关性问题的检验。

3. 杜宾—瓦森(Durbin-Watson)检验法

D-W 检验是杜宾(J.Durbin)和瓦森(G.S.Watson)于 1951 年提出的一种检验序列自相关的方法,该方法的假定条件是:

(1)解释变量 X 非随机;

(2)随机误差项 μ_t 为一阶自回归形式 $\mu_t = \rho \mu_{t-1} + \varepsilon_t$;

(3)回归模型中不应含有滞后应变量作为解释变量,即不应出现下列形式

$$Y_t = \beta_0 + \beta_1 X_{1t} + \cdots + \beta_k X_{1k} + \gamma Y_{t-1} + \mu_t$$

(4)回归含有截距项;

杜宾和瓦森针对原假设:$H_0: \rho = 0$,即 μ_t 不存在一阶自回归,构造统计量如下:

$$D.W. = \frac{\sum_{t=2}^{n}(\tilde{e}_t - \tilde{e}_{t-1})^2}{\sum_{t=1}^{n}\tilde{e}_t^2} \qquad (4.2.5)$$

该统计量的分布与出现在给定样本中的 X 值有复杂的关系,因此,其精确的分布很难得到。但他们成功地导出了临界值的上限 d_u 与下限 d_l,且这些上下限只与样本容量 n 和解释变量的个数 k 有关,而与解释变量的取值无关。因此,在检验时,只需计算该统计量的值,再根据样本容量 n 和解释变量数目 k 查 D.W. 分布表,得到临界值 d_l 和 d_u,然后按照下列准则考察计算得到的 D.W. 值,以判断模型的自相关状态。

若 $0<D.W.<d_l$ 存在正自相关；$d_l<D.W.<d_u$ 不能确定；$d_u<D.W.<4-d_u$ 无自相关；$4-d_u<D.W.<4-d_l$ 不能确定；$4-d_l<D.W.<4$ 存在负自相关。

也就是说，当 $D.W.$ 值为 2 左右时，模型不存在一阶自相关。其证明过程如下：

展开 $D.W.$ 统计量：
$$D.W. = \frac{\sum_{t=2}^{n}\tilde{e}_t^2 + \sum_{t=2}^{n}\tilde{e}_{t-1}^2 - 2\sum_{t=2}^{n}\tilde{e}_t\tilde{e}_{t-1}}{\sum_{t=1}^{n}\tilde{e}_t^2} \qquad (4.2.6)$$

当 n 较大时，$\sum_{t=2}^{n}\tilde{e}_t^2$，$\sum_{t=2}^{n}\tilde{e}_{t-1}^2$，$\sum_{t=1}^{n}\tilde{e}_t^2$ 大致相等，则式（4.2.6）可以化简为

$$D.W. \approx 2\left(1 - \frac{\sum_{t=2}^{n}\tilde{e}_t\tilde{e}_{t-1}}{\sum_{t=1}^{n}\tilde{e}_t^2}\right) \approx 2(1-\rho)$$

其中，$\sum_{t=2}^{n}\tilde{e}_t\tilde{e}_{t-1} \Big/ \sum_{t=1}^{n}\tilde{e}_t^2 \approx \sum_{t=2}^{n}\tilde{e}_t\tilde{e}_{t-1} \Big/ \sum_{t=2}^{n}\tilde{e}_t^2 = \rho$ 为一阶自相关模型（4.2.4）的参数估计，

如果存在完全一阶正相关，即 $\rho \approx 1$ $D.W. \approx 0$

如果存在完全一阶负相关，即 $\rho \approx -1$ $D.W. \approx 4$

如果完全不相关，即 $\rho = 0$ $D.W. = 2$

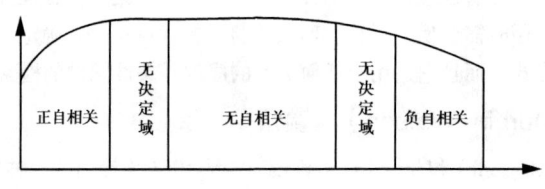

图 4.2.2

从判断准则中看到，存在一个不能确定的 $D.W.$ 值区域，这是这种检验方法的一大缺陷。而且 $D.W.$ 检验只能检验一阶自相关，并对存在滞后被解释变量的模型无法检验。

4. 拉格朗日乘数（Lagrange multiplier）检验

拉格朗日乘数检验克服了 DW 检验的缺陷，适合于高阶序列相关以及模型中存在滞后被解释变量的情形。它是由布劳殊（Breusch）与戈弗雷（Godfrey）于 1978 年提出的，也被称为 GB 检验。

对于模型（4.2.1），如果怀疑随机扰动项存在 p 阶序列相关：

$$\mu_t = \rho_1\mu_{t-1} + \rho_2\mu_{t-2} + \cdots + \rho_p\mu_{t-p} + \varepsilon_t \qquad (4.2.7)$$

拉格朗日乘数检验就可用来检验如下受约束回归方程

$$Y_t = \beta_0 + \beta_1 X_{1t} + \cdots + \beta_k X_{kt} + \rho_1\mu_{t-1} + \cdots + \rho_p\mu_{t-p} + \varepsilon_t \qquad (4.2.8)$$

约束条件为 $H_0: \rho_1 = \rho_2 = \cdots = \rho_p = 0$ (4.2.9)

如果约束条件为真，则 LM 统计量服从大样本下自由度为 p 的渐近分布

$$LM = (n-p)R^2 \sim \chi^2(p) \qquad (4.2.10)$$

其中，n 为样本容量，为如下辅助回归的可决系数

$$\tilde{e}_t = \beta_0 + \beta_1 X_{1t} + \cdots + \beta_k X_{kt} + \tilde{e}_1\mu_{t-1} + \cdots + \rho_p\tilde{e}_{t-p} + \varepsilon_t \qquad (4.2.11)$$

$\tilde{e}_t$ 为原模型（4.2.1）经普通最小二乘估计的残差项序列。给定显著性水平 α，查自由度为 p 的 χ^2 分布的相应临界值 $\chi_\alpha^2(p)$，如果计算的 LM 统计量的值超过该临界值，则拒绝约束条件为真的原假设，表明可能存在直到 p 阶的序列相关性。在实际检验中，可从 1 阶、2 阶……逐次向更高阶检验，并用辅助回归式（4.2.11）中各 $\tilde{e}_t$ 前参数的显著性来帮助判断序列相关的阶数。

四、序列相关的补救

如果模型被检验证明存在序列相关性，则需要发展新的方法估计模型。最常用的方法是广义最小二乘法（Generalized least squares，GLS）和广义差分法（generalized difference method）。

1. 广义最小二乘法

广义最小二乘法，顾名思义，是最具有普遍意义的最小二乘法，普通最小二乘法和加权最小二乘法是它的特例。

一般情况下，对于模型 $\mathbf{Y} = \mathbf{X}\beta + \mu$ （4.2.12）

如果存在序列相关，同时存在异方差，即有

$$Cov(\mu, \mu') = E(\mu, \mu') = \begin{pmatrix} \sigma_1^2 & \sigma_{12} & \cdots & \sigma_{1n} \\ \sigma_{21} & \sigma_2^2 & \cdots & \sigma_{2n} \\ \cdots & \cdots & \cdots & \cdots \\ \sigma_{n1} & \sigma_{n2} & \cdots & \sigma_n^2 \end{pmatrix} = \sigma^2 \Omega$$

显然，Ω 是一对称正定矩阵，因此存在一可逆矩阵 D 使 $\Omega = \mathbf{DD}'$

用 $\mathbf{D}^{-1}$ 左乘（4.2.12）两边，得到一个新的模型：$\mathbf{D}^{-1}\mathbf{Y} = \mathbf{D}^{-1}\mathbf{X}\beta + \mathbf{D}^{-1}\mu$ （4.2.13）

即 $\mathbf{Y}_* = \mathbf{X}_*\beta + \mu_*$ 该模型具有同方差性和随机扰动项互相独立性。因为

$$E(\mu_*\mu_*') = E(\mathbf{D}^{-1}\mu\mu'\mathbf{D}^{-1}) = \mathbf{D}^{-1}E(\mu\mu')\mathbf{D}^{-1} = \mathbf{D}^{-1}\sigma^2\Omega\mathbf{D}^{-1} = \mathbf{D}^{-1}\sigma^2\mathbf{DD}'\mathbf{D}'^{-1} = \sigma^2\mathbf{I}$$

于是，可以用普通最小二乘法估计模型（4.2.13），记参数估计量为 $\hat{\beta}_*$，则

$$\begin{aligned} \hat{\beta}_* &= (\mathbf{X}_*'\mathbf{X}_*)^{-1}\mathbf{X}_*'\mathbf{Y}_* \\ &= (\mathbf{X}'\mathbf{D}^{-1}\mathbf{D}^{-1}\mathbf{X})^{-1}\mathbf{X}'\mathbf{D}^{-1}\mathbf{D}^{-1}\mathbf{Y} \\ &= (\mathbf{X}'\Omega^{-1}\mathbf{X}')^{-1}\mathbf{X}'\Omega^{-1}\mathbf{Y} \end{aligned}$$ （4.2.14）

这就是原模型（4.2.12）的广义最小二乘估计量，是无偏的、有效的估计量。

由上推导过程可知，只要知道随机扰动项的方差－协方差矩阵 $\sigma^2\Omega$，就可采用广义最小二乘法得到参数的最佳线性无偏估计量。然而在只有 n 个样本点，要对包括各 β_j 在内的 n+k+1 个未知参数进行估计是困难的。这就需要对随机扰动项自相关的结构事先给出必要的假设。最常见的是假设随机扰动项具有一阶序列相关性

$$\mu_t = \rho\mu_{t-1} + \varepsilon_t \quad -1 < \rho < 1$$ （4.2.15）

这时，可以证明 $Var(\mu_t) = \frac{1}{1-\rho^2}\sigma_\varepsilon^2 = \sigma^2$，$Cov(\mu_t, \mu_{t-s}) = \rho^s \frac{1}{1-\rho^2}\sigma_\varepsilon^2 = \rho^s\sigma^2$

于是 $Cov(\mu, \mu') = \dfrac{\sigma_\varepsilon^2}{1-\rho^2} \begin{pmatrix} 1 & \rho & \cdots & \rho^{n-1} \\ \rho & 1 & \cdots & \rho^{n-2} \\ \cdots & \cdots & \cdots & \cdots \\ \rho^{n-1} & \rho^{n-2} & \cdots & 1 \end{pmatrix} = \sigma^2 \Omega$ （4.2.16）

易知 $\Omega^{-1} = \dfrac{1}{1-\rho^2} \begin{pmatrix} 1 & -\rho & 0 & \cdots & 0 & 0 & 0 \\ -\rho & 1+\rho^2 & -\rho & \cdots & 0 & 0 & 0 \\ 0 & -\rho & 1+\rho^2 & \cdots & 0 & 0 & 0 \\ \vdots & \vdots & \vdots & \ddots & \vdots & \vdots & \vdots \\ 0 & 0 & 0 & \cdots & -\rho & 1+\rho^2 & -\rho \\ 0 & 0 & 0 & \cdots & 0 & -\rho & 1 \end{pmatrix}$ （4.2.17）

从而 $\mathbf{D}^{-1} = \begin{pmatrix} \sqrt{1-\rho^2} & 0 & 0 & \cdots & 0 & 0 & 0 \\ -\rho & 1 & 0 & \cdots & 0 & 0 & 0 \\ 0 & -\rho & 1 & \cdots & 0 & 0 & 0 \\ \vdots & \vdots & \vdots & \ddots & \vdots & \vdots & \vdots \\ 0 & 0 & 0 & \cdots & -\rho & 1 & 0 \\ 0 & 0 & 0 & \cdots & 0 & -\rho & 1 \end{pmatrix}$ （4.2.18）

2. 广义差分法

广义差分法是一类克服序列相关性的有效的方法，被广泛地采用。广义差分法是将原模型变换为满足普通最小二乘法的差分模型，再进行 OLS 估计。

如果原模型存在

$$\mu_t = \rho_1 \mu_{t-1} + \rho_2 \mu_{t-2} + \cdots \rho_l \mu_{t-l} + \varepsilon_t \quad (4.2.19)$$

可以将原模型变换为

$$\begin{aligned} Y_t - \rho_1 Y_{t-1} - \cdots \rho_l Y_{t-l} &= \beta_0 (1 - \rho_1 - \cdots - \rho_l) + \beta_1 (X_{1t} - \rho_1 X_{1t-1} - \cdots - \rho_l X_{1t-l}) \\ &+ \cdots + \beta_k (X_{kt} - \rho_1 X_{kt-1} - \cdots - \rho_l X_{kt-l}) + \varepsilon_t \\ t &= 1+l, 2+l, \cdots, n \end{aligned} \quad (4.2.20)$$

模型（4.2.20）为广义差分模型，该模型不存在序列相关问题。采用普通最小二乘法估计该模型得到的参数估计量，即为原模型参数的无偏、有效的估计量。

需要指出的是，广义差分法就是上述广义最小二乘法，但是却损失了部分样本观测值。如在一阶序列相关的情况下，广义差分是对下面的差分模型进行 OLS 回归

$$Y_t - \rho Y_{t-1} = \beta_0 (1-\rho) + \beta_1 (X_{1t} - \rho_1 X_{1t-1}) + \cdots + \beta_k (X_{kt} - \rho_1 X_{kt-1}) + \varepsilon_t, \quad (t=2,3,\cdots,n)$$

或 $Y_t^* = \beta_0 (1-\rho) + \beta_1 X_{1t}^* + \cdots + \beta_k X_{kt}^* + \varepsilon_t (t=2,3,\cdots,n)$ （4.2.21）

这一变换相当于式（4.2.18）的 $\mathbf{D}^{-1}$ 去掉第一行后左乘原模型（4.2.12），即运用了广义最小二乘法，但第一次观测值被排除了。

尽管大样本中广义差分法与广义最小二乘法的估计结果相近，但在小样本中，观测值的损失可能会对估计结果有所影响。因此，在广义差分变换中，有时需弥补这一损失。如在一阶序列相关情况下，对损失的第一次观测值可进行如下的普莱斯 - 温斯特变换（Prais–Winsten transformation）：

$$Y_1^* = \sqrt{1-\rho^2} Y_1, \quad X_{j1}^* = \sqrt{1-\rho^2} X_{j1} \quad (j=1,2,\cdots,k)$$

这样，广义差分法的估计结果完全等同于广义最小二乘估计量。

3. 随机误差项相关系数的估计

无论应用广义最小二乘法，还是应用广义差分法，必须已知不同样本点之间随机误差项的相关系数 $\rho_1, \rho_2, \cdots, \rho_l$。实际上，人们并不知道它们的具体数值，所以必须首先对它们进行估计。于是发展了许多估计方法，但基本思路大都是采用普通最小二乘法估计原模型，得到随机误差项的"近似估计值"，然后利用该"近似估计值"求得随机误差项相关系数的估计量。不同的方法旨在力图使这些估计量更加逼近实际。下面介绍常用科克伦—奥科特（Cochrane-Orcutt）迭代法和杜宾（durbin）两步法。

（1）科克伦—奥科特迭代法

首先，采用 OLS 法估计原模型，得到随机误差项的"近似估计值"，以之作为方程（4.2.19）的样本观测值，采用 OLS 法估计该方程，得到 $\hat{\rho}_1, \hat{\rho}_2, \cdots, \hat{\rho}_l$，作为随机误差项的相关系数 $\rho_1, \rho_2, \cdots, \rho_l$ 的第一次估计值。

其次，将上述代入（4.2.20），并对之进行 OLS 估计，得到 $\hat{\beta}_0, \hat{\beta}_1, \cdots, \hat{\beta}_k$。

最后，将 $\hat{\beta}_0, \hat{\beta}_1, \cdots, \hat{\beta}_k$ 代回原模型，求出原模型随机误差项的新的"近拟估计值"，并以之作为方程（4.2.19）的样本观测值，采用 OLS 法估计该方程，得到 $\hat{\rho}_1, \hat{\rho}_2, \cdots, \hat{\rho}_l$，作为随机误差项的相关系数 $\rho_1, \rho_2, \cdots, \rho_l$ 的第二次估计值。

重复上述过程，可得到 $\rho_1, \rho_2, \cdots, \rho_l$ 的多次迭代值。

关于迭代的次数，可根据具体的问题来定。一般是事先给出一个精度，当相邻两次的 $\rho_1, \rho_2, \cdots, \rho_l$ 的估计值之差小于这一精度时，迭代终止。实践中，有时只要迭代两次，就可得到较满意的结果。两次迭代过程也被称为科克伦—奥科特两步法。

（2）杜宾两步法

该方法仍是先估计 $\rho_1, \rho_2, \cdots, \rho_l$，再对差分模型进行估计。

第一步，变换差分模型（4.2.20）为下列形式

$$Y_t = \rho_1 Y_{t-1} + \cdots + \rho_l Y_{t-l} + \beta_0(1 - \rho_1 - \cdots - \rho_l) + \beta_1(X_t - \rho_1 X_{t-1} - \cdots - \rho_l X_{t-l})$$
$$+ \cdots + \beta_k(X_{kt} - \rho_1 X_{kt-1} - \cdots - \rho_l X_{kt-l}) + \varepsilon_t \quad t = 1+l, 2+l, \cdots, n \quad (4.2.22)$$

采用普通最小二乘法估计该方程，得各 $Y_j (j = t-1, t-2, \cdots, t-l)$ 前的系数的估计值 $\hat{\rho}_1, \hat{\rho}_2, \cdots, \hat{\rho}_l$。

第二步，将估计的 $\hat{\rho}_1, \hat{\rho}_2, \cdots, \hat{\rho}_l$ 代入原差分模型（4.2.20），采用普通最小二乘法估计，得到参数 $\beta_0(1 - \hat{\rho}_1 - \cdots - \hat{\rho}_l), \beta_1, \cdots, \beta_k$ 的估计量，记为 $\hat{\beta}_0^*, \hat{\beta}_1^*, \hat{\beta}_k^*$。于是

$$\hat{\beta}_0 = \hat{\beta}_0^* / (1 - \hat{\rho}_1 - \cdots - \hat{\rho}_l), \quad \hat{\beta}_j = \hat{\beta}_j^* \quad (j = 1, 2, \cdots, k)$$

需要指出的是，如果各序列相关系数是被估计出来的，则模型参数的估计结果不再是广义最小二乘（GLS）估计量，而是可行的广义最小二乘估计量（feasible general least squares estimators），该估计方法也被称为可行的广义最小二乘估计（feasible general least squares，FGLS）。可行的广义最小二乘估计量不再是无偏的，但却是一致的，而且在科克伦—奥科特迭代法下，估计量也具有渐近有效性。

五、虚假序列相关问题

由于随机项的序列相关往往是在模型设定中遗漏了重要的解释变量或对模型的函数形式设定有误，这种情形可称为虚假序列相关（false autocorrelation），应在模型设定中排除。避免产生虚假序列相关性的措施是在开始时建立一个"一般"的模型，然后逐渐剔除确实不显著的变量，这将在第七章

中进一步阐述。

六、案例——中国商品进口模型估计

经济理论指出，商品进口主要由进口国的经济发展水平，以及商品进口价格指数与国内价格指数对比因素决定的，由于无法取得中国商品进口价格指数，我们主要研究中国商品进口与国内生产总值的关系（见表4.2.1）。

表4.2.1 1978—2001年中国商品进口与国内生产总值

年份	国内生产总值GDP（亿元）	商品进口M（亿美元）	年份	国内生产总值GDP（亿元）	商品进口M（亿美元）
1978	3624.1	108.9	1990	18547.9	533.5
1979	4038.2	156.7	1991	21617.8	637.9
1980	4517.8	200.2	1992	26638.1	805.9
1981	4862.4	220.2	1993	34634.4	1039.6
1982	5294.7	192.9	1994	46759.4	1156.1
1983	5934.5	213.9	1995	58478.1	1320.8
1984	7171.0	274.1	1996	67884.6	1388.3
1985	8964.4	422.5	1997	74462.6	1423.7
1986	10202.2	429.1	1998	78345.2	1402.4
1987	11962.5	432.1	1999	82067.46	1657
1988	14928.3	552.7	2000	89442.2	2250.9
1989	16909.2	591.4	2001	95933.3	2436.1

资料来源：《中国统计年鉴》（1995、2000、2002）

1. 通过OLS法建立如下中国商品进口方程：

$$\hat{M}_t = 152.91 + 0.02 GDP_t \quad (4.2.23)$$

$$(2.32) \quad (20.12)$$

$R^2 = 0.948$　$\bar{R}^2 = 0.946$　SE=154.9　DW=0.628

2. 进行序列相关性检验

从残差项与时间t以及$\tilde{e}_t$与$\tilde{e}_{t-1}$的关系图来看（见图4.2.2），随机项呈现正序列相关性。

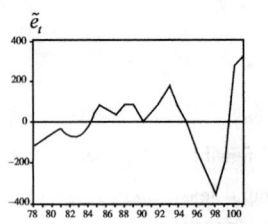 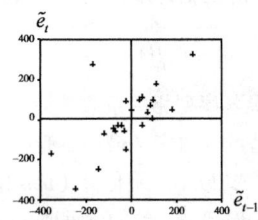

图4.2.3　残差相关图

DW检验结果表明，在5%在显著性水平下，n=24，k=2（包含常数项），查表得d_l=1.27，d_u=1.45，由于DW=0.628<d_l，故存在正自相关。

下面再进行拉格朗日乘数检验。含2阶滞后残差项的辅助回归为

$$\tilde{e}_t = 6.593 - 0.0003GDP + 1.094\tilde{e}_{t-1} - 0.786\tilde{e}_{t-2}$$
$$(0.231)\ (-0.504)\quad (6.231)\quad (-3.692)$$
$$R^2 = 0.6614$$

于是，LM=22×0.6614=14.55，该值大于显著性水平为 5%、自由度为 2 的 χ^2 分布的临界值 $\chi^2_{0.05}(2)$ =5.991，由此判断原模型存在 2 阶序列相关性。

含 3 阶滞后残差项的辅助回归为

$$\tilde{e}_t = 6.692 - 0.0003GDP + 1.108\tilde{e}_{t-1} - 0.819\tilde{e}_{t-2} + 0.032\tilde{e}_{t-3}$$
$$(0.228)\ (-0.497)\ (4.541)\ (-1.842)\ (0.087)$$
$$R^2 = 0.6615$$

于是，LM=21×0.6614=13.89，该值大于显著性水平为 5%、自由度为 3 的 χ^2 分布的临界值 $\chi^2_{0.05}(3)$ =7.815，仍说明原模型存在序列相关性，但由于 $\tilde{e}_{t-3}$ 的参数不显著，说明不存在 3 阶序列相关性。

3. 运用广义差分法进行自相关的处理

（1）采用杜宾两步法估计 ρ

第一步，估计模型 $M_t = \beta_0^* + \rho_1 M_{t-1} + \rho_2 M_{t-2} + \beta_1^* GDP_t + \beta_2^* GDP_{t-1} + \beta_3^* GDP_{t-2} + \varepsilon_t$

得：$\hat{M}_t = 78.09 + 0.938 M_{t-1} - 0.469 M_{t-2} + 0.055 GDP_t - 0.096 GDP_{t-1} + 0.054 GDP_{t-2}$
$$(1.76)\ (6.64)\quad (-1.76)\quad (5.88)\quad\quad (-5.19)\quad\quad (5.30)$$
$R^2 = 0.9913$，$\bar{R}^2 = 0.9886$，D.W.=2.31

第二步，作差分变换

$$M_t^* = M_t - (0.938 M_{t-1} - 0.469 M_t)$$
$$GDP_t^* = GDP_t - (0.938 GDP_{t-1} - 0.469 GDP_{t-2})$$

则 M_t^* 关于 GDP_t^* 的 OLS 估计结果为

$$\hat{M}_t^* = 86.18 + 0.020 GDP_t^* \tag{4.2.24}$$
$$(2.76)\quad (16.46)$$
$$R^2 = 0.9313\quad \bar{R}^2 = 0.9279\quad D.W.=1.583$$

在 5% 的显著性水平下，DW>d_u=1.43（样本容量为 24-2=22 个），已不存在自相关。

为了与 OLS 估计结果（4.2.23）式对比，计算 $\hat{\beta}_0$

$$\hat{\beta}_0 = \hat{\beta}_0^* / (1 - \hat{\rho}_1 - \hat{\rho}_2) = 86.18 / (1 - 0.938 + 0.469) = 162.30$$

于是原模型为 $\hat{M}_t = 162.30 + 0.020 GDP_t$ \quad\quad (4.2.25)

可见，仅是截距项有差别，GDP 前的参数没有差别。

（2）采用科克伦—奥科特迭代法估计 ρ

在 Eviews 软包下，2 阶广义差分的结果为

$$\hat{M}_t = 169.32 + 0.020 GDP_t + 1.108 AR[1] - 0.801 AR[2] \tag{4.2.26}$$
$$(3.81)\quad (18.45)\quad (6.11)\quad (-3.61)$$

$$R^2 = 0.982 \quad \bar{R}^2 = 0.979 \quad D.W. = 1.85$$

其中，AR[1]、AR[2] 前的参数值即为随机扰动项的 1 阶与 2 阶序列相关系数。在 5% 的显著性水平下，$DW > d_u = 1.66$（样本容量为 22），表明经广义差分变换后的模型已不存在序列相关性。与（4.2.23）及（4.2.25）比较，截距项有差别，GDP 前的参数没有差别。

可以验证，如果仅采用 1 阶广义差分，变换后的模型仍存在 1 阶自相关性；如果采用 3 阶广义差分，变换后的模型不再有自相关性，但 AR[3] 的系数的 t 值不显著，说明模型不存在 3 阶序列相关性。

第三节 多重共线性

在讨论了回归模型随机扰动项违背同方差性和相互独立性假设时的检验方法和修正方法后，在本节和下节中将讨论模型的解释变量违背基本假设的问题。

一、多重共线性

对于模型 $\quad Y_i = \beta_0 + \beta_1 X_{1i} + \beta_2 X_{2i} + \cdots + \beta_k X_{ki} + \mu_i \quad i = 1, 2, \cdots, n$ （4.3.1）

其基本假设之一是解释变量 $X_1, X_2, \cdots, X_K$ 是互相独立的。如果某两个或多个解释变量之间出现了相关性，则称为存在多重共线性（Multicollinearity）。

如果存在 $\quad c_1 X_{1i} + c_2 X_{2i} + \cdots + c_k X_{ki} = 0 \quad i = 1, 2, \cdots, n$ （4.3.2）

其中 c 不全为 0，即某一个解释变量可以用其他解释变量的线性组合表示，则称为解释变量间存在完全共线性（perfect multicollinearity）。如果存在

$$c_1 X_{1i} + c_2 X_{2i} + \cdots + c_k X_{ki} + v_i = 0 \quad i = 1, 2, \cdots, n \quad (4.3.3)$$

其中 c 不全为 0，v_i 为随机误差项，则称为近似共线性（approximate multicollinearity）或交互相关（intercorrelated）。

在矩阵表示的线性回归模型 $\mathbf{Y} = \mathbf{X}\beta + \mu$ 中，完全共线性指：秩 $(\mathbf{X}) < k+1$，即矩阵

$$X = \begin{pmatrix} 1 & X_{11} & X_{21} & \cdots & X_{k1} \\ 1 & X_{12} & X_{22} & \cdots & X_{k2} \\ \cdots & \cdots & \cdots & \cdots & \cdots \\ 1 & X_{1n} & X_{2n} & \cdots & X_{kn} \end{pmatrix}$$

中，至少有一列向量可由其他列向量（不包括第一列）线性表出。例如，$X_2 = \lambda X_1$，这时 X_1 与 X_2 的相关系数为 1，解释变量 X_2 对因变量的作用完全可由 X_1 代替。

完全共线性的情况并不多见，一般出现的是在一定程度上的共线性，即近似共线性。

二、实际经济问题中的多重共线性

一般地，产生多重共线性的主要原因有以下三个方面：

1. 经济变量相关的共同趋势

时间序列样本中发生多重共线性的主要原因在于许多基本经济变量存在相关的共同趋势。如经济繁荣时期，各基本经济变量（收入、消费、投资、价格）都趋于增长，经济衰退时期，则又同时趋于下降。这些变量的样本数据往往呈现某些近似的比例关系。

横截面数据也有可能产生多重共线性。例如，以某一行业的企业为样本建立企业生产函数模型，以产出量为被解释变量，选择资本、劳动、技术等投入要素为解释变量。这些投入要素的数量往往与产出量成正比，产出量高的企业，投入的各种要素都比较多，这就使投入要素之间出现线性相关性。

如果以简单线性关系作为模型的数学形式，那么多重共线性是难以避免的。

2. 滞后变量的引入

在经济计量模型中，往往需要引入滞后经济变量来反映真实的经济关系，如以相对收入假设为理论假设，则居民消费的变动不仅受当期收入的影响，还受前期消费的影响，于是建立如下模型：

$$C_t = \beta_0 + \beta_1 Y_t + \beta_2 Y_{t-1} + \mu_t \quad t=1,2,\cdots,n$$

显然，模型中引入的当期收入和前期消费之间有较强的线性相关性。

3. 样本资料的限制

由于完全符合理论模型所要求的样本数据较难收集，在现有数据条件下，特定样本可能存在某种程度的多重共线性。

一般经验告诉我们，对于采用时间序列数据作样本、以简单线性形式建立的计量经济学模型，往往存在多重共线性。以截面数据作样本时，问题不那么严重，但仍然是存在的。

三、多重共线性的后果

计量经济学模型一旦出现多重共线性，如果仍采用普通最小二乘法估计模型参数，会产生下列不良后果：

1. 完全共线性下参数估计量不存在

多元线性模型 $\mathbf{Y} = \mathbf{X}\beta + \mu$ 的普通最小二乘参数估计量为 $\hat{\beta} = (\mathbf{X}'\mathbf{X})^{-1}\mathbf{X}'\mathbf{Y}$

如果出现完全共线性，则 $(\mathbf{X}'\mathbf{X})^{-1}$ 不存在，无法得到参数的估计量。

例如，对一个离差形式的二元回归模型

$$y = \beta_1 x_1 + \beta_2 x_2 + \mu \tag{4.3.4}$$

如果两个解释变量完全相关，如 $x_2 = \lambda x_1$，该二元回归模型退化为一元回归模型

$$y = (\beta_1 + \lambda \beta_2) x_1 + \mu$$

这时，只能确定综合参数 $\beta_1 + \lambda\beta_2$ 的估计值 $\hat{\beta}_1 + \lambda\hat{\beta}_2 = \sum x_{1i} y_i / \sum x_{1i}^2$

却无法确定 β_1, β_2 各自的估计值。

2. 近似共线性下普通最小二乘法参数估计量的方差变大

在近似共线性下，虽然可以得到普通最小二乘参数估计量，但是由参数估计量方差的表达式

$$Cov(\hat{\beta}) = \sigma^2 (\mathbf{X}'\mathbf{X})^{-1}$$

可见，由于此时 $|\mathbf{X}'\mathbf{X}| \approx 0$，引起 $(\mathbf{X}'\mathbf{X})^{-1}$ 主对角线元素较大，使参数估计量的方差增大，从而不能对总体参数做出准确推断。

仍以二元线性模型（4.3.4）为例，$\hat{\beta}_1$ 的方差为

$$\text{var}(\hat{\beta}_1) = \sigma^2 (X'X)_{11}^{-1} = \frac{\sigma^2 \sum x_{2i}^2}{\sum x_{1i}^2 \sum x_{2i}^2 - (\sum x_{1i} x_{2i})^2} = \frac{\sigma^2 / \sum x_{1i}^2}{1 - (\sum x_{1i} x_{2i})^2 / \sum x_{1i}^2 \sum x_{2i}^2} = \frac{\sigma^2}{\sum x_{1i}^2} \cdot \frac{1}{1-r^2} \tag{4.3.5}$$

其中，$\frac{\left(\sum x_{1i}x_{2i}\right)^2}{\sum x_{1i}^2 \sum x_{2i}^2}$ 恰为 x_1 与 x_2 的线性相关系数的平方 r^2，由于 $r^2 \le 1$，故 $\frac{1}{1-r^2} \ge 1$。

当完全不共线时，$r^2=0$，$\text{var}(\hat{\beta}_1) = \sigma^2/\sum x_{1i}^2$

当近似共线时，$0 < r^2 < 1$，$\text{var}(\hat{\beta}_1) = \frac{\sigma^2}{\sum x_{1i}^2} \cdot \frac{1}{1-r^2} > \frac{\sigma^2}{\sum x_{1i}^2}$

即多重共线性使参数估计量的方差增大，方差膨胀因子（Variance inflation factor，VIF）为

$$VIF(\hat{\beta}_1) = 1/(1-r^2) \tag{4.3.6}$$

其增大趋势见下表：

表 4.3.1　方差膨胀因子

相关系数平方	0	0.5	0.8	0.9	0.95	0.96	0.97	0.98	0.99	0.999
方差膨胀因子	1	2	5	10	20	25	33	50	100	1000

当完全共线时，$r^2=1$，$\text{var}(\hat{\beta}_1) = \infty$。

3. 参数估计量经济含义不合理

如果模型中两个解释变量具有线性相关性，如 X_1 和 X_2，那么它们中的一个变量可以由另一个变量表征。这时 X_1，X_2 和前的参数并不反映各自与被解释变量之间的结构关系，而是反映它们对被解释变量的共同影响。所以各自的参数已经失去了应有的经济含义，于是经常表现出似乎反常的现象，如估计结果本来应该是正的，结果却是负的。

4. 变量的显著性检验失去意义

存在多重共线性时，参数估计值的方差与标准差变大，从而使 t 统计量的拒绝域（临界域）变小（临界值增大），从而容易使通过样本计算的 t 值小于临界值，误导做出参数为 0 的推断，可能将重要的解释变量排除在模型之外。

5. 模型的预测功能失效

变大的方差容易使区间预测的"区间"变大，使预测失去意义。

需要注意的是，除非是完全共线性，多重共线性并不意味着任何基本假设的违背，因此，即使出现较高程度的多重共线性，普通最小二乘估计量仍具有线性性、无偏性、有效性、一致性等良好特性。问题在于，即使普通最小二乘法仍是最好的估计方法，它却不是"完美的"，尤其是在统计推断上无法给出真正有用的信息。

四、多重共线性的检验

由于多重共线性表现为解释变量之间具有相关关系，所以用于多重共线性的检验方法，主要是统计方法。例如，判定系数检验法、逐步回归检验法等。多重共线性检验的任务是：①检验多重共线性是否存在；②估计多重共线性的范围。

1. 检验多重共线性是否存在

（1）对两个解释变量的模型，采用简单相关系数法

求出 X_1 与 X_2 的简单相关系数，若 $|r|$ 接近 1，则说明两变量存在较强的多重共线性。

（2）对多个解释变量的模型，采用综合统计检验法

若在 OLS 下，模型的 R^2 与 F 值较大，但各参数估计值的 t 检验值较小，说明各解释变量对 Y 的联合线性作用显著，但各解释变量间存在共线性而使它们对 Y 的独立作用不能分辨，故 t 检验不显著。

2. 判明存在多重共线性的范围

如果存在多重共线性，需进一步确定究竟由哪些变量引起。

（1）判定系数检验法

使模型中每一个解释变量分别以其余解释变量为解释变量进行回归计算，并计算相应的拟合优度，也称为判定系数。如果在某一种形式中判定系数较大，则说明在该形式中作为被解释变量的可以用其他解释变量的线性组合代替，即与其他解释变量间存在共线性。

可进一步对上述出现较大判定系数的回归方程作 F 检验

$$F_j = \frac{R_{j\cdot}^2/(k-2)}{(1-R_{j\cdot}^2)/(n-k+1)} \sim F(k-2, n-k+1) \quad (4.3.7)$$

其中，$R_{j\cdot}^2$ 为第 j 个解释变量对其他解释变量的回归方程的决定系数，若存在较强的共线性，则 $R_{j\cdot}^2$ 较大且接近于1，这时 $(1-R_{j\cdot}^2)$ 较小，从而 F_j 的值较大。因此，可以给定的显著性水平 α，通过计算的 F 值与相应的临界值的比较来进行检验。此时，原假设为 X_j 与其他解释变量间不存在显著的线性关系。

另一等价的检验是，在模型中排除某一个解释变量 X_j，估计模型，如果拟合优度与包含 X_j 时十分接近，则说明 X_j 与其他解释变量之间存在共线性。

3. 逐步回归法

以 Y 为被解释变量，逐个引入解释变量，构成回归模型，进行模型估计。根据拟合优度的变化决定新引入的变量是否可以用其他变量的线性组合代替，而不作为独立的解释变量。如果拟合优度变化显著，则说明新引入的变量是一个独立解释变量；如果拟合优度变化很不显著，则说明新引入的变量不是一个独立解释变量，它可以用其他变量的线性组合代替，也就是说，它与其他变量之间存在共线性关系。

五、克服多重共线性的方法

如果模型被检验证明存在多重共线性，则需要发展新的方法估计模型，最常用的方法有三类。

1. 第一类方法：排除引起共线性的变量

找出引起多重共线性的解释变量，将它排除出去，是最为有效的克服多重共线性问题的方法。所以逐步回归法得到了最为广泛的应用。

2. 第二类方法：差分法

对于以时间序列数据为样本、以直接线性关系为模型关系形式的计量经济学模型，将原模型变换为差分模型 $\Delta Y_i = \beta_1 \Delta X_{1i} + \beta_2 \Delta X_{2i} + \cdots + \beta_k \Delta X_{ki} + \mu_i - \mu_{i-1} \quad i=2,\cdots,n$

可以有效地消除存在于原模型中的多重共线性。这是由经济时间序列数据的内在性质决定的。一般讲，增量之间的线性关系远比总量之间的线性关系弱一些。下面以中国居民消费 C 与 GDP 的数据加以说明。

表 4.3.2 中国 GDP 与居民消费 C 的总量与增量数据 单位：亿元

年份	C	Y	C/Y	ΔC	ΔY	ΔC/ΔY
1978	1759.1	3605.6	0.488			
1979	2005.4	4074.0	0.492	246.3	468.4	0.526
1980	2317.1	4551.3	0.509	311.7	477.3	0.653
1981	2604.1	4901.4	0.531	287.0	350.1	0.820
1982	2867.9	5489.2	0.522	263.8	587.8	0.449
1983	3182.5	6076.3	0.524	314.6	587.1	0.536
1984	3674.5	7164.4	0.513	492.0	1088.1	0.452
1985	4589.0	8792.1	0.522	914.5	1627.7	0.562
1986	5175.0	10132.8	0.511	586.0	1340.7	0.437
1987	5961.2	11784.7	0.506	786.2	1651.9	0.476
1988	7633.1	14704.0	0.519	1671.9	2919.3	0.573
1989	8523.5	16466.0	0.518	890.4	1762.0	0.505
1990	9113.2	18319.5	0.497	589.7	1853.5	0.318
1991	10315.9	21280.4	0.485	1202.7	2960.9	0.406
1992	12459.8	25863.7	0.482	2143.9	4583.3	0.468
1993	15682.4	34500.7	0.455	3222.6	8637.0	0.373
1994	20809.8	46690.7	0.446	5127.4	12190.0	0.421
1995	26944.5	58510.5	0.461	6134.7	11819.8	0.519
1996	32152.3	68330.4	0.471	5207.8	9819.9	0.530
1997	34854.6	74894.2	0.465	2702.3	6563.8	0.412
1998	36921.1	79003.3	0.467	2066.5	4109.1	0.503
1999	39334.4	82673.1	0.476	2413.3	3669.8	0.658
2000	42911.9	89112.5	0.482	3577.5	6439.4	0.556

资料来源：《中国统计年鉴》（2001）。

表中，Y 表示国内生产总值，C 表示居民消费额，ΔY、ΔC 分别表示二者的增量。由表中的比值可以直观地看到，增量间的线性关系弱于总量间的线性关系。进一步分析得到，Y 与 C 之间的判定系数为 0.9988，ΔY 与 ΔC 之间的判定系数为 0.9567。

3. 第三类方法：减小参数估计量的方差

多重共线性的主要后果是参数估计量具有较大的方差，所以采取适当方法减小参数估计量的方差，虽然没有消除模型中的多重共线性，但确能消除多重共线性造成的后果。例如，增加样本容量，可使参数估计量的方差减小。

20 世纪 70 年代发展的岭回归法（Ridge Regression），以引入偏误为代价减小参数估计量的方差，受到人们的重视。具体方法是：引入矩阵 **D**，使参数估计量为

$$\hat{\beta} = (\mathbf{X}'\mathbf{X} + \mathbf{D})^{-1}\mathbf{X}'\mathbf{Y} \qquad (4.3.8)$$

其中，矩阵 **D** 一般选择为主对角阵，即

$$\mathbf{D} = l\mathbf{I} \qquad (4.3.9)$$

l 为大于 0 的常数。显然，与 OLS 估计量相比，（4.3.8）的估计量有较小的方差。

如何选择 l 是一个复杂的问题，Hoerl 和 Kennard 于 1975 年提出一种估计方法。首先对原模型的

解释变量与被解释变量的离差形式进行标准化处理：

$$x_{ki}^* = \frac{x_{ki}}{\sqrt{\sum x_{ki}^2}}, \quad y_{ki}^* = \frac{y_{ki}}{\sqrt{\sum y_{ki}^2}}$$

得到下列模型： $y_i^* = \beta_1^* x_{1i}^* + \beta_2^* x_{2i}^* + \cdots + \beta_k^* x_{ki}^* + \mu_i^*$ $\quad i=1,2,\cdots,n$

用普通最小二乘法估计该模型，得到参数与随机误差项方差的估计值 $\hat{\beta}_1^*, \hat{\beta}_2^*, \cdots, \hat{\beta}_k^*$ 和 $\hat{\sigma}^2$。选择 $\hat{l} = \dfrac{(k-1)\hat{\sigma}^2}{\sum_{j=1}^{k}(\hat{\beta}_j^*)^2}$ 作为（4.3.9）中 l 的估计值。

最后需要指出的是，多重共线性是一种样本现象。同一个模型在一个样本下可能表现出多重共线性，而在另一个样本下可能就不存在多重共线性，因此，增加样本容量就有可能消除多重共线性。

另外，多重共线性的主要问题在于使参数估计量的方差变大，而从式（4.3.5）知，随机扰动项的方差、变量的变异程度与方差扩大因子一起决定着参数估计量的方差。如果存在多重共线性，但随机扰动项的方差很小，或变量的变异程度很大，都可能得到较小的参数估计量的方差。这时，即使有较严重的多重共线性，也不会带来不良后果。因此，只要回归方程估计的参数标准差较小，t 统计值较大，就没有必要太去关心是否存在多重共线性的问题。

六、案例——中国粮食生产函数

例 4.3.1：根据理论和经验分析，影响粮食生产（Y）的主要因素有：农业化肥施用量（X_1）粮食播种面积（X_2）、成灾面积（X_3）、农业机械劳动力（X_4）、农业劳动力（X_5）。其中，受灾面积的符号为负，其余均应是正。表 4.3.3 列出了中国粮食生产的相关数据，建立中国粮食生产函数。

表 4.3.3　中国粮食生产与相关投入资料

年份	粮食产量 Y（万吨）	农业化肥施用量 X_1（万公斤）	粮食播种面积 X_2（千公顷）	受灾面积 X_3（公顷）	农业机械总动力 X_4（万千瓦）	农业劳动力 X_5（万人）
1983	38728	1659.8	114047	16209.3	18022	31645.1
1984	40731	1739.8	112884	15264.0	19497	31685.0
1985	37911	1775.8	108845	22705.3	20913	30351.5
1986	39151	1930.6	110933	23656.0	22950	30467.0
1987	40208	1999.3	111268	20392.7	24836	30870.0
1988	39408	2141.5	110123	23944.7	26575	31455.7
1989	40755	2357.1	112205	24448.7	28067	32440.5
1990	44624	2590.3	113466	17819.3	28708	33330.4
1991	43529	2806.1	112314	27814.0	29389	34186.3
1992	44264	2930.2	110560	25894.7	30308	34037.0
1993	45649	3151.9	110509	23133.0	31817	33258.2
1994	44510	3317.9	109544	31383.0	33802	32690.3
1995	46662	3593.7	110060	22267.0	36118	32334.5
1996	50454	3827.9	112548	21233.0	38547	32260.4
1997	49417	3980.7	112912	30309.0	42016	32434.9
1998	51230	4083.7	113787	25181.0	45208	32626.4
1999	50839	4124.3	113161	26731.0	48996	32911.8

续表

年份	粮食产量 Y（万吨）	农业化肥施用量 X_1（万公斤）	粮食播种面积 X_2（千公顷）	受灾面积 X_3（公顷）	农业机械总动力 X_4（万千瓦）	农业劳动力 X_5（万人）
2000	46218	4146.4	108463	34374.0	52574	32797.5

资料来源：《中国统计年鉴》（1995，2001）

设粮食生产函数为 $Y = \beta_0 + \beta_1 X_1 + \beta_2 X_2 + \beta_3 X_3 + \beta_4 X_4 + \beta_5 X_5 + \mu$

1. 用OLS法估计上述模型

$$\hat{Y} = -12816.44 + 6.213X_1 + 0.421X_2 - 0.166X_3 - 0.098X_4 - 0.028X_5$$
　　　（-0.91）　（8.39）　（3.32）　（-2.81）　（-1.45）　（-0.14）

R^2=0.9828　$\bar{R}^2$=0.9756　F=137.11　DW=1.81

由于 R^2 较大且接近于1，而且 $F = 137.11 > F_{0.05}(5,12) = 3.11$，故认为粮食生产与上述解释变量间总体线性关系显著。但由于其中 X_4、X_5 前参数估计值未能通过 t 检验，而且符号的经济意义也不合理，故认为解释变量间存在多重共线性。

2. 检验简单相关系数

列出 X_1, X_2, X_3, X_4, X_5 的相关系数矩阵：

表 4.3.4

	X_1	X_2	X_3	X_4	X_5
X_1	1.0000	0.0118	0.6402	0.9603	0.5455
X_2	0.0118	1.0000	-0.4549	-0.0385	0.1824
X_3	0.6402	-0.4549	1.0000	0.6896	0.3557
X_4	0.9603	-0.0385	0.6896	1.0000	0.4542
X_5	0.5455	0.1824	0.3557	0.4542	1.0000

发现 X_1 与 X_4 间存在高度相关性。

3. 找出最简单的回归形式

分别作 Y 与 X_1, X_2, X_3, X_4 间的回归

① $\hat{Y} = 30867.64 + 4.576X_1$　② $\hat{Y} = -33821.18 + 0.699X_2$
　（25.58）　（11.49）　　　　　（-0.49）　（1.14）

R^2=0.8919　F=132.1　DW=1.56　R^2=0.0751　F=1.30　DW=0.12

③ $\hat{Y} = 31919.0 + 0.380X_4$　④ $\hat{Y} = -28259.19 + 2.240X_5$
　（17.45）　（6.68）　　　　　（-1.04）　（2.66）

R^2=0.7527　F=48.70　DW=1.11　R^2=0.3064　F=7.07　DW=0.36

可见，粮食生产受农业化肥施用量的影响最大，与经验相符合，因此选①为初始的回归模型。

4. 逐步回归

将其他解释变量分别导入上述初始回归模型，寻找最佳回归方程。

表 4.3.5

	C	X1	X2	X3	X4	X5	$\bar{R}^2$	DW
Y=f（X1）	30868	4.23	—	—	—	—	0.8852	1.56
t 值	25.58	11.49	—	—	—	—	—	—

续表

	C	X1	X2	X3	X4	X5	$\bar{R}^2$	DW
Y=f(X_1,X_2)	–43871	4.65	0.67	—	—	—	0.9558	2.01
t 值	–3.02	18.47	5.16	—	—	—		
Y=f(X_1,X_2,X_3)	–11978	5.26	0.41	–0.19	—	—	0.9752	1.53
t 值	0.85	19.6	3.35	–3.57	—	—		
Y=f(X_1,X_2,X_3,X_4)	–13056	6.17	0.42	–0.17	–0.09	—	0.9775	1.80
t 值	–0.97	9.61	3.57	–3.09	–1.55	—		
Y=f(X_1,X_2,X_3,X_5)	–12690	5.22	0.40	–0.20	—	0.07	0.9798	1.55
t 值	–0.87	17.85	3.02	–3.47	—	0.37		

讨论：

第一步，在初始模型中引入 X_2，模型拟合优度提高，且参数符号合理，变量也通过了 t 检验；

第二步，引入 X_3，拟合优度再次提高，且参数符号合理，变量也通过了 t 检验；只是 DW 值落入了无法判断的区域，但由 LM 检验知仍不存在 1 阶自相关性；

第三步，引入 X_4，尽管拟合优度仍略有提高，但 X_4 的参数未能通过 t 检验，且符号不合理；

第四步，去掉 X_4，引入 X_5，拟合优度仍有所提高，但 X_5 的参数未能通过 t 检验。

第三步至第四步表明，X_4 与 X_5 是多余的。同样还可继续验证，如果用与 X_1 高度相关的 X_1^* 替代 X_1，则 X_1^* 与 X_2、X_3、X_5 间的任意线性组合，均达不高以 X_1、X_2、X_3 为解释变量的回归效果。因此，最终的粮食生产函数应以 $Y = f(X_1, X_2, X_3)$ 为最优，拟合结果如下：

$$Y = -11978 + 5.26X_1 + 0.41X_2 - 0.19X_3$$

第四节　随机解释变量问题

单方程线性计量经济学模型假设解释变量是确定性变量，并且与随机误差项不相关。违背这一基本假设的问题被称为随机解释变量问题。

一、随机解释变量问题

对于模型 $\quad Y_i = \beta_0 + \beta_1 Y_{1i} + \beta_2 Y_{2i} + \cdots + \beta_k Y_{ki} + \mu_i \quad$ i=1,2,…,n （4.4.1）

其基本假设之一是解释变量 $X_1, X_2, \cdots, X_K$ 是确定性变量。如果存在一个或多个随机变量作为解释变量，则称原模型出现随机解释变量问题。为讨论方便，我们假设（4.4.1）中 X2 为随机解释变量。对于随机解释变量问题，又分三种不同情况：

随机解释变量与随机误差项独立（independence）。即

$$Cov(X_2, \mu) = E(x_2 \mu) = E(x_2) E(\mu) = 0 \quad (4.4.2)$$

随机解释变量与随机误差项同期无关（contemporaneously uncorrelated），但异期相关。即

$$Cov(X_{2i}, \mu_i) = E(x_{2i} \mu_i) = 0 \quad i=1,2,\cdots,n \quad (4.4.3)$$

$$Cov(X_{2i}, \mu_{i-s}) = E(x_{2i} \mu_{i-s}) \neq 0 \quad s \neq 0 \quad (4.4.4)$$

随机解释变量与随机误差项同期相关（contemporaneously correlated）。即

$$Cov(X_{2i}, \mu_i) = E(x_{2i} \mu_i) \neq 0 \quad (4.4.5)$$

二、实际经济问题中的随机解释变量问题

在实际经济问题中，经济变量往往都具有随机性。但是在单方程计量经济学模型中，凡是外生变量都被认为是确定性的。于是随机解释变量问题主要表现于用滞后被解释变量作为模型的解释变量的情况。而由于经济活动具有连续性，使这类模型在以时间序列数据作样本的模型中占据较大份额。例如，消费不仅受收入的影响，还受前期消费水平的影响；投资不仅受收入的影响，还受前期投资水平的影响，等等。但是，并不是所有包含滞后被解释变量的模型都带来"随机解释变量问题"，下面通过两个例子简单予以说明，详细建模的过程将在第五章中讨论。

著名的"耐用品存量调整模型"可表示为

$$Q_t = \beta_0 + \beta_1 Y_t + \beta_2 Q_{t-1} + \mu_t \quad t=1,2,\cdots,T \tag{4.4.6}$$

该模型表示，耐用品的存量由前一个时期的存量和当期收入共同决定。这是一个滞后被解释变量作为解释变量的模型。但是，如果模型不存在随机误差项的序列相关性，那么随机解释变量 Q_{t-1} 只与 μ_{t-1} 相关，与 μ_t 不相关，属于上述的第 2 种情况。

著名的"合理预期消费函数模型"首先认为消费 C_t 是由对收入的预期 Y_t^e 所决定的

$$C_t = \beta_0 + \beta_1 Y_t^e + \mu_t$$

在预期收入 Y_t^e 与实际收入 Y 之间存在如下关系的假设下 $Y_t^e = (1-\lambda)Y_t + \lambda Y_{t-1}^e$

由此，很容易推出合理预期消费函数模型

$$\begin{aligned} C_t &= \beta_0 + \beta_1(1-\lambda)Y_t + \beta_1 \lambda Y_{t-1}^e + \mu_t = \beta_0 + \beta_1(1-\lambda)Y_t + \lambda(C_{t-1} - \beta_0 - \mu_{t-1}) + \mu_t \\ &= \beta_0(1-\lambda) + \beta_1(1-\lambda)Y_t + \lambda C_{t-1} + \mu_t - \lambda\mu_{t-1} \end{aligned} \tag{4.4.7}$$

在该模型中，作为解释变量的 C_{t-1} 不仅是一个随机解释变量，而且与模型的随机误差项 $(\mu_t - \lambda\mu_{t-1})$ 高度相关（因为 C_{t-1} 与 μ_{t-1} 高度相关）。属于上述第 3 种情况。

三、随机解释变量的后果

计量经济学模型一旦出现随机解释变量，且与随机扰动项相关的话，如果仍采用普通最小二乘法估计模型参数，不同性质的随机解释变量会产生不同的后果。下面以一元线性回归模型为例进行说明。

首先，从图形上看（见图 4.4.1），如果随机解释变量与随机误差项正相关，则在抽取样本时，容易出现 X 值较小的点在总体回归线下方，而 X 值较大的点在总体回归线上方，因此，拟合的样本回归线则可能低估（underestimate）截距项，而高估（Overestimate）斜率项。反之，如果随机解释变量与随机误差项负相关，则往往导致拟合的样本回归线高估截距项，而低估斜率项。

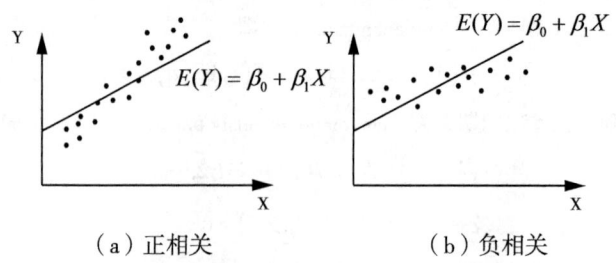

（a）正相关　　　　　（b）负相关

图 4.4.1　随机解释变量与随机误差项相关图

对一元线性回归模型：$Y_t = \beta_0 + \beta_1 X_t + \mu_t$

在第二章曾得到如下最小二乘估计量：$\hat{\beta}_1 = \dfrac{\sum x_t y_t}{\sum x_t^2} = \beta_1 + \dfrac{\sum x_t y_t}{\sum x_t^2}$ （4.4.8）

随机解释变量 X 与随机项的关系不同，参数 OLS 估计量的统计性质也会不同。

1. 如果 X 与 μ 相互独立，得到的参数估计量仍然是无偏、一致估计量。这在第二章中已经得到证明。

2. 如果 X 与 μ 同期不相关，异期相关，得到的参数估计量有偏、但却是一致的。

由（4.4.8）易知 $E(\hat{\beta}_1) = \beta_1 + E\left(\sum \dfrac{x_t}{\sum x_t^2} \mu_t\right) = \beta_1 + \sum E(k_t \mu_t)$

尽管 X_t 与 μ_t 同期无关，但对任一 μ_t，k_t 的分母中一定包含不同期的 X；由异期相关性知 k_t 与 μ_t 相关，导致 $E(\hat{\beta}_1) \neq \beta_1$，即参数估计量是有偏的。但是

$$P\lim_{x\to\infty}\left(\beta_1 + \dfrac{\sum x_t y_t}{\sum x_t^2}\right) = \beta_1 + \dfrac{P\lim\left(\dfrac{1}{n}\sum x_t \mu_t\right)}{P\lim\left(\dfrac{1}{n}\sum x_t^2\right)} = \beta_1 + Cov(x_t, \mu_t)/Var(x_t) = 0$$

即 $\hat{\beta}_1$ 是 β_1 的一致估计。

3. 如果 X 与 μ 同期相关，得到的参数估计量有偏，且非一致。

这在上面第 2 条的证明中已看得比较清楚。

需要说明的是，如果模型中带有滞后被解释变量作为解释变量，则当该滞后被解释变量与随机误差项同期相关时，普通最小二乘估计量是有偏的，且是非一致的。即使同期无关，其普通最小二乘估计量也是有偏的，因为此时肯定出现异期相关。

四、工具变量法

模型中出现随机解释变量并且与随机误差项相关时，普通最小二乘估计量是有偏的。如果随机解释变量与随机误差项异期相关，则可以通过增大样本容量的办法来得到一致的估计量；但如果是同期相关，即使增大样本容量也无济于事。这时，最常用的估计方法是工具变量法（Instrument variables）。

1. 工具变量的选取

工具变量，顾名思义是在模型估计过程中被作为工具使用，以替代模型中与随机误差项相关的随机解释变量。那么，选择为工具变量的变量必须满足以下条件：与所替代的随机解释变量高度相关；与随机误差项不相关；与模型中其他解释变量不相关，以避免出现多重共线性。

2. 工具变量的应用

工具变量法是克服 X 与 μ_i 相关影响的一种参数估计方法。下面仍以一元回归模型为例说明。

记一元回归模型的离差形式如下：$y_i = \beta_1 x_i + \mu_i$ （4.4.9）

用普通最小二乘法估计模型（4.4.9），相当于 x_i 用去乘模型两边、对 i 求和、再略去 $\sum x_i \mu_i$ 项后得到一个关于参数估计量的正规方程 $\sum x_i \mu_i = \beta_1 \sum x_i^2$ （4.4.10）

求解该正规方程，得到 $\hat{\beta}_1 = \dfrac{\sum x_i y_i}{\sum x_i^2}$

由于，$\text{cov}(X_i, \mu_i) = E(x_i\mu_i) = 0$ 意味着在大样本下 $\frac{1}{n}\sum x_i\mu_i \to 0$，因此，式（4.4.10）在大样本下是成立的。然而，如果 X_i 与 μ_i 相关，即使在大样本下，也不存在 $\frac{1}{n}\sum x_i\mu_i \to 0$，即式（4.4.10）在大样本下也不成立，OLS 估计量不具有一致性。

如果按照工具变量的选择条件选择 Z 为 X 的工具变量（Instrumental Variable），那么在上述估计过程中不用而改用 z 乘以模型的两边，对求和得到

$$\sum z_i y_i = \beta_1 \sum z_i x_i + \sum z_i \mu_i \tag{4.4.11}$$

利用工具变量与随机误差项不相关的性质，即 $E(\mu_i z_i) = 0$，在大样本下可得到

$$\tilde{\beta}_1 = \frac{\sum z_i y_i}{\sum z_i x_i} \tag{4.4.12}$$

关于 β_0 的估计，仍用 $\tilde{\beta}_0 = \bar{Y} - \tilde{\beta}_1 \bar{X}$ 完成。这种求模型参数估计量的方法称为工具变量法（Instrumental Variable Method），$\tilde{\beta}_0$，$\tilde{\beta}_1$ 称为工具变量法估计量 [（Instrumental Variable（IV）Estimator）]。

对于多元线性回归模型，其矩阵形式为 $\mathbf{Y} = \mathbf{X}\beta + \mu$

采用工具变量法（假设 X_2 与随机项相关，用工具变量 Z 替代）得到的正规方程组为

$$\mathbf{Z'Y} = \mathbf{Z'X}\beta$$

参数估计量为 $\tilde{\beta} = (\mathbf{Z'X})^{-1}\mathbf{Z'Y}$ \hfill（4.4.13）

其中，$\mathbf{Z'} = \begin{pmatrix} 1 & 1 & \cdots & 1 \\ X_{11} & X_{12} & \cdots & X_{1n} \\ Z_1 & Z_2 & \cdots & Z_n \\ \vdots & & & \\ X_{k1} & X_{k2} & \cdots & X_{kn} \end{pmatrix}$

通常，对于没有选择另外的变量作为工具变量的解释变量，可以认为用自身作为工具变量。于是 Z 称为工具变量矩阵。

3. 工具变量法估计量是一致估计量

用工具变量法所求的参数估计量与总体参数真值之间的关系为

$$\tilde{\beta}_1 = \frac{\sum z_i(\beta_1 x_i + \mu_i)}{\sum z_i x_i} = \beta_1 + \frac{\sum z_i \mu_i}{\sum z_i x_i}$$

两边取概率极限得：$P\lim(\tilde{\beta}_1) = \beta_1 + \frac{P\lim \frac{1}{n}\sum x_i\mu_i}{P\lim \frac{1}{n}\sum z_i\mu_i}$

如果工具变量选取恰当，即有

$P\lim \frac{1}{n}\sum z_i\mu_i = \text{cov}(Z_i, \mu_i) = 0$，$P\lim \frac{1}{n}\sum z_i x_i = \text{cov}(Z_i, X_i) \neq 0$

因此：$P\lim(\tilde{\beta}_1) = \beta_1$

尽管工具变量法估计量在大样本下具有一致性，但容易验证在小样本下，由于

$$E\left(\frac{1}{\sum z_i x_i}\sum z_i \mu_i\right) \neq E\left(\frac{1}{\sum z_i x_i}\right)E\left(\sum z_i \mu_i\right) = 0$$

工具变量法估计量仍是有偏的。

对工具变量法，有三点需要特别指出：

第一，经常产生一种误解，以为采用工具变量法是将原模型中的随机解释变量换成工具变量，即改变了原来的模型。实际上，从上面一元回归模型的例子中已看出，工具变量法并没有改变原模型，只是在原模型的参数估计过程中用工具变量"替代"随机解释变量。或者说，上述工具变量法估计过程可等价地分解成下面的两步 OLS 回归：

第一步，用 OLS 法进行 X 关于工具变量 Z 的回归

$$\hat{X}_i = \hat{\alpha}_0 + \hat{\alpha}_1 Z_i \tag{4.4.14}$$

第二步，以第一步得到的为解释变量，进行如下 OLS 回归：

$$\hat{Y}_i = \tilde{\beta}_0 + \tilde{\beta}_1 \hat{X}_i \tag{4.4.15}$$

容易验证，式（4.4.15）中的参数 $\tilde{\beta}_1$ 与式（4.4.12）相同。式（4.4.15）表明，工具变量法仍是 Y 对 X 的回归，而不是对 Z 的回归。

第二，如果 1 个随机解释变量可以找到多个互相独立的工具变量，人们希望充分利用这些工具变量的信息，就形成了广义矩方法（Generalized Method of Moments, GMM）。在 GMM 中，矩条件大于待估参数的数量，于是如何求解成为它的核心问题。GMM 是近 20 年计量经济学理论方法发展的重要方向之一。工具变量法是 GMM 的一个特例，同样，OLS 法也可看成是工具变量法的特例。

第三，要找到与随机扰动项不相关而又与随机解释变量相关的工具变量并不是一件很容易的事，但如果考虑到随机解释变量与随机扰动项相关的主要来源是由于同期测量误差引起的，就可以用滞后一期的随机解释变量作为原解释变量的工具变量。

五、案例——中国居民人均消费函数

例 4.4.1：在中国居民人均消费函数的估计中，采用普通最小二乘法估计了下面的模型：

$$CONSP = \beta_0 + \beta_1 GDPP + \mu$$

然而，如果考虑到在居民人均消费支出（CONSP）由人均国内生产总值（GDPP）决定的同时，人均 GDP 又反过来受同期居民人均消费支出的影响，因此，容易判断人均 GDP 与随机扰动项同期相关，从而普通最小二乘估计量有偏并且是非一致的。由于测量误差等原因，易知人均 GDP 与随机扰动项往往呈现正相关，即随着人均 GDP 的增加，倾向于增大。这样，普通最小二乘估计量可能会低估截距项而高估计斜率项。为了比较，先写出 OLS 估计结果

COMSP=201.11+0.3862GDPP

（13.51）（53.47）

R^2=0.9927　F=2859.23　DW=0.5503　SSR=23240.7

如果用滞后一期人均 GDP 为工具变量，可得如下工具变量法估计结果

COMSP=2012.45+0.3817GDPP

（14.84）（56.04）

R^2=0.9937　F=3140.58　DW=0.6691　SSR=18366.5

尽管不知道中国居民人均消费函数的真实参数，但正如所预期的那样，工具变量法估计量，对普通最小二乘估计量对截距项的低估与斜率项的高估做出了修正。而且各项检验指标也都有进一步的改进。

第五节 案例分析

【案例1】我国制造工业销售利润与销售收入模型

一、检验异方差性

1. 图形分析检验

（1）观察销售利润（Y）与销售收入（X）的相关图（见图 4.5.1）：SCAT X Y

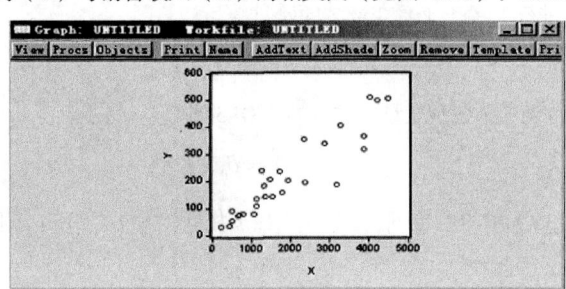

图 4.5.1

从图中可以看出，随着销售收入的增加，销售利润的平均水平不断提高，但离散程度也逐步扩大。这说明变量之间可能存在递增的异方差性。

（2）残差分析

首先将数据排序（命令格式为：SORT 解释变量），其次建立回归方程。在方程窗口中点击 Resids 按钮就可以得到模型的残差分布图（或建立方程后在 Eviews 工作文件窗口中点击 resid 对象来观察）。

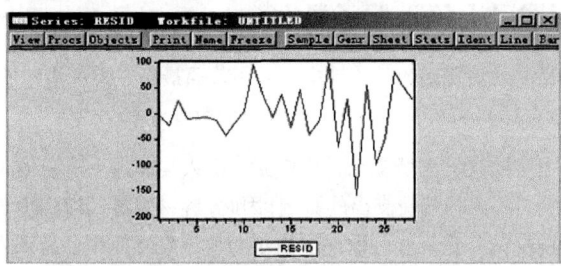

图 4.5.2

上图显示回归方程的残差分布有明显的扩大趋势，即表明存在异方差性。

2.Goldfeld-Quant 检验

（1）将样本按解释变量排序（SORT X）并分成两部分（分别有 1 到 10 共 11 个样本和 19 到 28 共 10 个样本）。

（2）利用样本1建立回归模型1（回归结果见下图），其残差平方和为 2579.587。

SMPL 1 10
LS Y C X

EViews - [Equation: UNTITLED Workfile: UNTITLED]
File Edit Objects View Procs Quick Options Window Help
View | Procs | Objects | Print | Name | Freeze | Estimate | Forecast | Stats | Resids

Dependent Variable: Y
Method: Least Squares
Date: 01/15/05 Time: 20:47
Sample: 1 10
Included observations: 10

Variable	Coefficient	Std. Error	t-Statistic	Prob.
C	15.76466	14.82022	1.063727	0.3185
X	0.085894	0.019182	4.477937	0.0021

R-squared	0.714814	Mean dependent var	77.06400
Adjusted R-squared	0.679166	S.D. dependent var	31.70225
S.E. of regression	17.95685	Akaike info criterion	8.790676
Sum squared resid	2579.587	Schwarz criterion	8.851193
Log likelihood	-41.95338	F-statistic	20.05192
Durbin-Watson stat	2.280129	Prob(F-statistic)	0.002061

图 4.5.3

（3）利用样本 2 建立回归模型 2（回归结果见图 4.5.4），其残差平方和为 63769.67。

SMPL 19 28

LS Y C X

EViews - [Equation: UNTITLED Workfile: UNTITLED]
File Edit Objects View Procs Quick Options Window Help
View | Procs | Objects | Print | Name | Freeze | Estimate | Forecast | Stats | Resids

Dependent Variable: Y
Method: Least Squares
Date: 01/15/05 Time: 20:52
Sample: 19 28
Included observations: 10

Variable	Coefficient	Std. Error	t-Statistic	Prob.
C	-11.99687	138.6642	-0.086517	0.9332
X	0.110552	0.039367	2.808209	0.0229

R-squared	0.496413	Mean dependent var	369.2440
Adjusted R-squared	0.433465	S.D. dependent var	118.6175
S.E. of regression	89.28163	Akaike info criterion	11.99832
Sum squared resid	63769.67	Schwarz criterion	12.05884
Log likelihood	-57.99162	F-statistic	7.886037
Durbin-Watson stat	2.489267	Prob(F-statistic)	0.022906

图 4.5.4

（4）计算 F 统计量：$F=RSS_2/RSS_1=63769.67/2579.59=24.72$，$RSS_1$ 和 RSS_2 分别是模型 1 和模型 2 的残差平方和。

取 $\alpha=0.05$ 时，查 F 分布表得 $F_{0.05}(10-1-1,10-1-1)=3.44$，而 $F=24.72>F_{0.05}=3.44$，所以存在异方差性。

3.White 检验

（1）建立回归模型：LS Y C X，回归结果如图 4.5.5 所示：

EViews - [Equation: UNTITLED Workfile: UNTITLED]
File Edit Objects View Procs Quick Options Window Help
View | Procs | Objects | Print | Name | Freeze | Estimate | Forecast | Stats | Resids

Dependent Variable: Y
Method: Least Squares
Date: 01/15/05 Time: 21:05
Sample: 1 28
Included observations: 28

Variable	Coefficient	Std. Error	t-Statistic	Prob.
C	12.03349	19.51809	0.616530	0.5429
X	0.104394	0.008442	12.36658	0.0000

R-squared	0.854694	Mean dependent var	213.4639
Adjusted R-squared	0.849105	S.D. dependent var	146.4905
S.E. of regression	56.90455	Akaike info criterion	10.98938
Sum squared resid	84191.34	Schwarz criterion	11.08453
Log likelihood	-151.8513	F-statistic	152.9322
Durbin-Watson stat	2.497440	Prob(F-statistic)	0.000000

图 4.5.5

（2）在方程窗口上点击 View\Residual\Test\White Heteroskedastcity，检验结果如图 4.5.6 所示：

图 4.5.6

其中，F 值为辅助回归模型的 F 统计量值。取显著水平 $\alpha = 0.05$，由于 $\chi^2_{0.05}(2) = 5.99 < nR^2 = 6.2704$，所以存在异方差性。实际应用中可以直接观察相伴概率 p 值的大小，若 p 值较小，则认为存在异方差性。反之，则认为不存在异方差性。

4.Park 检验

（1）建立回归模型

（2）生成新变量序列：GENR LNE2=log（RESID^2） GENR LNX=log

（3）建立新残差序列对解释变量的回归模型：LS LNE2 C LNX，回归结果如图 4.5.7 所示：

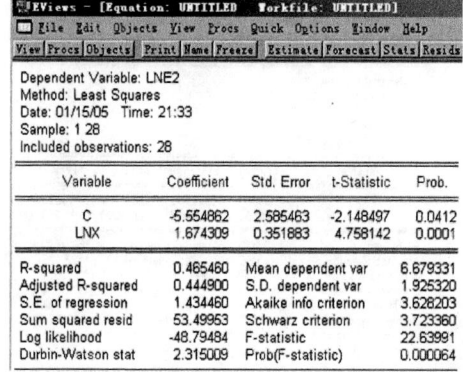

图 4.5.7

如上图所示的回归结果中可以看出，LNX 的系数估计值不为 0 且能通过显著性检验，即随机误差项的方差与解释变量存在较强的相关关系，即认为存在异方差性。

5.Gleiser 检验（Gleiser 检验与 Park 检验原理相同）

（1）建立回归模型

（2）生成新变量序列：GENR E=ABS（RESID）

（3）分别建立新残差序列（E）对各解释变量（X/X^2/X^（1/2）/X^（－1）/ X^（－2）/ X^（－1/2））的回归模型：LS E C X，回归结果如以下各图所示。

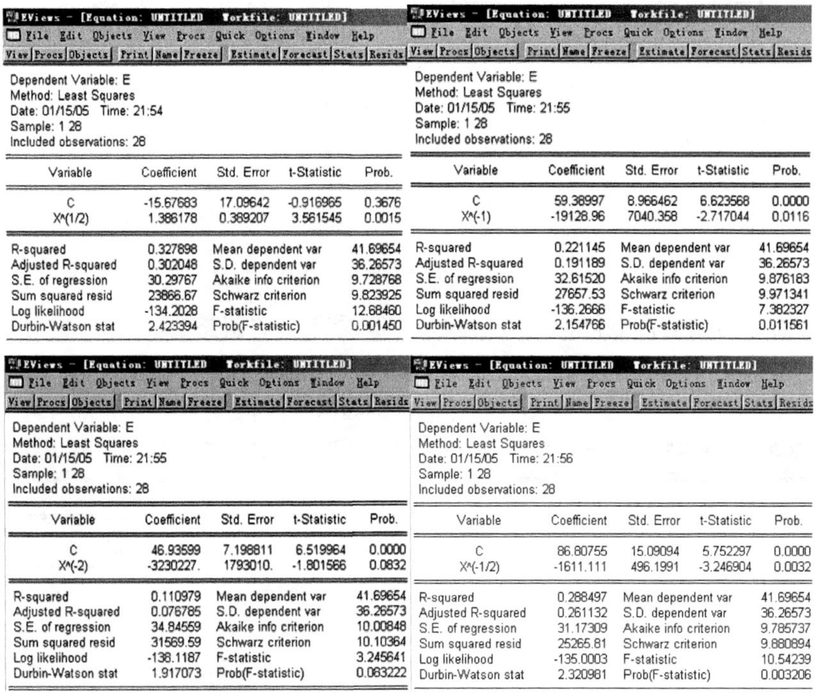

图 4.5.8

由上述各回归结果可知,各回归模型中解释变量的系数估计值显著不为 0 且均能通过显著性检验。所以认为存在异方差性。

(4) 由 F 值或 R^2 确定异方差类型

Gleiser 检验中可以通过 F 值或 R^2 值确定异方差的具体形式。

二、调整异方差性

1. 确定权数变量

根据 Park 检验生成权数变量:GENR W1=1/X^1.6743

根据 Gleiser 检验生成权数变量:GENR W2=1/X^0.5

另外生成:GENR W3=1/ABS(RESID) GENR W4=1/ RESID^2

2. 利用加权最小二乘法估计模型

在 Eviews 命令窗口中依次键入命令:LS(W= W_i) Y C X

或在方程窗口中点击 Estimate\Option 按钮,并在权数变量栏里依次输入 W1.W2.W3.W4,回归结果如图 4.5.9 所示。

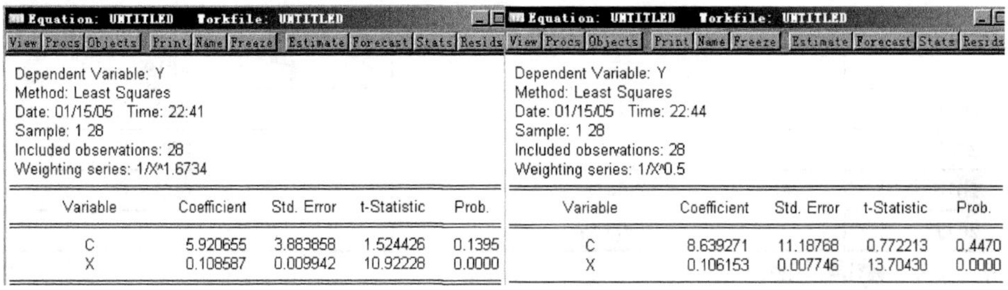

Equation: UNTITLED Workfile: UNTITLED

View Procs Objects Print Name Freeze Estimate Forecast Stats Resids

Dependent Variable: Y
Method: Least Squares
Date: 01/15/05 Time: 22:49
Sample: 1 28
Included observations: 28
Weighting series: 1/ABS(RESID)

Variable	Coefficient	Std. Error	t-Statistic	Prob.
C	4.168933	3.779755	1.102964	0.2801
X	0.109408	0.003533	30.96653	0.0000

Equation: UNTITLED Workfile: UNTITLED

View Procs Objects Print Name Freeze Estimate Forecast Stats Resids

Dependent Variable: Y
Method: Least Squares
Date: 01/15/05 Time: 22:50
Sample: 1 28
Included observations: 28
Weighting series: 1/RESID^2

Variable	Coefficient	Std. Error	t-Statistic	Prob.
C	5.168938	1.660316	3.113225	0.0045
X	0.111383	0.002056	54.16207	0.0000

图 4.5.9

3. 对所估计的模型再进行 White 检验，观察异方差的调整情况

对所估计的模型再进行 White 检验，其结果分别对应上图的回归模型。White 检验显示，P 值较大，所以接受不存在异方差的原假设，即认为已经消除了回归模型的异方差性。

Equation: UNTITLED Workfile: XIAOSHOULIRUI

View Procs Objects Print Name Freeze Estimate Forecast Stats Resids

White Heteroskedasticity Test:

F-statistic	2.667547	Probability	0.089111
Obs*R-squared	4.924417	Probability	0.085246

Equation: UNTITLED Workfile: XIAOSHOULIRUI

View Procs Objects Print Name Freeze Estimate Forecast Stats Resids

White Heteroskedasticity Test:

F-statistic	1.592302	Probability	0.223409
Obs*R-squared	3.163746	Probability	0.205590

Equation: UNTITLED Workfile: XIAOSHOULIRUI

View Procs Objects Print Name Freeze Estimate Forecast Stats Resids

White Heteroskedasticity Test:

F-statistic	3.674274	Probability	0.039908
Obs*R-squared	6.360699	Probability	0.041571

【案例 2】青海省城镇居民消费模型

一、问题的提出和模型设定

假定收入与消费之间满足线性约束，则理论模型设定为 $Y_i = \beta_1 + \beta_2 X_i + u_i$

其中，y 表示消费，x 表示收入，分析比较青海省城镇居民人均可支配收入与消费的关系，建立收入与消费的的回归模型。

表 4.5.1 青海省城镇居民家庭人均可支配收入和消费支出 单位：元

年份	城镇居民家庭 人均可支配收入	城镇居民 人均消费支出
2000	5169.96	4530
2001	5853.72	4925
2002	6170.52	5261
2003	6745.32	5768
2004	7319.67	6432
2005	8057.85	6947
2006	9000.35	7481
2007	10276.1	8819
2008	11640.43	9816
2009	12692	10845
2010	13854.99	11878
2011	15603.31	13348

资料来源：《青海统计年鉴 2012》

二、参数估计

利用 Eviews 估计模型的参数,估计结果如表 4.5.2 所示:

表 4.5.2

Dependent Variable: Y
Method: Least Squares
Sample: 2000 2011
Included observations: 12

Variable	Coefficient	Std. Error	t-Statistic	Prob.
C	40.36755	94.02737	0.429317	0.6768
X	0.850347	0.009475	89.74354	0.0000
R-squared	0.998760	Mean dependent var		8004.167
Adjusted R-squared	0.998636	S.D. dependent var		2915.783
S.E. of regression	107.6909	Akaikeinfo criterion		12.34742
Sum squared resid	115973.2	Schwarz criterion		12.42824
Log likelihood	−72.08451	F-statistic		8053.903
Durbin-Watson stat	2.291055	Prob(F-statistic)		0.000000

估计结果为:$\hat{Y}_i = 40.36755 + 0.850347 X_i$

t=(0.429317)(89.74354)

R^2=0.99876 F=8053.903

三、检验模型的异方差

1. 异方差性的判断

由路径:Quick/Qstimate Equation,进入 Equation Specification 窗口,键入"y c x",确认并"ok",得样本回归估计结果。

(1)生成残差平方序列。在得到估计结果后,立即用生成命令建立序列,记为 e2。生成过程如下,先按路径:Procs/Generate Series,进入 Generate Series by Equation 对话框,然后,在 Generate Series by Equation 对话框中,键入"e2=(resid)^2",则生成序列 e_i^2。

(2)绘制 e_i^2 对 X_t 的散点图。选择变量名 X 与 e2(注意选择变量的顺序,先选的变量将在图形中表示横轴,后选的变量表示纵轴),进入数据列表,再按路径 view/graph/scatter,可得散点图,见下图。

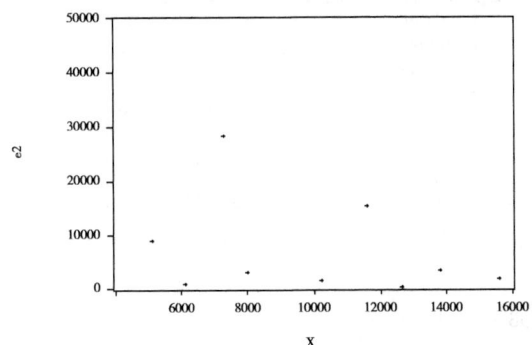

图 4.5.11 X 与 e2 的散点图

由上图可以看出,残差平方 e_i^2 对解释变量 X 的散点图主要分布在图形中的下方,大致看出残差

平方 e_i^2 随 X_i 的变动呈增大的趋势，因此，模型很可能存在异方差。但是否确实存在异方差还应通过更进一步的检验。

2. Goldfeld-Quanadt 检验

（1）对变量取值排序（按递增或递减）。在 Procs 菜单里选 Sort Series 命令，出现排序对话框，如果以递增型排序，选 Ascenging，如果以递减型排序，则应选 Descending，键入 X，点 ok。本例选递增型排序，这时变量 Y 与 X 将以 X 按递增型排序。

（2）构造子样本区间，建立回归模型。在本例中，样本容量 n=11，删除中间一个的观测值，余下部分平分得两个样本区间：2000—2004 年和 2007—2011 年，它们的样本个数均是 5 个，即 n1=n2=5。在 Sample 菜单里，将区间定义为 2000—2004 年，然后用 OLS 方法求得如下结果：

表 4.5.3

Dependent Variable: Y
Method: Least Squares
Sample: 2000 2004
Included observations: 5

Variable	Coefficient	Std. Error	t-Statistic	Prob.
C	−192.4688	429.2961	−0.448336	0.6843
X	0.891845	0.068194	13.07798	0.0010
R-squared	0.982762	Mean dependent var		5383.200
Adjusted R-squared	0.977016	S.D. dependent var		741.7686
S.E. of regression	112.4558	Akaike info criterion		12.57217
Sum squared resid	37938.93	Schwarz criterion		12.41595
Log likelihood	−29.43043	F-statistic		171.0336
Durbin-Watson stat	1.899534	Prob（F-statistic）		0.000966

在 Sample 菜单里，将区间定义为 2007—2011 年，再用 OLS 方法求得如下结果：

表 4.5.4

Dependent Variable: Y
Method: Least Squares
Date: 06/10/13   Time: 20:11
Sample: 2007 2011
Included observations: 5

Variable	Coefficient	Std. Error	t-Statistic	Prob.
C	−114.5650	250.8671	−0.456676	0.6789
X	0.862831	0.019382	44.51614	0.0000
R-squared	0.998488	Mean dependent var		10941.20
Adjusted R-squared	0.997985	S.D. dependent var		1764.181
S.E. of regression	79.20038	Akaikeinfo criterion		11.87101
Sum squared resid	18818.10	Schwarz criterion		11.71479
Log likelihood	−27.67753	F-statistic		1981.686
Durbin-Watson stat	2.637155	Prob（F-statistic）		0.000025

（3）求 F 统计量值。基于表中残差平方和的数据，即 Sum squared resid 的值。由表计算得到的残差平方和为 37938.93，计算得到的残差平方和为 18818.10，根据 Goldfeld-Quanadt 检验，F 统计量为

$$F=18818.10/37938.93=0.4960$$

（4）判断。在 $\alpha=0.05$ 下，上式中分子、分母的自由度均为 3，查 F 分布表得临界值为 9.28，因为 F=0.4960<9.28，所以接受原假设，表明模型确实不存在异方差。

【案例3】青海省农村居民消费模型

一、模型设定与估计

设 Y 为青海省农村居民人均消费支出，X 为农村居民人均纯收入，u_t 为随机误差项，建立模型。

表 4.5.5　青海省农村居民家庭人均纯收入与人均消费支出　　　　　单位：元

年份	农村居民家庭人均纯收入	农村居民家庭平均每人生活消费支出
1990	559.78	474.75
1991	555.56	486.25
1992	603.40	495.90
1993	672.56	638.51
1994	869.34	745.72
1995	1029.77	913.84
1996	1173.80	1052.33
1997	1320.63	1085.38
1998	1424.78	1117.79
1999	1466.67	1133.63
2000	1490.5	1218.2
2001	1557.3	1330.5
2002	1668.9	1386.1
2003	1794.1	1563.1
2004	1957.7	1676.4
2005	2151.5	1976.0
2006	2358.4	2179.0
2007	2683.78	2446.5
2008	3061.2	2896.6
2009	3346.2	3209.4
2010	3862.7	3774.5
2011	4608.5	4536.8

资料来源：《青海统计年鉴2012》

其中，人均纯收入为 X，消费为 Y，使用普通最小二乘法可得：

表 4.5.6

```
Dependent Variable: Y
Method: Least Squares
Date: 06/01/13   Time: 13:03
Sample: 1990 2011
Included observations: 22

Variable        Coefficient    Std. Error    t-Statistic    Prob.
C               -179.6621      37.55374      -4.784134      0.0001
X                1.001808       0.017689      56.63581      0.0000

R-squared              0.993803    Mean dependent var      1651.691
Adjusted R-squared     0.993494    S.D. dependent var      1110.467
S.E. of regression    89.57245     Akaike info criterion   11.91448
Sum squared resid     160464.5     Schwarz criterion       12.01367
Log likelihood       -129.0593     F-statistic             3207.614
Durbin-Watson stat     0.443928    Prob(F-statistic)       0.000000
```

可得：$\hat{Y}_i = -179.6621 + 1.001808 X_i$
　　　　　（37.55374）（0.017689）
　　　　t=（-4.784134）（56.63581）
R^2=0.993803　F=3207.614　df=20　DW=0.443928

该回归方程可决系数较高，回归系数均显著。对样本量为22，一个解释变量的模型、5%显著水平，查DW统计表可知，d_L=1.239，d_U=1.429，模型中DW<d_L，显然消费模型中有自相关。这一点从残差图中也可从看出，点击Eviews方程输出窗口的按钮Resids可得到残差图，如下图所示。

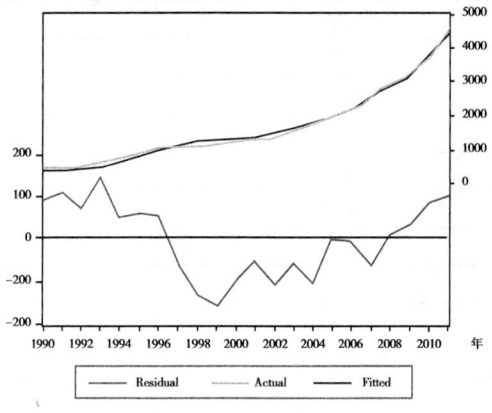

图4.5.12

残差图中，残差的变动有系统模式，连续为正和连续为负，表明残差项存在一阶正自相关，模型中t统计量和F统计量的结论不可信，需采取补救措施。

二、自相关问题的处理

为了解决自相关问题，可以选用广义差分法。

Eviews中，每次回归的残差存放在resid序列中，为了对残差进行回归分析，需生成命名为e的残差序列。在主菜单选择Quick/Generate Series或点击工作文件窗口工具栏中的Procs/ Generate Series，在弹出的对话框中输入e = resid，点击OK得到残差序列e_t。使用e_t进行滞后一期的自回归，在Eviews命令栏中输入ls e e（-1）可得回归方程：

E=0.190172e_{t-1}

利用Eviews软件可得估计结果：

表4.5.7

Dependent Variable: Y
Method: Least Squares
Sample（adjusted）: 1991 2011
Included observations: 21 after adjusting endpoints
Convergence achieved after 4 iterations

Variable	Coefficient	Std. Error	t-Statistic	Prob.
C	492.4496	155.1415	3.174197	0.0050
AR（1）	1.189294	0.021521	55.26159	0.0000
R-squared	0.993817	Mean dependent var		1707.736
Adjusted R-squared	0.993491	S.D. dependent var		1105.548
S.E. of regression	89.19127	Akaike info criterion		11.90984
Sum squared resid	151146.6	Schwarz criterion		12.00931

Log likelihood	−123.0533	F-statistic	3053.843
Durbin-Watson stat	1.590591	Prob（F-statistic）	0.000000
Inverted AR Roots	1.19		
	Estimated AR process is nonstationary		

由上表可得回归方程为：

$y_t^* = 92.4496 + 1.189294\ x_t^*$

Se=（155.1415）（0.021521）

t=（3.174197）（55.26159）

$R^2 = 0.993817$ F=3053.843 DW=1.590591

由于使用了广义差分数据，样本容量减少了1个，为21个。查5%显著水平的DW统计表可知 $d_L = 1.221$, $d_U = 1.420$，模型中DW=1.590591> d_U，说明广义差分模型中已无自相关，不必再进行迭代。同时，可决系数 R^2、t、F统计量也均达到理想水平。

由差分方程式可得：$\beta_1 = \dfrac{492.4496}{1 - 0.190127} = 607.9624$

由此，我们可以最终得出新的消费模型为 $\hat{Y}_t = 607.9624 + 1.189294 X_t$

由模型可得：青海省农村居民的边际消费倾向为1.189294，即每收入每增加1元，消费增加1.189294元。

【案例4】我国农村居民消费水平预测模型

一、研究目的

中国农村人口占59.47%，而消费总量却只占41.4%，农村居民的收入和消费是一个值得研究的问题。消费模型是研究居民消费行为的常用工具。通过中国农村居民消费模型的分析可判断农村居民的边际消费倾向，这是宏观经济分析的重要参数。同时，农村居民消费模型也能用于农村居民消费水平的预测。

二、模型设定

正如第二章所讲述的，影响居民消费的因素很多，但由于受各种条件的限制，通常只引入居民收入一个变量做解释变量，即消费模型设定为 $Y_t = \beta_1 + \beta_2 X_t + u_t$

其中，Y_t 为农村居民人均消费支出，X_t 为农村人均居民纯收入，u_t 为随机误差项。

为了消除价格变动因素对农村居民收入和消费支出的影响，不宜直接采用现价人均纯收入和现价人均消费支出的数据，而需要用经消费价格指数进行调整后的可比价格计的人均纯收入和人均消费支出的数据作回归分析。

根据调整后的可比价格计算的人均纯收入和人均消费支出的数据，使用普通最小二乘法估计消费模型得

$\hat{Y}_t = 106.7528 + 0.5998 X_t$

Se =（12.2238）（0.0214）

t =（8.7332）（28.3067）

$R^2 = 0.9788$，F = 786.0548，$df = 17$，DW = 0.7706

该回归方程可决系数较高，回归系数均显著。对样本量为19、一个解释变量的模型、5%显著水平，查DW统计表可知，d_L=1.18，d_U= 1.40，模型中DW<dL，显然消费模型中有自相关。这一点残差图中也可从看出，点击Eviews方程输出窗口的按钮Resids可得到残差图，如图4.5.13所示。

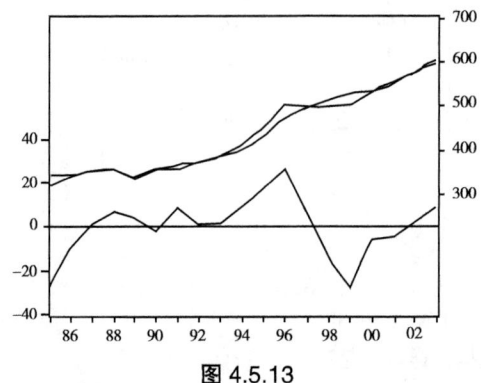

图 4.5.13

残差图中,残差的变动有系统模式,连续为正和连续为负,表明残差项存在一阶正自相关,模型中 t 统计量和 F 统计量的结论不可信,需采取补救措施。

三、自相关问题的处理

为解决自相关问题,选用科克伦—奥克特迭代法。由模型可得残差序列 e_t,在 Eviews 中,每次回归的残差存放在 resid 序列中,为了对残差进行回归分析,需生成命名为 e 的残差序列。在主菜单选择 Quick/Generate Series 或点击工作文件窗口工具栏中的 Procs/ Generate Series,在弹出的对话框中输入 e = resid,点击 OK 得到残差序列 e_t。使用 e_t 进行滞后一期的自回归,在 Eviews 命令栏中输入 ls e e (−1) 可得回归方程 $e_t = 0.4960\, e_{t-1}$

可知 $\hat{\rho} = 0.4960$,对原模型进行广义差分,得到广义差分方程

$$Y_t - 0.4960 Y_{t-1} = \beta_1(1 - 0.4960) + \beta_2(X_t - 0.4960 X_{t-1}) + u_t$$

对上式的广义差分方程进行回归,在 Eviews 命令栏中输入 ls Y−0.4960×Y(−1) c X−0.4960×X(−1),回车后可得方程输出结果如表 4.5.8 所示。

表 4.5.8

广义差分方程输出结果

Dependent Variable: Y−0.496014×Y(−1)				
Method: Least Squares				
Date: 03/26/05 Time: 12:32				
Sample (adjusted): 1986 2003				
Included observations: 18 after adjusting endpoints				
Variable	Coefficient	Std. Error	t-Statistic	Prob.
C	60.44431	8.964957	6.742287	0.0000
X−0.496014*X(−1)	0.583287	0.029410	19.83325	0.0000
R-squared	0.960914	Mean dependent var		231.9218
Adjusted R-squared	0.958472	S.D. dependent var		49.34525
S.E. of regression	10.05584	Akaike info criterion		7.558623
Sum squared resid	1617.919	Schwarz criterion		7.657554
Log likelihood	−66.02761	F-statistic		393.3577
Durbin-Watson stat	1.397928	Prob(F-statistic)		0.000000

由表可得回归方程为

$$\hat{Y}_t^* = 60.4443 + 0.5833 X_t^*$$

$S_e = (8.9650)\ (0.0294)$

$t = (6.7423)\ (19.8333)$

$R^2 = 0.9609 \quad F = 393.3577 \quad df = 16 \quad DW = 1.3979$

其中，$\hat{Y}_t^* = Y_t - 0.4960 Y_{t-1}$，$X_t^* = X_t - 0.4960 X_{t-1}$。

由于使用了广义差分数据，样本容量减少了 1 个，为 18 个。查 5% 显著水平的 DW 统计表可知 $d_L = 1.16$，$d_U = 1.39$，模型中 DW = 1.3979 > d_U，说明广义差分模型中已无自相关，不必再进行迭代。同时，可决系数 R^2、t、F 统计量也均达到理想水平。

对比模型，很明显普通最小二乘法低估了回归系数 $\hat{\beta}_2$ 的标准误差。[原模型中 Se($\hat{\beta}_2$) = 0.0214，广义差分模型中为 Se($\hat{\beta}_2$) = 0.0294。

经广义差分后样本容量会减少 1 个，为了保证样本数不减少，可以使用普莱斯—温斯腾变换补充第一个观测值，方法是 $X_i^* = X_1\sqrt{1-\rho^2}$ 和 $Y_i^* = Y_1\sqrt{1-\rho^2}$。在本例中即为 $X_1\sqrt{1-0.4960^2}$ 和 $Y_1\sqrt{1-0.4960^2}$。由于要补充因差分而损失的第一个观测值，所以在 Eviews 中就不能采用前述方法直接在命令栏输入 Y 和 X 的广义差分函数表达式，而是要生成 X 和 Y 的差分序列 X^* 和 Y^*。在主菜单选择 Quick/Generate Series 或点击工作文件窗口工具栏中的 Procs/Generate Series，在弹出的对话框中输入 Y^*= Y-0.4960*Y (-1)，点击 OK 得到广义差分序列 Y^*，同样的方法得到广义差分序列 X^*。此时的 X^* 和 Y^* 都缺少第一个观测值，需计算后补充进去，计算得 X^*=345.236，Y^*=275.598，双击工作文件窗口的 X^* 打开序列显示窗口，点击 Edit+/- 按钮，将 X^*=345.236 补充到 1985 年对应的栏目中，得到 X^* 的 19 个观测值的序列。同样的方法可得到 Y^* 的 19 个观测值序列。在命令栏中输入 Ls Y^* c X^* 得到普莱斯—温斯腾变换的广义差分模型为

$Y_t^* = 60.4443 + 0.5833 X_t^*$

S_e = (9.1298) (0.0297)

t = (6.5178) (19.8079)

R^2 = 0.9585　　F = 392.3519　　df = 19　　DW = 1.3459

对比模型可发现，两者的参数估计值和各检验统计量的差别很微小，说明在本例中使用普莱斯—温斯腾变换与直接使用科克伦—奥克特两步法的估计结果无显著差异，这是因为本例中的样本还不算太小。如果实际应用中样本较小，则两者的差异会较大。通常对于小样本，应采用普莱斯—温斯腾变换补充第一个观测值。

由差分方程有 $\hat{\beta}_1 = \dfrac{60.443}{1-0.4960} = 119.9292$

由此，我们得到最终的中国农村居民消费模型为 $\hat{Y}_t = 119.9292 + 0.5833 X_t$

由中国农村居民消费模型可知，中国农村居民的边际消费倾向为 0.5833，即中国农民每增加收入 1 元，将增加消费支出 0.5833 元。

【案例 5】青海省城镇居民家庭消费支出与三次产业发展的模型

一、模型变量分析

表 4.5.9　模型变量数据表

	X_1（亿元）	X_2（亿元）	X_3（亿元）	Y（元）
1995	39.62	64.57845	63.59981	2930.1
1996	40.41	70.00479	73.75365	3305.25

续表

	X_1（亿元）	X_2（亿元）	X_3（亿元）	Y（元）
1997	41.8	76.6376	84.3564	3300.48
1998	42.94	85.44273	92.54101	3580.44
1999	42.03	94.03433	103.3206	3903.84
2000	40.12	108.8306	114.7271	4185.7
2001	44.74	125.0925	130.2927	4698.6
2002	47.31	144.5095	148.8281	5045
2003	48.47	171.9176	169.8116	5389.4
2004	60.7	211.7	193.7	5759
2005	65.34	264.61	213.37	6245.26
2006	67.55	331.91	249.04	6530.1
2007	83.41	419.03	294.91	7512.39
2008	105.57	557.12	355.93	8203.2
2009	107.4	575.33	398.54	8786.52

资料来源：《青海省统计年鉴2010》

Y：城镇居民家庭消费支出（平均每人每年）（单位：元）
X_1：第一产业增加值（单位：亿元）
X_2：第二产业增加值（单位：亿元）
X_3：第三产业增加值（单位：亿元）

根据上表中的各变量的数据可以得到 Y 与 X_1、X_2、X_3 的散点图：

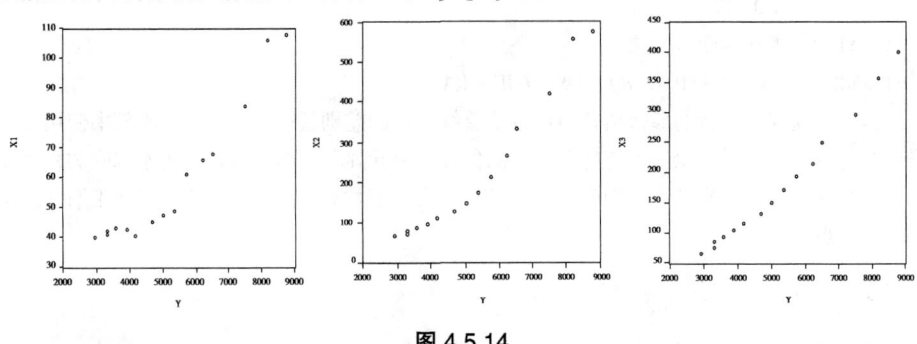

图 4.5.14

二、模型的建立

我们可以发现，Y 与 X_1 的线性关系不明显，与 X_2、X_3 的线性关系相对比较明显。建立数学模型：

$Y_t = \alpha_0 + \beta_1 X_{1t} + \beta_2 X_{2t} + \beta_3 X_{3t} + u$

表 4.5.10

	Y	X1	X2	X3
Mean	5291.685	58.49400	220.0499	179.1147
Median	5045.000	47.31000	144.5095	148.8281
Maximum	8786.520	107.4000	575.3300	398.5400
Minimum	2930.100	39.62000	64.57845	63.59981
Std. Dev.	1856.868	23.28362	174.1637	104.6395
Skewness	0.496825	1.178011	1.052542	0.837122
Kurtosis	2.091431	3.032404	2.739534	2.550497

Jarque–Bera	1.133023	3.469929	2.812015	1.878216
Probability	0.567502	0.176406	0.245120	0.390977
Sum	79375.28	877.4100	3300.748	2686.721
Sum Sq. Dev.	48271415	7589.777	424662.0	153292.1
Observations	15	15	15	15

我们可以认为残差是成正态分布的。

利用 Eviews 作 OLS 估计的结果为：

表 4.5.11

Dependent Variable: Y
Method: Least Squares
Sample: 1995 2009
Included observations: 15

Variable	Coefficient	Std. Error	t-Statistic	Prob.
C	2178.724	696.3235	3.128896	0.0096
X1	−18.75181	20.37356	−0.920399	0.3771
X2	−4.351639	4.229302	−1.028926	0.3256
X3	28.84971	3.998561	7.215022	0.0000
R-squared	0.991663	Mean dependent var		5291.685
Adjusted R-squared	0.989389	S.D. dependent var		1856.868
S.E. of regression	191.2772	Akaike info criterion		13.56850
Sum squared resid	402456.6	Schwarz criterion		13.75732
Log likelihood	−97.76377	F-statistic		436.1204
Durbin-Watson stat	1.957879	Prob（F-statistic）		0.000000

所以，我们得到以下的结果：$Y = 2178.724 - 18.75181X_1 - 4.351639X_2 + 28.84971X_3$

$$(696.3235)\quad(20.37356)\quad(4.229302)\quad(3.998561)$$

$$(3.128896)\quad(-0.920399)\quad(-1.028926)\quad(7.215022)$$

由上面的估计结果可以看出，可决系数 $R^2 = 0.991663$，表明模型在整体上拟合优度较好，对 C、X_3 的系数，T 的统计值都大于 2.145，通过检验，而 X_1、X_2 的 T 值在 df=15, α=0.05 的情况下, t 统计值应大于 2.145，显然不能通过检验。

根据经验判断 $Y_t = \alpha_0 + \beta_1 X_{1t} + \beta_2 X_{2t} + \beta_3 X_{3t} + u$ 无法通过第一步检验的原因很可能是解释变量之间存在多重共线性。

我们对 X_1、X_2、X_3 进行多重共线性检验，得到：

表 4.5.12

	X1	X2	X3
X1	1	0.9932295960437455	0.9788646534322691
X2	0.9932295960437455	1	0.9912888991656261
X3	0.9788646534322691	0.9912888991656261	1

可以发现 X_1、X_2、X_3 之间存在高度的线性相关关系，运用逐步回归法进行修正。

模型 $Y_t = \alpha_0 + \beta_1 X_{1t} + u$ 的回归结果为：

表 4.5.13

Dependent Variable: Y
Method: Least Squares
Date: 07/19/11   Time: 22:05
Sample: 1995 2009
Included observations: 15

Variable	Coefficient	Std. Error	t-Statistic	Prob.
C	855.9769	429.1472	1.994600	0.0675
X1	75.83185	6.847726	11.07402	0.0000

R-squared	0.904154	Mean dependent var	5291.685
Adjusted R-squared	0.896781	S.D. dependent var	1856.868
S.E. of regression	596.5692	Akaike info criterion	15.74383
Sum squared resid	4626633.	Schwarz criterion	15.83824
Log likelihood	−116.0788	Hannan−Quinn criter.	15.74283
F-statistic	122.6339	Durbin−Watson stat	0.468741
Prob（F-statistic）	0.000000		

模型：$Y_t = \alpha_0 + \beta_2 X_{2t} + u$ 的回归结果为：

表 4.5.14

Dependent Variable: Y
Method: Least Squares
Date: 07/19/11   Time: 22:07
Sample: 1995 2009
Included observations: 15

Variable	Coefficient	Std. Error	t-Statistic	Prob.
C	3016.220	199.4647	15.12158	0.0000
X2	10.34068	0.720071	14.36063	0.0000
R-squared	0.940701	Mean dependent var		5291.685
Adjusted R-squared	0.936139	S.D. dependent var		1856.868
S.E. of regression	469.2424	Akaike info criterion		15.26368
Sum squared resid	2862450.	Schwarz criterion		15.35809
Log likelihood	−112.4776	Hannan−Quinn criter.		15.26268
F-statistic	206.2277	Durbin−Watson stat		0.432748
Prob（F-statistic）	0.000000			

模型 $Y_t = \alpha_0 + \beta_3 X_{3t} + u$ 的回归结果为：

表 4.5.15

Dependent Variable: Y
Method: Least Squares
Date: 07/19/11   Time: 22:09
Sample: 1995 2009
Included observations: 15

Variable	Coefficient	Std. Error	t-Statistic	Prob.
C	2141.857	135.5575	15.80036	0.0000
X3	17.58554	0.659091	26.68151	0.0000
R-squared	0.982067	Mean dependent var		5291.685
Adjusted R-squared	0.980687	S.D. dependent var		1856.868
S.E. of regression	258.0508	Akaike info criterion		14.06776
Sum squared resid	865672.5	Schwarz criterion		14.16216
Log likelihood	−103.5082	Hannan−Quinn criter.		14.06675
F-statistic	711.9027	Durbin−Watson stat		0.601267
Prob（F-statistic）	0.000000			

三、模型选择

显然模型 $Y_t = \alpha_0 + \beta_3 X_{3t} + u$ 为初始回归模型，在模型 $Y_t = \alpha_0 + \beta_3 X_{3t} + u$ 的基础上逐步增加解释变量，变换模型。

模型 $Y_t = \alpha_0 + \beta_2 X_{2t} + \beta_3 X_{3t} + u$ 的回归结果为：

表 4.5.16

Dependent Variable: Y
Method: Least Squares
Date: 07/19/11   Time: 22:17
Sample: 1995 2009

Included observations: 15

Variable	Coefficient	Std. Error	t-Statistic	Prob.
C	1563.723	194.6796	8.032290	0.0000
X2	−7.659987	2.214389	−3.459188	0.0047
X3	30.22388	3.685664	8.200390	0.0000
R-squared	0.991021	Mean dependent var		5291.685
Adjusted R-squared	0.989524	S.D. dependent var		1856.868
S.E. of regression	190.0550	Akaike info criterion		13.50936
Sum squared resid	433450.7	Schwarz criterion		13.65097
Log likelihood	−98.32020	Hannan-Quinn criter.		13.50785
F-statistic	662.1925	Durbin-Watson stat		1.632964
Prob（F-statistic）	0.000000			

模型 $Y_t = \alpha_0 + \beta_1 X_{1t} + \beta_3 X_{3t} + u$ 的回归结果为：

表 4.5.17

Dependent Variable: Y
Method: Least Squares
Date: 07/19/11   Time: 22:21
Sample: 1995 2009
Included observations: 15

Variable	Coefficient	Std. Error	t-Statistic	Prob.
C	2854.242	232.5973	12.27118	0.0000
X1	−36.56809	10.76206	−3.397871	0.0053
X3	25.55042	2.394694	10.66960	0.0000
R-squared	0.990860	Mean dependent var		5291.685
Adjusted R-squared	0.989337	S.D. dependent var		1856.868
S.E. of regression	191.7444	Akaike info criterion		13.52706
Sum squared resid	441190.8	Schwarz criterion		13.66867
Log likelihood	−98.45295	Hannan-Quinn criter.		13.52555
F-statistic	650.4700	Durbin-Watson stat		2.055037
Prob（F-statistic）	0.000000			

这些模型都不符合要求，可见修正后的模型应为：$Y_t = \alpha_0 + \beta_3 X_{3t} + u$

我们针对这一模型进行检验：对异方差性进行检验。运用图示法可得：

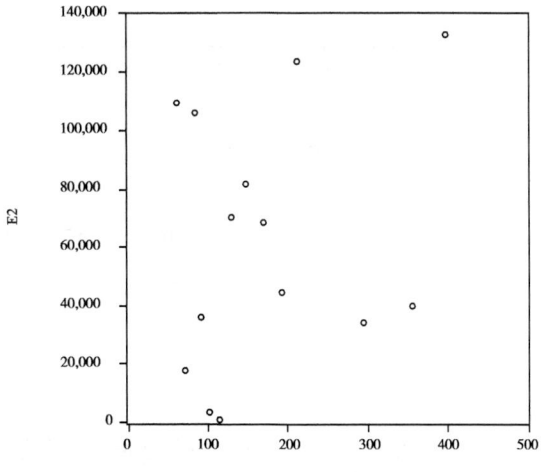

图 4.5.15

从图中不能判断是模型是否存在异方差，因此，我们选择 ARCH 检验方式。

设 P=3 求得辅助回归函数：$\hat{e}_t^2 = \hat{a} + \hat{a}_1 \hat{e}_{t-1}^2 + \hat{a}_2 \hat{e}_{t-2}^2 + \hat{a}_3 \hat{e}_{t-3}^2$

利用 Eviews 我们可以得到：

表 4.5.18

Dependent Variable: E2
Method: Least Squares
Sample（adjusted）: 1998 2009
Included observations: 12 after adjustments

Variable	Coefficient	Std. Error	t-Statistic	Prob.
C	101279.8	35150.05	2.881356	0.0205
E2（−1）	−0.131479	0.338109	−0.388865	0.7075
E2（−2）	−0.343552	0.338527	−1.014846	0.3399
E2（−3）	−0.456502	0.311859	−1.463809	0.1814
R-squared	0.253652	Mean dependent var		52773.38
Adjusted R-squared	−0.026229	S.D. dependent var		44290.57
S.E. of regression	44867.67	Akaike info criterion		24.52202
Sum squared resid	1.61E+10	Schwarz criterion		24.68366
Log likelihood	−143.1321	Hannan−Quinn criter.		24.46218
F-statistic	0.906284	Durbin−Watson stat		1.829611
Prob（F-statistic）	0.479628			

其中，Obs × R-squared=3.80478 而在 P=3 α=0.05 的情况下，$\chi_\alpha^2(p) = 7.815$。

显然，$(n-p)R^2 < \chi^2(p)$，ARCH 检验表明，不存在异方差。

对序列相关性进行检验。

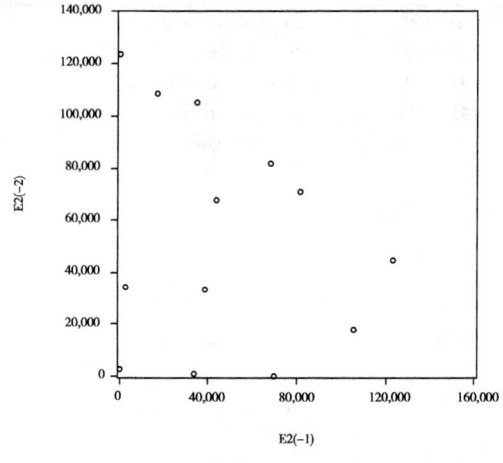

图 4.5.16

从图中可以发现，自相关性不显著。

运用 DW 检验，DW=1.829611 在给定的显著性水平 α=0.05，n=17，k=1 的情况下，$d_L = 1.08$，$d_U = 1.36$，$d_U < d < 4 - d_U$ 故可以认为不存在自相关性。可见模型 $Y_t = \alpha_0 + \beta_{3t} X_{3t} + u$ 是可以通过预定的检验程序，并被认可的。

四、模型结论

由以上过程可知，三大产业中，第三产业的增加值对城镇居民家庭消费支出的影响是最显著的，而第一产业（农业）增加值对城镇居民家庭消费支出的影响是最不显著的，第二产业（工业、建筑业）增加值对城镇居民家庭消费支出的影响介于两者之间。选择第三产业（服务业）增加值为解释变量构建模型是最合适的。第三产业对城镇居民家庭消费支出的贡献是巨大的，对全面建成小康社会具有重要作用。

【案例6】青海省小麦生产中相关投入的计量经济模型分析

一、建立模型

以1995年至2011年各年青海省小麦产量作为被解释变量，解释变量中包括农村劳动力、农用机械总动力、农田有效灌溉面积和小麦施用化肥量。模型设定为

$$\ln y = \beta_0 + \beta_1 \ln X_1 + \beta_2 \ln X_2 + \beta_3 \ln X_3 + \beta_4 \ln X_4 + u$$

表4.5.19 青海省小麦生产相关要素投入

年份	小麦产量 y（万t）	一产劳动力 X1（万人）	农用机械总动力 X2（万kw）	农田有效灌溉面积 X3（万公顷）	小麦使用化肥 X4（万t）
1995	69.49	146.82	188.47	177.31	179250
1996	76.66	151.09	199.21	176.12	175006
1997	78.29	151.41	207.85	176.12	181104
1998	79.94	153.07	219.43	187.43	179885
1999	59.37	152.23	241.94	189.72	185318
2000	47.58	158.42	256.18	211.42	182439
2001	52.7	170.25	264.66	208.33	182397
2002	45.2	162.27	281.39	193.55	176458
2003	36.8	156.78	292.43	181.73	171386
2004	37.11	148.69	328.77	180.33	170655
2005	39.32	144.06	327.34	176.54	176088
2006	41.06	139.15	335.07	176.32	195053
2007	41.76	132.26	348.57	176.59	197808
2008	42.03	133.95	362.41	177.24	200804
2009	39.04	130.4	400.7	184.91	210686
2010	37.28	127.37	421.3	184.91	217853
2011	35.36	121.82	432.3	184.92	225080

资料来源：《青海省统计年鉴2012》

二、估计参数

假定模型中随机项满足基本假定，用OLS法估计参数，估计结果见表4.5.20。

表4.5.20

Dependent Variable: LNY
Method: Least Squares
Sample: 1995 2011
Included observations: 17

Variable	Coefficient	Std. Error	t-Statistic	Prob.
C	−12.10045	12.25954	−0.987023	0.3431
LNX1	0.668898	1.044897	0.640157	0.5341
LNX2	−1.312055	0.145024	−9.047152	0.0000
LNX3	−0.907674	0.873378	−1.039268	0.3192
LNX4	2.044653	0.889992	2.297384	0.0404
R-squared	0.920310	Mean dependent var		3.880545

Adjusted R-squared	0.893746		S.D. dependent var		0.290442
S.E. of regression	0.094674		Akaike info criterion		-1.636821
Sum squared resid	0.107559		Schwarz criterion		-1.391758
Log likelihood	18.91298		F-statistic		34.64572
Durbin-Watson stat	1.849047		Prob（F-statistic）		0.000002

估计方程为

$$\ln y = -12.10045 + 0.668898 \ln X_1 - 1.312055 \ln X_2 - 0.907674 \ln X_3 + 2.044653 \ln X_4$$

变量的 t 值：（-0.987023）（0.640157）（-9.047152）（-1.039268）（2.297384）

可决系数：$R^2 = 0.920310$

方程总体线性的显著性检验值：F =34.64572，显著性水平 α =0.05。

由于 R^2 较大且接近于 1，而且 F =34.64572>$F_{0.05}$(4,12)=5.91，故认为，小麦生产与上述解释变量间总体线性关系显著。但由于 $\ln x_2$、$\ln x_3$ 前的符号经济意义不合理，因此，解释变量可能存在多重共线性。

三、模型分析

首先，检验简单相关系数。$\ln x_1$，$\ln x_2$，$\ln x_3$，$\ln x_4$ 的相关系数见表 4.5.21。

表 4.5.21　变量简单相关系数

	$\ln x_1$	$\ln x_2$	$\ln x_3$	$\ln x_4$
$\ln x_1$	1	0.508762	0.726502	0.719167
$\ln x_2$	0.508762	1	0.005942	0.513464
$\ln x_3$	0.726502	0.005942	1	0.002749
$\ln x_4$	0.719167	0.513464	0.002749	1

由于变量 $\ln x_2$ 和变量 $\ln x_3$ 的可决系数是 0.719167，所以二者存在多重共线性；然后，用 lny 分别关于 $\ln x_1$，$\ln x_2$，$\ln x_3$，$\ln x_4$ 作一元线性回归结果见表 4.5.22。

表 4.5.22　一元回归估计值

变量	lnx1	lnx2	lnx3	lnx4
参数估计值	1.475503	-0.994414	-0.050533	-1.474093
t 统计量	2.061206	-8.101026	-0.037978	-1.840069

由上表可知，解释变量的重要程度依次为：lnx2，lnx1，lnx4，lnx3。因此，以 lny 和 lnx2 的回归为原始回归，将其他解释 lmx1、lnx3、lnx4 变量按以上顺序分别引入基本回归模型中，并用 OLS 法估计，得到的结果见表 4.5.23：

表 4.5.23

Variable	Coefficient	Std. Error	t-Statistic	Prob.
C	16.62848	2.768987	6.005256	0.0000
LNX1	-1.110548	0.422766	-2.626860	0.0199
LNX2	-1.272411	0.148371	-8.575892	0.0000
R-squared	0.875381	Mean dependent var		3.880545
Adjusted R-squared	0.857578	S.D. dependent var		0.290442
S.E. of regression	0.109609	Akaike info criterion		-1.425001
Sum squared resid	0.168199	Schwarz criterion		-1.277963
Log likelihood	15.11251	F-statistic		49.17112
Durbin-Watson stat	1.343400	Prob（F-statistic）		0.000000

逐步回归结果

	C	Lnx1	Lnx2	Lnx3	Lnx4	R²	D.W.
Y=f(x2)	9.522095		−0.994414			0.81395	0.73476
t 值	13.65947		−8.101026				
Y=f(x2,x1)	16.62846	−1.110545	−1.27			0.875380	1.34338
t 值	6.005230	−2.626845					
Y=f(x2,x3)	11.70737		−1.001196	−0.41139		0.820292	0.77314
t 值	3.669288		−7.993528	−0.70247			
Y=f(x2,x4)	−7.111898		−1.347241		1.5345	0.911052	1.61937
t 值	−1.660037		−10.69627		3.9093		

由上表可知，

（1）在初始模型中引入 lnx1，拟合优度有显著变化，变量也通过 t 检验，D.W. 值也表明变量不存在 1 阶序列相关性，但 lnx1 符号不合理，故删去。

（2）在初始模型中引入 lnx3，拟合优度下降，且变量未通过 t 检验，故删去 lnx3。

（3）在初始模型中引入 lnx4，拟合优度有显著变化，且参数符号合理，变量也通过 t 检验，D.W. 值也表明变量不存在 1 阶序列相关性。

因此，青海省小麦生产函数应当以 Y=f(x2,x4) 为最优，回归结果如下：

$$\ln y = -7.111898 - 1.347241\ln x_2 + 1.534523\ln x_4$$

四、模型分析结论

从最终拟合方程及参数值，经过分析可以看出，青海省小麦产量的变化完全可以由农村机械总动力和小麦使用化肥的数值来解释。而且，化肥近 30 年来的投入对小麦产量贡献很大，但随着化肥投入不断地加大，也对小麦生产和生态环境造成了一定的负面影响。青海省小麦化肥使用量增长速度快，呈逐年递增的趋势。

针对温室效应和环境污染的日益严重，在不减少小麦产量的情况下，减少化肥投入量上，全球开始进行一项持续的农业运动，这一运动的主题就是：低投入、重有机，将化肥施用量稳定在较低的水平，保证生态环境和食品的安全。提倡农民投入尽量少的化肥，与小麦增产相关的化肥用量、配比相结合的高效施肥技术的应用，不破坏环境或者尽量少的破坏环境的施肥制度。

【案例7】我国旅游市场收入的影响因素模型

一、研究的目的要求

近年来，中国旅游业一直保持高速发展，旅游业作为国民经济新的增长点，在整个社会经济发展中的作用日益显现。中国的旅游业分为国内旅游和入境旅游两大市场，入境旅游外汇收入年均增长 22.6%，与此同时，国内旅游也迅速增长。改革开放 30 多年来，特别是进入 20 世纪 90 年代后，中国的国内旅游收入年均增长 14.4%，远高于同期 GDP 9.76% 的增长率。为了规划中国未来旅游产业的发展，需要定量地分析影响中国旅游市场发展的主要因素。

二、模型设定及其估计

经分析，影响国内旅游市场收入的主要因素，除了国内旅游人数和旅游支出以外，还可能与相关基础设施有关。为此，考虑的影响因素主要有国内旅游人数 X_2，城镇居民人均旅游支出 X_3，农村居民人均旅游支出 X_4，并以公路里程 X_5 和铁路里程 X_6 作为相关基础设施的代表。为此设定了如下对数形式的计量经济模型：

$$Y_t = \beta_1 + \beta_2 X_{2t} + \beta_3 X_{3t} + \beta_4 X_{4t} + \beta_5 X_{5t} + \beta_6 X_{6t} + u_t$$

其中，Y_t——第 t 年全国旅游收入

X_2——国内旅游人数，万人

X_3——城镇居民人均旅游支出，元

X_4——农村居民人均旅游支出，元

X_5——公路里程，万公里

X_6——铁路里程，万公里

为估计模型参数，收集旅游事业发展最快的近几年的统计数据：

利用 Eviews 软件，输入 Y、X2、X3、X4、X5、X6 等数据，采用这些数据对模型进行 OLS 回归，结果如表：

表 4.5.24

```
Dependent Variable: Y
Method: Least Squares
Date: 07/18/05   Time: 18:16
Sample: 1994 2003
Included observations: 10
```

Variable	Coefficient	Std. Error	t-Statistic	Prob.
C	-274.3773	1316.690	-0.208384	0.8451
X2	0.013088	0.012692	1.031172	0.3607
X3	5.438193	1.380395	3.939591	0.0170
X4	3.271773	0.944215	3.465073	0.0257
X5	12.98624	4.177929	3.108296	0.0359
X6	-563.1077	321.2830	-1.752685	0.1545

R-squared	0.995406	Mean dependent var		2539.200
Adjusted R-squared	0.989664	S.D. dependent var		985.0327
S.E. of regression	100.1433	Akaike info criterion		12.33479
Sum squared resid	40114.74	Schwarz criterion		12.51634
Log likelihood	-55.67396	F-statistic		173.3525
Durbin-Watson stat	2.311565	Prob(F-statistic)		0.000092

由此可见，该模型 $R^2 = 0.9954$，$\bar{R}^2 = 0.9897$ 可决系数很高，F 检验值 173.3525，明显显著。但当 $\alpha = 0.05$ 时 $t_{\alpha/2}(n-k) = t_{0.025}(10-6) = 2.776$，不仅 X_2、X_6 系数的 t 检验不显著，而且 X_6 系数的符号与预期的相反，这表明很可能存在严重的多重共线性。

计算各解释变量的相关系数，选择 X2、X3、X4、X5、X6 数据，点"view/correlations"得相关系数矩阵：

表 4.5.25

	X2	X3	X4	X5	X6
X2	1.000000	0.918851	0.751960	0.947977	0.941681
X3	0.918851	1.000000	0.865145	0.859191	0.963313
X4	0.751960	0.865145	1.000000	0.664946	0.818137
X5	0.947977	0.859191	0.664946	1.000000	0.897708
X6	0.941681	0.963313	0.818137	0.897708	1.000000

由相关系数矩阵可以看出：各解释变量相互之间的相关系数较高，证实确实存在严重多重共线性。

三、消除多重共线性

采用逐步回归的办法，去检验和解决多重共线性问题。分别作 Y 对 X2、X3、X4、X5、X6 的一元回归，结果如下表所示：

表 4.5.26

变量	X2	X3	X4	X5	X6
参数估计值	0.0842	9.0523	11.6673	34.3324	2014.146
t 统计量	8.6659	13.1598	5.1967	6.4675	8.7487
R^2	0.9037	0.9558	0.7715	0.8394	0.9054

按 R^2 的大小排序为：X3、X6、X2、X5、X4。

以 X3 为基础，顺次加入其他变量逐步回归。首先加入 X6 回归结果为：

$$\hat{Y}_t = -4109.639 + 7.850632 X_3 + 285.1784 X_6$$

t=（2.9086）　　（0.46214）　R^2=0.957152

当取 $\alpha = 0.05$ 时，$t_{\alpha/2}(n-k) = t_{0.025}(10-6) = 2.365$，X6 参数的 t 检验不显著，予以剔除，加入 X2 回归得

$$\hat{Y}_t = -3326.393 + 6.194241 X_3 + 0.029761 X_2$$

t=（4.2839）　　（2.1512）　R^2=0.973418

X2 参数的 t 检验不显著，予以剔除，加入 X5 回归得

$$\hat{Y}_t = -3059.972 + 6.736535 X_3 + 10.90789 X_5$$

t=（6.6446）　　（2.6584）　R^2=0.978028

X3、X5 参数的 t 检验显著，保留 X5，再加入 X4 回归得：

$$\hat{Y}_t = -2441.161 + 4.215884 X_3 + 13.62909 X_5 + 3.221965 X_4$$

t=（3.944983）　（4.692961）　（3.06767）

R^2=0.991445　$\overline{R}^2 = 0.987186$　F=231.7935　DW=1.952587

当取 $\alpha = 0.05$ 时，$t_{\alpha/2}(n-k) = t_{0.025}(10-6) = 2.447$，X3、X4、X5 系数的 t 检验都显著，这是最后消除多重共线性的结果。这说明，在其他因素不变的情况下，当城镇居民人均旅游支出 X_3 和农村居民人均旅游支出 X_4 分别增长 1 元时，国内旅游收入 Y_t 将分别增长 4.21 亿元和 3.22 亿元。在其他因素不变的情况下，作为旅游设施的代表，公路里程 X_5 每增加 1 万公里时，国内旅游收入 Y_t 将增长 13.63 亿元。

【案例8】 青海省税收收入模型

一、模型设定

变量选取

为了具体分析各要素对提高税收收入的影响大小，选择能反映税收变动情况的"税收收入"为被解释变量（用 Y 表示），选择能影响税收收入的"国内生产总值（用 X_1 表示）""财政支出（用 X_2 表示）""进出口额（用 X_3 表示）"和"商品零售价格指数（用 X_4 表示）"为解释变量。

表 4.5.27　税收收入模型的时间序列表　　　　　　　　单位：万元

年份（年）	税收收入	GDP	财政支出	进出口额	商品零售价指数（%）
1995	73313	1678000	288021	16226	116.3
1996	80826	1841700	327145	22497	107.8

续表

年份（年）	税收收入	GDP	财政支出	进出口额	商品零售价指数（%）
1997	89154	2027900	364713	16476	103.0
1998	97514	2209200	440914	11405	99.6
1999	106629	2393800	557191	10785	98.5
2000	116934	2636800	682614	15973	99.0
2001	132185	3001300	1012951	20490	99.9
2002	158181	3406500	1187280	19671	99.3
2003	184095	3902000	1220438	33913	100.8
2004	205194	4661000	1373363	57551	102.6
2005	248645	5433200	1697547	41338	100.7
2006	295126	6395000	2146628	65175	102.0
2007	385376	7836100	2821993	61207	106.0
2008	487674	9615200	3635950	68847	110.5
2009	613052	10812700	4867457	58590	101.6

二、模型分析

模型图形分析

为分析被解释变量：税收收入（Y）和解释变量：国内生产总值（X_1）、财政支出（X_2）、进出口额（X_3）商品零售价格指数（X_4）的关系，作如下各图散点图与线性图：

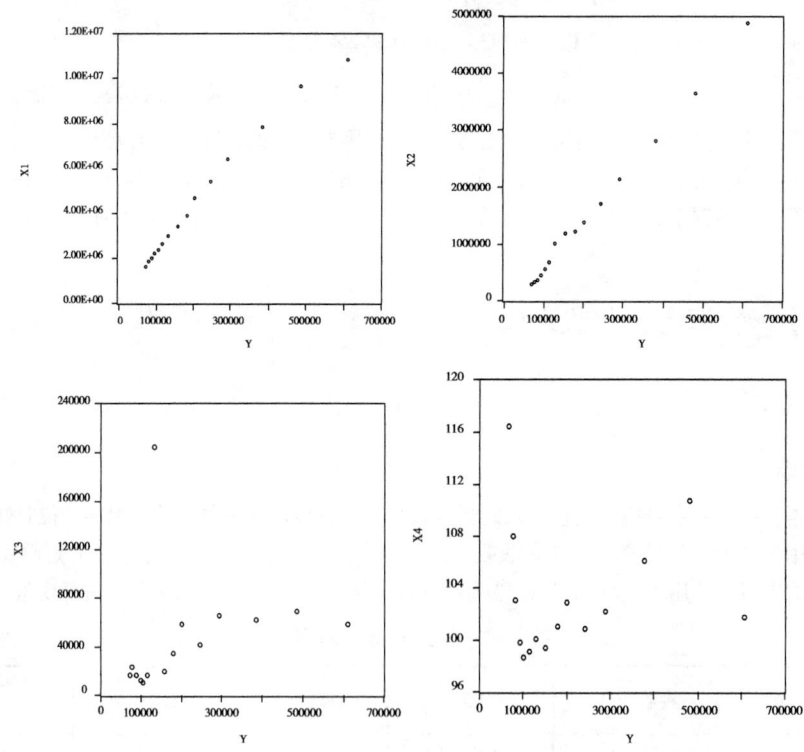

图 4.5.17　Y 与各解释变量的散点图

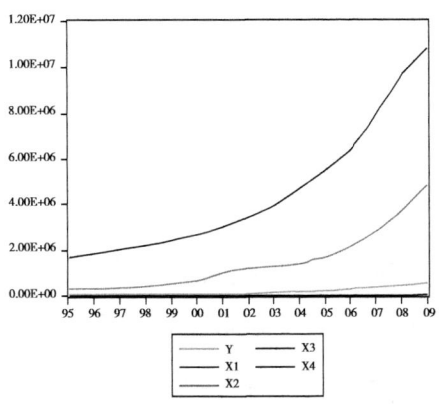

图 4.5.18　散点图

从图中可以看出各项税收收入（Y）和国内生产总值（X_1）、财政支出（X_2）、进出口额（X_3）和商品零售价格指数（X_4）大体呈现为线性关系。又由图看出 Y、X_1、X_2、X_3 是逐年增长的，但是增长速率有所变动，而 X_4 多数年呈现出水平波动，说明变量间不一定是线性关系。为分析各项税收收入（Y）随国内生产总值（X_1）、财政支出（X_2）、进出口额（X_3）和商品零售价格指数（X_4）变动的数量的规律性，可以初步建立如下对数回归模型：

$$\log(y) = ar(1) + ar(2) \times \log(X_1) + ar(3) \times \log(X_2) + ar(4) \times \log(X_3) + ar(5) \times (X_4)$$

三、参数估计

利用 Eviews 软件分析，做 Log（Y）对 Log（X_1）、Log（X_2）、Log（X_3）、Log X_4 回归，回归结果如下：

表 4.5.28

Dependent Variable: LNY
Method: Least Squares
Date: 07/19/11　Time: 22:13
Sample: 1995 2009
Included observations: 15

Variable	Coefficient	Std. Error	t-Statistic	Prob.
C	−0.283447	2.161636	−3.369413	0.0071
LNX1	1.367787	0.431465	3.170099	0.0100
LNX2	1.775811	0.312171	5.688580	0.0002
LNX3	0.067956	0.056132	1.210649	0.2539
X4	−0.003144	0.008039	−0.391105	0.7039
R-squared	0.985620	Mean dependent var		12.22183
Adjusted R-squared	0.979868	S.D. dependent var		0.818903
S.E. of regression	0.116192	Akaike info criterion		−1.205942
Sum squared resid	0.135006	Schwarz criterion		−0.969925
Log likelihood	14.04457	F-statistic		171.3518
Durbin-Watson stat	1.577060	Prob（F-statistic）		0.000000

R^2 大于 0.9，F 值也较大，t 统计量值较小，说明各解释变量对被解变量的联合线性作用显著，但各解释变量间存在共线性而使它们对被解变量的独立作用不能分辨，t 检验不显著，模型存在多重共线性。

四、模型检验

分别作 Y 与 X_1、X_2、X_3、X_4 间的回归

1. Y 与 X_1 间的回归

表 4.5.29

Dependent Variable: Y
Method: Least Squares
Date: 07/20/11   Time: 09:26
Sample: 1995 2009
Included observations: 15

Variable	Coefficient	Std. Error	t-Statistic	Prob.
C	16136.89	25168.42	0.641156	0.5326
X1	0.062829	0.004719	13.31331	0.0000
R-squared	0.931667	Mean dependent var		268061.6
Adjusted R-squared	0.926410	S.D. dependent var		190349.3
S.E. of regression	51636.84	Akaike info criterion		24.66542
Sum squared resid	3.47E+10	Schwarz criterion		24.75983
Log likelihood	-182.9907	F-statistic		177.2442
Durbin-Watson stat	0.574631	Prob（F-statistic）		0.000000

2. Y 与 X2 间的回归

表 4.5.30

Dependent Variable: Y
Method: Least Squares
Date: 07/20/11   Time: 09:30
Sample: 1995 2009
Included observations: 15

Variable	Coefficient	Std. Error	t-Statistic	Prob.
C	60024.44	17357.50	3.458127	0.0042
X2	0.137930	0.008717	15.82259	0.0000
R-squared	0.950637	Mean dependent var		268061.6
Adjusted R-squared	0.946840	S.D. dependent var		190349.3
S.E. of regression	43887.93	Akaike info criterion		24.34023
Sum squared resid	2.50E+10	Schwarz criterion		24.43464
Log likelihood	-180.5517	F-statistic		250.3544
Durbin-Watson stat	0.435011	Prob（F-statistic）		0.000000

3. Y 与 X3 间的回归

表 4.5.31

Dependent Variable: Y
Method: Least Squares
Date: 07/20/11   Time: 09:31
Sample: 1995 2009
Included observations: 15

Variable	Coefficient	Std. Error	t-Statistic	Prob.
C	199546.1	67012.96	2.977724	0.0107
X3	1.460378	1.010872	1.444671	0.1722
R-squared	0.838335	Mean dependent var		268061.6
Adjusted R-squared	0.072053	S.D. dependent var		190349.3
S.E. of regression	183363.5	Akaike info criterion		27.19989
Sum squared resid	4.37E+11	Schwarz criterion		27.29430
Log likelihood	-201.9992	F-statistic		2.087074
Durbin-Watson stat	0.376247	Prob（F-statistic）		0.172220

4. Y 与 X4 间的回归

表 4.5.32

Dependent Variable: Y
Method: Least Squares
Date: 07/20/11   Time: 09:35
Sample: 1995 2009

Included observations: 15

Variable	Coefficient	Std. Error	t-Statistic	Prob.
C	299993.0	1091950.	0.274731	0.7878
X4	−309.4926	10572.10	−0.029274	0.9771
R-squared	0.000066	Mean dependent var		268061.6
Adjusted R-squared	−0.076852	S.D. dependent var		190349.3
S.E. of regression	197528.3	Akaike info criterion		27.34872
Sum squared resid	5.07E+11	Schwarz criterion		27.44312
Log likelihood	−203.1154	F-statistic		176.3857
Durbin-Watson stat	0.125009	Prob（F-statistic）		0.977090

从以上结论中可以看出，进出口额对税收收入的影响相对较小，为消除存在的多重共线性，从模型中删掉不重要的解释变量，所以采取逐步回归法，得到的数据如下：

表 4.5.33

Dependent Variable: LNY
Method: Least Squares
Date: 07/20/11   Time: 09:43
Sample: 1995 2009
Included observations: 15

Variable	Coefficient	Std. Error	t-Statistic	Prob.
C	−1.232138	2.056800	−4.002401	0.0021
LNX1	1.579645	0.402645	3.923170	0.0024
LNX2	1.963774	0.276497	7.102333	0.0000
X4	−0.006642	0.007659	−0.867292	0.4043
R-squared	0.983512	Mean dependent var		12.22183
Adjusted R-squared	0.979016	S.D. dependent var		0.818903
S.E. of regression	0.118626	Akaike info criterion		−1.202503
Sum squared resid	0.154793	Schwarz criterion		−1.013690
Log likelihood	13.01877	F-statistic		218.7213
Durbin-Watson stat	1.559966	Prob（F-statistic）		0.000000

分析得出此模型为最优拟合，最后得出最优拟合方程如下：

$$\text{Log}(Y) = -1.2321 + 1.5796 \times \log(x_1) + 1.9634 \times \log(x_2) - 0.0066 \times X_4$$
$$(-4.0024) \quad (3.9231) \quad\quad (7.1023) \quad\quad (-0.8672)$$

$R^2 = 0.9835$ $F = 218.7213$ $D.W = 1.5599$

这个模型说明，当 GDP 每增加一万元，税收收入将增加 1.5796 万元；当财政支出每增加 1 万元，税收收入将增加 1.9634 万元；当零售商品价格每上升 1%，税收收入将减少 0.0066 万元。

五、模型结果分析

上述模型数据表明，国内生产总值、财政支出以及商品零售价格指数确实影响着青海省的税收收入。国内生产总值对税收收入是正相关的。这表明，国内生产总值会带来税收的增加。这很容易理解，因为经济是收入的来源，只有提高产出，才有可能提高税收，这是根本原因。财政对税收的影响是显著正相关的，这说明国家财政支出增加，税收也会增加。而且高于国内生产总值的影响力。究其原因应该是：国家为了拉动经济增长，常常实施扩张性的财政政策，从而使经济的发展，各项税收也就自然而然的有所增加，进而提高了税收总收入。零售商品物价指数对税收收入是负相关的。这似乎有点相悖，从宏观经济上来说，政府对一些企业实行减免税收的政策，一定程度上税费收入减少；从模型本身来讲，存在一定的系统性误差，因为税收对于一个国家来说是一个庞大的工程，其方方面面的影响因素有很多种，再者研究的数据是 1995—2009 年的，时间跨度较小，数据分析难免会有所漏洞。因此，这个微弱的负相关性不影响模型。

税收作为社会生产力发展到一定阶段的产物，必然随着社会的发展而扩大。税收是国家参与一部分社会产品或国民收入分配与再分配所进行的经济活动，因此，税收从一定程度上决定了国家的健康稳定发展，青海省目前正处于经济体制转型期，市场机制还不完善，在宏观方面，需要政府进行积极的宏观调控，实现产业结构调整，以及财政支出政策的改进。另外，青海省应实行结构性减税，结合推进税制改革，用减税、退税或抵免的方式减轻税收负担，促进企业投资和居民消费，实行积极财政政策，促进青海省经济稳健发展，从而对税收形成良性的影响。

本章小结

本章是违背古典假定情况下线性回归模型建立的另一问题。通过本章的学习应达到：掌握异方差的概念包括经济学解释，异方差出现的原因及对模型的不良影响，诊断异方差的方法和修正异方差的若干方法；经过学习学生能够处理模型中出现的异方差问题。掌握自相关的基本概念，自相关出现的原因和严重后果，诊断自相关存在的方法和修正自相关的方法。要求学生能够根据本章的知识独立解决模型中的自相关问题。掌握多重共线性的概念，模型中出现多重共线性的原因和不良后果，怎样诊断多重共线性和修正多重共线性的若干方法；根据本章知识，学生能够解决模型中的多重共线性问题。掌握随机解释变量的概念，模型中出现随机解释变量的不良后果，怎样诊断随机解释变量和修正随机解释变量的若干方法。

1. 异方差的概念

在不同的观测中随机扰动项 ε_i 的方差不等于一个常数，也就是 $\text{Var}(\varepsilon_i) = \sigma_i^2 \neq$ 常数 $(i=1,2,\cdots,n)$ 则称为随机扰动项异方差。

2. 异方差产生的原因

由于 ε_i 代表了省略的解释变量和随机误差对被解释变量的影响，因此，产生异方差的原因主要有：模型中省略了某些解释变量；样本数据的观测误差

3. 异方差对模型产生的后果：参数 OLS 估计的方差增大，OLS 估计将不是 BLUE 估计了；参数的显著性检验无法进行；预测的精度下降。

4. Gold-Quandt 检验步骤

（1）排序。将观测值按解释变量的大小顺序排列。（X 与 Y 的对应关系不能改变）

（2）划分样本。将排列中间的约 1/4 的观测值去掉，除去的观测值的个数记作 C，将其余的观测值分为两部分，每部分的观测值为（n-c）/2。

（3）提出假定。H_0：ε_i 同方差性，H_1：ε_i 为异方差性。

（4）构造统计量。分别对两个样本进行回归分析，计算相应的残差平方和。RSS_1 表示 X_i 较小值子样本的残差平方和，RSS_2 表示 X_i 较大值子样本的残差平方和，它们的自由度为 $\frac{n-c}{2} - k$，k 为估计参数的个数，于是可以构造统计量

$$F = \frac{\text{RSS}_2 / (\frac{n-c}{2} - k)}{\text{RSS}_1 / (\frac{n-c}{2} - k)} = \frac{\text{RSS}_2}{\text{RSS}_1} \sim F(\frac{n-c}{2} - k, \frac{n-c}{2} - k)$$

（5）判断。

5. 加权最小二乘法

设取总体方差的倒数为权数，即 $W_i = \frac{1}{\sigma_i^2}$ （$i=1,2,\cdots,n$）

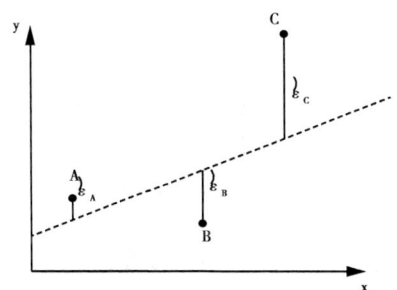

权数 W_i 变化趋势与异方差变化的趋势相反，σ_i^2 越大 W_i 越小，σ_i^2 越小 W_i 越大，经过加权处理使异方差经过某种均匀地"压缩"和"扩张"过程，变异方差为同方差或接近同方差。因此称

$$\sum W_i \hat{\varepsilon}_i^2 = \sum W_i (Y_i - \hat{\beta}_0 - \hat{\beta}_1 X_i)^2$$

为加权的残差平方和，运用极值方法得到参数估计式：

$$\hat{\beta}_1 = \frac{\sum W_i \dot{y}_i^* \dot{x}_i^*}{\sum W_i \dot{x}_i^{*2}}, \quad \hat{\beta}_0 = \overline{Y}^* - \hat{\beta}_1 \overline{X}^*$$

其中，$\overline{X}^* = \dfrac{\sum W_i X_i}{\sum W_i}$，$\overline{Y}^* = \dfrac{\sum W_i Y_i}{\sum W_i}$，$\dot{x}_i^* = X_i - \overline{X}^*$，$\dot{y}_i^* = Y_i - \overline{Y}^*$

这种求解参数估计的方法称为加权最小二乘法。

6. 自相关的概念：在经典假定中，要求线性回归模型中随机误差项 ε_i 满足无自相关，即 $\text{Cov}(\varepsilon_i, \varepsilon_j) = 0$（$i \neq j$；$i, j = 1, 2, \cdots, n$）自相关就是指回归模型中随机误差之间相关，即 $\text{Cov}(\varepsilon_i, \varepsilon_j) \neq 0$（$i \neq j$）也可以称为序列相关。

7. 自相关产生的原因：经济变量的惯性作用；模型设定不当的影响；一些随机干扰因素的影响；数据处理的影响

8. 自相关的后果：参数 OLS 估计的方差增大；参数的显著性 t 检验失效；区间估计和预测精度下降。

9. D-W 检验的步骤

（1）提出假定。

　　：$\rho = 0$，即不存在一阶自相关；H_1：$\rho \neq 0$，即存在一阶自相关。

（2）计算 D-W 检验的统计量 d。

（3）判断。

首先从直观上，我们可以认为：

若 $\hat{\rho} \to 1$，则 $d \to 0$，表明 ε_t 存在正相关；

若 $\hat{\rho} \to 0$，则 $d \to 2$，表明 ε_t 无自相关；

若 $\hat{\rho} \to -$，则 $d \to 4$，表明 ε_t 存在负相关。

10. 广义差分法的概念：以一元线性回归模型为例

$Y_t = \beta_0 + \beta_1 X_t + \varepsilon_t$ 其中，ε_t 是存在序列相关的，即 $\text{Cov}(\varepsilon_t, \varepsilon_{t-1}) \neq 0$ 滞后一期，则 $Y_{t-1} = \beta_0 + \beta_1 X_{t-1} + \varepsilon_{t-1}$ 式两边乘以 ρ 可得：$\rho Y_{t-1} = \rho \beta_0 + \rho \beta_1 X_{t-1} + \rho \varepsilon_{t-1}$ 变换为：$Y_t' = \beta_0' + \beta_1 X_t' + v_t$ 我们称为广义差分模型，这种消除自相关性，求参数估计量的方法称为广义差分法。

11. 多重共线性的基本概念：

原义是指一个回归模型中的一些或全部解释变量之间存在有一种"完全"或准确的线性关系。如果在经典回归模型 $Y = X\beta + \varepsilon$ 中，经典假定（5）遭到破坏，则有 $R(X) < k+1$，此时称解释变量 $X_1, X_2, \cdots, X_k$ 间存在完全多重共线性。同时，还有另外一种情况，即解释变量之间虽然不存在严格的线性关系，但是却有近似的线性关系，即解释变量之间高度相关。

12. 多重共线性产生的原因：经济变量的内在联系；解释变量中含有滞后变量；经济变量变化趋势的"共向性"。实际问题中的多重共线性并不是解释变量之间存在理论上或实际上的线性关系造成的，而是由所收集的数据（解释变量观察值）之间存在近似的线性关系所致。

13. 多重共线性的影响：增大了 OLS 估计量的方差，随着多重共线性程度的增强，OLS 估计量的方差也将成倍增长，直至变到无穷大；难以区分每个解释变量的单独影响；回归模型缺乏稳定性；t 检验的可靠性降低。

14. 多重共线性的判别：系数判定法；解释变量之间所构成的回归方程的决定系数 R^2 进行判别；逐步回归判别法；方差膨胀因子 VIF 判别法。

15. 多重共线性的解决方法：剔除引起共线性的变量；变换模型的形式；综合使用时序数据与横截面数据；逐步回归分析法；增加样本容量。

16. 随机解释变量的概念：如果存在一个或多个随机变量作为解释变量，则称原模型出现随机解释变量问题。

17. 随机解释变量的后果：如果 X 与 μ 相互独立，得到的参数估计量仍然是无偏、一致估计量；如果 X 与 μ 同期不相关，异期相关，得到的参数估计量有偏、但却是一致的；如果 X 与 μ 同期相关，得到的参数估计量有偏，且非一致。

18. 工具变量的概念：是在模型估计过程中被作为工具使用，以替代模型中与随机误差项相关的随机解释变量。那么，选择为工具变量的变量必须满足以下条件：与所替代的随机解释变量高度相关；随机误差项不相关；与模型中其他解释变量不相关，以避免出现多重共线性。

19. 工具变量法：如果按照工具变量的选择条件选择 Z 为 X 的工具变量，那么在估计过程中不用 x 而改用 z 乘以模型的两边，用工具变量与随机误差项不相关的性质，即 $E(\mu_i z_i) = 0$，在大样本下可得到：$\tilde{\beta}_1 = \dfrac{\sum z_i y_i}{\sum z_i x_i}$

这种求模型参数估计量的方法称为工具变量法（instrumentalvariable method）。

本章练习题

1. 简述异方差对下列各项有何影响：
（1）OLS 估计量及其方差；
（2）置信区间；
（3）显著性 t 检验和 F 检验的使用。

2. 什么是异方差性？举例说明经济现象中的异方差性。检验异方差性的方法思路是什么？
试比较说明模型存在异方差时，普通最小二乘法与加权最小二乘法的区别与联系。

3. 如果古典线性回归模型除了同方差假定之外，其他假定均成立，那么这对普通最小二乘估计量的性质有何影响？

4. 若异方差形式为 $E(u_i^2) = \sigma^2 X_i$，试写出解决此异方差问题的方法。

5. 考虑如下两个回归方程（根据 1946—1975 年美国数据）（括号中给出的是标准差）：

$$\hat{C}_t = 26.19 + 0.6248 GNP_t - 0.4398 D_t$$
$$se = (2.73) \quad (0.006) \quad (0.0736)$$
$$R^2 = 0.999$$

$$(\frac{\hat{C}_t}{GNP_t}) = 25.92 \frac{1}{GNP_t} + 0.6246 - 0.4315 \frac{D_t}{GNP_t}$$
$$se = (2.22) \quad 0.1168 \quad 0.0597$$
$$R^2 = 0.875$$

其中，C 表示总私人消费支出，GNP 表示国民生产总值，D 表示国防支出，T 表示时间。

则：

（1）将第一个方程变换为第二个方程的原因是什么？

（2）如果变换的目的是为了消除或者减弱异方差，那么对误差项要作哪些假设？

（3）如果存在异方差，是否已经成功消除异方差？你是如何知道的？

（4）变换后的回归方程是否一定要通过原点，为什么？

（5）能否将两个方程的拟合优度进行比较，为什么？

6. 什么是一阶自相关和高阶自相关？

7. 在存在 AR（1）自相关的情形下，什么估计方法能够产生 BLUE 估计量？简述这个方法的具体步骤。

8. 在存在 AR（1）的情形下，估计自相关参数 ρ 有哪些不同的方法？什么是序列相关性？

9. 举例说明经济现象中序列相关性的存在。

10. 检验序列相关性的方法思路是什么？

11. DW 检验的局限性主要有哪些？

12. 假设 Y 为内生变量，X 为外生变量，以下各组方程中哪些方程可以用 Durbin—Watson 方法检验一阶自相关：

（1）$Y_t = \alpha_1 X_t + \mu_t$

（2）$Y_t = \alpha_1 X_t + \beta_1 X_{t-1} + \mu_t$

（3）$Y_t = \beta_1 Y_{t-1} + \mu_t$

（4）$Y_t = \beta_1 Y_{t-1} + \alpha_1 X_{t-1} + \mu_t$

（5）$Y_t = \alpha_0 + \beta_1 X_{t-1} + \alpha_1 X_{t-1} + \mu_t$

13. 试述用杜宾—瓦特森 d 检验法检验一阶自相关的过程？如果模型中检验出存在一阶自相关，并得到自相关系数的估计值，你如何估计参数？

14. 证明：$d \approx 2(1-\hat{\rho})$

15. 下表给出了美国 1958—1969 年每小时收入指数的年变化率（Y）和失业率（X）。

年份	Y	X
1958	4.2	6.8
1959	3.5	5.5
1960	3.4	5.5
1961	3.0	6.7
1962	3.4	5.5
1963	2.8	5.7

续表

年份	Y	X
1964	2.8	5.2
1965	3.6	4.5
1966	4.3	3.8
1967	5.0	3.8
1968	6.1	3.6
1969	6.7	3.5

（1）估计模型 $Y_t = \beta_1 + \beta_2 \frac{1}{X_t} + u_t$ 中的参数。

（2）估计上述模型中的 D-W 值。

（3）上述模型是否存在一阶自相关？如果存在，是正相关还是负相关？

（4）如果存在自相关，请用 d 的估计值估计自相关系数 ρ。

（5）利用广义差分方法重新估计上述模型。自相关问题还存在吗？

16. 什么是变量之间的多重共线性？举例说明。

17. 完全多重共线性和不完全多重共线性之间的区别是什么？

18. 产生多重共线性的经济背景是什么？

19. 多重共线性的危害是什么？为什么会造成这些危害？检验多重共线性的方法思路是什么？有哪些克服方法？

20、考虑下列一组数据

-10	-8	-6	-4	-2	0	2	4	6	8	10
1	2	3	4	5	6	7	8	9	10	11
1	3	5	7	9	11	13	15	17	19	21

现在我们进行如下的回归分析：

$Y_i = \beta_1 + \beta_2 X_2 + \beta_3 X_3 + u_i$

请回答如下问题：

（1）你能估计出该模型的参数吗？为什么？

（2）如果不能，你能估计哪一参数或参数组合？

21. 将下列函数用适当的方法消除多重共线性：

（1）消费函数为

$C = \beta_0 + \beta_1 W + \beta_2 P + u$

其中，C、W、P 分别表示消费、工资收入和非工资收入，W 和 P 可能高度相关，但研究表明 $\beta_2 = \beta_1 / 2$。

（2）需求函数为

$Q = \beta_0 + \beta_1 Y + \beta_2 P + \beta_3 P_s + u$

其中，Q、Y、P 和 P_s 分别为需求量、收入水平、该商品价格水平及其替代品价格水平，P 和 P_s 可能高度相关。

第五章　专门模型

前面几章，主要介绍了经典线性回归模型及其在若干基本假定下的估计问题，并分析了一个或多个假定不满足时所产生的后果及其可能的改进措施。然而，上述方法还不能解决经济生活中遇到的全部问题，如如何考察某一突发事件对经济行为带来的影响，某变量的过去行为又是怎样影响变量当前变动路线的，等等。这需要建立专门的模型来进行研究。另外，截至目前，我们一直假设所设定的模型是正确的，即不存在模型设定偏误。然而，实际情况远非如此。经济理论并未告知变量间的具体关系应当是什么样的，如应包括多少个解释变量、模型应选取线性形式还是双对数线性形式等。显然，如果模型应包括2个解释变量，而我们在建立模型时只包括了一个解释变量，这时就出现了所谓的模型设定偏误（model specification error）问题。因此，对这一问题也需要进行专门的探讨。

本章将主要探讨经典单方程计量经济学模型中两类常见的专门问题：一类是模型中引入虚拟解释变量、滞后解释变量／滞后被解释变量的问题；另一类是模型设定的偏误问题，并在此基础上对建立单方程计量经济学模型的方法论进行简单的总结与讨论。

第一节　虚拟变量模型

许多经济变量是可以定量度量的，如商品需求量、价格、收入、产量等，但也有一些影响经济变量的因素无法定量度量，如职业、性别对收入的影响，战争、自然灾害对 GDP 的影响，季节对某些产品（如冷饮）销售的影响等。为了在模型中能够反映这些因素的影响，并提高模型的精度，需要将它们"量化"，这种"量化"通常是通过引入"虚拟变量"来完成的。根据这些因素的属性类型，构造只取"0"或"1"的人工变量，通常称为虚拟变量（dummy variables），记为 D。例如，反映文化程度的虚拟变量可取为：

$$D = \begin{cases} 1 & \text{本科学历} \\ 2 & \text{非本科学历} \end{cases}$$

一般地，在虚拟变量的设置中，基础类型、肯定类型取值为1；比较类型，否定类型取值为0。同时，含有一般解释变量与虚拟变量的模型称为虚拟变量模型。一个以性别为虚拟变量来考察职工薪金的模型如下：

$$Y_i = \beta_0 + \beta_1 X_i + \beta_2 D_i + \mu_i$$

其中，Y_i 为职工的薪金，X_i 为工龄，$D_i = 1$，若是男性，$D_i = 0$，若是女性。

一、虚拟变量的引入

虚拟变量作为解释变量引入模型有两种基本方式：加法方式和乘法方式。

1. 加法方式

上述职工薪金模型中性别虚拟变量的引入采取了加法方式，即模型中将虚拟变量以相加的形式引入模型。在该模型中，如果仍假定 $E(\mu_i) = 0$，则女职工的平均薪金为：

$$E(Y_i \mid X_i, D_i = 0) = \beta_0 + \beta_1 X_i$$

男职工的平均薪金为：$E(Y_i \mid X_i, D_i = 1) = (\beta_0 + \beta_2) + \beta_1 X_i$

从几何意义上来看（见图 5.1.1），假定 $\beta_2 > 0$，则两个函数有相同的斜率，但有不同的截距。亦即男女职工平均薪金对工龄的变化率是一样的，但两者的平均薪金水平相差 β_2。可以通过传统的回归检验，对 β_2 的统计显著性进行检验，以判断男女职工的平均薪金水平是否有显著差异。

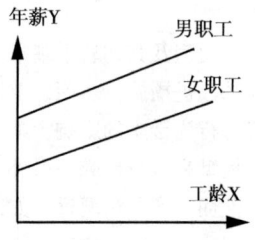

图 5.1.1

例如，在横截面数据基础上，考虑个人保健支出对个人收入和教育水平的回归。教育水平考虑三个层次：高中以下、高中、大学及其以上，这时需要引入两个虚拟变量：

$$D_1 = \begin{cases} 1 & 高中 \\ 0 & 其他 \end{cases} \quad D_2 = \begin{cases} 1 & 大学及其以上 \\ 0 & 其他 \end{cases}$$

模型可设定如下：$Y_i = \beta_0 + \beta_1 X_i + \beta_2 D_1 + \beta_3 D_2 + \mu_i$

在 $E(\mu_i) = 0$ 的初始假定下，容易得到高中以下、高中、大学及其以上教育水平下个人保健支出的函数：

高中以下：$E(Y_i | X_i, D_1 = 0, D_2 = 0) = \beta_0 + \beta_1 X_i$

高中：$E(Y_i | X_i, D_1 = 1, D_2 = 0) = (\beta_0 + \beta_2) + \beta_1 X_i$

大学及其以上：$E(Y_i | X_i, D_1 = 0, D_2 = 1) = (\beta_0 + \beta_3) + \beta_1 X_i$

假定 $\beta_3 > \beta_2$，则其几何意义见图 5.1.2。

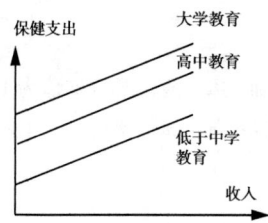

图 5.1.2

还可将多个虚拟变量引入模型中以考察多种"定性"因素的影响。如在上述职工年薪的例子中，再引入学历的虚拟变量 D_2：$D = \begin{cases} 1 & 本科及以上学历 \\ 0 & 本科以下学历 \end{cases}$

则职工年薪的回归模型可设计如下：

$Y_i = \beta_0 + \beta_1 X_i + \beta_2 D_1 + \beta_3 D_2 + \mu_i$

于是，不同性别、不同学历职工的平均薪金分别由下面各式给出：

女职工本科以下学历的平均薪金：$E(Y_i | X_i, D_1 = 0, D_2 = 0) = \beta_0 + \beta_1 X_i$

男职工本科以下学历的平均薪金：$E(Y_i | X_i, D_1 = 1, D_2 = 0) = (\beta_0 + \beta_2) + \beta_1 X_i$

女职工本科以上学历的平均薪金：$E(Y_i | X_i, D_1 = 0, D_2 = 1) = (\beta_0 + \beta_3) + \beta_1 X_i$

男职工本科以上学历的平均薪金：$E(Y_i | X_i, D_1 = 1, D_2 = 1) = (\beta_0 + \beta_2 + \beta_3) + \beta_1 X_i$

2. 乘法方式

加法方式引入虚拟变量，可以考察截距的不同，而在许多情况下，往往是斜率就有变化，或斜率、截距同时发生变化。斜率的变化可通过以乘法的方式引入虚拟变量来测度。

例如，根据消费理论，消费水平 C 主要取决于收入水平 Y，但在一个较长的时期，人们的消费倾向会发生变化，尤其是在自然灾害、战争等反常年份，消费倾向往往出现变化。这种消费倾向的变化可通过在收入的系数中引入虚拟变量来考察。

如，设 $D = \begin{cases} 1 & \text{正常年份} \\ 0 & \text{反常年份} \end{cases}$

则消费模型可建立如下：

$$C_t = \beta_0 + \beta_1 X_t + \beta_2 D_t X_t + \mu_t$$

这里，虚拟变量 D 以与 X 相乘的方式引入了模型中，从而可用来考察消费倾向的变化。在 $E(u)=0$ 的假定下，上述模型所表示的函数可化为：

正常年份：$E(C_t | X_t, D_t = 1) = \beta_0 + (\beta_1 + \beta_2)X_t$

反常年份：$E(C_t | X_t, D_t = 0) = \beta_0 + \beta_1 X_t$

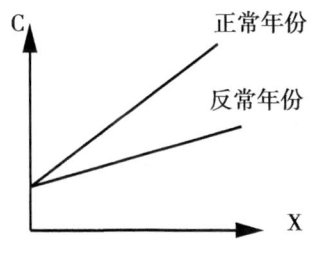

图 5.1.3

例 5.1.1：表 5.1.1 中给出了中国 1979—2001 年以城乡储蓄存款余额代表的居民储蓄以及以 GNP 代表的居民收入的数据。如果以 1990 年为界，判断 1990 年前和 1990 年后的两个时期中国居民的总储蓄—收入关系是否已发生变化。

表 5.1.1　1979~2001 年中国居民储蓄与收入数据　单位：亿元

1990年前	储蓄	GNP	1990年后	储蓄	GNP
1979	281	4038.2	1991	9107	21662.5
1980	399.5	4517.8	1992	11545.4	26651.9
1981	523.7	4860.3	1993	14762.4	34560.5
1982	675.4	5301.8	1994	21518.8	46670.0
1983	892.5	5957.4	1995	29662.3	57494.9
1984	1214.7	7206.7	1996	38520.8	66850.5
1985	1622.6	8989.1	1997	46279.8	73142.7
1986	2237.6	10201.4	1998	53407.5	76967.2
1987	3073.3	11954.5	1999	59621.8	80579.4
1988	3801.5	14922.3	2000	64332.4	88228.1
1989	5146.9	16917.8	2001	73762.4	94346.4
1990	7034.2	18598.4			

资料来源：《中国统计资料 50 年汇编》《中国统计年鉴》（2002）

以 Y 为储蓄，X 为收入，可令：

1990 年前：$Y_i = \alpha_1 + \alpha_2 X_i + \mu_{1i}$ $i = 1, 2, \cdots, n_1$

1990 年后：$Y_i = \beta_1 + \beta_2 X_i + \mu_{2i}$ $i = 1, 2, \cdots, n_2$

则有可能出现下述四种情况中的一种：

（1）$\alpha_1 = \beta_1$，且 $\alpha_2 = \beta_2$，即两个回归相同，称为重合回归（Coincident Regressions）；

（2）$\alpha_1 \neq \beta_1$，但 $\alpha_2 = \beta_2$，即两个回归的差异仅在其截距，称为平行回归（Parallel Regressions）；

（3）$\alpha_1 = \beta_1$，但 $\alpha_2 \neq \beta_2$，即两个回归的差异仅在其斜率，称为汇合回归（Concurrent Regressions）；

（4）$\alpha_1 \neq \beta_1$，且 $\alpha_2 \neq \beta_2$，即两个回归完全不同，称为相异回归（Dissimilar Regressions）。

可以通过第二章介绍的邹氏统计量进行结构变化的检验。这一问题也可通过引入乘法形式的虚拟变量来解决。

将例中的两次观察值合并，并用以估计以下回归：$Y_i = \beta_0 + \beta_1 X_i + \beta_3 D_i + \beta_4 (D_i X_i) + \mu_i$

其中，Y、X 分别代表储蓄与收入，D_i 为引入的虚拟变量：$D_i = \begin{cases} 1 & 1990\text{年前} \\ 0 & 1990\text{年后} \end{cases}$

则有：$E(Y_i | D_i = 0, X_i) = \beta_0 + \beta_1 X_i$，$E(Y_i | D_i = 1, X_i) = (\beta_0 + \beta_3) + (\beta_1 + \beta_4) X_i$

可分别表示 1990 年后与 1990 年前的储蓄函数。在显著性检验中，如果 β_4 等于 0 的假设被拒绝，则说明两个时期中储蓄函数的斜率不同。由 5.1.1 得到的具体回归结果为

$\hat{Y}_i = -15452 + 0.8881 X_i + 13802.3 D_i - 0.4765 D_i X_i$
    （−6.11）（22.89） （4.33）   （−2.55）

$\bar{R}^2 = 0.9836$

由 β_3 与 β_4 的 t 检验可知，该两参数显著地不等于 0，显示两个时期的回归结果是相异的，储蓄函数分别为

1990 年前：$\hat{Y}_i = -1649.7 + 0.4116 X_i$

1990 年后：$\hat{Y}_i = -15452 + 0.8881 X_i$

如果使用邹氏检验，可得 F=7.26，该值大于 5% 显著性水平下、自由度为（2, 19）的 F 临界值 $F_{0.05}(2,19) = 3.52$，拒绝 1990 年前与后中国居民储蓄行为无变化的假设。可见引入虚拟变量的检验与邹氏检验结果相同，但不同的是，引入虚拟变量的检验可以检验结构的变化来自截距项还是来自斜率项，而邹氏检验却不能。另外，引入虚拟变量的检验要比邹氏检验简单得多。

3. 临界指标的虚拟变量的引入

在经济发生转折时期，可通过建立临界指标的虚拟变量模型来反映。例如，进口消费品数量 Y 主要取决于国民收入 X 的多少。中国在改革开放前后，Y 对 X 的回归关系明显不同。这时，可以 $t^* = 1979$ 年为转折期，以 1979 年的国民收入 X_t^* 为临界值，设如下虚拟变量：

$$D_t = \begin{cases} 1 & t \geq t^* \\ 0 & t < t^* \end{cases}$$

则进口消费品的回归模型可建立如下：$Y_t = \beta_0 + \beta_1 X_t + \beta_2 (X_t - X_t^*) D_t + \mu_t$

如果用 OLS 法得到该模型的回归方程为 $\hat{Y}_t = \hat{\beta}_0 + \hat{\beta}_1 X_t + \hat{\beta}_2 (X_t - X_t^*) D_t$

则两时期进口消费品函数分别为：

当 $t < t^*$ =1979 年，$\hat{Y}_t = \hat{\beta}_0 + \hat{\beta}_1 X_t$

当 $t \geq t^*$ =1979 年，$\hat{Y}_t = (\hat{\beta}_0 - \hat{\beta}_2 X_t^*) + (\hat{\beta}_1 + \hat{\beta}_2) X_t$

其几何图形见图 5.1.4。

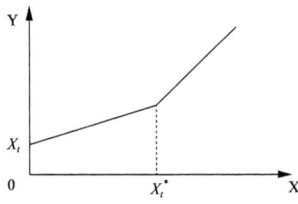

图 5.1.4

二、虚拟变量的设置原则

虚拟变量的个数须按以下原则确定：每一定性变量所需的虚拟变量个数要比该定性变量的类别数少 1，即如果有 m 个定性变量，只在模型中引入 m-1 个虚拟变量。

例如，已知冷饮的销售量 Y 除受 k 种定量变量 X_k 的影响外，还受春、夏、秋、冬四季变化的影响，要考察该四季的影响，只需引入三个虚拟变量即可：

$$D_{1t} = \begin{cases} 1 & 春季 \\ 0 & 其他 \end{cases} ; \quad D_{2t} = \begin{cases} 1 & 夏季 \\ 0 & 其他 \end{cases} ; \quad D_{3t} = \begin{cases} 1 & 秋季 \\ 0 & 其他 \end{cases}$$

则冷饮销售量的模型为：$Y_t = \beta_0 + \beta_1 X_{1t} + \cdots \beta_k X_{kt} + \alpha_1 D_{1t} + \alpha_2 D_{2t} + \alpha_3 D_{3t} + \mu_t$

在上述模型中，若再引入第四个虚拟变量 $D_{4t} = \begin{cases} 1 & 冬季 \\ 0 & 其他 \end{cases}$，则冷饮销售模型变量为：

$Y_t = \beta_0 + \beta_1 X_{1t} + \cdots \beta_k X_{kt} + \alpha_1 D_{1t} + \alpha_2 D_{2t} + \alpha_3 D_{3t} + \alpha_4 D_{4t} + \mu_t$

其矩阵形式为：$\mathbf{Y} = (\mathbf{X}, \mathbf{D}) \begin{pmatrix} \beta \\ \alpha \end{pmatrix} + \mu$

如果只取六个观测值，其中春季与夏季取了两次，秋、冬各取到一次观测值，则式中的：

$$(X, D) = \begin{pmatrix} 1 & X_{11} & \cdots & X_{k1} & 1 & 0 & 0 & 0 \\ 1 & X_{12} & \cdots & X_{k2} & 0 & 1 & 0 & 0 \\ 1 & X_{13} & \cdots & X_{k3} & 0 & 0 & 1 & 0 \\ 1 & X_{14} & \cdots & X_{k4} & 0 & 0 & 0 & 1 \\ 1 & X_{15} & \cdots & X_{k5} & 0 & 1 & 0 & 0 \\ 1 & X_{16} & \cdots & X_{k6} & 0 & 0 & 0 & 0 \end{pmatrix}, \beta = \begin{pmatrix} \beta_0 \\ \beta_1 \\ \vdots \\ \beta_k \end{pmatrix}, \alpha = \begin{pmatrix} \alpha_1 \\ \alpha_2 \\ \alpha_3 \\ \alpha_4 \end{pmatrix}$$

显然，$(\mathbf{X}, \mathbf{D})$ 中的第 1 列可表示成后 4 列的线性组合，从而 $(\mathbf{X}, \mathbf{D})$ 不满秩，参数无法唯一求出。

这就是所谓的"虚拟变量陷阱",应避免。

第二节 滞后变量模型

在经济运行过程中,广泛存在时间滞后效应。某些经济变量不仅受到同期各种因素的影响,而且也受到过去某些时期的各种因素甚至自身的过去值的影响。通常把这种过去时期的、具有滞后作用的变量叫作滞后变量(Lagged Variable),含有滞后变量的模型称为滞后变量模型。

滞后变量模型考虑了时间因素的作用,使静态分析的问题有可能转化成动态分析。含有滞后解释变量的模型,又称动态模型(Dynamic Models)。

一、滞后变量模型

1. 滞后效应与产生滞后效应的原因

一般说来,被解释变量与解释变量的因果关系不一定就在瞬时发生,可能存在时间的滞后,或者说解释变量的变化可能需要经过一段时间才能完全对被解释变量产生影响。同样地,被解释变量当前的变化也可能受其自身过去取值水平的影响,这种被解释变量受到自身或另一解释变量的前几期值影响的现象称为滞后效应,表示前几期值的变量称为滞后变量。如在研究消费函数时,通常认为,本期的消费除了受本期的收入水平影响之处,还受前1期收入以及前一期消费水平的影响:

$$C_t = \beta_0 + \beta_1 Y_t + \beta_2 Y_{t-1} + \beta_3 C_{t-1} + \mu_t$$

这就是含有滞后变量的模型,Y_{t-1},C_{t-1} 为滞后变量。

现实经济生活中,产生滞后效应的原因众多,主要有以下几个方面:

(1)心理原因。由于人们固有的心理定式和行为习惯,其行为方式往往滞后于经济形势的变化,如中彩票的人不可能很快改变其生活方式。因此,以往的行为延续产生了滞后效应。

(2)技术原因。在现实经济运行中,从生产到流通再到使用,每一个环节都需要一段时间,从而形成时滞。如工业生产中,当年的产出在某种程度上依赖于过去若干期内投资形成的固定资产。又如,当年农产品产量主要取决于过去一年价格的高低,如此等等。

(3)制度原因。契约、管理制度等因素也会造成经济行为的滞后,如定期存款到期才能提取,造成了它对社会购买力的影响具有滞后性。过去的订购合同影响着当前产品的产量等。

2. 滞后变量模型

以滞后变量作为解释变量,就得到滞后变量模型。它的一般形式为

$$Y_t = \beta_0 + \beta_1 Y_{t-1} + \beta_2 Y_{t-2} + \cdots + \beta_s Y_{t-s} + \alpha_0 X_t + \alpha_1 X_{t-1} + \cdots + \alpha_q X_{t-q} + \mu_t \quad (5.2.1)$$

其中,s,q 为滞后时间间隔。Y_{t-s} 为被解释变量 Y 的第 S 期滞后,X_{t-q} 为解释变量 X 的第 q 期滞后。由于模型既含有 Y 对自身滞后变量的回归,还包括解释变量 X 分布在不同时期的滞后变量,因此,一般称为自回归分布滞后模型(Autoregressive Distributed Lag model,ADL)。若滞后期长度有限,称模型为有限自回归分布滞后模型,若滞后期无限,称模型为无限自回归分布滞后模型。

(1)分布滞后模型

如果滞后变量模型中没有滞后被解释变量,仅有解释变量 X 的当期值及其若干期的滞后值,称为分布滞后模型(distributed-lag model)。分布滞后模型的一般形式为

$$Y_t = \alpha + \sum_{i=0}^{s} \beta_i X_{t-i} + \mu_t \quad (5.2.2)$$

分布滞后模型的各系数体现了解释变量的当期值和各期滞后值对被解释变量的不同影响程度,因此,也称为乘数(multiplier):

β_0 称为短期（short-run）或即期乘数（impact multiplier），表示本期 X 变化一个单位对 Y 平均值的影响程度。

β_i $(i=1,2,\cdots,s)$ 称为动态乘数或延迟系数，表示各滞后期 X 的变动对 Y 平均值影响的大小。

$\sum_{i=0}^{s} \beta_i$ 则称为长期（long-run）或均衡乘数（total distributed-lag multiplier），表示 X 变动一个单位，由于滞后效应而形成的对 Y 平均值总影响的大小。

由（5.2.2）知，如果各期的 X 值保持不变，则 X 与 Y 间的长期或均衡关系即为

$$E(Y) = \alpha + (\sum_{i=0}^{s} \beta_i) X \tag{5.2.3}$$

（2）自回归模型

如果滞后变量模型中的解释变量仅包含 X 的当期值与被解释变量 Y 的一个或多个滞后值，则称为自回归模型（autoregressive model）。自回归模型的一般形式为

$$Y_t = \alpha_0 + \alpha_1 X_t + \sum_{i=1}^{q} \beta_i Y_{t-i} + \mu_t \tag{5.2.4}$$

其中，滞后期长度也称为自回归模型的阶数（order）。而

$$Y_t = \alpha_0 + \alpha_1 X_t + \alpha_2 X_{t-1} + \mu_t \tag{5.2.5}$$

称为一阶自回归模型（first-order autoregressive model）。

二、分布滞后模型的参数估计

1. 分布滞后模型估计的困难

对于无限期的分布滞后模型，由于样本观测值的有限性，使无法直接对其进行估计。而对于有限期的分布滞后模型，普通最小二乘法也会遇到如下问题：

（1）没有先验准则确定滞后期长度；

（2）如果滞后期较长，将缺乏足够的自由度进行估计和检验；

（3）同名变量滞后值之间可能存在高度线性相关，即模型存在高度的多重共线性。

2. 分布滞后模型的修正估计方法

针对上述困难，人们在大量研究的基础上提出了一系列的修正估计方法，但并不很完善。各种方法的基本思想大致相同：即都是通过对各滞后变量加权，组成线性合成变量而有目的地减少滞后变量的数目，以缓解多重共线性，保证自由度。

（1）经验加权法

对于有限期分布滞后模型，往往根据实际问题的特点，以及人们的经验给各滞后变量指定权数，并按权数构成各滞后变量的线性组合，形成新的变量，再进行估计。权数据的类型有以下三类：

第一类，递减型。即认为权数是递减的，X 的近期值对 Y 的影响较远期值大。例如，消费函数中，收入的近期值对消费的影响显然大于远期值的影响。一个滞后期为 3 时的一组权数可取值如下：1/2, 1/4, 1/6, 1/8

则新的线性组合变量为：$W_{1t} = \frac{1}{2} X_t + \frac{1}{4} X_{t-1} + \frac{1}{6} X_{t-2} + \frac{1}{8} X_{t-3}$

第二类，矩型。即认为权数是相等的，X 的逐期滞后值对 Y 的影响相同。例如，对滞后期为 3 的分布滞后模型，可指定相等权数为 1/4，则新的线性组合变量为：

$$W_{2t} = \frac{1}{4}X_t + \frac{1}{4}X_{t-1} + \frac{1}{4}X_{t-2} + \frac{1}{4}X_{t-3}$$

第三类，倒 V 型。在这种形式中，假定权数先递增后递减呈倒"V"型。例如，在一个较长建设周期的投资中，历年投资 X 对产出 Y 的影响，往往是周期期中的投资额最大，因此对产出的贡献最大。设滞后期为 4，则一组权数可取为　1/6，1/4，1/2，1/3，1/5

于是新变量为 $W_{3t} = \frac{1}{6}X_t + \frac{1}{4}X_{t-1} + \frac{1}{2}X_{t-2} + \frac{1}{3}X_{t-3} + \frac{1}{5}X_{t-4}$

例 5.2.1：对一个分布滞后模型：

$$Y_t = \alpha_0 + \beta_0 X_t + \beta_1 X_{t-1} + \beta_2 X_{t-2} + \beta_3 X_{t-3} + \mu_t$$

给定递减权数：1/2，1/4，1/6，1/8，构成新变量 $W_{1t} = \frac{1}{2}X_t + \frac{1}{4}X_{t-1} + \frac{1}{6}X_{t-2} + \frac{1}{8}X_{t-3}$

则原模型变为：$Y_t = \alpha_0 + \alpha_1 W_{1t} + \mu_t$

如果该模型满足普通最小二乘法的经典假设，就可进行普通最小二乘估计，估计出参数 $\hat{\alpha}_0$，$\hat{\alpha}_1$。

假设 $\hat{\alpha}_0$，$\hat{\alpha}_1$ 已估计出，分别为 0.5 与 0.8，则可写出原模型的估计结果：

$$\hat{Y}_t = 0.5 + \frac{0.8}{2}X_t + \frac{0.8}{4}X_{t-1} + \frac{0.8}{6}X_{t-2} + \frac{0.8}{8}X_{t-3} \text{ 或 } \hat{Y}_t = 0.5 + 0.4X_t + 0.2X_{t-1} + 0.133X_{t-2} + 0.1X$$

经验权数法的优点是简单易行，缺点是设置权数的随意性较大。通常的做法是多选几组权数，分别估计出几个模型，然后，根据各统计量的检验（R^2 检验，F 检验，t 检验，DW 检验），从中选最佳估计式。

（2）阿尔蒙（Almon）多项式法

该法的主要思想仍是针对有限滞后期模型，通过阿尔蒙变换，定义新变量，以减少解释变量个数，然后用 OLS 法估计参数。主要步骤为：

第一步，阿尔蒙变换

对于分布滞后模型

$$Y_t = \alpha + \sum_{i=0}^{s} \beta_i X_{t-i} + \mu_t \tag{5.2.2}$$

$$\beta_i = \sum_{k=0}^{m} \alpha_k (i+1)^k \quad i = 0, 1, \cdots, s \tag{5.2.6}$$

假定其回归系数 β_i 可用一个关于滞后期的适当阶数的多项式来表示，其中 m<s。阿尔蒙变换要求先验地确定适当阶数 m，如取 m=2，得

$$\beta_i = \sum_{k=0}^{2} \alpha_k (i+1)^k = \alpha_0 + \alpha_1(i+1) + \alpha_2(i+1)^2 \quad i = 0, 1, \cdots, s \tag{5.2.7}$$

将（5.2.7）代入（5.2.2）得

$$Y_t = \alpha + \sum_{i=0}^{s}(\sum_{k=0}^{2}\alpha_k(i+1)^k)X_{t-i} + \mu_t = \alpha + \alpha_0\sum_{i=0}^{s}X_{t-i} + \alpha_1\sum_{i=0}^{s}(i+1)X_{t-i} + \alpha_2\sum_{i=0}^{s}(i+1)^2 X_{t-i} + \mu_t$$

定义新变量 $W_{0t} = \sum_{i=0}^{s} X_{t-i}$，$W_{1t} = \sum_{i=0}^{s}(i+1)X_{t-i}$，$W_{2t} = \sum_{i=0}^{s}(i+1)^2 X_{t-i}$

将原模型转换为

$$Y_t = \alpha + \alpha_0 W_{0t} + \alpha_1 W_{1t} + \alpha_2 W_{2t} + \mu_t \tag{5.2.8}$$

第二步，模型的 OLS 估计。

对变换后的模型（5.2.8）进行 OLS 估计。将得到的参数估计值 $\hat{a}_0$、$\hat{a}_1$、$\hat{a}_2$ 代入（5.2.7）式，求出滞后分布模型参数的估计值 $\hat{\beta}_0, \hat{\beta}_1, \cdots, \hat{\beta}_s$。

由于 m<s，可以认为原模型存在的自由度不足和多重共线性问题已得到改善。需要注意的是，在实际估计中，阿尔蒙多项式的阶数 m 一般取 2 或 3，不超过 4，否则达不到减少变量个数的目的。

例 5.2.2：表 5.2.1 给出了中国电力基本建设投资 X 与发电量 Y 的相关资料，拟建立一多项式分布滞后模型来考察两者的关系。

表 5.2.1 中国电力工业基本建设投资与发电量

年份	基本建设投资 X（亿元）	发电量（亿千瓦时）	年度	基本建设投资 X（亿元）	发电量（亿千瓦时）
1975	30.65	1958	1986	161.6	4495
1976	39.98	2031	1987	210.88	4973
1977	34.72	2234	1988	249.73	5452
1978	50.91	2566	1989	267.85	5848
1979	50.99	2820	1990	334.55	6212
1980	48.14	3006	1991	377.75	6775
1981	40.14	3093	1992	489.69	7539
1982	46.23	3277	1993	675.13	8395
1983	57.46	3514	1994	1033.42	9218
1984	76.99	3770	1995	1124.15	10070
1985	107.86	4107			

由于无法预见知电力行业基本建设投资对发电量影响的时滞期，需取不同的滞后期试算。经过计试算发现，在 2 阶阿尔蒙多项式变换下，滞后期数取到第 6 期，估计结果的经济意义比较合理。2 阶阿尔蒙多项式估计结果如下：

$$\hat{Y}_t = 3319.5 + 0.323W_{0t} + 1.725W_{1t} - 0.271W_{2t}$$

（13.62）（1.86）（0.78）（-0.67）

$\bar{R}^2 = 0.9405$ F=74.81 DW=0.42

通过（5.2.6）求得的分布滞后模型参数估计值为

$\hat{\beta}_0 = 0.323$，$\hat{\beta}_1 = 1.777$，$\hat{\beta}_2 = 2.690$，$\hat{\beta}_3 = 3.061$，$\hat{\beta}_4 = 2.891$，$\hat{\beta}_5 = 2.180$，$\hat{\beta}_6 = 0.927$

最后得到分布滞后模型估计式为

$$Y_t = 3319.5 + 0.323X_t + 1.777X_{t-1} + 2.690X_{t-2} + 3.061X_{t-3} + 2.891X_{t-4} + 2.180X_{t-5} + 0.927X_{t-6}$$

（13.62）（0.19）（2.14）（1.88）（1.86）（1.96）（1.10）（0.24）

需要说明的是，2 阶阿尔蒙多项式估计显示出较低的 t 值，但却有较高的拟合优度及 F 值，说明变量总体上对 Y 的线性影响还是存在的，但可能存在变量间的多重共线性。另外，尽管从估计的 a 的标准差换算估计的 b 的标准差较为烦锁，但大多数应用软件都具有此功能，本例是 Eviews 软件的估计结果。最后，为了比较，下面给出直接对滞后 6 期的模型进行 OLS 估计的结果：

$$Y_t = 3361.9 + 8.424X_t - 11.43X_{t-1} + 15.14X_{t-2} + 4.71X_{t-3} - 14.70X_{t-4} + 26.94X_{t-5} - 25.42X_{t-6}$$

（12.43）（1.80）（-1.89）（1.21）（0.36）（-0.93）（1.09）（-1.12）

$\bar{R}^2$ =0.9770   F=42.54   DW=1.03

可以看出，尽管拟合优度有所提高，但所有变量均未通过 t 检验，而且负值的出现也与实际经济意义不相符。

（3）科伊克（Koyck）方法

科伊克方法是将无限分布滞后模型转换为自回归模型，然后进行估计。对于无限分布滞后模型：

$$Y_t = \alpha + \sum_{i=0}^{\infty} \beta_i X_{t-i} + \mu_t \qquad (5.2.9)$$

科伊克变换假设偏回归系数 β_i 随滞后期 i 按几何级数衰减

$$\beta_i = \beta_0 \lambda^i \qquad (i=0,1,2,\cdots,) \qquad (5.2.10)$$

其中，$0<\lambda<1$，λ 称为分布滞后衰减率，$1-\lambda$ 称为调整速率（Speed of adjustment）。科伊克变换的具体做法是：

将科伊克假定（5.2.10）代入模型（5.2.9），得 $Y_t = \alpha + \beta_0 \sum_{i=0}^{\infty} \lambda^i X_{t-i} + \mu_t$ （5.2.11）

将式（5.2.11）滞后一期并乘以 λ，得 $\lambda Y_{t-1} = \lambda\alpha + \beta_0 \sum_{i=1}^{\infty} \lambda^i X_{t-i} + \lambda\mu_{t-1}$ （5.2.12）

将式（5.2.11）减去（5.2.12）得科伊克变换模型

$$Y_t - \lambda Y_{t-1} = (1-\lambda)\alpha + \beta_0 X_t + \mu_t - \lambda\mu_{t-1} \qquad (5.2.13)$$

整理得科伊克模型的一般形式 $Y_t = (1-\lambda)\alpha + \beta_0 X_t + \lambda Y_{t-1} + v_t$ （5.2.14）

其中，$v_t = \mu_t - \lambda\mu_{t-1}$。科伊克模型有如下两个特点：一是以一个滞后被解释变量 Y_{t-1} 代替了大量的滞后解释变量 X_{t-i}，最大限度地节省自由度，解决了滞后期长度 s 难以确定的问题；二是由于滞后一期的被解释变量 Y_{t-1} 与 X_t 的线性相关程度可以肯定小于 X 的各期滞后值之间的相关程度，从而缓解了多重共线性。

但科伊克变换也同时产生了两个新问题：一是模型存在随机项的一阶自相关性；二是滞后被解释变量 Y_{t-1} 与随机项 v_t 不独立，即 $Cov(Y_{t-1}, v_t) \neq 0$。这些新问题需要进一步解决。

三、自回归模型的参数估计

1. 自回归模型的构造

从上面的讨论中已看出，一个无限期分布滞后模型可以通过科伊克变换转化为自回归模型。事实上，许多滞后变量模型都可以转化为自回归模型，自回归模型是经济生活中更常见的模型。下面我们以自适应预期模型以及局部调整模型为例进行说明。

（1）自适应预期（Adaptive expectation）模型

在某些实际问题中，因变量 Y_t 并不取决于解释变量的当前实际值 X_t，而取决于 X_t 的"预期水平"或"长期均衡水平" X_t^e。例如，家庭本期消费水平，取决于本期收入的预期值；市场上某种商品供求量，决定于本期该商品价格的均衡值。因此，自适应预期模型最初表现形式是

$$Y_t = \beta_0 + \beta_1 X_t^e + \mu_t \qquad (5.2.15)$$

由于预期变量是不可实际观测的，往往作如下自适应预期假定

$$X_t^e - X_{t-1}^e = r(X_t - X_{t-1}^e) \tag{5.2.16}$$

其中，为预期系数（coefficient of expectation），$0 \leq r \leq 1$。该式的经济含义为："经济行为者将根据过去的经验修改他们的预期"，即本期预期值的形成是一个逐步调整过程，本期预期值的增量是本期实际值与前一期预期值之差的一部分，其比例为 r。这个假定还可写成

$$X_t^e = rX_t + (1-r)X_{t-1}^e \tag{5.2.17}$$

即本期预期值为本期真值与前期预期值的加权和。

将（5.2.17）代入（5.2.15）得：$Y_t = \beta_0 + \beta_1[rX_t + (1-r)X_{t-1}^e] + \mu_t$ （5.2.18）

将（5.2.15）式滞后一期并乘以 $(1-r)$，得

$$(1-r)Y_{t-1} = \beta_0(1-r) + \beta_1(1-r)X_{t-1}^e + (1-r)\mu_{t-1} \tag{5.2.19}$$

以（5.2.19）减去（5.2.18），整理得 $Y_t = \beta_0 r + \beta_1 rX_t + (1-r)Y_{t-1} + v_t$ （5.2.20）

其中，$v_t = \mu_t - (1-r)\mu_{t-1}$。可见自适应预期模型转化为一自回归模型。

（2）局部调整（Partial Adjustment）模型

局部调整模型主要是用来研究物资储备问题的。例如，企业为了保证生产和销售，必须保持一定的原材料储备。对应于一定的产量或销售量 X_t，存在着预期的最佳库存 Y_t^e。局部调整模型的最初形式为 $Y_t^e = \beta_0 + \beta_1 X_t + \mu_t$ （5.2.21）

显然，Y_t^e 不可观测。由于生产条件的波动，生产管理方面的原因，库存储备 Y_t 的实际变化量只是预期变化的一部分。储备按预定水平逐步进行调整，故有如下局部调整假设：

$$Y_t - Y_{t-1} = \delta(Y_t^e - Y_{t-1}) \tag{5.2.22}$$

其中，δ 为调整系数，$0 \leq \delta \leq 1$。局部调整假设还可写成

$$Y_t = \delta Y_t^e + (1-\delta)Y_{t-1} \tag{5.2.23}$$

表明实际库存储备是本期最佳预期库存与上期实际库存的加权和。

将式（5.2.21）代入式（5.2.23）得 $Y_t = \delta\beta_0 + \delta\beta_1 X_t + (1-\delta)Y_{t-1} + \delta\mu_t$ （5.2.24）

可见，局部调整模型可转化为一自回归模型。

2. 自回归模型的参数估计

对于自回归模型（5.2.4），估计时的主要问题在于，滞后被解释变量的存在可能导致它与随机扰动项相关，以及随机扰动项出现序列相关性。如考伊克模型（5.2.14）与自适应预期模型（5.2.20），就存在着滞后被解释变量与随机扰动项的同期相关性，同时，随机扰动项还是自相关的。而局部调整模型（5.2.24）则存在着滞后被解释变量 Y_{t-1} 与随机扰动项的异期相关性。因此，对自回归模型的估计主要需视滞后被解释变量与随机扰动项的不同关系进行估计。下面以一阶自回归模型为例说明。

（1）工具变量法

对于一阶自回归模型 $Y_t = \alpha_0 + \alpha_1 X_t + \alpha_2 X_{t-1} + \mu_t$ （5.2.5）

若滞后被解释变量 Y_{t-1} 与随机扰动项 μ_t 同期相关（如考伊克模型与自适应预期模型），则 OLS 估计是有偏的，并且不是一致估计。因此，对上述模型，通常采用工具变量法，即寻找一个新的经济变量 Z_t 作为 Y_{t-1} 的工具变量进行估计。参数估计量具有一致性。

在实际估计中，一般用 $\hat{Y}_{t-1}$ 作为 Y_{t-1} 的工具变量，其中，$\hat{Y}_{t-1}$ 是 X 的若干滞后的线性组合：

$$\hat{Y}_{t-1} = \alpha_0 + \alpha_1 X_{t-1} + \alpha_2 X_{t-2} + \cdots + \alpha_s X_{t-s}$$

由于模型（5.2.5）中已假设随机扰动项 μ_t 与解释变量 X 及其滞后项不存在相关性，因此，模型（5.2.5）中的 μ_t 与 $\hat{Y}_{t-1}$ 不再线性相关。一个更简单的情形是直接用 X_{t-1} 作为 Y_{t-1} 的工具变量。

（2）普通最小二乘法

若滞后被解释变量 Y_{t-1} 与随机扰动项 μ_t 同期无关（如局部调整模型），可直接使用 OLS 法进行估计，得到一致估计量。

需要指出的是，上述工具变量法只解决了解释变量与随机项相关对参数估计所造成的影响，但没有解决 μ_t 的自相关问题。事实上，对于自回归模型，随机扰动项的自相关问题始终是存在的，对于此问题，至今没有完全有效的解决方法。唯一可做的，就是尽可能地建立"正确"的模型，以使序列相关性的程度减轻。

例 5.2.3：建立中国长期货币流通量需求模型，是考虑到适度的货币流通量是市场稳定的一个基本要素；而影响货币需求的因素，不仅在本期，而且在长期内发挥作用。中国自改革开放以来，对货币需求量的影响因素，主要有资金运用中的贷款额以及反映价格变化的居民消费者价格指数。显然，贷款额的增加，将使贷款转化为现金投放的需求增加，而物价水平的上升，就需要有更多的货币来支付同等的商品购买量。

表 5.2.2 中国货币流通量、贷款额、居民消费价格指数历史数据　单位：亿元，上年 =100

年份	货币流通量 Y	民民消费价格指数 P	贷款额 X	年度	货币流通量 Y	民民消费价格指数 P	贷款额 X
1978	212.0	100.7	1850	1990	2644.4	101.3	17680.7
1979	267.7	101.9	2039.6	1991	3177.8	105.1	21337.8
1980	346.2	107.5	2414.3	1992	4336.0	108.6	26322.9
1981	396.3	102.5	2860.2	1993	5864.7	116.1	32943.1
1982	439.1	102	3180.6	1994	7288.6	125	39976
1983	529.8	102	3589.9	1995	7885.3	116.8	50544.1
1984	792.1	102.7	4766.1	1996	8802.0	108.8	61156.6
1985	987.8	111.9	5905.6	1997	10177.6	103.1	74914.1
1986	1218.4	107	7590.8	1998	11204.2	99.4	86524.1
1987	1454.5	108.8	9032.5	1999	13455.5	98.7	93734.3
1988	2134.0	120.7	10551.3	2000	14652.7	100.8	99371.1
1989	2344.0	116.3	14360.1				

资料来源：《中国统计年鉴2001》《中国统计资料50年汇编》

长期货币流通量模型可设定为 $Y_t^e = \beta_0 + \beta_1 X_t + \beta_2 P_t + \mu_t$ （5.2.25）

其中，Y_t^e 为长期货币流通需求量。由于长期货币流通需求量不可观测，作局部调整

$$Y_t - Y_{t-1} = \delta(Y_t^e - Y_{t-1})$$ （5.2.26）

其中，为实际货币流通量。表明每年货币流通量的调整，只是预期调整的一部分。将式（5.2.25）代入（5.2.26）得短期货币流通量需求模型

$$Y_t = \delta\beta_0 + \delta\beta_1 X_t + \delta\beta_2 \ln P_t + (1-\delta)Y_{t-1} + \delta\mu_t \qquad (5.2.27)$$

（5.2.27）为一局部调整模型，用 OLS 法估计结果如下：

$$Y_t = -3700.4 + 0.0714 X_t + 36.10 P_t + 0.5638 Y_{t-1} \qquad (5.2.28)$$
$$(-2.93)\quad (2.86)\quad (3.10)\quad (2.87)$$
$$R^2 = 0.9959 \quad \bar{R}^2 = 0.9953 \quad F = 1467.96, \quad D.W. = 1.733$$

由参数估计结果 $(1-\hat{\delta}) = 0.5638$，得 $\hat{\delta} = 0.4362$

最后得到长期货币流通需求模型的估计式 $Y_t^e = -8483.3 + 0.1637 X_t + 82.75 P_t$ $\qquad(5.2.29)$

估计结果表明，贷款额对中国货币流通量的影响，短期 0.07，长期为 0.16，即贷款额每增加 1 亿元，短期货币流通需求量将增加 0.07 亿元，长期货币流通需求将增加 0.16 亿元；而反映物价水平的居民消费价格指数对中国货币流通量的影响，短期为 36.10，长期为 82.75，即价格指数每增加 1 个百分点，将导致短期货币流通需求量将增加 36.10 亿元，长期货币流通需求量将增加 82.75 亿元。

尽管回归结果表明 DW=1.733，但不能据此判断自回归模型不存在自相关。由拉格朗日乘数检验知，LM=0.7855，小于 5% 显著性水平下自由度为 1 的 χ^2 分布的临界值 $\chi^2_{0.05} = 3.84$，可判断模型已不存在一阶自相关。如果直接对下式作 OLS 回归：

$Y_t = \beta_0 + \beta_1 X_t + \beta_2 P_t + \mu_t$ 可得

$$Y_t = -5611.66 + 0.1427 X_t + 54.19 P_t$$
$$(-4.81)\quad (58.79)\quad (5.05)$$
$$R^2 = 0.9943 \quad \bar{R}^2 = 0.9937 \quad F = 1735.36, \quad D.W. = 1.204$$

由 DW 值容易判断该模型随机扰动项具有序列相关性，因此，（5.2.28）式的设定更"正确"。

四、格兰杰因果关系检验

自回归分布滞后模型旨在揭示某变量的变化受其自身及其他变量过去行为的影响。然而，许多经济变量有相互的影响关系，如 GDP 的增长能够促进消费的增长，而反过来，消费的变化又是 GDP 变化的一个组成部分，因此，消费增加又能促进 GDP 的增加。现在的问题是：当两个变量间在时间上有先导——滞后关系时，我们能否从统计上考察这种关系是单向的还是双向的？即主要是一个变量过去的行为在影响另一个变量的当前行为呢？还是双方的过去行为在相互影响着对方的当前行为？格兰杰（Granger）提出了一个简单的检验程序，习惯上称为格兰杰因果关系检验（Granger test of causality）。

对两变量 Y 与 X，格兰杰因果关系检验要求估计以下回归

$$Y_t = \sum_{i=1}^{m} \alpha_i X_{t-i} + \sum_{i=1}^{m} \beta_i Y_{t-i} + \mu_{1t} \qquad (5.2.30)$$

$$X_t = \sum_{i=1}^{m} \lambda_i Y_{t-i} + \sum_{i=1}^{m} \delta_i X_{t-i} + \mu_{2t} \qquad (5.2.31)$$

可能存在有四种检验结果：

（1）X 对 Y 有单向影响，表现为式（5.2.30）X 各滞后项前的参数整体不为零，而式（5.2.31）Y 各滞后项前的参数整体为零；

（2）Y 对 X 有单向影响，表现为式（5.2.31）Y 各滞后项前的参数整体不为零，而式（5.2.30）X 各滞后项前的参数整体为零；

（3）Y 与 X 间存在双向影响，表现为式（5.2.30）与式（5.2.31）中的 Y 与 X 各滞后项前的参数整体不为零；

（4）Y 与 X 间不存在影响，表现为 Y 与 X 各滞后项前的参数整体为零。

格兰杰检验是通过受约束的 F 检验完成的。如针对 X 不是 Y 的格兰杰原因的假设，即针对式（5.2.30）中 X 滞后项前的参数整体为零这一假设，分别做包含与不包含 X 滞后项的回归，记前者的残差平方和为 RSS_U，后者的残差平方和为 RSS_R；再计算 F 统计量

$$F = \frac{(RSS_R - RSS_U)/m}{RSS_U/(n-k)} \quad (5.2.32)$$

其中，m 为 X 的滞后项的个数，n 为样本容量，k 为包含可能存在的常数项及其他变量在内的无约束回归模型的待估参数的个数。

如果计算的 F 值大于给定显著性水平下 F（m, n-k）分布的相应的临界值，则拒绝原假设，认为 X 是 Y 的格兰杰原因。

需要指出的是，格兰杰因果关系检验对于滞后期长度的选择有时很敏感。不同的滞后期可能会得到完全不同的检验结果。因此，一般而言，常进行不同滞后期长度的检验，以检验模型中随机误差项不存在序列相关的滞后期长度来选取滞后期。

例 5.2.4：表 4.1.2 曾给出了中国 1978—2000 年按当年价测度的 GDP 与居民消费 CONS 数据，检验两者的因果关系。

取 2 阶滞后，Eviews 给出的估计结果为：

Pairwise Granger Causality Tests
Sample: 1978 2000
Lags: 2

Null Hypothesis:	Obs	F-Statistic	Probability
GDP does not Granger Cause CONS	21	4.29749	0.03208
CONS does not Granger Cause GDP		1.82325	0.19350

由相伴概率知，在 5% 的显著性水平下，拒绝 "GDP 不是 CONS 的格兰杰原因" 的假设，而不拒绝 "CONS 不是 GDP 的格兰杰原因" 的假设。因此，从 2 阶滞后的情况来看，GDP 的增长是居民消费增长的原因，而不是相反。但表 5.2.3 的结果显示，在取 2 阶滞后时，检验的模型存在 1 阶自相关性。表 5.2.3 也同时给出了取 3~6 阶滞后的检验结果。可以看出，随着滞后阶数的增加，拒绝 "GDP 是居民消费 CONS 的原因" 的概率变大，而拒绝 "居民消费 CONS 是 GDP 的原因" 的概率变小。如果同时考虑检验模型的序列相关性以及赤池信息准则，我们发现滞后 4 阶或 5 阶的检验模型不具有 1 阶自相关性，而且也拥有较小的 AIC 值，这时判断结果则是 GDP 与居民消费有双向的格兰杰因果关系，即相互影响。

表 5.2.3 格兰杰因果关系检验

滞后长度	格兰杰因果性	F 值	P 值	LM 值	AIC 值	结论
2	GDP → CONS	4.297	0.032	0.009	16.08	不拒绝
	CONS → GDP	1.823	0.194	0.008	17.86	拒绝
3	GDP → CONS	10.219	0.001	0.010	15.14	不拒绝
	CONS → GDP	4.096	0.691	0.191	17.14	拒绝
4	GDP → CONS	19.643	10E-04	0.110	14.70	不拒绝
	CONS → GDP	5.247	0.015	0.027	16.42	不拒绝
5	GDP → CONS	10.321	0.004	0.464	14.72	不拒绝
	CONS → GDP	5.085	0.028	0.874	16.30	不拒绝
6	GDP → CONS	4.705	0.078	0.022	14.99	拒绝
	CONS → GDP	7.773	0.034	1.000	16.05	不拒绝

第三节 案例分析

【案例1】我国居民储蓄模型

一、模型设定

自改革开放以来,随着经济的发展中国城乡居民的收入快速增长,同时,城乡居民的储蓄存款也迅速增长。经济学界的一种观点认为,20世纪90年代后由于经济体制、住房、医疗、养老等社会保障体制的变化,使居民的储蓄行为发生了明显改变。为了考察自改革开放以来中国居民的储蓄存款与收入的关系是否已发生变化,以城乡居民人民币储蓄存款年底余额代表居民储蓄(Y),以国民总收入X代表城乡居民收入,分析居民收入对储蓄存款影响的数量关系。

表 5.3.1 1984—2011年中国城乡居民储蓄存款年底余额与国民总收入   单位:亿元

年份	城乡居民储蓄存款年底余额	国民总收入
1984	1214.7	7243.8
1985	1622.6	9040.7
1986	2238.5	10274.4
1987	3081.4	12050.6
1988	3822.2	15036.8
1989	5196.4	17000.9
1990	7119.6	18718.3
1991	9244.9	21826.2
1992	11757.3	26937.3
1993	15203.5	35260.0
1994	21518.8	48108.5
1995	29662.3	59810.5
1996	38520.8	70142.5
1997	46279.8	78060.9
1998	53407.5	83024.3
1999	59621.8	88479.2
2000	64332.4	98000.5
2001	73762.4	108068.2
2002	86910.7	119095.7
2003	103617.7	134977.0
2004	119555.4	159453.6
2005	141051.0	183617.4
2006	161587.3	215904.4
2007	172534.2	266422.0
2008	217885.4	316030.3
2009	260771.7	340320.0
2010	303302.5	399759.5
2011	343635.9	472115.0

资料来源:《中国统计年鉴2012》

为了研究 1984—2011 年城乡居民储蓄存款随收入的变化规律是否有变化，考证城乡居民储蓄存款、国民总收入随时间的变化情况，如下图所示：

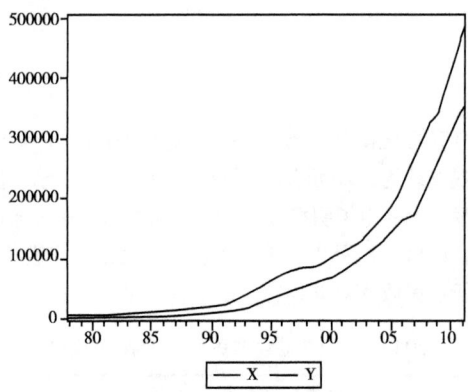

图 5.3.1　散点图

从图中，尚无法得到居民的储蓄行为发生明显改变的详尽信息。若取居民储蓄的增量（YY），并作时序图

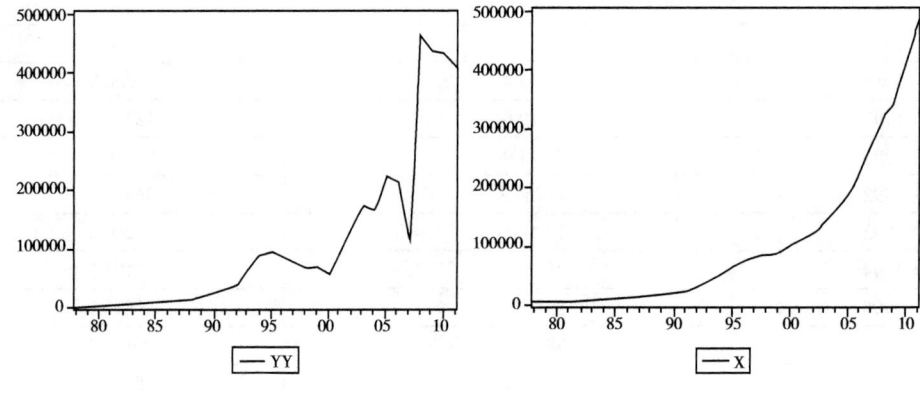

图 5.3.2　时序图

二、模型估计

从居民储蓄增量图可以看出，城乡居民的储蓄行为表现出了明显的阶段特征：在 1996 年、2000 年、2005 年、2007 年有四个明显的转折点。再从城乡居民储蓄存款增量与国民总收入之间关系的散布图来看，也呈现出了相同的阶段性特征。

为了分析居民储蓄行为在 1996 年、2000 年、2005 年以及 2007 年等不同时期的数量关系，分别引入虚拟变量 D1、D2、D3、D4，D1 ~ D4 的选择，分别以 1996 年、2000 年、2005 年和 2007 年四个转折点作为依据。对这四个年度所对应的 x 分别为 70142.5 亿元、98000.5 亿元、184088.6 亿元、251483.2 亿元。据此，我们设定如下加法和乘法两种方式同时引入虚拟变量的模型

$$Y_{y_t} = \beta_1 + \beta_2 x + \beta_3(x - 70142.5)d_1 + \beta_4(x - 98000.5)d_2 + \beta_5(x - 184088.6)d_3 + \beta_6(x - 251483.2)d_4 + \mu$$

$$D_t = \begin{cases} 1 & t \geq t^* \\ 0 & t < t^* \end{cases}$$

对上述模型进行回归得到如下估计结果：

表 5.3.2

Dependent Variable: YY
Method: Least Squares
Sample（adjusted）: 1984 2010

Variable	Coefficient	Std. Error	t-Statistic	Prob.
C	913.3039	823.0482	1.109660	0.2773
X	0.073099	0.022732	3.215654	0.0035
D1	−1122.014	2175.770	−0.515686	0.6104
D2	5249.896	2274.495	2.308159	0.0292
D3	−6927.801	3297.010	−2.101237	0.0455
D4	19742.63	3623.052	5.449171	0.0000
R-squared	0.957494	Mean dependent var		9610.128
Adjusted R-squared	0.949320	S.D. dependent var		12664.82
S.E. of regression	2851.135	Akaike info criterion		18.91618
Sum squared resid	2.11E+08	Schwarz criterion		19.19101
Log likelihood	−296.6589	F-statistic		117.1360
Durbin-Watson stat	1.911471	Prob（F-statistic）		0.000000

可得居民人民币储蓄存款年增加额的回归模型为：

$$Y_{y_t} = 913.3039 + 0.073099x - 1122.014(x - 70142.5)d_1 + 5249.896(x - 98000.5)d_2$$

$$-6927.801(x - 184088.6)d_3 + 19742.63(x - 251483.2)d_4 + \mu$$

由于各个系数的 t 值均大于 2，表明各解释变量的系数显著地不等于 0。

以上结果表明四个时期居民储蓄增加额的回归方程在统计意义上确实是不相同的。上述模型与城乡居民储蓄存款与国民总收入之间的散布图是吻合的，与当时中国的实际经济运行状况也是相符的。

需要指出的是，在上述建模过程中，主要是从教学的目的出发运用虚拟变量法则，没有考虑通货膨胀因素。而在实证分析中，储蓄函数还应当考虑通货膨胀因素。

【案例 2】中国进口量的影响因素模型

通过分析影响中国进口量的主要因素建立模型

表 5.3.3　　　　　　　　　　　　　单位：亿元人民币、亿美元

年份	GDP	进口总额 IM（人民币）	进口总额 IMdollar（美元）	汇率 EXCHANGE
1980	4517.8	298.8000	200.17	149.8400
1981	4862.4	375.3800	220.15	170.5100
1982	5294.7	364.9900	192.85	189.2600
1983	5934.5	422.6000	213.90	197.5700
1984	7171.0	637.8300	274.10	232.7000
1985	8964.4	1257.800	422.52	293.6600
1986	10202.20	1498.300	429.04	345.2800
1987	11962.50	1614.200	432.16	372.2100
1988	14928.30	2055.100	552.75	372.2100
1989	16909.20	2199.900	591.40	376.5100
1990	18547.90	2574.300	533.45	478.3200
1991	21617.80	3398.700	637.91	532.3300
1992	26638.10	4443.300	805.85	551.4600
1993	34634.40	5986.200	1039.59	576.2000

续表

年份	GDP	进口总额 IM（人民币）	进口总额 IMdollar（美元）	汇率 EXCHANGE
1994	46759.40	9960.100	1156.14	861.8700
1995	58478.10	11048.10	1320.84	835.1000
1996	67884.60	11557.40	1388.33	831.4200
1997	74462.60	11806.50	1423.70	828.9800
1998	78345.20	11626.10	1402.37	827.9100
1999	82067.50	13736.40	1656.99	827.8300
2000	89468.10	18638.80	2250.94	827.8400
2001	97314.80	20159.20	2435.53	827.7000
2002	105172.3	24430.30	2951.70	827.7000
2003	117251.9	34195.60	4127.60	827.7000

资料来源：《中国统计年鉴2004》

设定如下的模型： $IM_t = \alpha_1 + \alpha_2 GDP_t + u_t$

其中，IM_t是进口总额，GDP_t是国内生产总值。

为了分析此模型是否有变量设定误差，进行变量设定误差检验。

有人认为，货物与服务的进口量受到一国的生产规模、货物与服务的进口价格、汇率等其他影响因素，而不能仅用GDP来解释商品进口的变化。因此，设定的回归模型应该为

$$IM_t = \beta_1 + \beta_2 f(GDP_t) + \beta_3 g(Exchange_t) + u_t$$

其中，GDP为国内生产总值，$f(GDP)$为GDP的线性函数，Exchange为美元兑换人民币的汇率，$g(Exchange)$为Exchange的线性函数。如果是这样，显然设定的回归模型式中可能遗漏了变量GDP、Exchange以及两者的线性组合。那么，GDP、Exchange以及两者的线性组合是否被遗漏的重要变量呢？

依据数据，录入Eviews相应的数据表中，考证 $IM = f(GDP)$ 基本关系图：

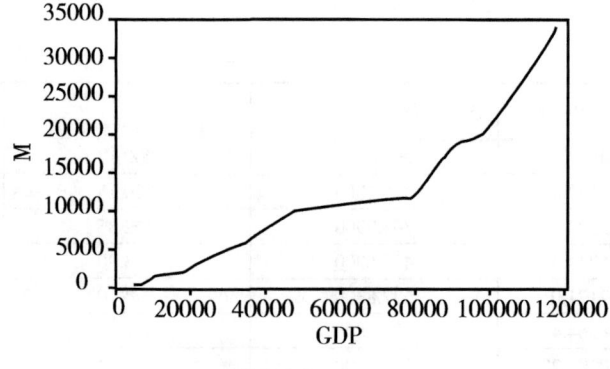

图 5.3.3

对IM进行回归，有回归结果

$im_i = -1067.337 + 0.2307 GDP_i + e_i$

se= （792.2620） （0.0142）

t= （-2.0288） （16.2378）

$R^2 = 0.9230$ $\bar{R}^2 = 0.9195$ DW=0.5357 F=263.6657

并作回归的残差图：

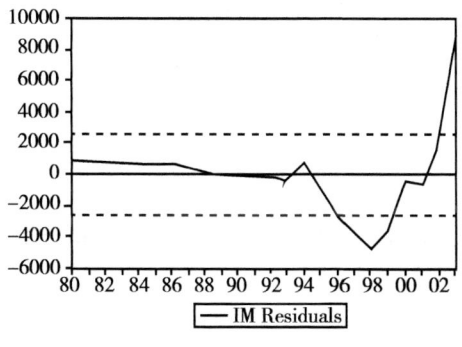

图 5.3.4

显然,存在自相关现象,其主要原因可能是建模时遗漏了重要的相关变量造成的。

1.DW 检验

模型 $im_i = -1067.337 + 0.2307GDP_i + e_i$ 的 DW 统计量表明,存在正的自相关,由于遗漏变量 exchange 或 GDP 已经按从小到大顺序排列,因此,无需重新计算 d 统计量。对 n=24 和 $k'=1$,5% 的德宾—沃森 d—统计量的临界值为 $d_L=1.273$ 和 $d_U=1.446$,$0.5357 < d_L = 1.273$,表明存在显著的遗漏变量现象。

为此,进行如下校正:

表 5.3.4

Dependent Variable: IM
Method: Least Squares
Date: 07/08/05   Time: 15:40
Sample (adjusted): 1981 2003
Included observations: 23 after adjustments

Variable	Coefficient	Std. Error	t-Statistic	Prob.
C	−224.3632	1892.132	−0.118577	0.9069
GDP	1.148259	0.151433	7.582606	0.0000
GDP (−1)	−0.822444	0.147359	−5.581213	0.0000
EXCHANGE	−4.290746	8.348744	−0.513939	0.6135
EXCHANGE^2	−0.018637	0.008353	−2.231162	0.0386
R-squared	0.978691	Mean dependent var		8434.222
Adjusted R-squared	0.973956	S.D. dependent var		9025.326
S.E. of regression	1456.525	Akaike info criterion		17.59515
Sum squared resid	38186370	Schwarz criterion		17.84200
Log likelihood	−197.3443	F-statistic		206.6799
Durbin-Watson stat	1.962659	Prob (F-statistic)		0.000000

其中,exchange 的系数在统计意义上不显著,可以剔除,则有:

表 5.3.5

Dependent Variable: IM
Method: Least Squares
Date: 07/08/05   Time: 15:43
Sample (adjusted): 1981 2003
Included observations: 23 after adjustments

Variable	Coefficient	Std. Error	t-Statistic	Prob.
C	−1159.179	511.0396	−2.268276	0.0352
GDP	1.142897	0.148119	7.716070	0.0000
GDP (−1)	−0.815842	0.143928	−5.668420	0.0000
EXCHANGE^2	−0.022569	0.003291	−6.857844	0.0000
R-squared	0.978378	Mean dependent var		8434.222
Adjusted R-squared	0.974965	S.D. dependent var		9025.326

S.E. of regression	1428.041	Akaike info criterion		17.52277
Sum squared resid	38746720	Schwarz criterion		17.72024
Log likelihood	-197.5118	F-statistic		286.5846
Durbin-Watson stat	2.047965	Prob（F-statistic）		0.000000

可以认为，这时模型设定无变量设定误差。

2.LM 检验

按照 LM 检验步骤，首先生成残差序列 e_i（用 EE 表示），用 EE 对全部解释变量（包括遗漏变量）进行回归，有：

表 5.3.6

Dependent Variable: EE
Method: Least Squares
Date: 07/08/05   Time: 15:45
Sample（adjusted）: 1981 2003
Included observations: 23 after adjustments

Variable	Coefficient	Std. Error	t-Statistic	Prob.
C	448.1584	511.0396	0.876954	0.3915
GDP	0.912201	0.148119	6.158568	0.0000
GDP（-1）	-0.815842	0.143928	-5.668420	0.0000
EXCHANGE^2	-0.022569	0.003291	-6.857844	0.0000
R-squared	0.727360	Mean dependent var		-37.56085
Adjusted R-squared	0.684312	S.D. dependent var		2541.624
S.E. of regression	1428.041	Akaike info criterion		17.52277
Sum squared resid	38746720	Schwarz criterion		17.72024
Log likelihood	-197.5118	F-statistic		16.89632
Durbin-Watson stat	2.047965	Prob（F-statistic）		0.000014

再计算 $nR^2 = 23 \times 0.72736 = 16.72928$，查表 $\chi^2_{0.025}(2) = 7.37776$，显然，$16.72928 > 7.37776$，拒绝 H_0：受约束回归模型，接受 H_1：无约束回归模型的假设，即确实存在遗漏变量。因此，在本章的引子中不能判断虽然简单但遗漏了重要变量的方程（1）比复杂的方程（2）更好。

【案例3】我国货币供应量模型

货币主义学派认为，产生通货膨胀的必要条件是货币的超量供应。物价变动与货币供应量的变化有着较为密切的联系，但是二者之间的关系不是瞬时的，货币供应量的变化对物价的影响存在一定时滞。有研究表明，西方国家的通货膨胀时滞为 2~3 个季度。

在中国，大家普遍认同货币供给的变化对物价具有滞后影响，但滞后期究竟有多长，还存在不同的认识。下面采集 1996—2005 年全国广义货币供应量和物价指数的月度数据，对这一问题进行研究。

表 5.3.7 1996—2005 年全国广义货币供应量及物价指数月度数据

月度	广义货币 M2（千亿元）	广义货币增长量 M2z（千亿元）	居民消费价格同比指数 tbzs	月度	广义货币 M2（千亿元）	广义货币增长量 M2z（千亿元）	居民消费价格同比指数 tbzs
Jan-96	58.401			Oct-00	129.522	-0.9518	100
Feb-96	63.778	5.377	109.3	Nov-00	130.9941	1.4721	101.3
Mar-96	64.511	0.733	109.8	Dec-00	134.6103	3.6162	101.5

续表

月度	广义货币 M2（千亿元）	广义货币增长量 M2z（千亿元）	居民消费价格同比指数 tbzs	月度	广义货币 M2（千亿元）	广义货币增长量 M2z（千亿元）	居民消费价格同比指数 tbzs
Apr-96	65.723	1.212	109.7	Jan-01	137.5436	2.9333	101.2
May-96	66.88	1.157	108.9	Feb-01	136.2102	-1.3334	100
Jun-96	68.132	1.252	108.6	Mar-01	138.7445	2.5343	100.8
Jul-96	69.346	1.214	108.3	Apr-01	139.9499	1.2054	101.6
Aug-96	72.309	2.963	108.1	May-01	139.0158	-0.9341	101.7
Sep-96	69.643	-2.666	107.4	Jun-01	147.8097	8.7939	101.4
Oct-96	73.1522	3.5092	107	Jul-01	149.2287	1.419	101.5
Nov-96	74.142	0.9898	106.9	Aug-01	149.9418	0.7131	101
Dec-96	76.0949	1.9529	107	Sep-01	151.8226	1.8808	99.9
Jan-97	78.648	2.5531	105.9	Oct-01	151.4973	-0.3253	100.2
Feb-97	78.998	0.35	105.6	Nov-01	154.0883	2.591	99.7
Mar-97	79.889	0.891	104	Dec-01	158.3019	4.2136	99.7
Apr-97	80.818	0.929	103.2	Jan-02	159.6393	1.3374	99
May-97	81.151	0.333	102.8	Feb-02	160.9356	1.2963	100
Jun-97	82.789	1.638	102.8	Mar-02	164.0646	3.129	99.2
Jul-97	83.46	0.671	102.7	Apr-02	164.5706	0.506	98.7
Aug-97	84.746	1.286	101.9	May-02	166.061	1.4904	98.9
Sep-97	85.892	1.146	101.8	Jun-02	169.6012	3.5402	99.2
Oct-97	86.644	0.752	101.5	Jul-02	170.8511	1.2499	99.1
Nov-97	87.59	0.946	101.1	Aug-02	173.2509	2.3998	99.3
Dec-97	90.9953	3.4053	100.4	Sep-02	176.9824	3.7315	99.3
Jan-98	92.2114	1.2161	100.3	Oct-02	177.2942	0.3118	99.2
Feb-98	92.024	-0.1874	99.9	Nov-02	179.7363	2.4421	99.3
Mar-98	92.015	-0.009	100.7	Dec-02	185.0073	5.271	99.6
Apr-98	92.662	0.647	99.7	Jan-03	190.4883	5.481	100.4
May-98	93.936	1.274	99	Feb-03	190.1084	-0.3799	100.2
Jun-98	94.658	0.722	98.7	Mar-03	194.4873	4.3789	100.9
Jul-98	96.314	1.656	98.6	Apr-03	196.1301	1.6428	101
Aug-98	97.299	0.985	98.6	May-03	199.5052	3.3751	100.7
Sep-98	99.795	2.496	98.5	Jun-03	204.9314	5.4262	100.3
Oct-98	100.8752	1.0802	98.9	Jul-03	206.1931	1.2617	100.5
Nov-98	102.229	1.3538	98.8	Aug-03	210.5919	4.3988	100.9
Dec-98	104.4985	2.2695	99	Sep-03	213.5671	2.9752	101.1
Jan-99	105.5	1.0015	98.8	Oct-03	214.4694	0.9023	101.8
Feb-99	107.778	2.278	98.7	Nov-03	216.3517	1.8823	103
Mar-99	108.438	0.66	98.2	Dec-03	221.2228	4.8711	103.2

续表

月度	广义货币 M2（千亿元）	广义货币增长量 M2z（千亿元）	居民消费价格同比指数 tbzs	月度	广义货币 M2（千亿元）	广义货币增长量 M2z（千亿元）	居民消费价格同比指数 tbzs
Apr–99	109.218	0.78	97.8	Jan–04	225.10193	3.87913	103.2
May–99	110.061	0.843	97.8	Feb–04	227.05072	1.94879	102.1
Jun–99	111.363	1.302	97.9	Mar–04	231.6546	4.60388	103
Jul–99	111.414	0.051	98.6	Apr–04	233.62786	1.97326	103.8
Aug–99	112.827	1.413	98.7	May–04	234.8424	1.21454	104.4
Sep–99	115.079	2.252	99.2	Jun–04	238.42749	3.58509	105
Oct–99	115.39	0.311	99.4	Jul–04	234.8424	–3.58509	105.3
Nov–99	116.559	1.169	99.1	Aug–04	239.72919	4.88679	105.3
Dec–99	119.898	3.339	99	Sep–04	243.757	4.02781	105.2
Jan–00	121.22	1.322	99.8	Oct–04	243.74	–0.017	104.3
Feb–00	121.5834	0.3634	100.7	Nov–04	247.13558	3.39558	102.8
Mar–00	122.5807	0.9973	99.8	Dec–04	253.2077	6.07212	102.4
Apr–00	124.1219	1.5412	99.7	Jan–05	257.75283	4.54513	101.9
May–00	124.0533	–0.0686	100.1	Feb–05	259.3561	1.60327	103.9
Jun–00	126.6053	2.552	100.5	Mar–05	264.5889	5.2328	102.7
Jul–00	126.3239	–0.2814	100.5	Apr–05	266.99266	2.40376	101.8
Aug–00	127.79	1.4661	100.3	May–05	269.2294	2.23674	101.8
Sep–00	130.4738	2.6838	100				

资料来源：中国经济统计数据库，http://db.cei.gov.cn/

为了考察货币供应量的变化对物价的影响，我们用广义货币 M2 的月增长量 M2Z 作为解释变量，以居民消费价格月度同比指数 TBZS 为被解释变量进行研究。首先估计如下回归模型

$$TBZS_t = \alpha + \beta_0 M2Z_t + u_t$$

得如下回归结果。

表 5.3.8

Dependent Variable: TBZS
Method: Least Squares
Date: 07/03/05 Time: 17:10
Sample（adjusted）: 1996:02 2005:05
Included observations: 112 after adjusting endpoints

Variable	Coefficient	Std. Error	t-Statistic	Prob.
C	101.4356	0.397419	255.2358	0.0000
M2Z	0.068371	0.151872	0.450190	0.6535

R-squared	0.001839	Mean dependent var		101.5643
Adjusted R-squared	–0.007235	S.D. dependent var		2.911111
S.E. of regression	2.921623	Akaike info criterion		4.999852
Sum squared resid	938.9472	Schwarz criterion		5.048396
Log likelihood	–277.9917	F-statistic		0.202671
Durbin-Watson stat	0.047702	Prob（F-statistic）		0.653460

从回归结果来看，M2Z 的 t 统计量值不显著，表明当期货币供应量的变化对当期物价水平的影响

在统计意义上不明显。为了分析货币供应量变化影响物价的滞后性，我们做滞后 6 个月的分布滞后模型的估计，在 Eviews 工作文档的方程设定窗口中，输入

TBZS C M2Z M2Z（-1） M2Z（-2） M2Z（-3） M2Z（-4） M2Z（-5） M2Z（-6）

结果见下表。

表 5.3.9

Dependent Variable: TBZS
Method: Least Squares
Date: 07/03/05   Time: 17:09
Sample（adjusted）: 1996:08 2005:05
Included observations: 106 after adjusting endpoints

Variable	Coefficient	Std. Error	t-Statistic	Prob.
C	100.0492	0.584318	171.2240	0.0000
M2Z	-0.011037	0.140613	-0.078493	0.9376
M2Z（-1）	0.016169	0.137998	0.117166	0.9070
M2Z（-2）	0.053044	0.136808	0.387723	0.6991
M2Z（-3）	0.028679	0.143155	0.200333	0.8416
M2Z（-4）	0.130825	0.139183	0.939951	0.3496
M2Z（-5）	0.137794	0.142502	0.966965	0.3359
M2Z（-6）	0.248778	0.143394	1.734924	0.0859
R-squared	0.055557	Mean dependent var		101.1377
Adjusted R-squared	-0.011904	S.D. dependent var		2.347946
S.E. of regression	2.361879	Akaike info criterion		4.629264
Sum squared resid	546.6902	Schwarz criterion		4.830278
Log likelihood	-237.3510	F-statistic		0.823546
Durbin-Watson stat	0.094549	Prob（F-statistic）		0.570083

从回归结果来看，M2Z 各滞后期的系数逐步增加，表明当期货币供应量的变化对物价水平的影响要经过一段时间才能逐步显现。但各滞后期的系数的 t 统计量值不显著，因此还不能据此判断滞后期究竟有多长。为此，我们做滞后 12 个月的分布滞后模型的估计，结果见下表。

表 5.3.10

Dependent Variable: TBZS
Method: Least Squares
Date: 07/03/05   Time: 17:09
Sample（adjusted）: 1997:02 2005:05
Included observations: 100 after adjusting endpoints

Variable	Coefficient	Std. Error	t-Statistic	Prob.
C	98.35668	0.467897	210.2102	0.0000
M2Z	-0.167665	0.121743	-1.377203	0.1720
M2Z（-1）	-0.032065	0.111691	-0.287084	0.7747
M2Z（-2）	-0.000995	0.111464	-0.008925	0.9929
M2Z（-3）	0.004243	0.113815	0.037276	0.9704
M2Z（-4）	0.106581	0.112727	0.945480	0.3471
M2Z（-5）	0.043217	0.113161	0.381908	0.7035
M2Z（-6）	0.117581	0.118460	0.992575	0.3237
M2Z（-7）	0.140418	0.115571	1.214988	0.2277
M2Z（-8）	0.220875	0.114368	1.931271	0.0567
M2Z（-9）	0.140875	0.115354	1.221247	0.2253
M2Z（-10）	0.180497	0.115895	1.557410	0.1230
M2Z（-11）	0.246911	0.125543	1.966752	0.0524
M2Z（-12）	0.392359	0.130058	3.016798	0.0034
R-squared	0.317136	Mean dependent var		100.7830
Adjusted R-squared	0.213913	S.D. dependent var		1.890863

S.E. of regression	1.676469	Akaike info criterion	4.000434
Sum squared resid	241.7072	Schwarz criterion	4.365158
Log likelihood	−186.0217	F-statistic	3.072325
Durbin-Watson stat	0.265335	Prob（F-statistic）	0.000906

上表显示，从 M2Z 到 M2Z（−11），回归系数都不显著异于零，而 M2Z（−12）的回归系数 t 统计量值为 3.016798，在 5% 显著性水平下拒绝系数为零的原假设。这一结果表明，当期货币供应量变化对物价水平的影响在经过 12 个月（一年）后明显地显现出来。为了考察货币供应量变化对物价水平影响的持续期，我们做滞后 18 个月的分布滞后模型的估计，结果见下表。

表 5.3.11

Dependent Variable: TBZS
Method: Least Squares
Date: 07/03/05   Time: 17:08
Sample（adjusted）: 1997:08 2005:05
Included observations: 94 after adjusting endpoints

Variable	Coefficient	Std. Error	t-Statistic	Prob.
C	97.41411	0.370000	263.2815	0.0000
M2Z	−0.083649	0.094529	−0.884900	0.3791
M2Z（−1）	−0.116744	0.093984	−1.242161	0.2181
M2Z（−2）	−0.119939	0.094428	−1.270156	0.2080
M2Z（−3）	−0.092993	0.095720	−0.971509	0.3345
M2Z（−4）	−0.032912	0.095823	−0.343468	0.7322
M2Z（−5）	−0.023891	0.097813	−0.244256	0.8077
M2Z（−6）	0.017290	0.100645	0.171794	0.8641
M2Z（−7）	0.028288	0.097570	0.289929	0.7727
M2Z（−8）	0.048708	0.095877	0.508021	0.6129
M2Z（−9）	0.025995	0.097569	0.266422	0.7907
M2Z（−10）	0.118247	0.096764	1.222011	0.2256
M2Z（−11）	0.157408	0.102558	1.534815	0.1291
M2Z（−12）	0.271281	0.112316	2.415326	0.0182
M2Z（−13）	0.325760	0.109217	2.982684	0.0039
M2Z（−14）	0.396242	0.107046	3.701601	0.0004
M2Z（−15）	0.335482	0.106776	3.141941	0.0024
M2Z（−16）	0.270811	0.107222	2.525697	0.0137
M2Z（−17）	0.200024	0.109278	1.830415	0.0712
M2Z（−18）	0.169696	0.101547	1.671114	0.0989
R-squared	0.610520	Mean dependent var		100.6085
Adjusted R-squared	0.510519	S.D. dependent var		1.795733
S.E. of regression	1.256348	Akaike info criterion		3.480597
Sum squared resid	116.8024	Schwarz criterion		4.021724
Log likelihood	−143.5881	F-statistic		6.105105
Durbin-Watson stat	0.308938	Prob（F-statistic）		0.000000

结果表明，从滞后 12 个月开始 t 统计量值显著，一直到滞后 16 个月为止，从滞后第 17 个月开始 t 值变得不显著；再从回归系数来看，从滞后 11 个月开始，货币供应量变化对物价水平的影响明显增加，再滞后 14 个月时达到最大，然后逐步下降。

通过上述一系列分析，我们可以做出这样的判断：在我国，货币供应量变化对物价水平的影响具有明显的滞后性，滞后期大约为一年，而且滞后影响具有持续性，持续的长度大约为半年，其影响力度先递增然后递减，滞后结构为 Λ 型。

当然，从上述回归结果也可以看出，回归方程的 R^2 不高，DW 值也偏低，表明除了货币供应量外，还有其他因素影响物价变化；同时，过多的滞后变量也可能引起多重共线性问题。如果我们分析的重点是货币供应量变化对物价影响的滞后性,上述结果已能说明问题。如果要提高模型的预测精度,则可以考虑对模型进行改进。根据前面的分析可知,分布滞后模型可以用自回归模型来代替,因此我们估计如下自回归模型:

$$TBZS_t = \alpha + \beta TBZS_{t-1} + u_t$$

在 Eviews 工作文档的方程设定窗口中,输入 TBZS C TBZS(-1)估计结果见下表。

表 5.3.12

Dependent Variable: TBZS
Method: Least Squares
Date: 07/10/05 Time: 23:48
Sample (adjusted): 1996:03 2005:05
Included observations: 111 after adjusting endpoints

Variable	Coefficient	Std. Error	t-Statistic	Prob.
C	5.348792	1.938684	2.758982	0.0068
TBZS(-1)	0.946670	0.019081	49.61371	0.0000
R-squared	0.957596	Mean dependent var		101.4946
Adjusted R-squared	0.957207	S.D. dependent var		2.828904
S.E. of regression	0.585200	Akaike info criterion		1.784126
Sum squared resid	37.32798	Schwarz criterion		1.832947
Log likelihood	-97.01900	F-statistic		2461.520
Durbin-Watson stat	1.779257	Prob(F-statistic)		0.000000

【案例4】固定资产投资模型

下表给出了某地区1980—2001年固定资产投资Y与销售额X的资料

表 5.3.13 某地区固定资产投资Y与销售额X的数据资料　　　单位:亿元

年份	Y	X	年份	Y	X
1980	36.99	52.805	1991	128.68	168.129
1981	33.60	55.906	1992	123.97	163.351
1982	35.42	63.027	1993	117.35	172.547
1983	42.35	72.931	1994	139.61	190.682
1984	52.48	84.790	1995	152.88	194.538
1985	53.66	86.589	1996	137.95	194.657
1986	58.53	98.797	1997	141.06	206.326
1987	67.48	113.201	1998	163.45	223.541
1988	78.13	126.905	1999	183.80	232.724
1989	95.13	143.936	2000	192.61	239.459
1990	112.60	154.391	2001	182.81	235.142

一、设定模型

$Y_t^* = \alpha + \beta X_t + u_t$ 其中 Y_t^* 为预期最佳值。

设定模型

$Y_t^* = \alpha X_t^\beta e^{u_t}$ 其中 Y_t^* 为预期最佳值。

设定模型

$Y_t = \alpha + \beta X_t^* + u_t$ 其中 X_t^* 为预期最佳值。

二、估计模型

1. 在局部调整假定下,先估计一阶自回归模型,$Y_t = \alpha^* + \beta_0^* X_t + \beta_1^* Y_{t-1} + u_t^*$

回归的估计结果如下:

表 5.3.14 估计结果表

Dependent Variable: Y
Method: Least Squares
Date: 25/02/10 Time: 22:42
Sample (adjusted): 1981 2001
Included observations: 21 after adjustments

Variable	Coefficient	Std. Error	t-Statistic	Prob.
C	−15.10403	4.729450	−3.193613	0.0050
X	0.629273	0.097819	6.433031	0.0000
Y (−1)	0.271676	0.114858	2.365315	0.0294
R-squared	0.987125	Mean dependent var		109.2167
Adjusted R-squared	0.985695	S.D. dependent var		51.78550
S.E. of regression	6.193728	Akaike info criterion		6.616515
Sum squared resid	690.5208	Schwarz criterion		6.765733
Log likelihood	−66.47341	F-statistic		690.0561
Durbin-Watson stat	1.518595	Prob (F-statistic)		0.000000

回归方程:$\hat{Y}_t = -15.10403 + 0.629273 X_t + 0.271676 Y_{t-1}$

$\qquad\qquad$ (4.729450) (0.097819) (0.114858)

$\qquad$ t = (−3.193613) (6.433031) (2.365315)

$\qquad$ R^2 =0.987125 F=690.0561 DW=1.518595

根据局部调整模型的参数关系,有 $\alpha^* = \delta\alpha$,$\beta_0^* = \delta\beta$,$\beta_1^* = 1-\delta$,$u_t^* = \delta u_t$

将上述估计结果代入得到:

$\delta = 1 - \beta_1^* = 1 - 0.271676 = 0.728324$

$\alpha = \dfrac{\alpha^*}{\delta} = -20.738064 \quad \beta = \dfrac{\beta_0^*}{\delta} = 0.864001$

故局部调整模型估计结果为:$\hat{Y}_t^* = -20.738064 + 0.864001 X_t$

经济意义:该地区销售额每增加 1 亿元,未来预期最佳新增固定资产投资为 0.864001 亿元。

运用德宾 h 检验一阶自相关:

$h = (1 - \dfrac{d}{2})\sqrt{\dfrac{n}{1 - n Var(\beta_1^*)}} = (1 - \dfrac{1}{2} \times 1.518595)\sqrt{\dfrac{21}{1 - 21 \times 0.114858^2}} = 1.29728$

在显著性水平 $\alpha = 0.05$ 上,查标准正态分布表得临界值 $h_{\alpha/2} = 1.96$,由于 $|h| = 1.29728 < h_{\alpha/2} = 1.96$,则接受原假设 $\rho = 0$,说明自回归模型不存在一阶自相关问题。

2. 对模型进行对数变换,有 $\ln Y_t^* = \ln\alpha + \beta \ln X_t + u_t$

在局部调整假定下,先估计一阶自回归模型:$\ln Y_t = \alpha^* + \beta_0^* \ln X_t + \beta_1^* \ln Y_{t-1} + u_t^*$

回归的估计结果如下:
估计结果表

表 5.3.15

Dependent Variable: LNY

Method: Least Squares
Date: 25/02/10 Time: 22:55
Sample（adjusted）: 1981 2001
Included observations: 21 after adjustments

Variable	Coefficient	Std. Error	t-Statistic	Prob.
C	−1.078046	0.184144	−5.854366	0.0000
LNX	0.904522	0.111243	8.131039	0.0000
LNY（−1）	0.260033	0.087799	2.961684	0.0084
R-squared	0.993725	Mean dependent var		4.559823
Adjusted R-squared	0.993028	S.D. dependent var		0.562953
S.E. of regression	0.047007	Akaike info criterion		−3.145469
Sum squared resid	0.039774	Schwarz criterion		−2.996251
Log likelihood	36.02742	F-statistic		1425.219
Durbin-Watson stat	1.479333	Prob（F-statistic）		0.000000

回归方程：$\ln \hat{Y}_t = -1.078046 + 0.904522 \ln X_t + 0.260033 \ln Y_{t-1}$

$$\begin{array}{cccc} & (0.184144) & (0.111243) & (0.087799) \\ t = & (-5.854366) & (8.131039) & (2.961684) \end{array}$$

$R^2 = 0.993725$ $F = 1425.219$ $DW = 1.479333$

根据局部调整模型的参数关系，有 $\ln \alpha^* = \delta \ln \alpha$，$\beta^*_0 = \delta \beta$，$\beta^*_1 = 1 - \delta$

将上述估计结果代入得到：

$\delta = 1 - \beta^*_1 = 1 - 0.260033 = 0.739967$

$\ln \alpha = \dfrac{\ln \alpha^*}{\delta} = -1.45688$ $\beta = \dfrac{\beta^*_0}{\delta} = 1.22238$

故局部调整模型估计结果为 $\ln \hat{Y}^*_t = -1.45688 + 1.22238 \ln X_t$，也即

$\hat{Y}^*_t = 0.232961 X_t^{1.22238}$

该模型的经济意义：该地区销售额每增加1%，未来预期最佳新增固定资产投资为1.22238%。
运用德宾 h 检验一阶自相关

$$h = (1 - \dfrac{d}{2})\sqrt{\dfrac{n}{1 - n Var(\beta^*_1)}} = (1 - \dfrac{1.479333}{2})\sqrt{\dfrac{21}{1 - 21 \times 0.087799^2}} = 1.30313$$

在显著性水平 $\alpha = 0.05$ 上，查标准正态分布表得临界值 $h_{\alpha/2} = 1.96$，由于 $|h| = 1.30313 < h_{\alpha/2} = 1.96$，则接受原假设 $\rho = 0$，说明自回归模型不存在一阶自相关。

3. 在自适应预期假定下，先估计一阶自回归模型

$Y_t = \alpha^* + \beta^*_0 X_t + \beta^*_1 Y_{t-1} + u^*_t$

回归的估计结果如下，

表 5.3.16 估计结果表

Dependent Variable: Y
Method: Least Squares
Date: 25/02/10 Time: 22:42
Sample（adjusted）: 1981 2001
Included observations: 21 after adjustments

Variable	Coefficient	Std. Error	t-Statistic	Prob.

C	−15.10403	4.729450	−3.193613	0.0050
X	0.629273	0.097819	6.433031	0.0000
Y(−1)	0.271676	0.114858	2.365315	0.0294
R-squared	0.987125	Mean dependent var		109.2167
Adjusted R-squared	0.985695	S.D. dependent var		51.78550
S.E. of regression	6.193728	Akaike info criterion		6.616515
Sum squared resid	690.5208	Schwarz criterion		6.765733
Log likelihood	−66.47341	F-statistic		690.0561
Durbin-Watson stat	1.518595	Prob（F-statistic）		0.000000

回归方程：$\hat{Y}_t = -15.10403 + 0.629273 X_t + 0.271676 Y_{t-1}$

$\qquad\qquad$ （4.729450）（0.097819）（0.114858）

$\qquad t =$ （−3.193613）（6.433031）（2.365315）

$\qquad R^2 = 0.987125 \quad F=690.0561 \quad DW=1.518595$

根据局部调整模型的参数关系，有 $\alpha^* = \delta\alpha \quad \beta^*_0 = \delta\beta \quad \beta^*_1 = 1-\delta \quad u^*_t = \delta u_t$

将上述估计结果代入得到

$\delta = 1 - \beta^*_1 = 1 - 0.271676 = 0.728324$

$\alpha = \dfrac{\alpha^*}{\delta} = -20.738064 \quad \beta = \dfrac{\beta^*_0}{\delta} = 0.864001$

故局部调整模型估计结果为 $\hat{Y}^*_t = -20.738064 + 0.864001 X_t$

经济意义：该地区销售额每增加 1 亿元，未来预期最佳新增固定资产投资为 0.864001 亿元。

运用德宾 h 检验一阶自相关

$h = (1-\dfrac{d}{2})\sqrt{\dfrac{n}{1-nVar(\beta^*_1)}} = (1-\dfrac{1}{2}\times 1.518595)\sqrt{\dfrac{21}{1-21\times 0.114858^2}} = 1.29728$

在显著性水平 $\alpha = 0.05$ 上，查标准正态分布表得临界值 $h_{\alpha/2} = 1.96$，由于 $|h| = 1.29728 < h_{\alpha/2} = 1.96$，则接收原假设 $\rho = 0$，说明自回归模型不存在一阶自相关。

货币主义学派认为，产生通货膨胀的必要条件是货币的超量供应。物价变动与货币供应量的变化有较为密切的联系，但是二者之间的关系不是瞬时的，货币供应量的变化对物价的影响存在一定时滞。有研究表明，西方国家的通货膨胀时滞为 2~3 个季度。

【案例 5】货币供给的变化对物价的滞后影响模型

一、建立工作文件并录入数据

在中国，大家普遍认同货币供给的变化对物价具有滞后影响，但滞后期究竟有多长，还存在不同的认识。通过采集 1996—2005 年全国广义货币供应量和物价指数的月度数据，对这一问题进行研究。

1. 双击桌面 Eviews 快速启动图标，启动 Eviews 程序。

2. 点击主界面菜单 File\New\Worekfile，弹出 Workfile Create 对话框，在该对话框右侧下拉菜单中选择本案例所需的数据频度 Dated-regular frequency data，monthly（本案例为时间序列数据）；在数据起始、终止两栏中填入 1996：1 和 2005：5，表示数据从 1996 年 1 月其到 2005 年 5 月结束；在右下可输入 Workfile 的名称，如 P201。如图 5.3.5 所示。

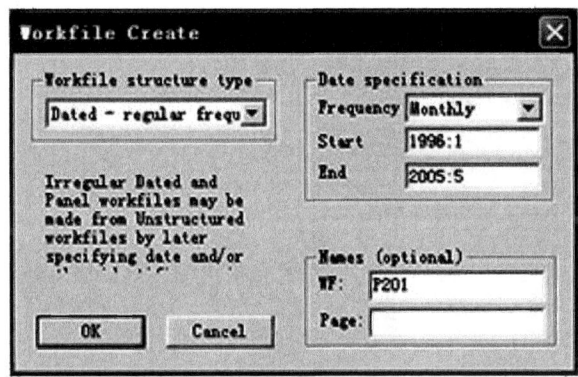

图 5.3.5

点击左下的"OK"就建立了一个名称为 P201 的 Workfile。如图 5.3.6 所示：

图 5.3.6

建立 Workfile 后，录入数据（方法可参考第一部分的示例）。得到图 5.3.7 所示结果。

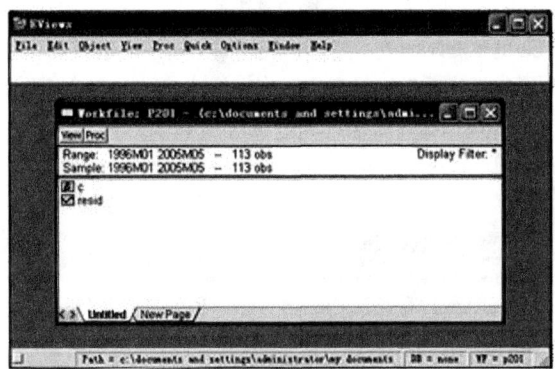

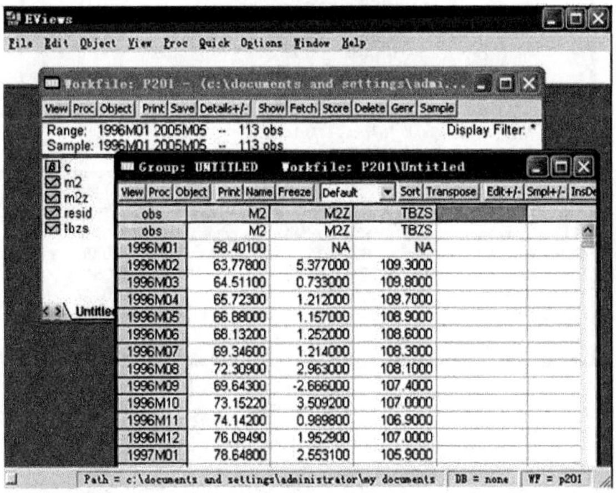

图 5.3.7

二、模型设定、估计与检验

为了考察货币供应量的变化对物价的影响，我们用广义货币 M2 的月增长量 M2Z 作为解释变量，以居民消费价格月度同比指数 TBZS 为被解释变量进行研究。首先估计如下回归模型 $TBZS_t = \alpha + \beta_0 M2Z_t + u_t$，得图 5.3.8 所示的回归结果：

EViews - [Equation: UNTITLED Workfile: P201\Unt...

File Edit Object View Proc Quick Options Window Help

View | Proc | Object | Print | Name | Freeze | Estimate | Forecast | Stats | Resids

Dependent Variable: TBZS
Method: Least Squares
Date: 08/30/07 Time: 13:50
Sample (adjusted): 1996M02 2005M05
Included observations: 112 after adjustments

Variable	Coefficient	Std. Error	t-Statistic	Prob.
C	102.1843	0.735738	138.8868	0.0000
M2	-0.004281	0.004712	-0.908657	0.3655

R-squared	0.007450	Mean dependent var	101.5643
Adjusted R-squared	-0.001573	S.D. dependent var	2.911111
S.E. of regression	2.913400	Akaike info criterion	4.994215
Sum squared resid	933.6691	Schwarz criterion	5.042759
Log likelihood	-277.6760	F-statistic	0.825657
Durbin-Watson stat	0.043307	Prob(F-statistic)	0.365518

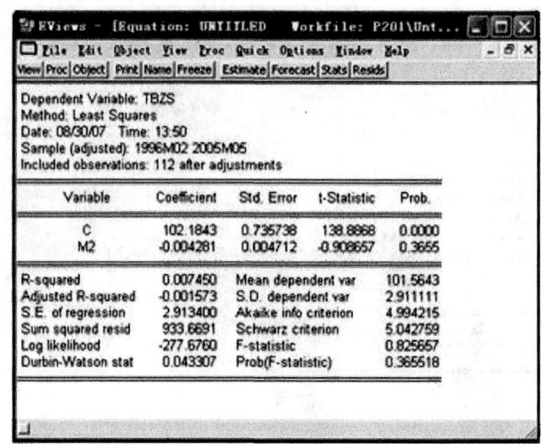

图 5.3.8

从回归结果来看，M2Z 的 t 统计量值不显著，表明当期货币供应量的变化对当期物价水平的影响在统计意义上不明显。为了分析货币供应量变化影响物价的滞后性，我们做滞后 6 个月的分布滞后模型的估计，在 Eviews 工作文档的方程设定窗口中，输入

TBZS C M2ZM2Z（-1）M2Z（-2）M2Z（-3）M2Z（-4）M2Z（-5）M2Z（-6）

结果如图 5.3.9 所示：

EViews - [Equation: UNTITLED Workfile: P...

File Edit Object View Proc Quick Options Window Help

View | Proc | Object | Print | Name | Freeze | Estimate | Forecast | Stats | Resids

Dependent Variable: TBZS
Method: Least Squares
Date: 08/30/07 Time: 13:53
Sample (adjusted): 1996M08 2005M05
Included observations: 106 after adjustments

Variable	Coefficient	Std. Error	t-Statistic	Prob.
C	100.0492	0.584318	171.2240	0.0000
M2Z	-0.011037	0.140613	-0.078493	0.9376
M2Z(-1)	0.016169	0.137998	0.117166	0.9070
M2Z(-2)	0.053044	0.136808	0.387723	0.6991
M2Z(-3)	0.028679	0.143155	0.200333	0.8416
M2Z(-4)	0.130825	0.139183	0.939951	0.3496
M2Z(-5)	0.137794	0.142502	0.966965	0.3359
M2Z(-6)	0.248778	0.143394	1.734924	0.0859

R-squared	0.055557	Mean dependent var	101.1377
Adjusted R-squared	-0.011904	S.D. dependent var	2.347946
S.E. of regression	2.361879	Akaike info criterion	4.629264
Sum squared resid	546.6902	Schwarz criterion	4.830278
Log likelihood	-237.3510	F-statistic	0.823546
Durbin-Watson stat	0.094549	Prob(F-statistic)	0.570083

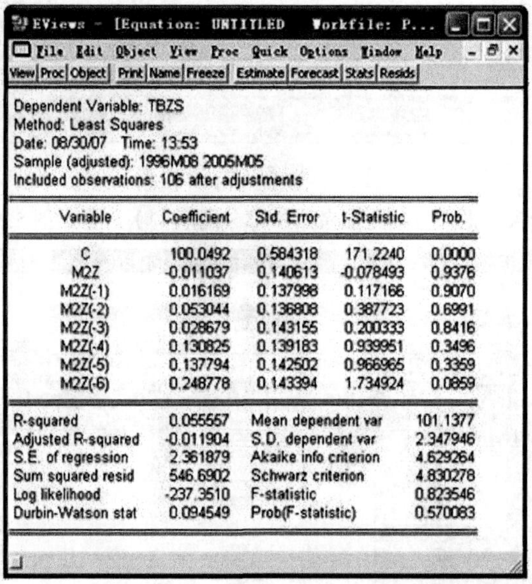

图 5.3.9

从图的回归结果来看，M2Z 各滞后期的系数逐步增加，表明当期货币供应量的变化对物价水平的影响要经过一段时间才能逐步显现。但各滞后期的系数的 t 统计量值不显著，因此还不能据此判断滞后期究竟有多长。为此，我们做滞后 12 个月的分布滞后模型的估计，结果如图 5.3.10 所示：

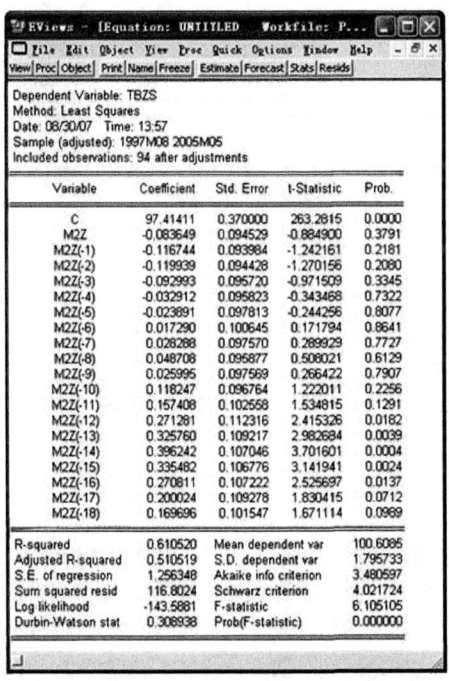

图 5.3.10

图的结果显示，从 M2Z 到 M2Z（-11），回归系数都不显著异于零，而 M2Z（-12）的回归系数 t 统计量值为 3.016798，在 5% 显著性水平下拒绝系数为零的原假设。这一结果表明，当期货币供应量变化对物价水平的影响在经过 12 个月（一年）后明显地显现出来。为了考察货币供应量变化对物价水平影响的持续期，我们做滞后 18 个月的分布滞后模型的估计，结果如图 5.3.11 所示：

图 5.3.5.3.11

图的结果表明，从滞后 12 个月开始 t 统计量值显著，一直到滞后 16 个月为止，从滞后第 17 个月开始 t 值变得不显著；再从回归系数来看，从滞后 11 个月开始，货币供应量变化对物价水平的影响明显增加，再滞后 14 个月时达到最大，然后逐步下降。

三、结果分析

通过上述一系列分析，我们可以做出这样的判断：在我国，货币供应量变化对物价水平的影响具有明显的滞后性，滞后期大约为一年，而且滞后影响具有持续性，持续的长度大约为半年，其影响力度先递增然后递减，滞后结构为Λ型。

当然，从上述回归结果也可以看出，回归方程的 R^2 不高，DW 值也偏低，表明除了货币供应量外，还有其他因素影响物价变化；同时，过多的滞后变量也可能引起多重共线性问题。如果我们分析的重点是货币供应量变化对物价影响的滞后性，上述结果已能说明问题。如果要提高模型的预测精度，则可以考虑对模型进行改进。根据前面的分析可知，分布滞后模型可以用自回归模型来代替，因此我们估计如下自回归模型：

$$TBZS_t = \alpha + \beta TBZS_{t-1} + u_t$$

在 Eviews 工作文档的方程设定窗口中，输入 TBZS C TBZS（-1）

估计结果如图 5.3.12 所示：

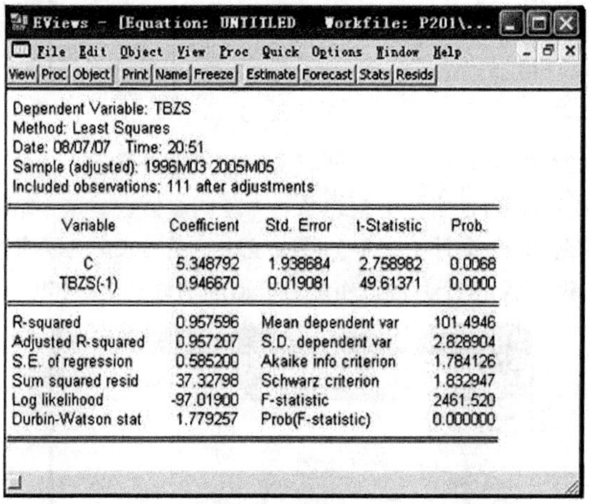
EViews - [Equation: UNTITLED Workfile: P201\...

File Edit Object View Proc Quick Options Window Help

View | Proc | Object | Print | Name | Freeze | Estimate | Forecast | Stats | Resids

Dependent Variable: TBZS
Method: Least Squares
Date: 08/07/07 Time: 20:51
Sample (adjusted): 1996M03 2005M05
Included observations: 111 after adjustments

Variable	Coefficient	Std. Error	t-Statistic	Prob.
C	5.348792	1.938684	2.758982	0.0068
TBZS(-1)	0.946670	0.019081	49.61371	0.0000

R-squared	0.957596	Mean dependent var	101.4946
Adjusted R-squared	0.957207	S.D. dependent var	2.828904
S.E. of regression	0.585200	Akaike info criterion	1.784126
Sum squared resid	37.32798	Schwarz criterion	1.832947
Log likelihood	-97.01900	F-statistic	2461.520
Durbin-Watson stat	1.779257	Prob(F-statistic)	0.000000

图 5.3.12

因此，我们得到回归方程：

$$\hat{TBZS}_t = 5.3488 + 0.9467 TBZS_{t-1}$$

$$(1.9387) \quad (0.0191)$$

$$(2.7590) \quad (49.6137)$$

$$R^2 = 0.9576 \quad \bar{R}^2 = 0.9572 \quad F = 2461.520 \quad df = 109 \quad DW = 1.7793$$

本章小结

本章内容是计量经济学建模的拓展，包括两类专门模型：虚拟变量模型与滞后变量模型。通过本章学习应达到：掌握虚拟解释变量的意义、设置规则对模型的影响和其他修正模型的作用；掌握虚拟变量的引入方式；掌握虚拟变量模型的估计方法；掌握滞后变量模型的概念，掌握分布滞后模型与自回归模型的概念、意义，两者之间的区别与联系；掌握库伊克模型、自适应期望模型和局部调整模型的经济背景与估计方法。

1. 虚拟变量的概念：一些无法定量的解释变量的影响，如性别、民族、国籍、职业、文化程度、政府经济政策变动等因素，他们只表示某种特征的存在与不存在，所以称为属性变量或定性变量。人工构造的取值为 0 或 1 的作为属性变量代表的变量称为虚拟变量。一般常用 D 表示。D=0，表示某种属性或状态不存在 D=1，表示某种属性或状态存在。

2. 虚拟变量的设置规则：当一个定性变量含有 m 个相互排斥的类型时，应向模型引入 m—1 个虚拟变量。比如，"性别"含男性和女性两个类别，所以当性别作为解释变量时，应向模型引入一个虚拟变量。取值方式是：D=1（男性）、D=0（女性）或 D=0（男性）、D=1（女性）。

3. 虚拟变量陷阱：就是当一个定性变量含有 m 个类别时，模型引入 m 个虚拟变量，造成了虚拟变量之间产生完全多重共线性，无法估计回归参数。在 m-1 个虚拟变量中，虚拟变量可以同时取值为 0，但不能全部取值为 1。

4. 虚拟变量的引入方式：不同引入方式表明了经济变量间不同的相互依存关系，不同的类型对模型的影响可以分为：截距不同、斜率不同、截距和斜率都不同。如果造成模型截距的变化，则以加法形式引入虚拟变量；如果反映模型的斜率变化，则以乘法形式引入虚拟变量。

（1）加法类型：改变模型的截距

所谓的加法类型引入虚拟变量，就是虚拟变量与其他解释变量在设定模型中是相加关系。在所设定的计量经济模型中，根据所研究问题中定量变量的影响作用，按照虚拟变量的设置规则，直接在所设定的计量经济模型中加入适当的虚拟解释变量。加法形式引入虚拟解释变量，其作用是改变了设定模型的截距水平。定性因素所包含的属性类别 m 的多少，决定了引入虚拟解释变量个数的多少，同时，也决定了所设模型的不同性质。

（2）乘法类型：引起模型中斜率系数的差异

在所设定的计量经济模型中，将虚拟变量与其他解释变量相乘作为新的解释变量出现在模型中，以达到其调整设定模型斜率系数的目的。乘法形式引入虚拟解释变量的主要作用在于：关于两个回归模型的比较；因素间的交互影响分析；提高模型对现实经济现象的描述精度。

（3）分段线性回归：有的社会经济现象的变动，会在解释变量达到某个临界值时发生突变，如公司对销售人员的奖励政策就经常是这样设计的：按销售额提成，当销售额在某一目标水平以上或以下，提奖励的方法不同。为了确切地描述奖励额度与销售额间的关系，需要分两段进行回归。而将这种情形转化为虚拟变量问题时，就可以在一个方程中描述两条截距和斜率都不相同的线段。分为两段回归时用了一个虚拟变量，则分为 K 段回归时，可用 K-1 个虚拟变量。

5. 滞后变量模型的概念：在经济运行过程中，广泛存在时间滞后效应。某些经济变量不仅受到同期各种因素的影响，而且也受到过去某些时期的各种因素甚至自身的过去值的影响。通常把这种过去时期的、具有滞后作用的变量叫作滞后变量，含有滞后变量的模型称为滞后变量模型。①分布滞后模型；②自回归模型。

6. 分布滞后模型：如果滞后变量模型中没有滞后被解释变量，仅有解释变量 X 的当期值及其若干期的滞后值，称为分布滞后模型。分布滞后模型的一般形式为

$$Y_t = \alpha + \sum_{i=0}^{s} \beta_i X_{t-i} + \mu_t$$

7. 自回归模型：如果滞后变量模型中的解释变量仅包含 X 的当期值与被解释变量 Y 的一个或多个滞后值，则称为自回归模型。一般形式为

$$Y_t = \alpha_0 + \alpha_1 X_t + \sum_{i=1}^{q} \beta_i Y_{t-i} + \mu_t$$

本章练习题

1. 虚拟变量数量的设置规则是什么？
2. 虚拟变量 0 和 1 的选择原则是什么？

3. 在做下列假设检验时，你需要引入多少虚拟变量？

（1）一年中的 12 个月呈现季节趋势；

（2）一年中的双月呈现季节趋势。

4. 下面的变量是定性的还是定量的？

（1）美国国际收支差额；（2）政党联盟；（3）美国对中国的出口；（4）联合国会员；（5）消费者价格指数；（6）教育程度；（7）欧共体成员；（8）关贸组织成员；（9）美国国会成员。

5. 判断正误：

（1）在模型 $Y_t = B_0 + B_1 X_t + B_2 D_t + u_t$ 中，令虚拟变量 D 取值为（0,2）而不是（0,1），那么参数 B_2 的估计值也将减半，t 值也将减半。

（2）在引入虚拟变量后，普通最小二乘法的估计量只有大样本时才是无偏的。

6. 回归模型中引入虚拟变量的作用是什么？有哪几种基本的引入方式，它们适用于什么情况？

7. 考虑下面的模型：$Y_i = B_0 + B_1 X_i + B_2 D_{2i} + B_3 D_{3i} + u_i$

其中，Y——MBA 毕业生收入，X——工龄。$D_2 = \begin{cases} 1 & \text{哈佛大学MBA} \\ 0 & \text{其他} \end{cases}$，$D_3 = \begin{cases} 1 & \text{沃顿MBA} \\ 0 & \text{其他} \end{cases}$

（1）基准类是什么？

（2）你预期各系数的符号如何？

（3）如何解释截距 B_2, B_3？

（4）若 $B_2 > B_3$，你得出什么结论？

8. 继续上题，考虑下面模型：$Y_i = B_0 + B_1 X_i + B_2 D_{2i} + B_3 D_{3i} + B_4(D_{3i} X_i) + B_5(D_{4i} X_i) + u_i$

（1）这个模型与 7 题中的模型有什么区别？

（2）如何解释参数 B_4, B_5？

（3）若 B_4, B_5 均为统计显著的，你将选择哪个模型？

9. 为了解美国工作妇女是否受到歧视，可以用美国统计局的"当前人口调查"中的截面数据，研究男女工资有没有差别。这项多元回归分析研究所用到的变量有：

W——雇员的工资率（美元/小时）

$SEX = \begin{cases} 1 & \text{若雇员为妇女} \\ 0 & \text{其他} \end{cases}$

ED——受教育的年数

AGE——年龄

对 124 名雇员的样本进行的研究得到回归结果为：（括号内为估计的 t 值）

$\hat{W} = -6.41 - 2.76 SEX + 0.99 ED + 0.12 AGE$
    (−3.38) (−4.61)   (8.54)   (4.63)

$R^2 = 0.876 \quad F = 23.2$

求：（1）该模型调整后的决定系数 $\bar{R}^2$；

（2）各估计值的标准差为多少？

（3）检验美国工作妇女是否受到歧视，为什么？

（4）按此模型预测一个 30 岁受教育 16 年的美国男性的平均每小时的工作收入为多少美元？

10. 什么是滞后现象？产生滞后现象的原因主要有哪些？

11. 对分布滞后模型进行 OLS 估计存在哪些问题？实际应用中如何处理这些困难？

12. 表中给出了1970—1987年美国的个人消息支出（PCE）和个人可支配收入（PDI）数据，所有数字的单位都是10亿美元（1982年的美元价）。

年份	PCE	PDI	年份	PCE	PDI	年份	PCE	PDI
1970	1492.0	1668.1	1976	1803.9	2001.0	1982	2050.7	2261.5
1971	1538.8	1728.4	1977	1883.8	2066.6	1983	2146.0	2331.9
1972	1961.9	1797.4	1978	1961.0	2167.4	1984	2249.3	2469.8
1973	1689.6	1916.3	1979	2004.4	2212.6	1985	2354.8	2542.8
1974	1674.0	1896.6	1980	2000.4	2214.3	1986	2455.2	2640.9
1975	1711.9	1931.7	1981	2042.2	2248.6	1987	2521.0	2686.3

估计下列模型：

$PCE_t = A_1 + A_2 PDI_t + \mu_t$

$PCE_t = B_1 + B_2 PDI_t + B_3 PCE_{t-1} + \upsilon_t$

（1）解释这两个回归模型的结果。

（2）短期和长期边际消费倾向（MPC）是多少？

13. 表中给出了某地区1962—1995年基本建设新增固定资产Y（亿元）和全省工业总产值X（亿元）按当年价格计算的历史资料。

年份	Y	X	年份	Y	X
1962	0.94	4.95	1979	2.06	42.69
1963	1.69	6.63	1980	7.93	51.61
1964	1.78	8.51	1981	8.01	61.5
1965	1.84	9.37	1982	6.64	60.73
1966	4.36	11.23	1983	16	64.64
1967	7.02	11.34	1984	8.81	66.67
1968	5.55	19.9	1985	10.38	73.78
1969	6.93	29.49	1986	6.2	69.52
1970	7.17	36.83	1987	7.97	79.64
1971	2.33	21.19	1988	27.33	92.45
1972	2.18	18.14	1989	12.58	102.94
1973	2.39	19.69	1990	12.47	105.62
1974	3.3	23.88	1991	10.88	104.88
1975	5.24	29.65	1992	17.7	113.3
1976	5.39	40.94	1993	14.72	127.13
1977	1.78	33.08	1994	13.76	141.44
1978	0.73	20.3	1995	14.42	173.75

（1）设定模型 $Y_t^* = \alpha + \beta X_t + \mu_t$ 作部分调整假定，估计参数，并作解释。

（2）设定模型 $Y_t = \alpha + \beta X_t^* + \mu_t$ 作自适应假定，估计参数，并作解释。

（3）比较上述两种模型的设定，哪一个模型拟合较好？

14. 表中给出了某地区消费总额 Y（亿元）和货币收入总额 X（亿元）的年度资料。

年份	X	Y	年份	X	Y
1975	103.169	91.158	1990	215.539	204.75
1976	115.07	109.1	1991	220.391	218.666
1977	132.21	119.187	1992	235.483	227.425
1978	156.574	143.908	1993	280.975	229.86
1979	166.091	155.192	1994	292.339	244.23
1980	155.099	148.673	1995	278.116	258.363
1981	138.175	151.288	1996	292.654	275.248
1982	146.936	148.1	1997	341.442	299.277
1983	157.7	156.777	1998	401.141	345.47
1984	179.797	168.475	1999	458.567	406.119
1985	195.779	174.737	2000	500.915	462.223
1986	194.858	182.802	2001	450.939	492.662
1987	189.179	180.13	2002	626.709	539.046
1988	199.963	190.444	2003	783.953	617.568
1989	205.717	196.9	2004	890.637	727.397

分析该地区消费同收入的关系

（1）做 Y_t 关于 X_t 的回归，对回归结果进行分析判断；

（2）建立分布滞后模型，用库伊克变换转换为库伊克模型后进行估计，并对估计结果进行分析判断；

（3）建立局部调整——自适应期望综合模型进行分析。

第六章 联立方程计量经济学模型理论与方法

联立方程计量经济学模型是相对于单方程计量经济学模型而言。它以经济系统为研究对象,以揭示经济系统中各部分、各因素之间的数量关系和系统的数量特征为目标,用于经济系统的预测、分析和评价,是计量经济学模型的重要组成部分。它的理论与方法也是本教材的重点内容之一。

第一节 问题的提出

联立方程计量经济学模型问题是从两方面提出来的。从研究对象的角度来说,为了满足实际研究对象的需要而建立联立方程计量经济学模型;从计量经济学理论方法角度来说,为了估计联立方程计量经济学模型的需要而发展新的理论与方法。

一、经济研究中的联立方程计量经济学问题

单方程计量经济学模型,是用单一方程描述某一经济变量与影响该变量变化的诸因素之间的数量关系。所以,它适用单一经济现象的研究,揭示其中的单向因果关系。但是,经济现象是极为复杂的,其中诸因素之间的关系,在很多情况下,不是单一方程所能描述的那种简单的单向因果关系,而是相互依存、互为因果的,这时,就必须用一组方程才能描述清楚。我们称这些经济现象为经济系统。

经济系统并没有严格的空间概念。国民经济是一个系统,一个地区的经济也是一个系统,甚至某一项经济活动也是一个系统。例如,我们进行商品购买决策,由于存在收入或预算的制约,在决定是否购买某一种商品时,必须考虑到对其他商品的需求与其他商品的价格,这样一来,不同商品的需求量之间是互相影响、互为因果的。那么,商品购买决策就是一个经济系统。

以一个由国内生产总值(Y)、居民消费总额(C)、投资总额(I)和政府消费额(G)等变量构成的简单的宏观经济系统为例。如果将政府消费额由系统外部给定,并对系统内部其他变量产生影响,就国内生产总值、居民消费总额、投资总额来讲,是互相影响并互为因果。居民消费和投资当然取决于国内生产总值,反之又影响国内生产总值。所以就无法用一个方程描述它们之间的关系,就需要建立一个由多个方程组成的方程系统。例如,可以建立如下的模型:

$$\begin{aligned} C_t &= \alpha_0 + \alpha_1 Y_t + \mu_{1t} \\ I_t &= \beta_0 + \beta_1 Y_t + \beta_2 Y_{t-1} + \mu_{2t} \\ Y_t &= C_t + I_t + G_t \end{aligned} \quad (6.1.1)$$

其中,第1个方程表示居民消费总额由国内生产总值决定;第2个方程表示投资总额由国内生产总值和前一年的国内生产总值共同决定;第3个方程表示国内生产总值由居民消费总额、投资总额和政府消费额共同决定,在假定进出口平衡的情况下,是一个衡等方程。这就是一个简单的描述宏观经济的联立方程计量经济学模型。实际经济研究中的联立方程计量经济学问题就是这样提出来的。

二、计量经济学方法中的联立方程问题

上面已经指出,经济系统中诸因素之间的关系必须用联立的计量经济学方程才能较好地描述。但是,如果联立方程模型中的每个方程都可以看作一个单方程模型,都可以用单方程模型中讲述的方法加以研究,那么,从计量经济学理论与方法的角度,联立方程模型的提出就没有什么新内容了。事实上,问题是存在的。主要表现在以下三个方面:

1. 随机解释变量问题

以上述简单的宏观经济模型为例。如果我们用单方程模型方法估计其中的居民消费方程,从方程

系统中可以判断，作为居民消费总额的解释变量的国内生产总值是一个随机变量。因为根据第3个方程，它是由居民消费与投资决定，而根据第1个方程和第2个方程，居民消费和投资都是随机变量，所以国内生产总值不是确定性变量。更进一步地分析，居民消费 C 是与随机误差项 μ_1 相关，所以国内生产总值 Y 也与 μ_1 相关。如果直接利用普通最小二乘法估计居民消费方程，将得到关于 α_0 和 α_1 的有偏估计量，这一点在第二章中已经证明了。对于投资方程也是如此。

2. 损失变量信息问题

在一个经济系统中，变量之间或多或少地存在某种关联。在估计联立方程系统中某一个随机方程参数时，必须考虑没有包含在该方程中的变量的数据信息。例如，居民消费方程中仅包含国内生产总值 Y，没有包含政府消费 G 和前期国内生产总值 Y_{t-1}，但是它们分别通过第2个方程和第3个方程对居民消费 C 产生影响。所以在估计居民消费方程的参数时，必须充分考虑政府消费 G 和前期国内生产总值 Y_{t-1} 的数据信息。而采用第二章的单方程模型方法是无法实现这一点的。

3. 损失方程之间的相关性信息问题

联立方程模型系统中每个随机方程之间往往存在某种相关性，表现于不同方程随机误差项之间。尤其在以时间序列数据作样本时，不同方程随机误差项之间往往存在同期相关性，即在同一个样本点上，它们经常是相关的。为什么？以上述宏观经济模型为例。如果经济景气对消费与投资具有虽不很显著但确实存在的影响，那么这种影响被分别包含在 μ_1 和 μ_2 中，导致在同一个样本点上 μ_1 和 μ_2 是相关的。如果采用单方程模型方法估计某一个方程，是不可能考虑这种相关性的，造成信息的损失。

通过以上分析，得出一个结论：必须发展新的估计方法估计联立方程计量经济学模型，以尽可能避免出现这些问题，这就从计量经济学理论方法上提出了联立方程问题。

第二节 联立方程计量经济学模型的若干基本概念

在联立方程计量经济学模型中，有一些在单方程模型中没有出现的概念；即使已经出现的概念，其内涵也发生了变化。所以搞清楚基本概念，是十分重要的。

一、变量

在联立方程计量经济学模型中，对于其中每个随机方程，其变量仍然有被解释变量与解释变量之分。但是对于模型系统而言，已经不能用被解释变量与解释变量来划分变量，正如上节所说的，同一个变量，在这个方程中作为被解释变量，在另一个方程中则可能作为解释变量。对于联立方程模型系统而言，将变量分为内生变量和外生变量两大类，外生变量与滞后内生变量又被统称为先决变量。

1. 内生变量

内生变量是具有某种概率分布的随机变量，它的参数是联立方程系统估计的元素，内生变量是由模型系统决定的，同时也对模型系统产生影响。内生变量一般都是经济变量。

一般情况下，内生变量 Y 满足

$$Cov(Y_i, \mu_i) \neq 0 \text{ 即 } E(Y_i \mu_i) \neq 0$$

$$Cov(Y_i, \mu_i) = E\{[Y_i - E(Y_i)][\mu_i - E(\mu_i)]\}$$

因为
$$= E\{[Y_i - E(Y_i)]\mu_i\}$$
$$= E(Y_i \mu_i) - E(Y_i)E(\mu_i)$$
$$= E(Y_i \mu_i)$$

在第六章第一节的宏观经济模型（6.1.1）中，国内生产总值（Y）、居民消费总额（C）、投资总额（I）为内生变量。

2. 外生变量

外生变量一般是确定性变量，或者是具有临界概率分布的随机变量，其参数不是模型系统研究的元素。外生变量影响系统，但本身不受系统的影响。外生变量一般是经济变量、条件变量、政策变量、虚变量。

外生变量 X 一般满足：$E(Y_i\mu_i)=0$ 在第六章第一节的宏观经济模型（6.1.1）中，政府消费 G 是外生变量。

3. 先决变量

外生变量与滞后内生变量统称为先决变量。

滞后内生变量是联立方程计量经济学模型中重要的不可缺少的一部分变量，用以反映经济系统的动态性与连续性。如果模型满足 $E(Y_i\mu_{i-s})=0$，$s\neq 0$ 那么 $E(Y_{i-s}\mu_i)=0$，$s\neq 0$

在第六章第一节的宏观经济模型中，前期国内生产总值 Y_{t-1} 为滞后内生变量，它与政府消费 G 一起构成先决变量。

在单方程计量经济学模型中，内生变量作为被解释变量，外生变量与滞后内生变量作为解释变量。而在联立方程模型中，内生变量既作为被解释变量，又可以在不同的方程中作为解释变量。

二、结构式模型

根据经济理论和行为规律建立的描述经济变量之间直接关系结构的计量经济学方程系统称为结构式模型。第六章第一节的简单宏观经济模型

$$\begin{aligned} C_t &= \alpha_0 + \alpha_1 Y_t + \mu_{1t} \\ I_t &= \beta_0 + \beta_1 Y_t + \beta_2 Y_{t-1} + \mu_{2t} \qquad t=1,2,\cdots,n \\ Y_t &= C_t + I_t + G_t \end{aligned} \qquad （6.2.1）$$

就是一个结构式模型。

结构式模型中的每一个方程都是结构方程，各个结构方程的参数被称为结构参数。在结构方程中，解释变量中可以出现内生变量。将一个内生变量表示为其他内生变量、先决变量和随机误差项的函数形式，被称为结构方程的正规形式。结构方程的方程类型如下：

$$\text{方程}\begin{cases}\text{随机方程}\begin{cases}\text{行为方程}\\\text{技术方程}\\\text{制度方程}\\\text{统计方程}\end{cases}\\\text{恒等方程}\begin{cases}\text{定义方程}\\\text{平衡方程}\\\text{经验方程}\end{cases}\end{cases}$$

其中，行为方程描述经济系统中变量之间的行为关系，主要是因果关系，如用收入作为消费的解释变量建立的方程；技术方程描述由技术决定的变量之间的关系，如用总产值作为净产值的解释变量建立的方程；制度描述由制度决定的变量之间的关系，如用进口总额作为关税收入的解释变量建立的方程；统计方程描述由数据之间的相关性决定的变量之间的关系，如描述城镇居民收入与农村居民收入之间关系的方程。显然，在随机方程中，统计方程较多的结构式模型不是好的模型，应该尽可能地避免出现统计方程。定义方程与平衡方程之间是有区别的。前者是由经济学或经济统计学的定义决定

的，如国内生产总值等于第一、二、三产业增加值之和；后者是由变量所代表的指标之间的平衡关系决定的，如政府消费等于消费总额减去居民消费。经验方程仅描述由经验得到的数据之间的确定性关系，没有什么实质性意义。所以在恒等方程中，经验方程较多的结构式模型不是好的模型，应该尽可能地避免出现经验方程。

习惯上用 Y 表示内生变量，X 表示先决变量，N 表示随机项，β 表示内生变量的结构参数，γ 表示先决变量的结构参数，如果模型中有常数项，可以看作一个外生的虚变量 X_0，它的观测值始终取 1。那么，具有 g 个内生变量、k 个先决变量、g 个结构方程的模型被称为完备的结构式模型。在完备的结构式模型中，独立的结构方程的数目等于内生变量的数目，每个内生变量都分别由一个方程来描述。一个完备的结构式模型可以写作

$$\mathbf{BY} + \mathbf{\Gamma X} = \mathbf{N} \tag{6.2.2}$$

或

$$(\mathbf{B}\ \mathbf{\Gamma})\begin{pmatrix} \mathbf{Y} \\ \mathbf{X} \end{pmatrix} = \mathbf{N} \tag{6.2.3}$$

其中 $Y = \begin{pmatrix} Y_1 \\ Y_2 \\ \vdots \\ Y_g \end{pmatrix}$ $X = \begin{pmatrix} X_1 \\ X_2 \\ \vdots \\ X_k \end{pmatrix}$ $N = \begin{pmatrix} N_1 \\ N_2 \\ \vdots \\ N_g \end{pmatrix}$

用 n 表示样本容量，则 $Y = \begin{pmatrix} Y_1 \\ Y_2 \\ \vdots \\ Y_g \end{pmatrix} = \begin{bmatrix} y_{11} & y_{12} & \cdots & y_{1n} \\ y_{21} & y_{22} & \cdots & y_{2n} \\ \vdots \\ y_{g1} & y_{g2} & \cdots & y_{gn} \end{bmatrix}$

$X = \begin{pmatrix} X_1 \\ X_2 \\ \vdots \\ X_k \end{pmatrix} = \begin{bmatrix} x_{11} & x_{12} & \cdots & x_{1n} \\ x_{21} & x_{22} & \cdots & x_{2n} \\ \vdots \\ x_{k1} & x_{k2} & \cdots & x_{kn} \end{bmatrix}$ $N = \begin{pmatrix} N_1 \\ N_2 \\ \vdots \\ N_g \end{pmatrix} = \begin{bmatrix} \mu_{11} & \mu_{12} & \cdots & \mu_{1n} \\ \mu_{21} & \mu_{22} & \cdots & \mu_{2n} \\ \vdots \\ \mu_{g1} & \mu_{g2} & \cdots & \mu_{gn} \end{bmatrix}$

参数矩阵为：$\mathbf{B} = \begin{bmatrix} \beta_{11} & \beta_{12} & \cdots & \beta_{1n} \\ \beta_{21} & \beta_{22} & \cdots & \beta_{2n} \\ \vdots \\ \beta_{g1} & \beta_{g2} & \cdots & \beta_{gg} \end{bmatrix}$ $\mathbf{\Gamma} = \begin{bmatrix} \gamma_{11} & \gamma_{12} & \cdots & \gamma_{1n} \\ \gamma_{21} & \gamma_{22} & \cdots & \gamma_{2n} \\ \vdots \\ \gamma_{k1} & \gamma_{k2} & \cdots & \gamma_{kk} \end{bmatrix}$

$(\mathbf{B}\mathbf{\Gamma})$ 为结构参数矩阵。

将式（6.2.1）表示的宏观经济模型写成矩阵方程（6.2.2）的形式，其中各个矩阵为

$Y = \begin{bmatrix} C_t \\ I_t \\ Y_t \end{bmatrix} = \begin{bmatrix} C_1 & C_2 & \cdots & C_n \\ I_1 & I_2 & \cdots & I_n \\ Y_1 & Y_2 & \cdots & Y_n \end{bmatrix}$ $X = \begin{bmatrix} 1 \\ Y_{t-1} \\ G_t \end{bmatrix} = \begin{bmatrix} 1 & 1 & \cdots & 1 \\ Y_0 & Y_1 & \cdots & Y_{n-1} \\ G_1 & G_2 & \cdots & G_n \end{bmatrix}$

$N = \begin{bmatrix} N_1 \\ N_2 \\ 0 \end{bmatrix} = \begin{bmatrix} \mu_{11} & \mu_{12} & \cdots & \mu_{1n} \\ \mu_{21} & \mu_{22} & \cdots & Y_{2n} \\ 0 & 0 & \cdots & 0 \end{bmatrix}$ $(\mathbf{B}\mathbf{\Gamma}) = \begin{bmatrix} 1 & 0 & -\alpha_1 & -\alpha_0 & 0 & 0 \\ 0 & 1 & -\beta_1 & -\beta_2 & -\beta_3 & 0 \\ -1 & -1 & 1 & 0 & 0 & -1 \end{bmatrix}$

在一些教科书中，也采用式（6.2.2.）、式（6.2.3）的转置形式表示结构式模型：

$$YB + X\Gamma = N \quad (6.2.4)$$

$$(YX)\begin{pmatrix} B \\ \Gamma \end{pmatrix} = N \quad (6.2.5)$$

注意，式（6.2.4）、式（6.2.5）中各个矩阵都是式（6.2.2）、式（6.2.3）中各个矩阵的转置，尽管在书写符号上未加区分。

三、简化式模型

将联立方程模型的每个内生变量表示成所有先决变量和随机误差项的函数，即用所有先决变量作为每个内生变量的解释变量，所形成的模型称为简化式模型。显然，简化式模型并不反映经济系统中变量之间的直接关系，并不是经济系统的客观描述，因此也不是我们研究的对象。但是，由于简化式模型中作为解释变量的变量中没有内生变量，可以采用普通最小二乘法估计每个方程的参数，所以它在联立方程模型研究中具有重要的作用。简化式模型中每个方程称为简化式方程，方程的参数称为简化式参数。通常用 Π 表示简化式参数，于是简化式模型的矩阵形式为

$$Y = \Pi X + E \quad (6.2.6)$$

其中

$$\Pi = \begin{bmatrix} \pi_{11} & \pi_{12} & \cdots & \pi_{1k} \\ \pi_{21} & \pi_{22} & \cdots & \pi_{2k} \\ \vdots & & & \\ \pi_{g1} & \pi_{g2} & \cdots & \pi_{gk} \end{bmatrix} \quad E = \begin{pmatrix} E_1 \\ E_2 \\ \vdots \\ E_g \end{pmatrix} = \begin{bmatrix} \varepsilon_{11} & \varepsilon_{12} & \cdots & \varepsilon_{1n} \\ \varepsilon_{21} & \varepsilon_{22} & \cdots & \varepsilon_{2n} \\ \vdots & & & \\ \varepsilon_{g1} & \varepsilon_{g2} & \cdots & \varepsilon_{gn} \end{bmatrix}$$

同样也可以用（6.2.6）的转置形式表示简化式模型

$$Y = X\Pi + E \quad (6.2.7)$$

其中每个矩阵都是式（6.2.6）中同名矩阵的转置。

宏观经济模型（6.2.1）的简化式模型为

$$\begin{cases} C_t = \pi_{10} + \pi_{11} Y_{t-1} + \pi_{12} G_t + \varepsilon_{1t} \\ I_t = \pi_{20} + \pi_{21} Y_{t-1} + \pi_{22} G_t + \varepsilon_{2t} \\ Y_t = \pi_{30} + \pi_{31} Y_{t-1} + \pi_{32} G_t + \varepsilon_{3t} \end{cases} \quad t=1,2,\cdots,n \quad (6.2.8)$$

四、参数关系体系

将式（6.2.2.）作如下变换：
$$BY = -\Gamma X + N$$
$$Y = -B^{-1}\Gamma X + B^{-1}N$$

与式（6.2.6）比较，可以得到： $\Pi = -B^{-1}\Gamma$ \quad (6.2.9)

该式描述了简化式参数与结构式参数之间的关系，称为参数关系体系。

将结构式（6.2.1）模型进行变量连续替代后得到

$$C_t = \frac{\alpha_0 - \alpha_0\beta_1 + \alpha_1\beta_2}{1 - \alpha_1 - \beta_1} + \frac{\alpha_1\beta_2}{1 - \alpha_1 - \beta_1} Y_{t-1} + \frac{\alpha_1}{1 - \alpha_1 - \beta_1} G_t + \frac{\mu_{1t} + \alpha_1\mu_{2t} - \beta_1\mu_{1t}}{1 - \alpha_1 - \beta_1}$$

$$I_t = \frac{\beta_0 - \alpha_1\beta_0 + \alpha_0\beta_1}{1 - \alpha_1 - \beta_1} + \frac{\beta_2 - \alpha_1\beta_2}{1 - \alpha_1 - \beta_1} Y_{t-1} + \frac{\beta_1}{1 - \alpha_1 - \beta_1} G_t + \frac{\mu_{2t} - \alpha_1\mu_{2t} + \beta_1\mu_{1t}}{1 - \alpha_1 - \beta_1}$$

$$Y_t = \frac{\beta_0 + \alpha_0}{1 - \alpha_1 - \beta_1} + \frac{\beta_2}{1 - \alpha_1 - \beta_1} Y_{t-1} + \frac{1}{1 - \alpha_1 - \beta_1} G_t + \frac{\mu_{2t} + \mu_{1t}}{1 - \alpha_1 - \beta_1}$$

与式（6.2.8）对照，得到简化式参数与结构式参数之间关系体系为

$$\pi_{10} = \frac{\alpha_0 - \alpha_0\beta_1 + \alpha_1\beta_2}{1-\alpha_1-\beta_1}\pi_{11} + \frac{\alpha_1\beta_2}{1-\alpha_1-\beta_1}\pi_{12} = \frac{\alpha_1}{1-\alpha_1-\beta_1}$$

$$\pi_{20} = \frac{\beta_0 - \alpha_1\beta_0 + \alpha_0\beta_1}{1-\alpha_1-\beta_1}\pi_{21} + \frac{\beta_2 - \alpha_1\beta_2}{1-\alpha_1-\beta_1}\pi_{22} = \frac{\beta_1}{1-\alpha_1-\beta_1}$$

$$\pi_{30} = \frac{\beta_0 + \alpha_0}{1-\alpha_1-\beta_1}\pi_{31} + \frac{\beta_2}{1-\alpha_1-\beta_1}\pi_{32} = \frac{1}{1-\alpha_1-\beta_1}$$

利用参数关系体系，首先估计简化式参数，其次可以计算得到结构式参数。从参数关系体系还可以看出，简化式参数反映了先决变量对内生变量的直接与间接影响之和，这是简化式模型的另一个重要作用。例如，π_{21}表示Y_{t-1}对I_t的影响，即Y_{t-1}增加1个单位时对I_t的影响。根据

$$\pi_{21} = \frac{\beta_2 - \alpha_1\beta_2}{1-\alpha_1-\beta_1} = \beta_2 + \frac{\beta_1\beta_2}{1-\alpha_1-\beta_1}。$$

这种影响被分成两部分，其中前一项β_2正是结构式方程中反映Y_{t-1}对I_t的直接影响的参数，后一项反映Y_{t-1}对I_t的间接影响，只有通过简化式模型才能得到。

第三节 联立方程计量经济学模型的识别

联立方程计量经济学模型是由多个方程组成，对方程之间的关系有严格的要求，否则模型就可能无法估计。所以在进行模型估计之前首先要判断它是否可以估计，这就是模型的识别。

一、识别的概念

我们先看一个例子。有如下3个方程构成的简单宏观经济模型

$$C_t = \alpha_0 + \alpha_1 Y_t + \mu_{1t}$$
$$I_t = \beta_0 + \beta_1 Y_t + \mu_{2t} \qquad t=1,2,\cdots,n$$
$$Y_t = C_t + I_t$$

其中C为消费总额，包括居民消费和政府消费，在假定进出口平衡的情况下，国内生产总值为消费总额与投资总额之和。模型中消费总额与投资总额都用国内生产总值解释，在经济学上也是可以接受的。所以，如果该模型可以估计，不失为一个描述消费总额、投资总额和国内生产总值关系的总量宏观经济模型。

但是，分析发现，消费方程是包含C、Y和常数项的直接线性方程，而投资方程和国内生产总值方程的某种线性组合（消去I）所构成的新方程也是包含C、Y和常数项的直接线性方程。现在，问题出现了，当我们收集了C、Y的样本观测值并进行参数估计后，很难判断得到的是消费方程的参数估计量还是新组合方程的参数估计量。这时，我们只能认为原模型中的消费方程是不可估计的。这种情况被称为不可识别。

1. 识别的定义

在不同的教科书中，分别给出了识别的3种定义：

"如果联立方程模型中某个结构方程不具有确定的统计形式，则称该方程为不可识别。"

"如果联立方程模型中某些方程的线性组合可以构成与某一个方程相同的统计形式，则称该方程为不可识别。"

"根据参数关系体系，在已知简化式参数估计值时，如果不能得到联立方程模型中某个结构方程

的确定的结构参数估计值,则称该方程为不可识别。"

认真分析以上3种定义可以发现,应该以是否具有确定的统计形式作为识别的基本定义,即上述第1种;其他两种表述实际上是判断识别与否的方法。

什么是"统计形式"?即变量和方程关系式。什么是"具有确定的统计形式"?即模型系统中其他方程或所有方程的任意线性组合所构成的新的方程都不再具有这种统计形式。模型(6.3.1)中的消费方程已经被证明不具有确定的统计形式,因为其他两个方程的线性组合形成的新方程与它的统计形式完全相同。如果某个结构方程不具有确定的统计形式,那么根据参数关系体系,在已知简化式模型参数估计值时,就不能得到该结构方程的确定的结构参数估计值。

2. 模型的识别

上述识别的定义是针对结构方程而言的。模型中每个需要估计其参数的随机方程都存在识别问题。如果一个模型中的所有随机方程都是可以识别的,则认为该联立方程模型系统是可以识别的;反之,如果一个模型系统中存在一个不可识别的随机方程,则认为该联立方程模型系统是不可以识别的。恒等方程由于不存在参数估计问题,所以也不存在识别问题。但是,必须注意,在判断随机方程的识别性问题时,应该将恒等方程考虑在内。例如,模型(6.3.1)中正是恒等方程与投资方程的线性组合,构成了与消费方程具有相同统计形式的新方程,使得消费方程不可识别。

3. 恰好识别与过度识别

我们讲"某一个随机方程,当给定有关变量的样本观测值,其参数具有确定的估计量",包括两种情况。一是只有一组参数估计量;二是具有有限组参数估计量。如果某一个随机方程具有一组参数估计量,称其为恰好识别;如果某一个随机方程具有多组参数估计量,称其为过度识别。

为了更好地理解上述概念,我们通过模型(6.3.1)及其改进形式逐步加以说明。

模型1

$$\begin{cases} C_t = \alpha_0 + \alpha_1 Y_t + \mu_{1t} \\ I_t = \beta_0 + \beta_1 Y_t + \mu_{2t} \qquad t=1,2,\cdots,n \\ Y_t = C_t + I_t \end{cases} \qquad (6.3.1)$$

已经判断消费方程不可识别。同样第1个方程与第3个方程的线性组合得到的新方程具有与投资方程相同的统计形式,所以投资方程也是不可识别的。于是,该模型系统不可识别。

该模型的简化式模型为
$$C_t = \pi_{10} + \varepsilon_{1t}$$
$$I_t = \pi_{20} + \varepsilon_{2t}$$
$$Y_t = \pi_{30} + \varepsilon_{3t}$$

参数关系体系为
$$\pi_{10} = \frac{\alpha_0 - \alpha_0\beta_1 + \alpha_1\beta_0}{1 - \alpha_1 - \beta_1}$$
$$\pi_{20} = \frac{\beta_0 - \alpha_1\beta_0 + \alpha_0\beta_0}{1 - \alpha_1 - \beta_1}$$
$$\pi_{30} = \frac{\alpha_0 + \beta_0}{1 - \alpha_1 - \beta_1}$$

由该3个方程组成的方程组中,剔除一个矛盾方程(方程1、方程2相加,右端等于方程3的右端,而左端并不一定相等,形成矛盾方程),在已知 $\hat{\pi}_{10}, \hat{\pi}_{20}, \hat{\pi}_{30}$ 时,2个方程不能求得 $\hat{\alpha}_0, \hat{\alpha}_1, \hat{\beta}_0, \hat{\beta}_1$ 的确定值。所以也证明消费方程与投资方程都是不可识别的。

模型2

在模型1的投资方程中增加解释变量 Y_{t-1},模型变为

$$\begin{cases} C_t = \alpha_0 + \alpha_1 Y_t + \mu_{1t} \\ I_t = \beta_0 + \beta_1 Y_t + \beta_2 Y_{t-1} + \mu_{2t} \qquad t=1,2,\cdots,n \\ Y_t = C_t + I_t \end{cases} \qquad (6.3.2)$$

这时，消费方程是可以识别的，因为任何方程的线性组合都不能构成与它相同的统计形式。但是，投资方程仍然是不可识别的，因为第1个方程、第2个方程与第3个方程的线性组合（消去 C）构成与它相同的统计形式。于是，该模型系统仍然不可识别。

该模型的简化式模型为
$$\begin{aligned} C_t &= \pi_{10} + \pi_{11} Y_{t-1} + \varepsilon_{1t} \\ I_t &= \pi_{20} + \pi_{21} Y_{t-1} + \varepsilon_{2t} \\ Y_t &= \pi_{30} + \pi_{31} Y_{t-1} + \varepsilon_{3t} \end{aligned}$$

参数关系体系为
$$\pi_{10} = \frac{\alpha_0 - \alpha_0 \beta_1 + \alpha_1 \beta_2}{1 - \alpha_1 - \beta_1} \qquad \pi_{11} = \frac{\alpha_1 \beta_2}{1 - \alpha_1 - \beta_1}$$
$$\pi_{20} = \frac{\beta_0 - \alpha_1 \beta_0 + \alpha_0 \beta_1}{1 - \alpha_1 - \beta_1} \qquad \pi_{21} = \frac{\beta_2 - \alpha_1 \beta_2}{1 - \alpha_1 - \beta_1}$$
$$\pi_{30} = \frac{\alpha_0 + \beta_0}{1 - \alpha_1 - \beta_1} \qquad \pi_{31} = \frac{\beta_2}{1 - \alpha_1 - \beta_1}$$

该6个方程组成的方程组中剔除2个矛盾方程，在已知 $\hat{\pi}_{10}, \hat{\pi}_{20}, \hat{\pi}_{30}, \hat{\pi}_{11}, \hat{\pi}_{21}, \hat{\pi}_{31}$ 时，由4个方程是不能求得所有5个结构参数的确定估计值，但是可以得到 $\hat{\alpha}_0, \hat{\alpha}_1$ 的确定值。所以也证明消费方程可以识别，而投资方程都是不可识别的。而且，只能得到 $\hat{\alpha}_0, \hat{\alpha}_1$ 的一组确定值，所以消费方程是恰好识别的方程。（读者自己求解上述方程组，验证这些结论。）

模型3

在模型2的消费方程中增加解释变量 C_{t-1}，模型变为

$$\begin{cases} C_t = \alpha_0 + \alpha_1 Y_t + \alpha_2 C_{t-1} + \mu_{1t} \\ I_t = \beta_0 + \beta_1 Y_t + \beta_2 Y_{t-1} + \mu_{2t} \qquad t=1,2,\cdots,n \\ Y_t = C_t + I_t \end{cases} \qquad (6.3.3)$$

这时，消费方程仍然是可以识别的，因为任何方程的线性组合都不能构成与它相同的统计形式。而且，投资方程也是可以识别的，因为任何方程的线性组合都不能构成与它相同的统计形式。于是，该模型系统是可以识别的。

该模型的简化式模型为：
$$\begin{aligned} C_t &= \pi_{10} + \pi_{11} Y_{t-1} + \pi_{11} C_{t-1} + \varepsilon_{1t} \\ I_t &= \pi_{20} + \pi_{21} Y_{t-1} + \pi_{22} C_{t-1} + \varepsilon_{2t} \\ Y_t &= \pi_{30} + \pi_{31} Y_{t-1} + \pi_{33} C_{t-1} + \varepsilon_{3t} \end{aligned}$$

参数关系体系为
$$\pi_{10} = \frac{\alpha_0 - \alpha_0 \beta_1 + \alpha_1 \beta_0}{1 - \alpha_1 - \beta_1} \qquad \pi_{11} = \frac{\alpha_1 \beta_2}{1 - \alpha_1 - \beta_1} \qquad \pi_{12} = \frac{\alpha_2 - \alpha_2 \beta_1}{1 - \alpha_1 - \beta_1}$$
$$\pi_{20} = \frac{\beta_0 - \alpha_1 \beta_0 + \alpha_0 \beta_1}{1 - \alpha_1 - \beta_1} \qquad \pi_{21} = \frac{\beta_2 - \alpha_1 \beta_2}{1 - \alpha_1 - \beta_1} \qquad \pi_{22} = \frac{\alpha_2 \beta_1}{1 - \alpha_1 - \beta_1}$$
$$\pi_{30} = \frac{\alpha_0 + \beta_0}{1 - \alpha_1 - \beta_1} \qquad \pi_{31} = \frac{\beta_2}{1 - \alpha_1 - \beta_1} \qquad \pi_{32} = \frac{\alpha_2}{1 - \alpha_1 - \beta_1}$$

该9个方程组成的方程组中剔除3个矛盾方程，在已知简化式参数估计值时，由6个方程能够求得所有6个结构参数的确定估计值。所以也证明消费方程和投资方程都是可以识别的。而且，只能得到所有6个结构参数的一组确定值，所以消费方程和投资方程都是恰好识别的方程。（读者自己求解

上述方程组，验证这些结论。）

模型 4

在模型 3 的消费方程中增加解释变量前一年的价格指数 P_{t-1}，模型变为

$$\begin{cases} C_t = \alpha_0 + \alpha_1 Y_t + \alpha_2 C_{t-1} + \alpha_3 P_{t-1} + \mu_{1t} \\ I_t = \beta_0 + \beta_1 Y_t + \beta_2 Y_{t-1} + \mu_{2t} \qquad t=1,2,\cdots,n \\ Y_t = C_t + I_t \end{cases} \qquad (6.3.4)$$

这时，消费方程和投资方程仍然是可以识别的，因为任何方程的线性组合都不能构成与它们相同的统计形式。于是，该模型系统是可以识别的。

该模型的简化式模型为

$$C_t = \pi_{10} + \pi_{11} Y_{t-1} + \pi_{11} C_{t-1} + \pi_{13} P_{t-1} + \varepsilon_{1t}$$
$$I_t = \pi_{20} + \pi_{21} Y_{t-1} + \pi_{22} C_{t-1} + \pi_{23} P_{t-1} + \varepsilon_{2t}$$
$$Y_t = \pi_{30} + \pi_{31} Y_{t-1} + \pi_{33} C_{t-1} + \pi_{33} P_{t-1} + \varepsilon_{3t}$$

参数关系体系为

$$\pi_{10} = \frac{\alpha_0 - \alpha_0 \beta_1 + \alpha_1 \beta_0}{1 - \alpha_1 - \beta_1} \quad \pi_{20} = \frac{\beta_0 - \alpha_1 \beta_0 + \alpha_0 \beta_1}{1 - \alpha_1 - \beta_1} \quad \pi_{30} = \frac{\alpha_0 + \beta_0}{1 - \alpha_1 - \beta_1}$$

$$\pi_{11} = \frac{\alpha_1 \beta_2}{1 - \alpha_1 - \beta_1} \quad \pi_{21} = \frac{\beta_2 - \alpha_1 \beta_2}{1 - \alpha_1 - \beta_1} \quad \pi_{31} = \frac{\beta_2}{1 - \alpha_1 - \beta_1}$$

$$\pi_{12} = \frac{\alpha_2 - \alpha_2 \beta_1}{1 - \alpha_1 - \beta_1} \quad \pi_{22} = \frac{\alpha_2 \beta_1}{1 - \alpha_1 - \beta_1} \quad \pi_{32} = \frac{\alpha_2}{1 - \alpha_1 - \beta_1}$$

$$\pi_{30} = \frac{\alpha_3 - \alpha_3 \beta_1}{1 - \alpha_1 - \beta_1} \quad \pi_{23} = \frac{\alpha_3 \beta_1}{1 - \alpha_1 - \beta_1} \quad \pi_{33} = \frac{\alpha_3}{1 - \alpha_1 - \beta_1}$$

该 12 个方程组成的方程组中剔除 4 个矛盾方程，在已知简化式参数估计值时，由 8 个方程能够求得所有 7 个结构参数的确定估计值。所以也证明消费方程和投资方程都是可以识别的。但是，求解结果表明，对于 $\hat{\alpha}_0, \hat{\alpha}_1, \hat{\alpha}_2, \hat{\alpha}_3$ 只能得到一组确定值，所以消费方程是恰好识别的方程；而对于 $\hat{\beta}_0, \hat{\beta}_1, \hat{\beta}_2$ 能够得到多组确定值，所以投资方程是过度识别的方程。（读者自己求解上述方程组，验证这些结论。）

需要特别指出，在求解线性代数方程组时，如果方程数目大于未知数数目，被认为无解；如果方程数目小于未知数数目，被认为有无穷多解。但是在这里，无穷多解意味着没有确定值，所以，如果参数关系体系中有效方程数目小于未知结构参数估计量数目，被认为不可识别。如果参数关系体系中有效方程数目大于未知结构参数估计量数目，那么每次从中选择与未知结构参数估计量数目相等的方程数，可以解得一组结构参数估计值，换一组方程，又可以解得一组结构参数估计值，这样就可以得到多组结构参数估计值，被认为可以识别，但不是恰好识别，而是过度识别。模型 4 中投资方程就是这种情况。

二、结构式识别条件

从识别的概念出发，完全可以对联立方程模型的识别状态进行判断，实际中也是这样做的。但从理论的角度出发，人们总希望有一些规范的判断方法。这里首先介绍一种直接从待判断的结构方程出发的方法，称为结构式条件。

联立方程计量经济学模型的结构式（6.2.2）$\mathbf{BY} + \mathbf{\Gamma X} = \mathbf{N}$ 中的第 i 个方程中包含 g_i 个内生变量（含被解释变量）和 k_i 个先决变量（含常数项），模型系统中内生变量和先决变量的数目仍用 g 和 k 表示，矩阵 $(\mathbf{B_0 \Gamma_0})$ 表示第 i 个方程中未包含的变量（包括内生变量和先决变量）在其他 $g-1$ 个方程中对应系数所组成的矩阵。于是，判断第 i 个结构方程识别状态的结构式条件为：

如果 $R(\mathbf{B_0 \Gamma_0}) < g-1$，则第 i 个结构方程不可识别；

如果 $R(\mathbf{B}_0\mathbf{\Gamma}_0) = g-1$，则第 i 个结构方程可以识别，并且

如果 $k - k_i = g_i - 1$，则第 i 个结构方程恰好识别；

如果 $k - k_i > g_i - 1$，则第 i 个结构方程过度识别。

其中符号 R 表示矩阵的秩。一般将该条件的前一部分称为秩条件，用以判断结构方程是否识别；后一部分称为阶条件，用以判断结构方程恰好识别或者过度识别。

例 6.3.1：现在以模型（6.3.4）为例解释结构式条件的应用。模型为

$$\begin{cases} C_t = \alpha_0 + \alpha_1 Y_t + \alpha_2 C_{t-1} + \alpha_3 P_{t-1} + \mu_{1t} \\ I_t = \beta_0 + \beta_1 Y_t + \beta_2 Y_{t-1} + \mu_{2t} \qquad t=1,2,\cdots,n \\ Y_t = C_t + I_t \end{cases}$$

结构参数矩阵为

$$[\mathbf{B}\mathbf{\Gamma}] = \begin{bmatrix} 1 & 0 & -\alpha_1 & -\alpha_0 & 0 & -\alpha_2 & -\alpha_3 \\ 0 & 1 & -\beta_1 & -\beta_0 & -\beta_2 & 0 & 0 \\ -1 & -1 & 1 & 0 & 0 & 0 & 0 \end{bmatrix}$$

首先判断第 1 个结构方程的识别状态。对于第 1 个方程，有

$$[\mathbf{B}_0\mathbf{\Gamma}_0] = \begin{bmatrix} 1 & -\beta_2 \\ -1 & 0 \end{bmatrix}, \quad R(\mathbf{B}_0\mathbf{\Gamma}_0) = 2 = g-1$$

所以，该方程可以识别。我们看到，矩阵 $(\mathbf{B}_0\mathbf{\Gamma}_0)$ 实际上就是矩阵 $(\mathbf{B}\mathbf{\Gamma})$ 除去第 1 个结构方程参数所在的行（第 1 行）和第 1 行中非 0 元素（对应于第 1 个结构方程包含的元素）所在的列之后剩下的元素按照原次序排列而得到的。先写出矩阵 $(\mathbf{B}\mathbf{\Gamma})$，然后再从中得到与所判断的方程对应的矩阵 $(\mathbf{B}_0\mathbf{\Gamma}_0)$，既简单又不容易出错。又因为有：$k - k_1 = 1 = g_1 - 1$

所以，第 1 个结构方程为恰好识别的结构方程。与我们上面的判断结论是一致的。

再看第 2 个结构方程，有 $[\mathbf{B}_0\mathbf{\Gamma}_0] = \begin{bmatrix} 1 & -\alpha_2 & -\alpha_3 \\ -1 & 0 & 0 \end{bmatrix}$，$R(\mathbf{B}_0\mathbf{\Gamma}_0) = 2 = g-1$

所以，该方程可以识别。并且 $k - k_2 = 1 = g_2 - 1$

所以，第 2 个结构方程为过度识别的结构方程。与我们上面的判断结论也是一致的。

第 3 个方程是平衡方程，不存在识别问题。

综合以上结果，该联立方程模型是可以识别的。

例 6.3.2：再以模型（6.3.2）为例。模型为 $\begin{cases} C_t = \alpha_0 + \alpha_1 Y_t + \mu_{1t} \\ I_t = \beta_0 + \beta_1 Y_t + \beta_2 Y_{t-1} + \mu_{2t} \qquad t=1,2,\cdots,n \\ Y_t = C_t + I_t \end{cases}$

结构参数矩阵为

$$[\mathbf{B}\mathbf{\Gamma}] = \begin{bmatrix} 1 & 0 & -\alpha_1 & -\alpha_0 & 0 \\ 0 & 1 & -\beta_1 & -\beta_0 & -\beta_2 \\ -1 & -1 & 1 & 0 & 0 \end{bmatrix}$$

首先判断第 1 个结构方程的识别状态。对于第 1 个方程，有

$$[\mathbf{B}_0\mathbf{\Gamma}_0] = \begin{bmatrix} 1 & -\beta_2 \\ -1 & 0 \end{bmatrix}, \quad R(\mathbf{B}_0\mathbf{\Gamma}_0) = 2 = g - 1$$

所以，该方程可以识别。并且 $k - k_1 = 1 = g_1 - 1$ 所以，第 1 个结构方程为恰好识别的结构方程。再看第 2 个结构方程，有

$$[\mathbf{B}_0\mathbf{\Gamma}_0] = \begin{bmatrix} 1 \\ -1 \end{bmatrix}, \quad R(\mathbf{B}_0\mathbf{\Gamma}_0) = 1 < g - 1$$

所以，该方程不可以识别。

综合以上结果，该联立方程模型不可以识别。与上面的判断结论是一致的。

三、简化式识别条件

如果已经知道联立方程模型的简化式模型参数，那么可以通过对简化式模型的研究达到判断结构式模型是否识别的目的。对于简化式模型（6.2.6） $Y = \Pi X + E$

简化式识别条件为：

如果 $R(\Pi_2) < g_i - 1$，则第 i 个结构方程不可识别；

如果 $R(\Pi_2) = g_i - 1$，则第 i 个结构方程可以识别，并且

如果 $k - k_1 = g_1 - 1$，则第 i 个结构方程恰好识别；

如果 $k - k_1 > g_1 - 1$，则第 i 个结构方程过度识别。

其中 Π_2 是简化式参数矩阵 Π 中划去第 i 个结构方程所包含的内生变量所对应的行和第 i 个结构方程中包含的先决变量所对应的列之后，剩下的参数按原次序组成的矩阵。至于为什么用 Π_2 而不用其他符号，是与它在矩阵 Π 中的分块位置有关。其他符号、变量的含义与结构式识别条件相同。一般也将该条件的前一部分称为秩条件，用以判断结构方程是否识别；后一部分称为阶条件，用以判断结构方程恰好识别或者过度识别。

例 6.3.3：有一联立方程计量经济学模型，其结构式模型如下：

$$\begin{cases} y_{1i} = \alpha_1 + \alpha_2 x_{1i} + \alpha_3 x_{2i} + \mu_{1i} \\ y_{2i} = \beta_1 y_{3i} + \beta_2 x_{3i} + \mu_{2i} \\ y_{3i} = \gamma_1 y_{1i} + \gamma_2 y_{2i} + \gamma_3 y_{3i} + \mu_{3i} \end{cases} \quad i=1,2,\cdots,n$$

$k = 3, g = 3$ 已知其简化式模型参数矩阵为：$\mathbf{\Pi} = \begin{bmatrix} 4 & -2 & 3 \\ 2 & -1 & 1 \\ 2 & -1 & 0 \end{bmatrix}$ 现在利用简化式条件判断结构式模型的识别状态。对于第 1 个结构式方程，

$$k_1 = 2, g_1 = 2, \quad \mathbf{\Pi}_2 = \begin{bmatrix} 3 \\ 1 \end{bmatrix}$$

因为 $R(\Pi_2) = 1 = g_1 - 1$ 所以该方程是可以识别的。又因为 $k - k_1 = 1 = g_1 - 1$ 所以该方程是恰好识别的。

对于第 2 个结构式方程，

$$k_2=2, g_2=2, \quad \boldsymbol{\Pi}_2 = \begin{bmatrix} 2 & -1 \\ 2 & -1 \end{bmatrix}$$

因为 $R(\Pi_2)=1=g_2-1$ 所以该方程是可以识别的。又因为 $k-k_2=1=g_2-1$ 所以该方程是过度识别的。

对于第 3 个结构式方程，$k_3=2, g_3=2$，$\boldsymbol{\Pi}_2 = \begin{bmatrix} 4 & -2 \\ 2 & -1 \\ 2 & -1 \end{bmatrix}$

因为 $R(\Pi_2)=1=g_3-1$ 所以该方程是不可以识别的。

综合上述结果，该联立方程模型系统不可识别。

可以从数学上严格证明，简化式识别条件和结构式识别条件是等价的。有兴趣的读者可参阅《计量经济学——方法与应用》（李子奈，清华大学出版社，1992 年 3 月）第 104—107 页。

四、实际应用中的经验方法

当一个联立方程计量经济学模型系统中的方程数目比较多时，无论是从识别的概念出发，还是利用规范的结构式或联立方程计量经济学模型简化式识别条件，对模型进行识别，困难都是很大的，或者说是不可能的。因为一般实际联立方程计量经济学模型包含几百个、上千个方程是正常的。这就是理论与实际的脱节，理论上很严格的方法在实际中往往是无法应用的，在实际应用的往往是一些经验方法。

关于联立方程计量经济学模型的识别问题，我们并不是等到理论模型已经建立了之后再像上面所介绍那样进行识别，而是在建立模型的过程中设法保证模型的可识别性。那么，在建立模型时就要遵循如下原则：

"在建立某个结构方程时，要使该方程包含前面每一个方程中都不包含的至少 1 个变量（内生或先决变量）；同时使前面每一个方程中都包含至少 1 个该方程所未包含的变量，并且互不相同。"

该原则的前一句话是保证该方程的引入不破坏前面已有方程的可识别性。只要新引入方程包含前面每一个方程中都不包含的至少 1 个变量，那么它与前面方程的任意线性组合都不能构成与前面方程相同的统计形式，原来可以识别的方程仍然是可以识别的。

该原则的后一句话是保证该新引入方程本身是可以识别的。只要前面每个方程都包含至少 1 个该方程所未包含的变量，并且互不相同。那么所有方程的任意线性组合都不能构成与该方程相同的统计形式。

在实际建模时，将每个方程所包含的变量记录在如表 6.3.1 所示的表式中，将是有帮助的。例如，在建立第 4 个方程时，必须包含变量 1 至变量 6 之外的至少一个变量；同时需要检查方程 1、方程 2、方程 3 是否都存在至少 1 个方程 4 所未包含的变量，且互不相同，这里可以认为方程 1 中的变量 1、方程 2 中的变量 4 和变量 5、方程 3 中的变量 6 满足要求。于是，所建立的方程 4 是可以识别的。

表 6.3.1 变量记录

	变量1	变量2	变量3	变量4	变量5	变量6	……
方程1	×	×		×			
方程2		×	×	×	×		
方程3	×		×	×		×	
方程4		×	×				×
……							

第四节 联立方程模型的单方程估计方法

联立方程计量经济学模型的估计方法分为两大类：单方程估计方法与系统估计方法。所谓单方程估计方法，指每次只估计模型系统中的一个方程，依次逐个估计；所谓系统估计方法，指同时对全部方程进行估计，同时得到所有方程的参数估计量。显然，从模型估计的性质来讲，系统估计方法必然优于单方程方法，但从方法的复杂性来讲，单方程方法又优于系统估计方法。在实际中，单方程方法得到广泛的应用。

单方程估计方法主要解决的是联立方程模型系统中每一个方程中的随机解释变量问题，同时尽可能地利用单个方程中没有包含的、而在模型系统中包含的变量样本观测值的信息，没有考虑模型系统方程之间的相关性对单个方程参数估计量的影响。

单方程估计方法按其方法原理又分为两类。一类以最小二乘为原理，如间接最小二乘法、两阶段最小二乘法、工具变量法等，我们称其为经典方法；另一类称为有限信息估计方法，如以最大或然为原理的有限信息最大或然法，以及仍然应用最小二乘原理，但并不以残差平方和最小为判断标准的最小方差比方法等。

联立方程模型的单方程估计方法不同于单方程模型的估计方法，无论是研究对象还是方法本身都是不同的，不要将二者混淆。

一、狭义的工具变量法（IV）

工具变量方法（Instrumental Variables）是一类估计方法的统称，可以有各种不同的选择工具变量的方法。在这里仅指一种特定的工具变量而言，故称为"狭义的工具变量法"。

1. 工具变量的选取

对于联立方程模型

$$\mathbf{B}Y + \mathbf{\Gamma}X = \mathbf{N} \tag{6.4.1}$$

的每一个结构方程，例如第 1 个方程，可以写成如下形式：

$$Y_1 = \beta_{12}Y_2 + \beta_{13}Y_3 + \cdots + \beta_{1g_1}Y_{g_1} + \gamma_{11}X_1 + \gamma_{12}X_2 + \cdots + \gamma_{1k_1}X_{k_1} + N_1 \tag{6.4.2}$$

该方程包含 (g_1-1) 个内生解释变量和 k_1 个先决解释变量。写成矩阵形式为

$$Y_1 = (Y_0, X_0)\begin{pmatrix}\mathbf{B_0}\\ \mathbf{\Gamma_0}\end{pmatrix} + \mathbf{N_1} \tag{6.4.3}$$

其中，$Y_0 = \begin{bmatrix} Y_2 & Y_3 & \cdots & Y_{g_1} \end{bmatrix} = \begin{bmatrix} y_{21} & y_{31} & \cdots & y_{g_1 1} \\ y_{22} & y_{32} & \cdots & y_{g_1 2} \\ \vdots & & & \\ y_{2n} & y_{3n} & \cdots & y_{g_1 n} \end{bmatrix}$

$X_0 = \begin{bmatrix} X_1 & X_2 & \cdots & X_{k_1} \end{bmatrix} = \begin{bmatrix} x_{11} & x_{21} & \cdots & x_{k_1 1} \\ x_{12} & x_{22} & \cdots & x_{k_1 2} \\ \vdots & & & \\ x_{1n} & x_{2n} & \cdots & x_{k_1 n} \end{bmatrix} \quad B_0 = \begin{bmatrix} \beta_{12} \\ \beta_{13} \\ \vdots \\ \beta_{1g_1} \end{bmatrix} \Gamma_0 = \begin{bmatrix} \gamma_{11} \\ \gamma_{12} \\ \vdots \\ \gamma_{1K_1} \end{bmatrix} Y_0 = \begin{bmatrix} y_{11} \\ y_{12} \\ \vdots \\ y_{1n} \end{bmatrix} N_0 = \begin{bmatrix} \mu_{11} \\ \mu_{12} \\ \vdots \\ \mu_{1n} \end{bmatrix}$

n 为样本容量，请读者注意，这里的 B_0, Γ_0 的含义已不同于结构式识别条件中的 B_0, Γ_0。

欲估计结构方程（6.4.3），必须克服随机解释变量问题，有效的方法是工具变量法。在第四章第

四节中已经给出了工具变量的条件，在这里，自然就会想到，方程中没有包含的 $(k-k_1)$ 个先决变量基本满足工具变量的条件，可以选择它们作为方程中包含的 (g_1-1) 个内生解释变量的工具变量。如此选择工具变量的方法被称为狭义的工具变量法。

如果结构方程（6.4.3）是恰好识别的，即满足 $(k-k_1)=(g_1-1)$，那么，工具变量的选择就很简单。

如果结构方程（6.4.3）是过度识别的，即满足 $(k-k_1)>(g_1-1)$，那么，工具变量的选择就比较麻烦。而且参数估计结果有一定的任意性，因为每从 $(k-k_1)$ 个没有包含在方程之中的先决变量中选出 (g_1-1) 变量作为工具变量，就得到一组参数估计值。共计可能有 $C_{k-k_1}^{g_1-1}$ 种不同的参数估计值。所以，一般认为，这种工具变量方法只适用于恰好识别的结构方程的估计。

2. IV 参数估计量及其统计特性

选择 X_0^* 作为 Y_0 的工具变量，得到参数估计量为

$$\begin{bmatrix} \hat{B}_0 \\ \hat{\Gamma}_0 \end{bmatrix}_{IV} = \left(\begin{pmatrix} X_0^* & X_0 \end{pmatrix}' \begin{pmatrix} Y_0 & X_0 \end{pmatrix} \right)^{-1} \begin{pmatrix} X_0^* & X_0 \end{pmatrix}' Y_1 \qquad (6.4.4)$$

其中 $X_0^* = \begin{bmatrix} X_{K_1+1} & X_{K_1+2} & \cdots & X_k \end{bmatrix} = \begin{bmatrix} x_{K_1+1,1} & x_{K_1+2,1} & \cdots & x_{k1} \\ x_{K_1+1,2} & x_{K_1+2,2} & \cdots & x_{k2} \\ \vdots & & & \\ x_{K_1+1,n} & x_{K_1+1,n} & \cdots & x_{kn} \end{bmatrix}$

式（6.4.4）估计量的估计过程已经在第四章第四节中介绍了，这里不再重复。

工具变量法参数估计量，正如在第四章第四节中已经说明的，一般情况下，在小样本下是有偏的，但在大样本下是渐近无偏的。如果选取的工具变量与方程随机误差项完全不相关，那么其参数估计量是无偏性估计量。

3. 参数估计量与工具变量的次序无关

对于恰好识别的结构方程，选择该方程中没有包含的 $(k-k_1)$ 个先决变量作为方程中包含的 (g_1-1) 个内生解释变量的工具变量，虽然只能有一组选择，但在这一组中具体哪个先决变量作为哪个内生变量的工具变量，仍然具有任意性。但是这种任意性对参数估计量没有影响。为什么？

从第四章第四节中知道，工具变量法参数估计量是一个关于该参数估计量的正规方程组的解。由该正规方程组的形成过程可以看出，如果工具变量的次序不同，也就是工具变量被使用的先后不同，那么正规方程组中方程的次序将不相同。但是由代数知识可知，在一个线性代数方程组中，方程的次序不影响方程组的解。所以，只要选择的工具变量组中的变量是相同的，只能得到一种参数估计量，而与变量的次序无关。这是一个重要的概念，请读者能够理解，在后续课程中还将多次用到这个概念。

二、间接最小二乘法（ILS）

联立方程模型的结构方程中包含有内生解释变量，不能直接采用普通最小二乘法估计其参数。但是对于简化式方程，正如在关于简化式模型概念介绍中提到的，可以采用普通最小二乘法直接估计其参数。于是就提出了间接最小二乘法：先对关于内生解释变量的简化式方程采用普通最小二乘法估计简化式参数，得到简化式参数估计量，然后通过参数关系体系，计算得到结构式参数的估计量。

间接最小二乘法（Indirect Least Square）只适用于恰好识别的结构方程的参数估计，因为只有恰

好识别的结构方程，才能从参数关系体系中得到唯一一组结构参数的估计量。

1. 一个简单的例子

现有一个联立方程模型，其结构式模型为

$$\begin{cases} Y_1 = \beta_{12}Y_2 + \gamma_{11}X_1 + \gamma_{12}X_2 + \mu_1 \\ Y_2 = \beta_{23}Y_3 + \gamma_{23}X_3 + \mu_2 \\ Y_3 = \beta_{31}Y_1 + \beta_{32}Y_2 + \gamma_{33}X_3 + \mu_3 \end{cases}$$

现欲估计第 1 个结构方程的参数，可以证明，该方程是恰好识别的，可以采用间接最小二乘法。该方程中有两个内生变量，相应的简化式方程为

$$\begin{cases} Y_1 = \pi_{11}X_1 + \pi_{12}X_2 + \pi_{13}X_3 + \varepsilon_1 \\ Y_2 = \pi_{21}X_1 + \pi_{22}X_2 + \pi_{23}X_3 + \varepsilon_2 \end{cases}$$

应用普通最小二乘法，在样本数据的支持下对每个简化式方程分别估计其参数，得到参数估计量 $\hat{\pi}_{ij}, i=1,2, j=1,2,3$。将简化式代入第 1 个结构方程，得到参数关系体系

$$\begin{cases} \pi_{11} - \beta_{12}\pi_{21} = \gamma_{11} \\ \pi_{12} - \beta_{12}\pi_{22} = \gamma_{12} \\ \pi_{13} - \beta_{12}\pi_{23} = 0 \end{cases}$$

由简化式参数估计量 $\hat{\pi}_{ij}, i=1,2, j=1,2,3$，计算得到结构参数估计值

$$\begin{cases} \hat{\beta}_{12} = \hat{\pi}_{13}/\hat{\pi}_{23} \\ \hat{\gamma}_{11} = \hat{\pi}_{13}\hat{\pi}_{21}/\hat{\pi}_{23} - \hat{\pi}_{11} \\ \hat{\gamma}_{12} = \hat{\pi}_{13}\hat{\pi}_{22}/\hat{\pi}_{23} - \hat{\pi}_{12} \end{cases}$$

2. 一般间接最小二乘法的估计过程

现在对结构方程（6.4.2）的参数进行间接最小二乘估计。将（6.4.3）改写作

$$Y_1 - \mathbf{B_0}\mathbf{Y_0} - \mathbf{\Gamma_0}\mathbf{X_0} = \mathbf{N_1} \text{ 即 } \begin{pmatrix} 1 & -\mathbf{B_0} & -\Gamma_0 \end{pmatrix} \begin{pmatrix} Y_1 \\ \mathbf{Y_0} \\ \mathbf{X_0} \end{pmatrix} = N_1 \quad (6.4.5)$$

$$\begin{pmatrix} B_{00} & \Gamma_{00} \end{pmatrix} \begin{pmatrix} \mathbf{Y_{00}} \\ \mathbf{X_0} \end{pmatrix} = N_1 \text{ 其中, } B_{00} = \begin{pmatrix} 1 & -B_0 \end{pmatrix} \Gamma_{00} = -\Gamma_0 \quad \mathbf{Y_{00}} = \begin{pmatrix} Y_1 \\ \mathbf{Y_0} \end{pmatrix}$$

内生变量的简化式模型为

$$\mathbf{Y_{00}} = \mathbf{\Pi_{00}}\mathbf{X} + \mathbf{E} \quad (6.4.6)$$

代入结构式模型，得到

$$\mathbf{B_{00}}\mathbf{\Pi_{00}}\mathbf{X} + \mathbf{\Gamma}\mathbf{X_0} = 0$$

将 $\mathbf{\Pi_{00}}$ 分成两部分，一部分对应结构方程中包含的先决变量 $\mathbf{X_0}$，另一部分对应结构方程中未包含的先决变量 $\mathbf{X_0^*}$。即

$$\Pi_{00} = \begin{pmatrix} \Pi_{00}^1 & \Pi_{00}^2 \end{pmatrix}$$

于是有参数关系体系

$$\begin{cases} \mathbf{B}_{00}\mathbf{\Pi}_{00}^1 = \mathbf{\Gamma}_0 \\ \mathbf{B}_{00}\mathbf{\Pi}_{00}^2 = 0 \end{cases} \quad (6.4.7)$$

用普通最小二乘法估计简化式模型（6.4.6），得到 $\hat{\mathbf{\Pi}}_{00}$，代入参数关系体系式（6.4.7），先由第2组方程计算得到 $\hat{\mathbf{B}}_{00}$，然后再代入第1组方程计算得到 $\hat{\mathbf{\Gamma}}_0$。于是得到了结构方程（6.4.2）的结构参数估计量。

3. 间接最小二乘法参数估计的统计性质

对于简化式模型应用普通最小二乘法得到的参数估计量具有线性、无偏性、有效性。通过参数关系体系计算得到结构方程的结构参数估计量在小样本下是有偏的，在大样本下是渐近无偏的。

4. 间接最小二乘法也是一种工具变量方法

可以从数学上严格证明，采用间接最小二乘法估计结构方程（6.4.3）等价于一种工具变量方法，选择 $\mathbf{X}$ 作为 (Y_0, X_0) 的工具变量，即用 $(X_1, X_2, \cdots, X_{k_i}, X_{k_i+1}, \cdots X_k)$ 依次作为 $(Y_2, Y_3, \cdots, Y_{g_1}, X_1, X_2, \cdots, X_{k_i})$ 的工具变量。请注意，这里对于结构方程中包含的先决变量也选择了其他先决变量作为工具变量。于是，结构方程（6.4.3）参数的间接最小二乘估计量可以写作

$$\begin{bmatrix} \hat{B}_0 \\ \hat{\Gamma}_0 \end{bmatrix}_{ILS} = (\mathbf{X}' \ (\mathbf{Y}_0 \ \mathbf{X}_0))^{-1} \mathbf{X}' Y_1 \quad (6.4.8)$$

三、二阶段最小二乘法（2SLS）

狭义的工具变量方法和间接最小二乘法一般只适用于联立方程模型中恰好识别的结构方程的估计。但是，在实际的联立方程模型中，恰好识别的结构方程很少出现，一般情况下结构方程都是过度识别的。因为实际的联立方程模型一般包含较多数目的结构方程和先决变量，如一个100个方程、30个先决变量的宏观经济模型不是大模型；而在每个结构方程中，如宏观经济模型中的生产方程、消费方程，一般仅包含3—5个变量，包括内生变量和先决变量。于是就出现了 $k - k_i \gg g_i - 1$ 的情况，所以，结构方程大多是过度识别的。

二阶段最小二乘法（Two Stage Least Squares）是一种既适用于恰好识别的结构方程，又适用于过度识别的结构方程的单方程估计方法，由 Theil 和 Basmann 分别于1953年和1957年各自独立提出，是一种应用最普遍的方法。

1. 二阶段最小二乘法

对于联立方程模型（6.4.1）中的第1个结构方程（6.4.3），由于内生解释变量 Y_0 是随机变量，不能直接采用普通最小二乘法。但是对于 Y_0 的简化式方程，即简化式模型

$$\mathbf{Y}_0 = \mathbf{X}\Pi_0 + E_0 \quad (6.4.9)$$

中的每个方程，不存在随机解释变量问题，可以直接采用普通最小二乘法估计其参数，并得到关于 Y_0 的估计值：$\hat{Y}_0 = X\hat{\Pi}_0 = \left((X'X)^{-1} X'Y_0\right)$ （6.4.10）

这就是二阶段最小二乘法的第一阶段，即对简化式方程第一次使用普通最小二乘法。

用 Y_0 的估计量 $\hat{Y}_0$ 替换（6.4.3）中的 Y_0，得到新的方程 $Y_1 = (\hat{Y}_0, X_0)\begin{pmatrix} B_0 \\ \Gamma_0 \end{pmatrix} + N_1$ （6.4.11）

显然，该方程中不存在随机解释变量问题，可以直接采用普通最小二乘法估计其参数，得到

$$\begin{bmatrix} \hat{B}_0 \\ \hat{\Gamma}_0 \end{bmatrix}_{2SLS} = \left((\hat{Y}_0 X_0)'(\hat{Y}_0 X_0) \right)^{-1} (\hat{Y}_0 X_0)' Y_1 \tag{6.4.12}$$

这就是二阶段最小二乘法的第二阶段，即对变换了的结构式方程使用普通最小二乘法。得到的参数估计量即为原结构方程（6.4.3）参数的二阶段最小二乘估计量。

在应用二阶段最小二乘法的整个过程中，并没有涉及结构方程中内生解释变量和先决解释变量的数目，所以二阶段最小二乘法的应用与方程的识别状态无关，既适用于恰好识别的结构方程，又适用于过度识别的结构方程。

2. 二阶段最小二乘估计量的统计性质

采用二阶段最小二乘法得到结构方程的结构参数估计量在小样本下是有偏的，在大样本下是渐近无偏的。下面我们将看到，由于二阶段最小二乘法也是一种工具变量方法，它的估计量与工具变量法估计量是等价的，所以具有相同的统计性质。

3. 二阶段最小二乘法也是一种工具变量方法

如果我们不是用 Y_0 的估计量 $\hat{Y}_0$ 替换式（6.4.3）中的 Y_0，而是用 Y_0 的估计量 $\hat{Y}_0$ 作为式（6.4.3）中的 Y_0 的工具变量，显然，因为 $\hat{Y}_0$ 是 X 的线性组合，基本符合工具变量的条件。那么，按照工具变量方法的估计过程，应该得到如下的结构参数估计量：

$$\begin{bmatrix} \hat{B}_0 \\ \hat{\Gamma}_0 \end{bmatrix} = \left((\hat{Y}_0 X_0)'(Y_0 X_0) \right)^{-1} (\hat{Y}_0 X_0)' Y_1 \tag{6.4.13}$$

将式（6.4.12）与式（6.4.13）进行比较发现，它们的区别仅仅是后者没有改变原方程中的解释变量 $(Y_0 X_0)$。从数学上可以严格证明式（6.4.12）与式（6.4.13）表示的两组参数估计量是完全等价的，所以可以把二阶段最小二乘法也看成一种工具变量方法，选择 Y_0 的简化式方程的估计量 $\hat{Y}_0$ 作为结构式方程中 Y_0 的工具变量。显然，工具变量的选取不同于上述的狭义工具变量法和间接最小二乘法，但都属于工具变量方法。

四、对于恰好识别的结构方程，三种方法是等价的

上述三种单方程估计方法都适用于恰好识别的结构方程，对于同一个结构方程，选择不同的方法，应该得到相同的参数估计量。

对于式（6.4.3）所表示的结构方程，分别采用三种单方程估计方法得到的参数估计量如下：

$$\begin{bmatrix} \hat{B}_0 \\ \hat{\Gamma}_0 \end{bmatrix}_{IV} = \left(\begin{pmatrix} X_0^* & X_0 \end{pmatrix}' \begin{pmatrix} Y_0 & X_0 \end{pmatrix} \right)^{-1} \begin{pmatrix} X_0^* & X_0 \end{pmatrix}' Y_1 \tag{6.4.14}$$

$$\begin{bmatrix} \hat{B}_0 \\ \hat{\Gamma}_0 \end{bmatrix}_{ILS} = (\mathbf{X}' \begin{pmatrix} \mathbf{Y}_0 & \mathbf{X}_0 \end{pmatrix})^{-1} \mathbf{X}' Y_1 \tag{6.4.15}$$

$$\begin{bmatrix} \hat{B}_0 \\ \hat{\Gamma}_0 \end{bmatrix} = \left((\hat{Y}_0 X_0)'(Y_0 X_0) \right)^{-1} (\hat{Y}_0 X_0)' Y_1 \tag{6.4.16}$$

可以看到，三种结果是用不同的工具变量方法估计得到的，区别仅仅在于工具变量选取不同。

比较狭义工具变量法和间接最小二乘法的参数估计量式（6.4.14）与式（6.4.15），它们选取了同样一组变量 X 作为结构方程中解释变量 (Y_0, X_0) 的工具变量，只是次序不同。狭义工具变量法用结构方程中未包含的先决变量 X_0^* 作为 Y_0 的工具变量，用结构方程中包含的先决变量 X_0 作为自己的工具变量；而间接最小二乘法则将先决变量 X 按自己的顺序作为 (Y_0, X_0) 的工具变量，这就使得结构方程中包含的先决变量 X_0 也选择了其他先决变量作为工具变量，而不是自身。从前面的课程内容中已经知道，这两种不同的选取只影响正规方程组中方程的次序，并不影响方程组的解。所以狭义工具变量法和间接最小二乘法的参数估计量是等价的。

比较二阶段最小二乘法和间接最小二乘法的参数估计量式（6.4.16）与式（6.4.15）。间接最小二乘法选取 X 作为结构方程中解释变量 (Y_0, X_0) 的工具变量，二阶段最小二乘法选取 X 的线性组合

$$\hat{Y}_0 = X\hat{\Pi}_0 = X\left((X'X)^{-1} X'Y_0\right)$$

作为结构方程中内生解释变量 Y_0 的工具变量，选取 X_0 作为自己的工具变量。这样使得关于二者参数估计量的正规方程组是不同的，分别为

$$X'Y_1 = (X'(Y_0 X_0)) \begin{bmatrix} \hat{B}_0 \\ \hat{\Gamma}_0 \end{bmatrix}$$

$$(\hat{Y}_0 X_0)'Y_1 = ((\hat{Y}_0 X_0)'(Y_0 X_0)) \begin{bmatrix} \hat{B}_0 \\ \hat{\Gamma}_0 \end{bmatrix}_{2SLS}$$

比较该两个正规方程组发现，后者可以由前者经过初等线性变换得到。而根据代数知识，初等线性变换不影响方程组的解。所以二阶段最小二乘法和间接最小二乘法的参数估计量是等价的。也可以对此进行严格证明。假设

$$\begin{bmatrix} \hat{B}_0 \\ \hat{\Gamma}_0 \end{bmatrix}_{ILS} = \begin{bmatrix} \hat{B}_0 \\ \hat{\Gamma}_0 \end{bmatrix}_{2ILS}$$

即 $\left((\hat{Y}_0 X_0)'(Y_0 X_0)\right)^{-1}(\hat{Y}_0 X_0)' = (X'(Y_0 X_0))^{-1} X'$ 两边同时左乘 $(X'(Y_0 X_0))$，有

$(X'(Y_0 X_0))((\hat{Y}_0 X_0)'(Y_0 X_0))^{-1}(\hat{Y}_0 X_0)' = X'$ 两边同时右乘 $(Y_0 X_0)$，有 $(X'(Y_0 X_0)) = X'(Y_0 X_0)$

该式显然成立。所以两种参数估计量是等价的假设成立。

结论是，对于恰好识别的结构方程，狭义工具变量法、间接最小二乘法和二阶段最小二乘法三种方法是等价的。

五、简单宏观经济模型实例演示

下面建立一个包含 3 个方程的中国宏观经济模型，主要借此进行方法上的演示。

描写包含 3 个内生变量，即国内生产总值 Y、居民消费总额 C 和投资总额 I；3 个先决变量，即政府消费（将净出口也包含其中，为了实现数据的平衡）G、前期居民消费总额 C_{t-1} 和常数项。完备的结构式模型为

$$\begin{cases} C_t = \alpha_0 + \alpha_1 Y_t + \alpha_2 C_{t-1} + \mu_{1t} \\ I_t = \beta_0 + \beta_1 Y_t + \mu_{2t} \qquad\qquad t=1978,1979,\cdots,1996 \\ Y_t = C_t + I_t + G_t \end{cases} \qquad (6.4.17)$$

容易判断，消费方程是恰好识别的方程，投资方程是过度识别的方程，模型是可以识别的。现在对模型进行估计。样本观测值见下表，资料来自《中国统计年鉴1997》。

表 6.4.1 中国宏观经济数据   单位：亿元

年份	Y	I	C	G
1978	3606	1378	1759	469
1979	4074	1474	2005	595
1980	4551	1590	2317	644
1981	4901	1581	2604	716
1982	5489	1760	2868	861
1983	6076	2005	3182	889
1984	7164	2469	3675	1020
1985	8792	3386	4589	817
1986	10133	3846	5175	1112
1987	11784	4322	5961	1501
1988	14704	5495	7633	1576
1989	16466	6095	8524	1847
1990	18320	6444	9113	2763
1991	21280	7517	10316	3447
1992	25864	9636	12460	3768
1993	34501	14998	15682	3821
1994	47111	19261	21230	6620
1995	59405	23877	27839	7689
1996	68498	26867	32589	9042

1. 用狭义的工具变量法估计消费方程

选取消费方程中未包含的先决变量 G 作为内生解释变量 Y 的工具变量，得到结构参数的工具变量法估计量

$$\hat{\alpha}_0 = 164.79951$$
$$\hat{\alpha}_1 = 0.3175387$$
$$\hat{\alpha}_2 = 0.3919359$$

2. 用间接最小二乘法估计消费方程

消费方程中包含的内生变量的简化式方程为

$$\begin{cases} C_t = \pi_{10} + \pi_{11}C_{t-1} + \pi_{12}G_t + \varepsilon_{1t} \\ Y_t = \pi_{20} + \pi_{21}C_{t-1} + \pi_{22}G_t + \varepsilon_{2t} \end{cases}$$

参数关系体系为

$$\begin{cases} \pi_{11} - \alpha_1\pi_{21} - \alpha_2 = 0 \\ \pi_{10} - \alpha_0 - \alpha_1\pi_{20} = 0 \\ \pi_{12} - \alpha_1\pi_{22} = 0 \end{cases}$$

用普通最小二乘法估计简化式方程，得到简化式参数估计量为

$$\hat{\pi}_{10} = -63.594002 \quad \hat{\pi}_{20} = -719.26343$$
$$\hat{\pi}_{11} = 0.8132890 \quad \hat{\pi}_{21} = 1.3269366$$
$$\hat{\pi}_{12} = 1.2191863 \quad \hat{\pi}_{22} = 3.8394822$$

由参数关系体系计算得到结构参数间接最小二乘估计值为：

$$\begin{cases} \hat{\alpha}_1 = \hat{\pi}_{13}/\hat{\pi}_{22} = 0.31753925 \\ \hat{\alpha}_2 = \hat{\pi}_{11} - \hat{\alpha}_1\hat{\pi}_{21} = 0.39193422 \\ \hat{\alpha}_0 = \hat{\pi}_{10} - \hat{\alpha}_1\hat{\pi}_{20} = 164.800368 \end{cases}$$

3. 用两阶段最小二乘法估计消费方程

两阶段最小二乘法的第一阶段是用普通最小二乘法估计内生解释变量的简化式方程，得到：

$$\hat{Y}_t = -719.26343 + 1.3269366 C_{t-1} + 3.8394822 G_t$$

据此计算 $\hat{Y}_t$，替换结构方程中的 Y_t，再用普通最小二乘法估计变换了的结构式方程，得到消费方程的两阶段最小二乘参数估计量为

$$\hat{\alpha}_0 = 164.90009$$
$$\hat{\alpha}_1 = 0.3175580$$
$$\hat{\alpha}_2 = 0.3918794$$

比较上述消费方程的 3 种估计结果，证明这 3 种方法对于恰好识别的结构方程是等价的。估计量的差别只是很小的计算误差。

4. 用两阶段最小二乘法估计投资方程

投资方程是过度识别的结构方程，只能用两阶段最小二乘法估计。估计过程与上述两阶段最小二乘法估计消费方程的过程相同。得到投资方程的参数估计量为

$$\hat{\beta}_0 = -380.11614$$
$$\hat{\beta}_1 = 0.4049326$$

至此，我们完成了该模型系统的估计。该例主要是为了演示估计方法，故未对模型估计中的其他问题进行讨论。

第五节　案例分析

【案例1】　中国宏观经济调控模型

一、研究目的和模型设定

依据凯恩斯宏观经济调控原理，建立简化的中国宏观经济调控模型。经理论分析，采用基于三部门的凯恩斯总需求决定模型，在不考虑进出口的条件下，通过消费者、企业、政府的经济活动，分析总收入的变动对消费和投资的影响。设理论模型如下：

$$Y_t = C_t + I_t + G_t$$
$$C_t = \alpha_0 + \alpha_1 Y_t + u_{1t}$$
$$I_t = \beta_0 + \beta_1 Y_t + u_{2t}$$

其中，Y_t 为支出法 GDP，C_t 为消费，I_t 为投资，G_t 为政府支出；内生变量为 Y_t, C_t, I_t；前定变量为 G_t，即 M=3，K=1。

二、模型的识别性

根据上述理论方程,其结构型的标准形式为
$$-C_t - I_t + Y_t - G_t = 0$$
$$-\alpha_0 + C_t - \alpha_1 Y_t = u_{1t}$$
$$-\beta_0 + I_t - \beta_1 Y_t = u_{2t}$$

标准形式的系数矩阵 $(\mathbf{B},\mathbf{\Gamma})$ 为 $(\mathbf{B},\mathbf{\Gamma}) = \begin{pmatrix} 0 & -1 & -1 & 1 & -1 \\ -\alpha_0 & 1 & 0 & -\alpha_1 & 0 \\ -\beta_0 & 0 & 1 & -\beta_1 & 0 \end{pmatrix}$

由于第一个方程为恒定式,所以不需要对其识别性进行判断。下面判断消费函数和投资函数的识别性。

1. 消费函数的识别性

首先,用阶条件判断。这时 $m_2 = 2, k_2 = 0$,因为 $K - k_2 = 1 - 0 = 1$ 并且 $m_2 - 1 = 2 - 1 = 1$,所以 $K - k_2 = m_2 - 1$,表明消费函数有可能为恰好识别。

其次,用秩条件判断。在 (B,Γ) 中划去消费函数所在的第二行和非零系数所在的第一、二、四列,得

$$(B_0, \Gamma_0) = \begin{pmatrix} -1 & -1 \\ 1 & 0 \end{pmatrix}$$

显然,$Rank(B_0,\Gamma_0) = 2$,则由秩条件,表明消费函数是可识别。再根据阶条件,消费函数是恰好识别。

2. 投资函数的识别性

由于投资函数与消费函数的结构相近,判断过程与消费函数完全一样,故投资函数的阶条件和秩条件的判断予以省略。结论是投资函数也为恰好识别。

综合上述各方程的判断结果,得出该模型为恰好识别。

三、宏观经济模型的估计

由于消费函数和投资函数均为恰好识别,因此,可用间接最小二乘估计法(ILS)估计参数。选取 GDP、消费、投资,并用财政支出作为政府支出的替代变量。这些变量取自 1978—2003 年中国宏观经济的历史数据,见表 6.5.1。

表 6.5.1　模型数据表

年份	支出法 GDP	消费	投资	政府支出
1978	3605.6	2239.1	1377.9	480.0
1979	4074.0	2619.4	1474.2	614.0
1980	4551.3	2976.1	1590.0	659.0
1981	4901.4	3309.1	1581.0	705.0
1982	5489.2	3637.9	1760.2	770.0
1983	6076.3	4020.5	2005.0	838.0
1984	7164.4	4694.5	2468.6	1020.0
1985	8792.1	5773.0	3386.0	1184.0

续表

年份	支出法 GDP	消费	投资	政府支出
1986	10132.8	6542.0	3846.0	1367.0
1987	11784.7	7451.2	4322.0	1490.0
1988	14704.0	9360.1	5495.0	1727.0
1989	16466.0	10556.5	6095.0	2033.0
1990	18319.5	11365.2	6444.0	2252.0
1991	21280.4	13145.9	7517.0	2830.0
1992	25863.7	15952.1	9636.0	3492.3
1993	34500.7	20182.1	14998.0	4499.7
1994	46690.7	26796.0	19260.6	5986.2
1995	58510.5	33635.0	23877.0	6690.5
1996	68330.4	40003.9	26867.2	7851.6
1997	74894.2	43579.4	28457.6	8724.8
1998	79003.3	46405.9	29545.9	9484.8
1999	82673.1	49722.7	30701.6	10388.3
2000	89340.9	54600.9	32499.8	11705.3
2001	98592.9	58927.4	37460.8	13029.3
2002	107897.6	62798.5	42304.9	13916.9
2003	121511.4	67442.5	51382.7	14764.0

资料来源：《中国统计年鉴2004》，中国统计出版社

1. 恰好识别模型的 ILS 估计

根据 ILS 法，首先将结构型模型转变为简化型模型，则宏观经济模型的简化型为

$$Y = \pi_{00} + \pi_{01}G$$
$$C = \pi_{10} + \pi_{11}G$$
$$I = \pi_{20} + \pi_{21}G$$

其中结构型模型的系数与简化型模型系数的关系为

$$\pi_{00} = \frac{\alpha_0 + \beta_0}{1 - \alpha_1 - \beta_1}, \pi_{00} = \frac{1}{1 - \alpha_0 - \beta_0}, \pi_{10} = \alpha_0 + \alpha_1 \frac{\alpha_0 + \beta_0}{1 - \alpha_1 - \beta_1}$$

$$\pi_{11} = \frac{\alpha_1}{1 - \alpha_1 - \beta_1}, \pi_{20} = \beta_0 + \beta_1 \frac{\alpha_0 + \beta_0}{1 - \alpha_1 - \beta_1}, \pi_{21} = \frac{\beta_1}{1 - \alpha_1 - \beta_1}$$

其次，用 OLS 法估计简化型模型的参数。进入 Eviews 软件，确定时间范围；编辑输入数据；选择估计方程菜单。则估计简化型样本回归函数的过程是：按路径：Qucik/Estimate Eguation/ Equation Spesfication，进入"Equation Spesfication"对话框。

在"Equation Spesfication"对话框里，分别键入："GDP C GOV""COM C GOV""INV C GOV"，其中，GDP 表示 Y，COM 表示 C，INV 表示 I，GOV 表示 G。得到三个简化型方程的估计结果，

写出简化型模型的估计式
$$\hat{Y} = -205.4438 + 8.0192G$$
$$\hat{C} = 481.985 + 4.6319G$$
$$\hat{I} = -370.3287 + 3.1593G$$

即简化型系数的估计值分别为 $\hat{\pi}_{00} = -205.4438, \hat{\pi}_{01} = 8.0192, \hat{\pi}_{10} = 481.985$
$\hat{\pi}_{11} = 4.6319, \hat{\pi}_{20} = -370.3287, \hat{\pi}_{21} = 3.1593$

最后，因为模型是恰好识别，则由结构型模型系数与简化型模型系数之间的关系，可唯一地解出结构型模型系数的估计。解得的结构型模型的参数估计值为

$$\hat{\alpha}_0 = 600.6493 \qquad \hat{\alpha}_1 = 0.5776$$
$$\hat{\beta}_0 = -289.3838 \qquad \hat{\beta}_1 = 0.3940$$

从而结构型模型的估计式为

$$Y = C + I + G$$
$$C = 600.6493 + 0.5776Y + u_1$$
$$I = -289.3838 + 0.3940Y + u_2$$

2. 过度识别模型的 2SLS 估计

考虑在宏观经济活动中，当期消费行为还要受到上一期消费的影响，当期的投资行为也要受到上一期投资的影响，因此，在上述宏观经济模型里再引入 C_t 和 I_t 的滞后一期变量 C_{t-1} 和 I_{t-1}。这时宏观经济模型可写为

$$Y_t = C_t + I_t + G_t$$
$$C_t = \alpha_0 + \alpha_1 Y_t + \alpha_2 C_{t-1} + \mu_{1t}$$
$$I_t = \beta_0 + \beta_1 Y_t + \beta_2 Y_{t-1} + \mu_{2t}$$

用阶条件和秩条件对上述模型进行识别判断（具体的判断过程从略），结论是消费函数和投资函数均是过度识别。需要运用二段最小二乘法对方程组的参数进行估计。

首先，估计消费函数。进入 Eviews 软件，确定时间范围；编辑输入数据。然后按路径：Qucik/Estimate equation/Equation specification/Method/TSLS，进入估计方程对话框，将 method 按钮点开，这时会出现估计方法选择的下拉菜单，从中选"TSLS"，即两阶段最小二乘法。

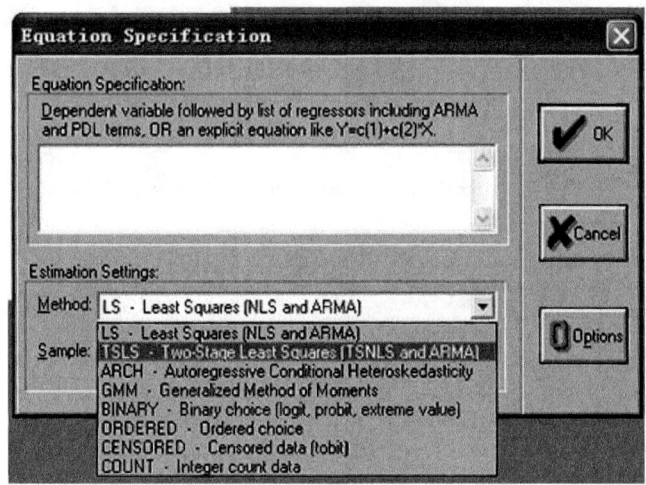

图 6.5.1

当 TSLS 法选定后，便会出现"Equation Specification"对话框，见图 6.5.2。

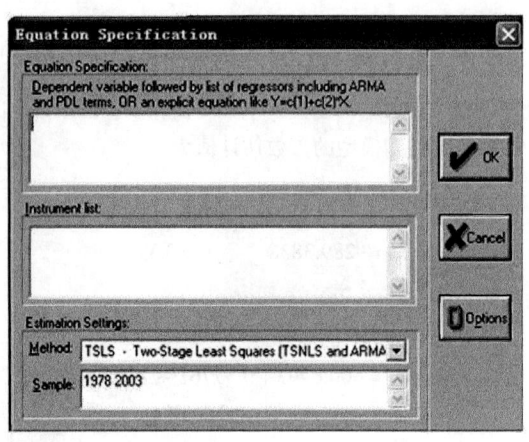

图 6.5.2

"Equation Specification"对话框有两个窗口,第一个窗口是用于写要估计的方程;第二个窗口是用于写该方程组中所有的前定变量,Eviews 要求将截距项也看作前定变量。具体书写格式如下:第一个窗口写:"COM C GDP COM(-1)";第二个窗口写:"C GOV COM(-1) INV(-1)"。其中,COM(-1),INV(-1)分别表示消费变量 COM 和投资变量 INV 的滞后一期。然后按"OK",便显示出估计结果。

```
Dependent Variable: COM
Method: Two-Stage Least Squares
Date: 06/01/05   Time: 20:11
Sample(adjusted): 1979 2003
Included observations: 25 after adjusting endpoints
Instrument list: C GOV COM(-1) INV(-1)

Variable        Coefficient   Std. Error   t-Statistic   Prob.

C                760.1016     241.0503      3.153291     0.0046
GDP                0.393229     0.051167      7.685133     0.0000
COM(-1)            0.342025     0.095291      3.589265     0.0016

R-squared          0.998760    Mean dependent var    24219.91
Adjusted R-squared 0.998647    S.D. dependent var    22011.34
S.E. of regression  809.5354   Sum squared resid     14417648
F-statistic        8856.594    Durbin-Watson stat     0.767087
Prob(F-statistic)  0.000000
```

图 6.5.3

根据上写出消费函数的 2SLS 估计式为 $C_t = 760.1016 + 0.3932Y_t + 0.3420C_{t-1} + u_{1t}$

其次,估计投资函数。与估计消费函数过程一样,得到如下估计结果,见下表。

```
Dependent Variable: INV
Method: Two-Stage Least Squares
Date: 06/01/05   Time: 20:21
Sample(adjusted): 1979 2003
Included observations: 25 after adjusting endpoints
Instrument list: C GOV COM(-1) INV(-1)

Variable        Coefficient   Std. Error   t-Statistic   Prob.

C               -542.5631     397.8729     -1.363659    0.1865
GDP                0.524589     0.122685      4.275913    0.0003
INV(-1)           -0.369164     0.348573     -1.059074    0.3011

R-squared          0.994537    Mean dependent var    15799.04
Adjusted R-squared 0.994040    S.D. dependent var    15119.00
S.E. of regression  1167.206   Sum squared resid     29972123
F-statistic        1999.299    Durbin-Watson stat     0.786536
Prob(F-statistic)  0.000000
```

图 6.5.4

由上表写出投资函数的估计式

$$I_t = -542.5631 + 0.5246Y_t - 0.3692I_{t-1} + u_{2t}$$

最后，写出该方程组模型的估计式为

$$Y_t = C_t + I_t + G_t$$
$$C_t = 760.1016 + 0.3932Y_t + 0.3420C_{t-1} + \mu_{1t}$$
$$I_t = -542.5631 + 0.5246Y_t - 0.3692I_{t-1} + \mu_{2t}$$

【案例2】 青海省城镇居民消费的 ELES 模型

一、扩展线性支出系统模型的建立与估计

研究消费需求实际中应用最为广泛的是扩展线性支出系统（ELES, Expend Linear Expenditure System），这一模型是英国经济学家 R.Stone 于1954年提出，1973年由 C.Liuch 修改完成的一种需求系统。ELES 模型为

$$p(i)q(i) = p(i)q(i)^\circ + b(i)(I - \sum p(i)q(i)^\circ) \quad (i=1,2,\cdots,n; \sum b(i) < 1)$$

式中 $p(i)q(i)$ 为第 i 种商品或劳务的消费支出额，$p(i)q(i)^\circ$ 为第 i 种商品或劳务的基本需求量，I 为收入，$\sum p(i)q(i)^\circ$ 为基本需求总支出，$b(i)$ 为第 i 种商品或劳务的边际消费倾向，$\sum b(i)$ 为边际消费倾向。该模型的经济含义是：收入为 I 的消费者对第 i 种商品或劳务的需求量分为两部分，一部分是基本需求量，即维持基本生活所不可缺少的；另一部分是额外需求量，由总收入中扣除对所有商品与劳务的基本需求之后剩余部分决定。

根据2010年《青海省统计年鉴》提供的青海省城镇居民家庭消费的截面数据，扩展线性支出系统（ELES）进行模型估计，分别得出食品、家庭设备用品、医疗保健、交通通讯、娱乐文教服务、居住、杂项商品和服务共八大类消费品的基本需求和边际消费倾向。

估计结果如表6.5.2所示，由此可以看出，所有回归系数均通过统计检验，加之模型本身具有良好的经济意义，所以，模型估计正确。

表 6.5.2　ELES 模型的估计结果表

类别	$p(i)q(i)^\circ$（αi）	$b(i)$（βi）	αi 的 t 检验	βi 的 t 检验
食品	1353.228	0.1629	6.7815	13.9764
衣着	113.567	0.0720	1.5924	17.2831
家庭设备用品	44.1315	0.0355	1.0540	14.5103
医疗保健	347.795	0.0255	5.5043	0.8992
交通通讯	102.043	0.08974	0.9701	14.6102
文教娱乐	141.988	0.05732	3.7758	26.1026
居住	318.927	0.0359	7.7277	14.8973
杂项	1.4800	0.0265	0.0716	21.9201
合计	2423.1565	0.5053	—	—

二、扩展线性支出系统模型分析

1. 恩格尔系数分析

德国统计学家恩格尔提出的"随着消费者收入的增加，花费在食品上的支出比重将减少"这条规律，即著名的恩格尔定律，被许多国家的统计资料所证实。而且还证实衣着、住房等生活必需品

方面的支出比重在经历了一段时期的上升以后，也会呈递减趋势。由下表可以看出，随着收入的不断增加，青海省城镇居民的恩格尔系数也是呈逐年下降趋势。这表明居民新的消费意识已经形成，支出投向多元化对于发展、享受型资料的需求开始增强，生活质量进一步改善，这是受城镇居民收入不断增长的影响。

表 6.5.3　青海省城镇居民家庭消费恩格尔系数表

年份	人均可支配收入（元）	消费性支出（元）	食品支出（元）	恩格尔系数（%）
2006	9000.35	6530.10	2366.40	36.2
2007	12691.85	7512.39	2803.35	37.3
2008	11648.3	8203.20	3315.60	40.4
2009	10276.06	8786.52	3548.85	40.3

2. 消费倾向的分析

根据 ELES 模型的估计结果，可以得出各类消费品的边际消费倾向[下表中的 $b(i)$]，即青海城镇居民在新增可支配收入中，用于各类消费品的支出比例。将下表中的第二项系数 $b(i)$ 累加得出 $\sum b(i) = 0.5053$，这是在新增可支配收入中用于消费的总支出比例。2001 年青海城镇居民平均收入为 12691.9 元，再根据消费支出的实际数据又可以得出各类消费品的实际消费倾向（各类消费品实际支出占居民可支配收入的比例），它与边际消费倾向的对比如下表所示。

表 6.5.4　青海省城镇居民消费倾向表

类别	实际消费支出（元）	实际消费倾向	边际消费倾向
食品	3548.9	0.2796	0.1629
衣着	1043.4	0.0822	0.0720
家庭设备用品	505.3	0.0398	0.0355
医疗保健	701.4	0.0552	0.0255
交通通讯	975.9	0.0769	0.0897
文教娱乐	889.3	0.0701	0.0573
居住	790.5	0.0623	0.0359
杂项	331.9	0.0262	0.0265
合计	8786.6	0.06923	0.5053

在扩大内需特别是在收入分配政策调整的作用下，加上假日经济消费政策的推动，青海省城镇居民的消费投向呈现活跃的态势，消费倾向在增强，消费支出快速增长。随着居民收入水平的提高，城镇居民消费方式和消费偏好也发生着变化。从表中可以看出，在各类商品或服务中，除食品项外，在家庭设备用品及娱乐文化教育上的倾向较高，其次是衣着、交通通讯和医疗保健及服务等方面，说明随着人们收入的增加，对耐用消费品及衣着的消费支出随之加大，从实际情况来看，购买新一代家用电器，美化居室，衣着的时尚化、高档化趋向已越来越明显。边际消费倾向的高低基本反映了未来居民消费结构变化的趋势。在青海省城镇居民家庭实际生活消费中已体现出这样的消费倾向。

3. 需求弹性分析

（1）需求的收入弹性

需求的收入弹性说明收入的相对变动与由此引起的需求量的相对变动之间的关系。需求量 $q(i)$ 对收入 I 的弹性通常用 $\eta(i)$ 表示，其定义为

$\eta(i) = \partial q(i) / \partial I \cdot I / q(i) \quad i=1,2,\cdots,n$

根据收入弹性的定义从 ELES 模型可以得到需求收入弹性公式

$\eta(i) = b(i)I / p(i)q(i)$

表明收入增加 1%，第 i 种产品需求增加的百分比。当收入弹性大于 1 时表明该商品是奢侈品，当收入弹性小于 1 时表明该商品为必需品。

从表中看出，食品弹性为 0.5826，表明食品对收入变化反应不大，是必需品；其次是交通通讯、医疗保健等方面。医疗保健费用的支出比例增长快，说明城镇职工随着职工医疗保险改革的推进，正从传统的"高医疗福利"模式转向国家、单位和个人结合的医健等方面。娱乐文教服务的支出比例有很大的提高，说明居民对教育的重视，并有更多的精神娱乐需求。

表 6.5.5 各类消费品需求收入弹性排序表

类别	食品	衣着	家庭设备用品	医疗保健	交通通讯	文教娱乐	居住	杂项
弹性系数	0.5826	0.8758	0.8917	0.4614	1.1666	0.8178	0.5164	1.0134
排序	6	4	3	8	1	5	7	2

（2）需求的自价格弹性分析

自价格弹性是指商品价格的相对变动所引起的商品本身需求量的相对变化，其定义为

$\eta(ii) = \partial q(i) / \partial p(i) \cdot p(i) / q(i)$

根据自价格弹性的定义，从 ELES 模型可以得到需求自价格弹性公式

$\eta(ii) = (1-b(i)) \cdot p(i)q(i)° / p(i)q(i) - 1$

它表明第 i 种商品价格变化 1%，第 i 种商品需求量变化的百分比。若该商品自价格弹性的绝对值小于 1，表明居民对该商品价格变化反应不大，该商品缺乏弹性。若自价格弹性的绝对值大于 1，表明居民对该商品价格变化反应很大，该商品富有弹性。其中食品的自价格弹性为 −0.6808，表明食品作为生活必需品，随着价格上升，它的需求量下降少；随着自价格的变化，需求量变化较大的是交通通讯及家庭设备用品及服务等方面。

表 6.5.6 需求的自价格弹性表

类别	食品	衣着	家庭设备用品	医疗保健	交通通讯	文教娱乐	居住	杂项
弹性系数	−0.6808	−0.8990	−0.9158	−0.5168	−0.9048	−0.8495	−0.6110	−0.9957

综合以上分析，随青海省城镇居民家庭随着生活水平的提高，城市基础设施的改善，在满足基本的"吃、穿"生存资料的需求后，会加大对耐用品、娱乐文教、交通通讯、医疗保健等享受型、发展型资料的消费，这也是生活消费的一种自然规律；另外，国家产业政策的调整，与城镇居民生活休戚相关的五大制度（养老、就业、医疗、住房、教育制度）改革的全面实施，也势必加大了居民在这些方面的投入。但是，受收入水平的制约和家庭储蓄倾向的强化，青海省城镇居民家庭整体消费态势不是很旺，而一部分低收入家庭贫困的现状，则不容忽视。因此，增加城镇居民收入，缩小与全国平均水平的差距，同时缩小内部收入差距，才是扩大消费需求的着力点。

【案例 3】 西宁市生态足迹的计量经济学模型分析

将西宁市近 10 年的生态足迹（Y）作为被解释变量，解释变量为生态足迹的主要影响因素，即西宁市近 10 年的国内生产总值（x_1）和人口数（x_2），但是考虑到生产总值和人口数两个因素可能会存在多重共线性，所以在建立模型时，采用逐步回归法。

一、模型的建立

1. 西宁市生态足迹的计算

采用"全球公顷"的当量因子,计算西宁市从2000—2009年的生态足迹。西宁市生态足迹的计算涉及两个账户:生物资源消费账户和能源消费账户。生物资源消费账户分为:农产品、林产品和畜产品3类,具体项目有小麦、杂粮、薯类、油菜籽、胡麻、蔬菜、苹果、梨、猪肉、牛肉、羊肉、牛奶、羊毛、牛绒、羊绒、蜂蜜、禽蛋、花椒和木材,共计19项;能源消费账户包括原煤和电力2类。

表 6.5.7 全球公顷当量因子表

土地类型	Chamber 2000	EU 2000	WWF 2000	WWF 2002	WWF 2004	WWF 2005	WWF 2007
耕地	2.83	3.33	3.26	2.11	2.19	2.17	2.21
林地	1.17	1.66	1.78	1.35	1.48	1.37	1.34
牧草地	0.44	0.37	0.39	1.47	0.48	0.48	0.49
水域	0.06	0.06	0.06	0.35	0.36	0.35	0.36
建筑用地	2.83	3.33	3.16	2.11	2.19	2.17	2.21
化石能源用地	1.17	1.66	1.78	1.35	1.48	1.37	1.34

按照有关计算步骤和相关数据可得西宁市2000—2009年的生态足迹如下表所示:

表 6.5.8 西宁市 2000—2009 年的生态足迹　　　　　　　　　单位:hm^2

年 份	生态足迹
2000	1131146
2001	1312867
2002	1393355
2003	1445237
2004	1669928
2005	1759791
2006	1869510
2007	2265000
2008	2317586
2009	2243456

表 6.5.9 西宁市 2000—2009 年的 GDP 总量　　　　　　　　单位:亿元

年份	GDP
2000	101.74
2001	104.49
2002	121.35
2003	144.84
2004	174.74
2005	237.56
2006	281.62
2007	342.45
2008	422.19

续表

年份	GDP
2009	501.07

资料来源:《西宁市统计年鉴2010》

表6.5.10 西宁市2000—2009年的人口数 单位:人

年份	人口数
2000	1745932
2001	1764205
2002	1783713
2003	1809616
2004	1832417
2005	1848065
2006	1867779
2007	1900321
2008	1923843
2009	1939439

资料来源:《西宁市统计年鉴2010》

2. 建立模型

首先将 GDP 即 x_1 作为独立的解释变量引入模型,建立模型(1)如下:

$$Y = a + bx_1 + u$$

其中 a、b 为待估计参数,u 为随机误差项;

然后再将 x_2 引入模型,建立模型(2)如下:

$$Y = m + nx_1 + dx_2 + u_{t1}$$

其中 m、n、d 为待估计参数,u_{t1} 为随机误差项。

二、模型的估计与检验

根据所给出的生态足迹、国内生产总值和人口数三组时间序列数据,以及设定的两个模型,用普通最小二乘法(OLS)得到的回归结果如下表所示:

(一)模型(1)的回归结果

估计结果

表6.5.11

Dependent Variable: Y
Method: Least Squares
Sample: 2000 2009
Included observations: 10

Variable	Coefficient	Std. Error	t-Statistic	Prob.
C	1043185.	97875.13	10.65832	0.0000
X1	2868.374	352.7542	8.131370	0.0000
R-squared	0.892066	Mean dependent var		1740788.
Adjusted R-squared	0.878574	S.D. dependent var		427520.1
S.E. of regression	148974.7	Akaike info criterion		26.83780

Sum squared resid	1.78E+11	Schwarz criterion	26.89831
Log likelihood	-132.1890	F-statistic	66.11917
Durbin-Watson stat	1.291647	Prob（F-statistic）	0.000039

由此可知，模型（1）中由该样本估计的回归结果为

$$Y=1043185+2868.374x_1$$

$$(10.658)\quad(8.131)$$

$$R^2=0.892 \quad \text{Adjusted } R^2=0.879 \quad F=66.119 \quad D.W=1.29$$

其中，Y 为生态足迹，单位是 hm^2，x_1 为 GDP，单位是亿元。x_1 的系数 2868.374 表示，GDP 每增加一个单位，在其他因素保持不变的条件下，生态足迹平均增加 2826.374 个单位。

1. 经济意义检验

经济意义的检验主要检验模型参数估计量在经济意义上的合理性，在模型（1）中，GDP 的系数为正数，即 GDP 的增长与生态足迹的增长呈正相关关系，符合经济学上的合理性，所以模型通过了经济意义检验。

2. 统计检验

由上面的回归结果可知：$R^2=0.892$，Adjusted $R^2=0.879$，这说明模型的拟合优度高，回归效果明显；给定 5% 的置信水平，查表可知 $t_{0.025}(n-2)=t_{0.025}(8)=2.306$，而 $t_0=10.658 > t_{0.025}(8)=2.306$（其中 n 为样本容量），说明解释变量 GDP 在 95% 的置信度下显著，即通过了变量的显著行检验；$t_1=8.131 > t_{0.025}(8)=2.306$，这说明截距项不为零，即该模型通过了变量的显著性检验。在一元线性回归中，t 检验与 F 检验是一致的，所以模型也通过了 F 检验。

（二）模型（2）的回归结果

估计结果

表 6.5.12

Dependent Variable: Y
Method: Least Squares
Date: 07/20/11   Time: 11:58
Sample: 2000 2009
Included observations: 10

Variable	Coefficient	Std. Error	t-Statistic	Prob.
C	-11004420	2997242.	-3.671515	0.0079
X1	-327.4432	821.5075	-0.398588	0.7021
X2	6.964221	1.732262	4.020304	0.0051
R-squared	0.967381	Mean dependent var		1740788.
Adjusted R-squared	0.958062	S.D. dependent var		427520.1
S.E. of regression	87551.09	Akaike info criterion		25.84116
Sum squared resid	5.37E+10	Schwarz criterion		25.93193
Log likelihood	-126.2058	F-statistic		103.8007
Durbin-Watson stat	1.743620	Prob（F-statistic）		0.000006

由此可知，模型（2）中由该样本估计的回归结果为

$$Y=-11004420-327.443x_1+6.964x_2$$

$$(-3.672)\quad(-0.399)\quad(4.020)$$

$$R^2=0.967 \quad \text{Adjusted } R^2=0.958 \quad F=103.801 \quad D.W=1.744$$

其中，Y 为生态足迹，单位是 hm^2，x_1 为 GDP，单位是亿元，x_2 是人口数，单位是人。x_1 的系数 -327.443 表示，GDP 每增加一个单位，在其他因素保持不变的条件下，生态足迹平均减少 327.443 个单位；x_2 的系数 6.964 表示，人口每增加一个单位，在其他因素保持不变的条件下，生态足迹平均增加 6.964

个单位。

在模型（2）中，GDP 前面的系数为负数，即 GDP 与生态足迹呈负相关，在现实的经济情况中，GDP 的增长与生态足迹的增长是呈同方向变化的，即 GDP 与生态足迹的增长是正相关的，该模型显然不符合现实的经济合理性，所以没有通过经济意义上的检验，即该模型不是最佳模型。

由模型（1）和模型（2）的检验结果可知，模型（1）是符合检验条件的回归模型，即以 GDP 作为唯一解释变量的一元线性回归模型是可行的。模型（1）中，GDP 作为重要的解释变量解释了 2000—2009 年西宁市生态足迹变化的 89.2%。

三、模型结论

由上述建立的模型以及模型的对比结果可知，GDP 是影响生态足迹的重要因素。生态足迹对 GDP 的敏感程度很高，GDP 每增加一个单位，生态足迹就增加 2826.374 个单位。西宁市作为青海省的省会城市，发展经济固然重要，但是在经济发展的同时，也要注意生态环境的保护，要尽量减少生态足迹的快速扩大，努力保持生态足迹与生态承载力的对称发展，促进社会经济的协调持续发展。

本章小结

本章是计量经济学重点内容之一。通过教学应达到：掌握线性联立方程组模型的一般概念、经济背景以及矩阵表示；掌握模型的识别概念，识别的方法；掌握几种主要的单一方程估计方法（包括间接最小二乘法、工具变量法、两阶段最小二乘法）以及它们的内在联系；能运用计量经济分析专门软件建立简单的线性联立方程组模型。

1. 关于方程的类型：联立方程组按其方程的特点可以把单个方程分为以下几种类型：
（1）行为方程：是用来描述经济主体（如个人、企业等）行为的函数关系式。
（2）技术方程：是根据一些技术关系来反映各个变量之间关系的方程。
（3）制度方程：是根据国家法律、法规而形成的方程。
（4）平衡方程：是根据经济变量的关系或有关定义而形成的方程。

2. 内生变量与外生变量：内生变量是具有某种概率分布的随机变量，也是由联立方程系统内部所决定的变量。由于内生变量是联立地被决定，因此，联立方程模型中有多少个内生变量就必定有多少个方程。这个规则决定了任何联立方程模型中内生变量的个数。可是，确定哪个变量为内生变量，要根据经济分析和模型的用途。外生变量是没有概率分布的确定型变量，它不是由联立方程系统内部决定的，而是由系统之外决定的变量。在设定模型时，通常将以下两类变量设定为外生变量：①政策变量，如货币供给、税率、利率、政府支出等。②短期内很大程度上是在经济系统之外决定或变化规律稳定的变量，如人口、劳动力供给、国外利率、世界贸易水平、国际原油价格等。也可以用豪斯曼检验（Hausman）来进行外生性检验，见参考文献：古扎拉蒂《计量经济学》。

3. 联立方程系统的结构型与简化型：结构型有两个特点：第一，结构型把内生变量表示成其他内生变量、滞后内生变量、外生变量以及随机随机误差项的函数。第二，结构型中的每个参数反映了对应解释变量对作为被解释变量的内生变量的直接影响。联立方程组的简化型：如果把每个内生变量都表示成所有外生变量的线性组合，由此得到的模型就称为联立方程组的简化型。

4. 方程的识别与模型的识别：如果联立方程模型中某个结构方程具有确定的统计形式，则称该方程为可识别。模型中每个需要估计其参数的随机方程都存在识别问题。如果一个模型中的所有随机方程都是可以识别的，则认为该联立方程模型系统是可以识别的。反之，如果一个模型系统中存在一个不可识别的随机方程，则认为该联立方程模型系统是不可以识别。

5. 识别的充分条件与必要条件：利用结构型系数矩阵。首先从结构型系数矩阵中划去所识别方程所对应的行，再划去该方程所包含的变量（包括内生变量和外生变量）所对应的列，最后所得到的矩

阵记为 (B^0, Γ^0)，则得到此种情况下的判断条件为：若 $R(B^0, \Gamma^0) = g_i - 1$，则该方程可以识别，否则就不可以识别。识别的必要条件：$k - k_i \geq g_i - 1$，这个条件之所以称为必要条件是由于具备该条件的方程不一定就可以识别，但不具备该条件的方程就一定不能识别。该条件又称为阶条件。该条件的直观意思为该方程所排除的外生变量个数不小于其排除的内生变量的个数。

6. 恰好识别与过度识别：如果某个方程根据秩条件得出可以识别时，当满足 $k - k_i = g_i - 1$ 时，则该方程就是恰好识别；而满足 $k - k_i > g_i - 1$ 时，则该方程就是过度识别。需要说明的是：在判断一个方程是否可以识别时，往往先使用阶条件，原因在于：首先阶条件不需写出系数矩阵，简单方便，对不可以识别的方程起到立竿见影的效果；其次，对于满足阶条件而同时又满足秩条件的方程，阶条件还为是恰好识别还是过度识别提供了依据。

7. 间接最小二乘法 ILS：根据恰好识别的结果，可以使用简化型系数唯一地解出恰好识别方程的结构参数，这种方法就是间接最小二乘法 ILS，显然这种方法只能适用于恰好识别的方程。其估计步骤为：

第一步，确定某个待估方程是否是恰好识别，如果是，进入下一步，否则停止。

第二步，把联立方程组中所有的内生变量用外生变量线性表示，即给出简化型。

第三步，对简化型中每个方程分别进行 OLS 估计，得到各个简化型系数的估计值。

第四步，根据相关的参数体系，利用（3）中得到的简化型系数的估计值求得该方程结构型系数的估计值。

8. 两阶段最小二乘法 2SLS，该方法是估计过度识别方程的有效方法之一，其步骤正如该方法名称一样，要使用两次 OLS，具体步骤如下：

第一步，找出待估方程中作为解释变量的那些内生变量，并把它们分别表示成联立方程组中所有外生变量的线性组合。

第二步，对上述得到的每个方程进行估计，同时得到每个作为解释变量的内生变量的点估计值。

第三步，把这些点估计值带入到待估计方程中，分别替代对应的内生解释变量。

第四步，对替换后的新方程进行估计，由此得到的参数估计值就是最终的 2SLS 估计值。

9. 联立方程模型的联立性检验：联立性检验的实质是检验内生变量与误差项是否相关。如果是，就有联立性的检验，这时需要找出不同于 OLS 的估计方法；如果不是，就可以使用 OLS 的估计方法。可以采取豪斯曼检验（Hausman）来进行联立性检验。豪斯曼检验（Hausman）的基本步骤为：

第一步，用 OLS 方法求某个内生变量（不妨设为 y_1）与外生变量的回归，得回归误差 $\hat{\mu}_t$；

第二步，用 OLS 方法做另外一个内生变量（不妨设为 y_2）与 y_1、$\hat{\mu}_t$ 的回归。若 $\hat{\mu}_t$ 的系数在统计上为零，则不存在联立性问题；若 $\hat{\mu}_t$ 的系数在统计上不为零，则存在联立性问题。

本章练习题

1. 联立方程模型中的变量可以分为几类，其各自的含义是什么？
2. 联立方程模型中结构方程的结构参数为什么不能直接用 OLS 估计？
3. 如何对不可识别的方程进行简单修改使之可以识别？
4. 为什么 ILS 只适用于恰好识别的结构模型？
5. 既然联立方程模型结构参数不能直接采用 OLS，为什么在实际中 OLS 又被广泛应用？
6. 为什么 OLS 方法一般不适用于估计联立方程模型中的单方程？

7. 考虑下面的联立方程模型：$\begin{array}{l} Y_{1t} = A_1 + A_2 Y_{2t} + A_3 X_{1t} + u_{1t} \\ Y_{2t} = B_1 + B_2 Y_{1t} + u_{2t} \end{array}$

其中，Y 是内生变量，X 是外生变量，u 是随机误差项。

（1）求简化形式回归方程。

（2）判定哪个方程是可识别的。

（3）对可识别方程，你将用哪种方法进行估计，为什么？

8. 建立如下简单的凯恩斯宏观经济模型：

$$C_t = B_0 + B_{11} Y_t + u_{1t}$$
$$I_t = B_{20} + B_{21} Y_t + B_{22} Y_{t-1} + U_{2t}$$
$$Y_t = C_t + I_t + G_t$$

其中，C = 消费支出，I = 投资支出，Y = 收入，G = 政府支出，假设 G_t 和 Y_{t-1} 是预定变量。

（1）求简化方程。

（2）运用识别的阶条件，判断上述方程哪些是可识别的（恰好或过度）。

（3）我们通常使用什么方法估计过度识别方程的参数？说明该方法的基本思想。

9. 对于农产品供求联立模型：

$$\begin{cases} Q_t^D = \alpha_0 + \alpha_1 P_t + \alpha_2 Y_t + \alpha_3 Y_{t-1} + \mu_{1t} \\ Q_t^S = \beta_0 + \beta_1 P_t + \beta_2 W_t + \mu_{2t} \\ Q_t^D = Q_t^S = Q \end{cases}$$

其中：P ——某种农产品的价格；

Q^D ——农产品的需求量；

Q^S ——农产品的供给量；

Y ——消费者收入水平；

W ——天气条件

（1）指出模型中的内生变量、外生变量和前定变量；

（2）写出模型的简化式；

（3）识别第一个方程。

10. 设有国民经济的一个简单宏观模型为

$$\begin{cases} C_t = \alpha + \beta Y_t + U_t \\ Y_t = C_t + I_t \end{cases}$$

式中 Y、C、I 分别为国民收入、消费和投资，其中投资 I 为外生变量。现根据该国民经济系统近 9 年的统计资料已计算得出：

$$\sum C_t = 522, \sum I_t = 198, \sum I_t^2 = 4740, \sum I_t C_t = 12060$$

试用间接最小二乘法估计该模型。

第七章 时间序列计量经济学模型的理论与方法

在第一章中已提到,经济分析中所用的三大类重要数据中,时间序列数据是其中最常见,也是最重要的一类数据。因此,对时间序列数据的分析也就成了计量经济分析最为重要的内容之一。迄今为止,我们对时间序列的分析是通过建立以因果关系为基础的结构模型进行的。而无论是单方程模型还是联立方程模型,这种分析背后有一个隐含的假设,即这些数据是平稳的(stationary)。否则的话,通常的 t、F 等假设检验程序则不可信。在经典回归分析中,我们通过假设样本观测点趋于无穷时,解释变量 X 的方差趋于有界常数,给出了 X 平稳性的一个重要条件。这样,既为大样本下的统计推断奠定了基础,也使所考察的时间序列更靠近平稳性这一假设。

涉及时间序列数据的另一问题是虚假回归(spurious regression)或伪回归,即如果有两列时间序列数据表现出一致的变化趋势(非平稳的),即使它们没有任何有意义的关系,但进行回归也可表现出较高的可决系数。在现实经济生活中,情况往往是实际的时间序列数据是非平稳的,而且主要的经济变量如消费、收入、价格往往表现为一致的上升或下降。这样,仍然通过前面的因果关系模型进行分析,一般不会得到有意义的结果。时间序列分析模型方法就是在这样的情况下,以通过揭示时间序列自身的变化规律为主线而发展起来的全新的计量经济学方法论。时间序列分析已组成现代计量经济学的重要内容,并广泛应用于经济分析与预测当中。

第一节 数据的平稳性及其检验

一、时间序列数据的平稳性

时间序列分析中首先遇到的问题是关于时间序列数据的平稳性问题。假定某个时间序列是由某一随机过程(stochastic process)生成的,即假定时间序列 $\{X_t\}$($t=1, 2, \cdots$)的每一个数值都是从一个概率分布中随机得到,如果 X_t 满足下列条件:

(1)均值 $E(X_t) = \mu$ 与时间 t 无关的常数;

(2)方差 $Var(X_t) = \sigma^2$ 与时间 t 无关的常数;

(3)协方差 $\text{cov}(X_t, X_{t+k}) = \gamma_k$ 只与时期间隔 k 有关,与时间 t 无关的常数。

则称该随机时间序列是平稳的(stationary),而该随机过程是一平稳随机过程(stationary stochastic process)。

例7.1.1:一个最简单的随机时间序列 X_t 是一具有零均值同方差的独立分布序列:

$$X_t = \mu_t, \quad \mu_t \sim N(0, \delta^2) \tag{7.1.1}$$

该序列常被称为是一个白噪声(white noise)。由于 X_t 具有相同的均值与方差,且协方差为零,因此由定义一个白噪声序列是平稳的。

例7.1.2:另一个简单的随机时间列序被称为随机游走(random walk),该序列由如下随机过程生成:

$$X_t = X_{t-1} + \mu_t \tag{7.1.2}$$

这里,μ_t 是一个白噪声。

容易知道该序列有相同的均值 $E(X_t) = E(X_{t-1})$。为了检验该序列是否具有相同的方差,可假设

X_t 的初值为 X_0，则易知

$$X_1 = X_0 + \mu_1$$
$$X_2 = X_1 + \mu_2 = X_0 + \mu_1 + \mu_2$$
$$\cdots$$
$$X_t = X_0 + \mu_1 + + \mu_2 + \cdots + + \mu_t$$

由于 X_0 为一常数，μ_t 是一个白噪声，因此 $Var(X_t) = t\delta^2$，即 X_t 的方差与时间 t 有关而非常数，它是一非平稳序列。

然而，对 X_t 取一阶差分（first difference）

$$\Delta X_t = X_t - X_{t-1} = \mu_t \quad (7.1.3)$$

由于 μ_t 是一个白噪声，则序列 $\{\Delta X_t\}$ 是平稳的。后面我们将会看到，如果一个时间序列是非平稳的，它常常可通过取差分的方法而形成平稳序列。

事实上，随机游走式（7.1.3）是下面我们称为 1 阶自回归 AR（1）过程的特例

$$X_t = \phi X_{t-1} + \mu_t \quad (7.1.4)$$

不难验证，$\phi > 1$ 时，该随机过程生成的时间序列是发散的，表现为持续上升（$\phi > 1$）或持续下降（$\phi < -1$），因此是非平稳的；$\phi = 1$ 时，是一个随机游走过程，也是非平稳的。第二节中将证明，只有当 $-1 < \phi < 1$ 时，该随机过程才是平稳的。

式（7.1.4）又是如下 k 阶自回归 AR（K）过程的特例

$$X_t = \phi X_{t-1} + \phi X_{t-2} + \cdots + \phi X_{t-k} + \mu_t \quad (7.1.5)$$

该随机过程平稳性条件也将在第二节中介绍。

二、平稳性检验的图示判断

给出一个随机时间序列，首先可通过该序列的时间路径图来粗略地判断它是否是平稳的。一个平稳的时间序列 [图 7.1.1（a）] 在图形上往往表现出一种围绕其均值不断波动的过程；而非平稳序列 [图 7.1.1（b）] 则往往表现出在不同的时间段具有不同的均值（如持续上升或持续下降）。

然而，这种直观的图示也常出现误导，因此需要进行进一步的判别。通常的做法是检验样本自相关函数及其图形。首先定义随机时间序列的自相关函数（autocorrelation function, ACF）如下：

$$\rho_k = \frac{\gamma_k}{\gamma_0} \quad (7.1.6)$$

分子是序列滞后 k 期的协方差，分母是方差，因此自相关函数是关于滞后期 k 的递减函数。

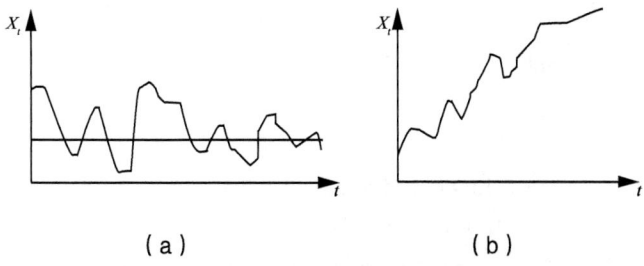

图 7.1.1 平稳时间序列与非平稳时间序列

由于实际上我们对一个随机过程只有一个实现（样本），因此，只能计算样本自相关函数（Sample

autocorrelation function）。一个时间序列的样本自相关函数定义为

$$r_k = \frac{\sum_{t=1}^{n-k}(X_t-\bar{X})(X_{t+k}-\bar{X})}{\sum_{t=1}^{n-k}(X_t-\bar{X})^2} \quad k=1,2,3,\cdots \quad (7.1.7)$$

易知，随着 k 的增加，样本自相关函数下降且趋于零。但从下降速度来看，平稳序列要比非平稳序列快得多。图 7.1.2 给出了图 7.1.1 中平稳序列（a）与非平稳序列（b）的样本自相关图。

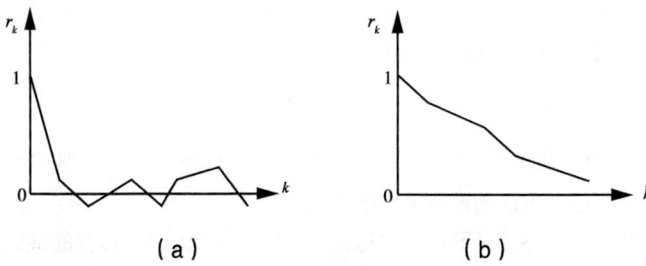

图 7.1.2 平稳时间序列与非平稳时间序列样本相关

确定样本自相关函数某一数值 r_k 是否足够接近于 0 是非常有用的，因为它可检验对应的自相关函数 ρ_k 的真值是否为 0 的假设。巴特雷特（Bartlett）曾证明，如果时间序列由白噪声过程生成，则对所有的 $k>0$，样本自相关系数近似地服从以 0 为均值，$1/n$ 为方差的正态分布，其中 n 为样本容量。

也可检验对所有 $k>0$，自相关系数都为 0 的联合假设，这可通过如下 Q_{LB} 统计量进行

$$Q_{LB} = n(n+2)\sum_{k=1}^{m}\left(\frac{r_k^2}{n-k}\right) \quad (7.1.8)$$

该统计量近似地服从自由度为 m 的 χ^2 分布（m 为滞后期长度）。因此，如果计算的 Q 值大于显著性水平为 α 的临界值，则有 $1-\alpha$ 的把握拒绝所有 ρ_k（$k>0$）同时为 0 的假设。

例 7.1.3：表 7.1.1 序列 Random1 是通过一随机过程（随机函数）生成的有 19 个样本的随机时间序列，容易验证该样本序列的均值为 0，方差为 0.0789。从图形看（见图 7.1.3），它在其样本均值 0 附近上下波动，且样本自相关系数迅速下降到 0，随后在 0 附近波动且逐渐收敛于 0。由于该序列由一随机过程生成，可以认为不存在序列相关性，因此该序列为一白噪声。根据 Bartlett 曾表明的，该序列的自相关系数应遵从以 0 为均值，以 1/19 为方差的正态分布，因此任一 ρ_k（$k>0$）的 95% 的置信区间都将是 [-0.4497, 0.4497]。可以看出 $k>0$ 时，r_k 的值确实落在了该区间内，因此可以接受 ρ_k（$k>0$）为 0 的假设。同样地，从 Q_{LB} 统计量的计算值来看，滞后 17 期的计算值为 26.38，未超过 5% 显著性水平的临界值 27.58，因此可以接受所有的自相关系数 ρ_k（$k>0$）都为 0 的假设。因此，该随机过程是一个平稳过程。

序列 Random2 是以式（7.1.2）生成的一随机游走时间序列样本（见图 7.1.4），其中第 0 项取值为 0，随机项是由 Random1 表示的白噪声。图形表示出该序列具有相同的均值，但从样本自相关图来看，虽然自相关系数迅速下降到 0，但随着时间的推移，则在 0 附近波动且呈发散趋势。样本自相关系数显示，$r_1 = 0.48$，落在了区间 [-0.4497, 0.4497] 之外，因此在 5% 的显著性水平上拒绝 ρ_1 的真值为 0 的假设。该随机游走序列是非平稳的。

表 7.1.1　一个纯随机序列与随机游走序列的检验

序号	Random1	自相关系数 r_k ($k=0,1,\cdots,17$)	Q_{LB}	Random2	自相关系数 r_k ($k=0,1,\cdots,17$)	Q_{LB}
1	−0.031	1.000		−0.031	1.000	
2	0.188	−0.051	0.059	0.157	0.480	5.116
3	0.108	−0.393	3.679	0.264	0.018	5.123
4	−0.455	−0.147	4.216	−0.191	−0.069	5.241
5	−0.426	0.280	6.300	−0.616	0.028	5.261
6	0.387	0.187	7.297	−0.229	−0.016	5.269
7	−0.156	−0.363	11.332	−0.385	−0.219	6.745
8	0.204	−0.148	12.058	−0.181	−0.063	6.876
9	−0.340	0.315	15.646	−0.521	0.126	7.454
10	0.157	0.194	17.153	−0.364	0.024	7.477
11	0.228	−0.139	18.010	−0.136	−0.249	10.229
12	−0.315	−0.297	22.414	−0.451	−0.404	18.389
13	−0.377	0.034	22.481	−0.828	−0.284	22.994
14	−0.056	0.165	24.288	−0.884	−0.088	23.514
15	0.478	−0.105	25.162	−0.406	−0.066	23.866
16	0.244	−0.094	26.036	−0.162	0.037	24.004
17	−0.215	0.039	26.240	−0.377	0.105	25.483
18	0.141	0.027	26.381	−0.236	0.093	27.198
19	0.236			0.000		

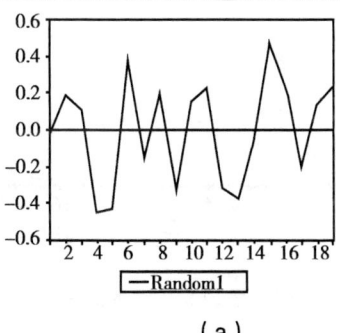

（a）

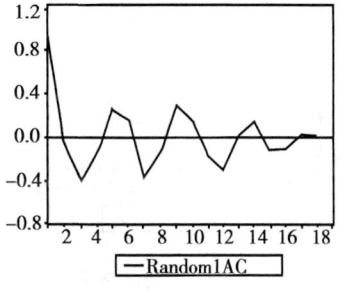

（b）

图 7.1.3　纯随机序列 Random1 样本图及其样本自相关系数

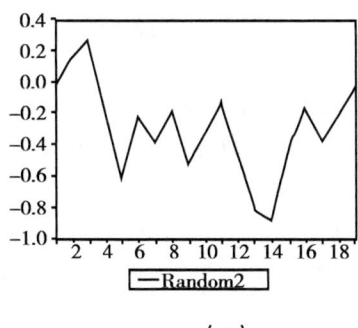

（a）

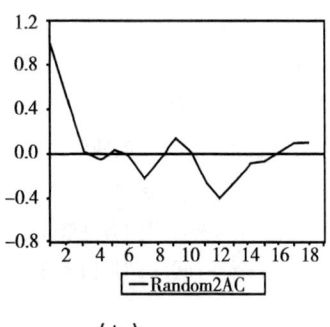

（b）

图 7.1.4　随机游走序列 Random2 样本图及其样本自相关系数

例 7.1.4：检验中国支出法 GDP 时间序列的平稳性。

表 7.1.2 是 1978—2000 年中国支出法 GDP 时间序列。其图形（图 7.1.5）表现出了一个持续上升的过程，即在不同的时间段上，其均值是不同的，因此可初步判断是非平稳的。而且从它们的样本自相关系数的变化来看，也是缓慢下降的，再次表明它们的非平稳性。从滞后 21 期的 Q_{LB} 统计量来看，计算值为 164.23，超过了显著性水平为 5% 时的临界值 32.67。因此，进一步否定了该时间序列的自相关系数在滞后一期之后的值全部为 0 的假设。这样，我们得出的结论是 1978—2000 年中国 GDP 时间序列是非平稳序列。

表 7.1.2 1978—2000 年中国支出法 GDP 单位：亿元

年份	GDP	年份	GDP	年份	GDP
1978	3605.6	1986	10132.8	1994	46690.7
1979	4073.9	1987	11784	1995	58510.5
1980	4551.3	1988	14704	1996	68330.4
1981	4901.4	1989	16466	1997	74894.2
1982	5489.2	1990	18319.5	1998	79003.3
1983	6076.3	1991	21280.4	1999	82673.1
1984	7164.4	1992	25863.6	2000	89112.5
1985	8792.1	1993	34500.6		

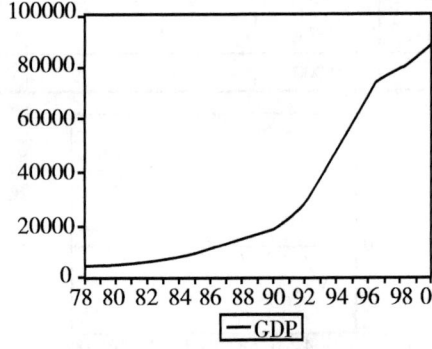 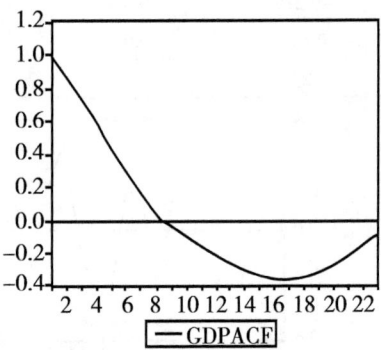

图 7.1.5 1978—2000 年中国 GDP 时间序列及其样本自相关

例 7.1.5：检验第二章第五节中关于人均居民消费与人均国内生产总值这两时间序列的平稳性。

在本章开始时已指出，对时间序列运用传统的回归技术进行回归，是建立在时间序列平稳性这一基本假定基础之上的。因此，在建立关于人均居民消费与人均国内生产总值的回归方程之前，应对该两序列的平稳性进行检验。

从图 7.1.6 中容易得出人均居民消费（CONSP）与人均国内生产总值（GDPP）是非平稳的这一结论。从滞后 14 期的 Q_{LB} 统计量来看，该两序列的统计量计算值均为 57.18，超过了显著性水平为 5% 时的临界值 23.68，否定了它们的自相关系数在滞后一期之后的值全部为 0 的假设，再次表明它们的非平稳性。就此来说，运用传统的回归方法建立它们的回归方程是无实际意义的。不过，我们将在第三节中看到，如果两个非平稳时间序列是协整的，则传统的回归结果却是有意义的，而这两时间序列恰是协整的。

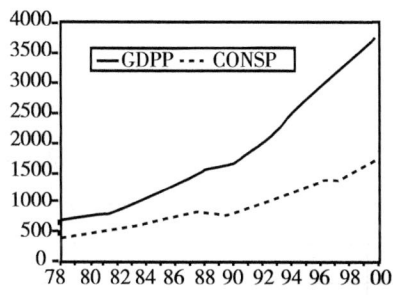 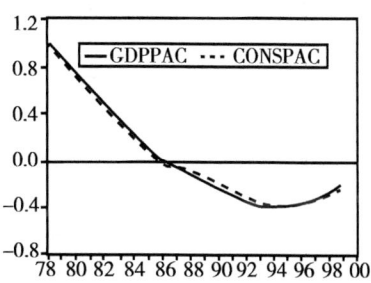

图 7.1.6　1978—2000 年中国居民人均消费与人均 GDP 时间序列及其样本自相关

三、平稳性的单位根检验

对时间序列的平稳性除了通过图形直观判断外，运用统计量进行统计检验则是更为准确与重要的。单位根检验（unit root test）是统计检验中普遍应用的一种检验方法。

1.DF 检验

我们已知道，随机游走序列 $X_t = X_{t-1} + \mu_t$ （7.1.2）

是非平稳的，其中 μ_t 是白噪声。而该序列可看作随机模型

$$X_t = \rho X_{t-1} + \mu_t \quad (7.1.9)$$

中参数 $\rho = 1$ 时的情形。也就是说，我们对式（7.1.9）做回归，如果确实发现 $\rho = 1$，则我们就说随机变量 X_t 有一个单位根。显然，一个有单位根的时间序列就是随机游走序列，而随机游走序列是非平稳的。因此，要判断某时间序列是否是平稳的，可通过式（7.1.9）判断它是否有单位根。这就是时间序列平稳性的单根检验。

式（7.1.9）可变成差分形式

$$\Delta X_t = (\rho - 1) X_t + \mu_t = \delta X_{t-1} + \mu_t \quad (7.1.10)$$

检验式（7.1.9）是否存在单位根 $\rho = 1$，也可通过式（7.1.10）判断是否有 $\delta = 0$。

一般地，检验一个时间序列 X_t 的平稳性，可通过检验带有截距项的一阶自回归模型

$$X_t = \alpha + \rho X_{t-1} + \mu_t \quad (7.1.11)$$

中的参数 ρ 是否小于 1，或者说检验其等价变形式

$$\Delta X_t = \alpha + \delta X_{t-1} + \mu_t \quad (7.1.12)$$

中的参数 δ 是否小于 0 来完成。

在第二节中我们将证明，式（7.1.11）中的参数 ρ 大于或等于 1 时，时间序列 X_t 是非平稳的，对应于式（7.1.12），则是 δ 大于或等于 0。因此，针对式（7.1.12），是在备择假设 $H_1: \delta < 0$ 下检验零假设 $H_0: \delta = 0$。这可通过 OLS 法下的 t 检验完成。然而，在零假设（序列非平稳）下，即使在大样本下 t 统计量也是有偏误的（向下偏倚），通常的 t 检验无法使用。迪克（Dicky）和富勒（Fuller）于 1976 年提出了这一情形下 t 统计量服从的分布（这时的 t 统计量称为 τ 统计量），即 DF 分布（见表 7.1.3）。因此，可通过 OLS 法估计式（7.1.12），并计算 t 统计量的值，与 DF 分布表中给定显著性水平下的临界值比较。如果 t 统计量的值小于临界值（这意味着 δ 足够的小），则拒绝零假设

$H_0: \delta = 0$，认为时间序列不存在单位根，是平稳的。

表 7.1.3 DF 分布临界值表

显著性水平	样 本 容 量					t 分布临界值 ($n=\infty$)
	25	50	100	500	∞	
0.01	-3.75	-3.58	-3.51	-3.44	-3.43	-2.33
0.05	3.00	-2.93	-2.89	-2.87	-2.86	-1.65
0.10	2.63	-2.60	-2.58	-2.57	-2.57	-1.28

2.ADF 检验

在上述使用式（7.1.12）对时间序列进行平稳性检验中，实际上假定了时间序列是由具有白噪声随机误差项的一阶自回归过程［AR（1）］生成的。但在实际检验中，时间序列可能是由更高阶的自回归过程生成的，或者随机误差项并非是白噪声，这样用 OLS 法进行估计均会表现出随机误差项出现自相关（autocorrelation），导致 DF 检验无效。另外，如果时间序列包含明显的随时间变化的某种趋势（如上升或下降），则也容易导致上述检验中的自相关随机误差项问题。

为了保证 DF 检验中随机误差项的白噪声特性，Dicky 和 Fuller 对 DF 检验进行了扩充，形成了 ADF（Augment Dickey-Fuller）检验。ADF 检验是通过下面三个模型完成的：

模型 1：
$$\Delta X_t = \delta X_{t-1} + \sum_{i=1}^{m} \beta_i \Delta X_{t-i} + \varepsilon_t \qquad (7.1.13)$$

模型 2：
$$\Delta X_t = \alpha + \delta X_{t-1} + \sum_{i=1}^{m} \beta_i \Delta X_{t-i} + \varepsilon_t \qquad (7.1.14)$$

模型 3：
$$\Delta X_t = \alpha + \beta t + \delta X_{t-1} + \sum_{i=1}^{m} \beta_i \Delta X_{t-i} + \varepsilon_t \qquad (7.1.15)$$

模型 3 中的 t 是时间变量，代表了时间序列随时间变化的某种趋势（如果有的话）。三个模型的虚拟假设都是 $H_0: \delta = 0$，即存在一单位根。模型 1 与另两模型的差别在于是否包含有常数项和趋势项。

实际检验时从模型 3 开始，然后模型 2、模型 1。何时检验拒绝零假设，即原序列不存在单位根，为平稳序列，何时检验停止。否则，就要继续检验，直到检验完模型 1 为止。检验原理与 DF 检验相同，只是对模型 1、模型 2、模型 3 进行检验时，有各自相应的临界值表。表 7.1.4 给出了三个模型所使用的 ADF 分布临界值表。

一个简单的检验是同时估计出上述三个模型的适当形式，然后通过 ADF 临界值表检验零假设 $H_0: \delta = 0$。只要其中有一个模型的检验结果拒绝了零假设，就可以认为时间序列是平稳的。当三个模型的检验结果都不能拒绝零假设时，则认为时间序列是非平稳的。这里所谓模型适当的形式就是在每个模型中选取适当的滞后差分项，以使模型的残差项是一个白噪声（主要保证不存在自相关）。

例 7.1.6：检验 1978—2000 年中国支出法 GDP 时间序列的平稳性。

经过尝试，模型 3 取了 2 阶滞后：

$$\Delta GDP_t = -1011.33 + 229.27T + 0.0093 GDP_{t-1} + 1.50\Delta GDP_{t-1} - 1.01\Delta GDP_{t-2}$$

$$(-1.26)\quad (1.91)\quad (0.31)\quad\quad (8.94)\quad\quad (-4.95)$$

通过拉格朗日乘数统计量对随机误差项的自相关性进行检验，LM（1）=0.92，LM（2）=4.16，可见不存在自相关性，因此该模型的设定是正确的。

从 GDP_{t-1} 的参数值来看，其 t 统计量的绝对值小于临界值，不能拒绝存在单位根的零假设。同时，

由于时间 T 的 t 统计量也小于 AFD 分布表中的临界值,因此不能拒绝不存在趋势项的零假设。需进一步检验模型 2。

表 7.1.4　不同模型使用的 ADF 分布临界值

模型	统计量	样本容量	0.01	0.025	0.05	0.10
1	τ_δ	25	−2.66	−2.26	−1.95	−1.60
		50	−2.62	−2.25	−1.95	−1.61
		100	−2.60	−2.24	−1.95	−1.61
		250	−2.58	−2.23	−1.95	−1.61
		500	−2.58	−2.23	−1.95	−1.61
		>500	−2.58	−2.23	−1.95	−1.61
2	τ_δ	25	−3.75	−3.33	−3.00	−2.62
		50	−3.58	−3.22	−2.93	−2.60
		100	−3.51	−3.17	−2.89	−2.58
		250	−3.46	−3.14	−2.88	−2.57
		500	−3.44	−3.13	−2.87	−2.57
		>500	−3.43	−3.12	−2.86	−2.57
	τ_α	25	3.41	2.97	2.61	2.20
		50	3.28	2.89	2.56	2.18
		100	3.22	2.86	2.54	2.17
		250	3.19	2.84	2.53	2.16
		500	3.18	2.83	2.52	2.16
		>500	3.18	2.83	2.52	2.16
3	τ_δ	25	−4.38	−3.95	−3.60	−3.24
		50	−4.15	−3.80	−3.50	−3.18
		100	−4.04	−3.73	−3.45	−3.15
		250	−3.99	−3.69	−3.43	−3.13
		500	−3.98	−3.68	−3.42	−3.13
		>500	−3.96	−3.66	−3.41	−3.12
	τ_α	25	4.05	3.59	3.20	2.77
		50	3.87	3.47	3.14	2.75
		100	3.78	3.42	3.11	2.73
		250	3.74	3.39	3.09	2.73
		500	3.72	3.38	3.08	2.72
		>500	3.71	3.38	3.08	2.72
	τ_β	25	3.74	3.25	2.85	2.39
		50	3.60	3.18	2.81	2.38
		100	3.53	3.14	2.79	2.38
		250	3.49	3.12	2.79	2.38
		500	3.48	3.11	2.78	2.38
		>500	3.46	3.11	2.78	2.38

经试验,模型 2 中滞后项取 2 阶:

$$\Delta GDP_t = 357.45 + 0.057 GDP_{t-1} + 1.65 \Delta GDP_{t-1} - 1.15 \Delta GDP_{t-2}$$

$$(-0.90)\ (3.38)\ \ (10.40)\ \ \ (-5.63)$$

LM（1）=0.57　　LM（2）=2.85

由于模型残差不存在自相关性,因此该模型的设定是正确的。从 GDP（t-1）的参数值看,其 t 统计量为正值,大于临界值,不能拒绝存在单位根的零假设。同时,由于常数项的 t 统计量也小于 ADF 分布表中的临界值,因此不能拒绝不存常数项的零假设。需进一步检验模型 1。

经试验,模型 1 中滞后项取 2 阶:

$$\Delta GDP_t = 0.063 GDP_{t-1} + 1.701\Delta GDP_{t-1} - 1.194\Delta GDP_{t-2}$$
$$(4.15) \quad (11.46) \quad (-6.05)$$
$$\text{LM}(1)=0.17 \quad \text{LM}(2)=2.67$$

由于模型残差不存在自相关性，因此模型的设定是正确的。从 GDPPC（t–1）的参数值看，其 t 统计量为正值，大于临界值，不能拒绝存在单位根的零假设。

至此，可断定中国支出法 GDP 时间序列是非平稳的。

例 7.1.7：检验第二章第五节中关于人均居民消费与人均国内生产总值这两时间序列的平稳性。

对中国人均国内生产总值 GDPP 来说，经过尝试，三个模型的适当形式分别为

模型 3：
$$\Delta GDPP_t = 5.27 + 8.13t - 0.002 GDPP_{t-1} + 0.88\Delta GDPP_{t-1} - 0.57\Delta GDPP_{t-2}$$
$$(0.27) \quad (1.25) \quad (-0.04) \quad (4.02) \quad (-2.40)$$
$$\text{LM}(1)=0.24 \quad \text{LM}(2)=3.29 \quad \text{LM}(3)=4.48$$

模型 2：
$$\Delta GDPP_t = 8.01 + 0.051 GDPP_{t-1} + 0.948\Delta GDPP_{t-1} - 0.633\Delta GDPP_{t-2}$$
$$(0.41) \quad (2.73) \quad (4.40) \quad (-2.65)$$
$$\text{LM}(1)=0.03 \quad \text{LM}(2)=4.62 \quad \text{LM}(3)=7.57$$

模型 1：
$$\Delta GDPP_t = 0.05 GDPP_{t-1} + 0.962\Delta GDPP_{t-1} - 0.649\Delta GDPP_{t-2}$$
$$(3.40) \quad (2.64) \quad (-2.83)$$
$$\text{LM}(1)=0.01 \quad \text{LM}(2)=4.53 \quad \text{LM}(3)=7.67$$

三个模型中参数 GDPPC（t–1）的估计值的 t 统计量均大于各自的临界值，因此不能拒绝存在单位根的零假设。即人均国内生产总值（GDPP）是非平稳的。

对于人均居民消费（CONSP）时间序列来说，三个模型的适当形式为

模型 3：
$$\Delta CONSP_t = 9.16 + 1.93T + 0.032 + \Delta CONSP_{t-1}$$
$$(0.30) \quad (0.36) \quad (0.32)$$
$$\text{LM}(1)=1.85 \quad \text{LM}(2)=2.91$$

模型 2：
$$\Delta CONSP_t = 0.79 + 0.067\Delta CONSP_{t-1}$$
$$(0.04) \quad (3.16)$$
$$\text{LM}(1)=1.49 \quad \text{LM}(2)=2.91$$

模型 1：
$$\Delta CONSP_t = 0.068\Delta CONSP_{t-1}$$
$$(3.60)$$
$$\text{LM}(1)=1.48 \quad \text{LM}(2)=2.91$$

三个模型中参数 $CONSP_{t-1}$ 的 t 统计量的值均比 ADF 临界值表中各自的临界值大，不能拒绝该时间序列存在单位根的假设，因此可判断人均居民消费序列是非平稳的。

四、单整、趋势平稳与差分平稳随机过程

1. 单整

随机游走序列 $X_t = X_{t-1} + \mu_t$ 经差分后等价地变形为

$$\Delta X_t = X_t - X_{t-1} = \mu_t \tag{7.1.16}$$

由于 μ_t 是一个白噪声,因此差分后的序列 $\{\Delta X_t\}$ 是平稳的。

如果一个时间序列经过一次差分变成平稳的,就称原序列是一阶单整(integrated of 1)序列,记为 $I(1)$。一般地,如果一个时间序列经过 d 次差分后变成平稳序列,则称原序列是 d 阶单整(integrated of d)序列,记为 $I(d)$。显然,$I(0)$ 代表一平稳时间序列。

现实经济生活中,只有少数经济指标的时间序列表现为平稳的,如利率等,而大多数指标的时间序列是非平稳的,如一些价格指数常常是 2 阶单整的,以不变价格表示的消费额、收入等常表现为 1 阶单整。大多数非平稳的时间序列一般可通过一次或多次差分的形式变为平稳的。但也有一些时间序列,无论经过多少次差分,都不能变为平稳。这种序列被称为非单整的(non-integrated)。

例 7.1.8:中国支出法 GDP 的单整性。

经过试算,发现中国支出法 GDP 是 1 阶单整的,适当的检验模型为

$$\Delta^2 GDP_t = 1174.08 + 261.25t - 0.495\Delta GDP_{t-1} + 0.966\Delta^2 GDP_{t-1}$$
$$(-1.99) \quad (4.23) \quad (-5.18) \quad\quad (6.42)$$

$R^2 = 0.7501 \quad LM(1) = 0.40 \quad LM(2) = 1.29$

例 7.1.9 中国人均居民消费与人均国内生产总值的单整性。

经过试算,发现中国人均国内生产总值 GDPP 是 2 阶单整的,适当的检验模型为

$$\Delta^3 GDPPC_t = -0.744\Delta^2 GDPPC_{t-1}$$
$$(-3.21)$$

$R^2 = 0.3506 \quad LM(1) = 3.17 \quad LM(2) = 3.34$

同样地,人均居民消费 CONSP 也是 2 阶单整的,适当的检验模型为

$$\Delta^3 CONSP_t = -1.180\Delta^2 CONSP_{t-1}$$
$$(-5.20)$$

$R^2 = 0.587 \quad LM(1) = 1.61 \quad LM(2) = 2.63$

2. 趋势平稳与差分平稳随机过程

前文已指出,一些非平稳的经济时间序列往往表现出共同的变化趋势,而这些序列间本身不一定有直接的关联关系,这时对这些数据进行回归,尽管有较高的 R^2,但其结果是没有任何实际意义的。这种现象我们称为虚假回归(spurious regression)。如用中国的劳动力时间序列数据与美国 GDP 时间序列作回归,会得到较高的 R^2,但不能认为两者有直接的关联关系,而只不过它们有共同的趋势罢了,这种回归结果我们认为是虚假的。

为了避免这种虚假回归的产生,通常的做法是引入作为趋势变量的时间,这样包含时间趋势变量的回归,可以消除这种趋势性的影响。然而这种做法,只有当趋势性变量是确定性的(deterministic)而非随机性的(stochastic)时,才会是有效的。换言之,一个包含有某种确定性趋势的非平稳时间序列,可以通过引入表示这一确定性趋势的趋势变量,而将确定性趋势分离出来。

考虑如下的含有一阶自回归的随机过程

$$X_t = \alpha + \beta t + \rho X_{t-1} + \mu_t \tag{7.1.17}$$

其中 μ_t 是一白噪声，t 为时间趋势。

如果 $\rho =1$，$\beta =0$，则式（7.1.17）成为一带位移的随机游走过程

$$X_t = \alpha + X_{t-1} + \mu_t \tag{7.1.18}$$

根据 α 的正负，X_t 表现出明显的上升或下降趋势。这种趋势称为随机性趋势（stochastic trend）。

如果 $\rho =0$，$\beta \neq 0$，则式（7.1.17）成为一带时间趋势的随机变化过程

$$X_t = \alpha + \beta t + \mu_t \tag{7.1.19}$$

根据 β 的正负，X_t 表现出明显的上升或下降趋势。这种趋势称为确定性趋势（deterministic trend）。

如果 $\rho =1$，$\beta \neq 0$，则 X_t 包含有确定性与随机性两种趋势。

判断一个非平稳的时间序列，它的趋势是随机性的还是确定性的，可通过 ADF 检验中所用的第 3 个模型（7.1.15）进行。该模型中已引入了表示确定性趋势的时间变量 t，即分离出了确定性趋势的影响。因此，如果检验结果表明所给时间序列有单位根，且时间变量前的参数显著为零，则该序列显示出随机性趋势；如果没有单位根，且时间变量前的参数显著地异于零，则该序列显示出确定性趋势。

随机性趋势可通过差分的方法消除，如式（7.1.18）可通过差变换为 $\Delta X_t = \alpha + \mu_t$。该时间序列 X_t 称为差分平稳过程（difference stationary process）；而确定性趋势无法通过差分的方法消除，而只能通过除去趋势项消除。如式（7.1.19）可通过除去 βt 变换为 $X_t - \beta t = \alpha + \mu_t$，$\mu_t$ 是平稳的，因此 X_t 称为趋势平稳过程（trend stationary process）。

最后需要说明的是，趋势平稳过程代表了一个时间序列长期稳定的变化过程，因而用于进行长期预测则时更为可靠。

第二节　协整与误差修正模型

前文已提到，经典回归模型（classical regression model）是建立在稳定数据变量基础上的，对于非稳定变量，不能使用经典回归模型，否则会出现虚假回归等诸多问题。由于许多经济变量是非稳定的，这就给经典的回归分析方法带来了很大限制。例如，在前面讨论中国居民人均消费支出与人均 GDP 关系的例子中，由于它们是非平稳的，就此来说直接建立回归模型，其结果的可信程度将有所降低。然而，从经济理论上来说，人均 GDP 决定着居民人均消费水平，而且它们之间有长期的稳定关系，即它们之间是协整的（cointegration）。我们将会看到，具有协整关系的经济变量间具有长期的稳定关系，因此是可以使用经典回归方法建立回归模型的。

一、长期均衡关系与协整

经济理论指出，某些经济变量间确实存在长期均衡关系，这种均衡关系意味着经济系统不存在破坏均衡的内在机制，如果变量在某时期受到干扰后偏离其长期均衡点，则均衡机制将会在下一期进行调整以使其重新回到均衡状态。

假设 X 与 Y 间的长期"均衡关系"由下面的式（7.2.1）描述

$$Y_t = \alpha_0 + \alpha_1 X_t + \mu \tag{7.2.1}$$

式中，μ_t 是随机扰动项。该均衡关系意味着给定 X 的一个值，Y 相应的均衡值也随之确定为 $\alpha_0 + \alpha_1 X_t$。在 $t-1$ 期末，存在下述三种情形之一：（1）Y 等于它的均衡值，$Y_{t-1} = \alpha_0 + \alpha_1 X_{t-1}$；（2）Y 小于它的均衡值，$Y_{t-1} < \alpha_0 + \alpha_1 X_{t-1}$；（3）Y 大于它的均衡值，$Y_{t-1} > \alpha_0 + \alpha_1 X_{t-1}$。

在 t 时期，假设 X 有一个变化量 ΔX_t，如果变量 X 与 Y 在时期 t 与 $t-1$ 末期仍满足它们间的长期均衡关系，则 Y 的相应变化量 ΔY_t 由下面式（7.2.2）给出

$$\Delta Y_t = \alpha_1 \Delta X_t + v_t \tag{7.2.2}$$

式中，$v_t = \mu_t - \mu_{t-1}$。然而情况往往并非如此。如果 $t-1$ 期末，发生了上述第二种情况，即 Y 的值小于其均衡值，则 Y 的变化往往会比第一种情形下 Y 的变化 ΔY_t 大一些；反之，如果 Y 的值大于其均衡值，则 Y 的变化往往会小于第一种情形下的 ΔY_t。

可见，如果式（7.2.1）正确地提示了 X 与 Y 间的长期稳定的"均衡关系"，则意味着 Y 对其均衡点的偏离从本质上说是"临时性"的。因此，一个重要的假设就是随机扰动项 μ_t 必须是平稳序列。显然，如果 μ_t 有随机性趋势（上升或下降），则会导致 Y 对其均衡点的任何偏离都会被长期累积下来而不能被消除。

式（7.2.1）中的随机扰动项 μ_t 也被称为非均衡误差（disequilibrium error），它是变量 X 与 Y 的一个线性组合

$$\mu_t = Y_t - \alpha_0 - \alpha_1 X_t \tag{7.2.3}$$

因此，如果式（7.2.1）所揭示的 X 与 Y 间的长期均衡关系正确的话，式（7.2.3）表述的非均衡误差应是一平稳时间序列，并且具有零期望值，即 μ_t 是具有 0 均值的 I（0）序列。

正像前文所指出的，许多经济变量是非稳定的，即它们是一阶或高阶的单整时间序列。但从这里我们已看到，非稳定的时间序列，它们的线性组合也可能成为平稳的。如假设式（7.2.1）中的 X 与 Y 是 I（1）序列，如果该式所表述的它们间的长期均衡关系成立的话，则意味着由非均衡误差式（7.2.4）给出的线性组合是 I（0）序列。这时我们称变量 X 与 Y 是协整的（cointegrated）。

一般地，如果序列 $X_{1t}, X_{2t}, \cdots, X_{kt}$ 都是 d 阶单整，存在向量 $\alpha = (\alpha_1, \alpha_2, \cdots, \alpha_k)$，使 $Z_t = \alpha X_t' \sim I(d-b)$，其中，$b > 0, X_t = (X_{1t}, X_{2t}, \cdots, X_{kt})'$，则认为序列 $X_{1t}, X_{2t}, \cdots, X_{kt}$ 是 (d,b) 阶协整，记为 $X_t \sim CI(d,b)$，为协整向量（cointegrated vector）。

在上节所举的中国居民人均消费与人均 GDP 的例中，该两序列都是 2 阶单整序列，而且可以证明它们有一个线性组合构成的新序列为 0 阶单整序列，于是认为该两序列是（2,2）阶协整。

由此可见，如果两个变量都是单整变量，只有当它们的单整阶相同时，才可能协整；如果它们的单整阶不相同时，就不可能协整。

三个以上的变量，如果具有不同的单整阶数，有可能经过线性组合构成低阶单整变量。例如，如果存在

$$W_t \sim I(1), V_t \sim I(2), U_t \sim I(2)$$

并且

$$P_t = aV_t + bU_t \sim I(1), \quad Q_t = cW_t + eP_t \sim I(0)$$

那么认为：$V_t, U_t \sim CI(2,1)$，$W_t, P_t \sim CI(1,1)$

从协整的定义可以看出，(d,d) 阶协整是一类非常重要的协整关系，它的经济意义在于：两个变量，虽然它们具有各自的长期波动规律，但是如果它们是 (d,d) 阶协整的，则它们之间存在一个长期稳定的比例关系。例如，前面提到的中国居民人均消费 CONSP 和人均国内生产总值 GDPP，它们各自都是2阶单整，并且我们将会看到，它们是 (2,2) 阶协整，说明它们之间存在一个长期稳定的比例关系。从计量经济学模型的意义上来讲，建立如下居民人均消费函数模型 $CONSP_t = \alpha_0 + \alpha_1 GDPP_t + \mu_t$。

变量选择是合理的，随机误差项一定是"白噪声"（均值为0，方差不变的稳定随机序列），模型参数有合理的经济解释。这也解释了尽管这两时间序列是非稳定的，但却可以用经典的回归分析方法建立回归模型的原因。

从这里，我们已经初步认识，检验变量之间的协整关系，在建立计量经济学模型中是非常重要的。而且，从变量之间是否具有协整关系出发选择模型的变量，其数据基础是牢固的，其统计性质是优良的。

二、协整的检验

1. 两变量的 Engle-Granger 检验

为了检验两变量 Y_t, X_t 是否为协整，Engle 和 Granger 于1987年提出两步检验法，也称为 EG 检验。

第一步，用 OLS 方法估计方程（7.2.1）并计算非均衡误差，得到

$$\hat{Y}_t = \hat{\alpha}_0 + \hat{\alpha}_1 X_t$$

$$\hat{e}_t = Y_t - \hat{Y}_t$$

称为协整回归（cointegrating）或静态回归（static regression）。

第二步，检验 $\hat{e}_t$ 的单整性。如果 $\hat{e}_t$ 为稳定序列，则认为变量 Y_t, X_t 为(1,1)阶协整；如果 $\hat{e}_t$ 为1阶单整，则认为变量 Y_t, X_t 为(2,1) 阶协整……

检验 $\hat{e}_t$ 的单整性的方法即是第一节中使用的 DF 检验或者 ADF 检验。由于协整回归中已含有截距项，则检验模型中无须再用截距项。如使用模型1

$$\Delta e_t = \delta e_{t-1} + \sum_{i=1}^{p} \theta_i \Delta e_{t-i} + \varepsilon_t$$

进行检验时，拒绝零假设 $H_0: \delta = 0$，意味着误差项 e_t 是平稳序列，从而说明 X 与 Y 间是协整的。

一个需要注意的问题是，这里的 DF 或 ADF 检验是针对协整回归计算出的误差项 $\hat{e}_t$ 而非真正的非均衡误差 μ_t 进行的。而 OLS 法采用了残差最小平方和原理，因此估计量 δ 是向下偏倚的，这样将导致拒绝零假设的机会比实际情形大。于是对 e_t 平稳性检验的 DF 与 ADF 临界值应该比正常的 DF 与 ADF 临界值还要小。MacKinnon（1991）通过模拟试验给出了协整检验的临界值，表 7.2.1 是双变量情形下不同样本容量的临界值。

表 7.2.1　双变量协整 ADF 检验临界值

样本容量	显著性水平		
	0.01	0.05	0.10
25	−4.37	−3.59	−3.22
50	−4.12	−3.46	−3.13
100	−4.01	−3.39	−3.09

续表

样本容量	显著性水平		
	0.01	0.05	0.10
∞	−3.90	−3.33	−3.05

例 7.2.1：检验中国居民人均消费水平与人均 GDP 的协整关系。

在前文已知 CONSP 与 GDPP 都是 I（2）序列，而第二章第五节中已给出了它们的回归式

$$CONSP = 201.107 + 0.3862 GDPP \quad R^2 = 0.9927$$

通过对该式计算的残差序列 e_t 进行 ADF 检验，得适当检验模型

$$\Delta \hat{e}_t = -0.3651 \hat{e}_{t-1}$$
$$(-2.54)$$
$$LM（1）=0.88 \quad LM（2）=1.45$$

t 值为 −2.54，显著性水平为 5% 的 ADF 临界值为 −1.96，在该显著性水平下拒绝存在单位根的假设，残差项是稳定的，因此中国居民人均消费水平（CONSP）与人均国内生产总值（GDPP）是（2,2）阶协整的，说明了该两变量间确实存在长期稳定的"均衡"关系。

2. 多变量协整关系的检验

多变量协整关系的检验要比双变量复杂一些，主要在于协整变量间可能存在多种稳定的线性组合。假设有 4 个 I（1）变量 Z、X、Y、W，它们有如下的长期均衡关系

$$Z_t = \alpha_0 + \alpha_1 W_t + \alpha_2 X_t + \alpha_3 Y_t + \mu_t \quad (7.2.4)$$

其中，非均衡误差项 μ_t 应是 I（0）序列

$$\mu_t = Z_t - \alpha_0 - \alpha_1 W_t - \alpha_2 X_t - \alpha_3 Y_t \quad (7.2.5)$$

然而，如果 Z 与 W，X 与 Y 间分别存在长期均衡关系：

$$Z_t = \beta_0 - \beta_1 W_t + v_{1t}$$
$$X_t = \gamma_0 - \gamma_1 Y_t + v_{2t}$$

则非均衡误差项 v_{1t}、v_{2t} 一定是稳定序列 I（0）。于是它们的任意线性组合也是稳定的。例如

$$v_t = v_{1t} + v_{2t} = Z_t - \beta_0 - \gamma_0 - \beta_1 W_t + X_t - \gamma_1 Y_t \quad (7.2.6)$$

一定是 I（0）序列。由于 v_t 像式（7.2.6）中的 μ_t 一样，也是 Z、X、Y、W 四个变量的线性组合，由此式（7.2.6）也成为该四变量的另一稳定线性组合。$(1,-\alpha_0,-\alpha_1,-\alpha_2,-\alpha_3)$ 是对应于式（7.2.5）的协整向量，$(1,-\beta_0,-\gamma_0,-\beta_1,1,-\gamma_1)$ 是对应于式（7.2.6）的协整向量。

对于多变量的协整检验过程，基本与双变量情形相同，即需检验变量是否具有同阶单整性，以及是否存在稳定的线性组合。后者需通过设置一个变量为被解释变量，其他变量为解释变量，进行 OLS 估计并检验残差序列是否平稳。如果不平稳，则需更换被解释变量，进行同样的 OLS 估计及相应的残差项检验。当所有的变量都被作为被解释变量检验之后，仍不能得到平稳的残差项序列，则认为这些变量间不存在（d,d）阶协整。

同样地，检验残差项是否平稳的 DF 与 ADF 检验临界值要比通常的 DF 与 ADF 检验临界值小，而且该临界值还受到所检验的变量个数的影响。表 7.2.2 给出了 MacKinnon（1991）通过模拟试验得到的不同变量协整检验的临界值。

表 7.2.2　多变量协整检验 ADF 临界值

样本容量	变量数 =3 显著性水平			变量数 =4 显著性水平			变量数 =6 显著性水平		
	0.01	0.05	0.1	0.01	0.05	0.1	0.01	0.05	0.1
25	-4.92	-4.1	-3.71	-5.43	-4.56	-4.15	-6.36	-5.41	-4.96
50	-4.59	-3.92	-3.58	-5.02	-4.32	-3.98	-5.78	-5.05	-4.69
100	-4.44	-3.83	-3.51	-4.83	-4.21	-3.89	-5.51	-4.88	-4.56
∞	-4.30	-3.74	-3.45	-4.65	-4.1	-3.81	-5.24	-4.7	-4.42

三、误差修正模型

1. 误差修正模型

前文我们已经提到，对于非稳定时间序列，我们可通过差分的方法将其化为稳定序列，然后才可建立经典的回归分析模型。如当我们建立人均消费水平（Y）与人均可支配收入（X）之间的回归模型

$$Y_t = \alpha_0 + \alpha_1 X_t + \mu_t \tag{7.2.7}$$

时，如果 Y 与 X 具有共同的向上或向下的变化趋势，则为了避免虚假回归，通常需要通过差分的方法消除变量的共同变化趋势，使之成为稳定序列，再建立差分回归模型

$$\Delta Y_t = \alpha_1 \Delta X_t + v_t \tag{7.2.8}$$

式中，$v_t = \mu_t - \mu_{t-1}$。

然而，这种做法会引起两个问题：一是如果 X 与 Y 间存在长期稳定的均衡关系式（7.2.1），且误差项 μ_t 不存在序列相关，则差分式（7.2.8）中的 v_t 是一个一阶移动平均时间序列，因而是序列相关的；二是如果采用式（7.2.8）的差分形式进行估计，则关于变量水平值的重要信息将被忽略，这时模型只表达了 X 与 Y 间的短期关系，而没有揭示它们间的长期关系。因为，从长期均衡的观点来看，Y 在第 t 期的变化不仅取决于 X 本身的变化，还取决于 X 与 Y 在 t-1 期末的状态，尤其是 X 与 Y 在 t-1 期的不平衡程度。

另外，使用差分变量也往往会得出不能令人满意的回归方程。例如，使用式（7.2.8）回归时，很少出现截距项显著为零的情况，即我们常常会得到如下形式的方程

$$\Delta Y_t = \hat{\alpha} + \hat{\alpha}_1 \Delta X_t + v_t, \quad \hat{\alpha}_0 \neq 0 \tag{7.2.9}$$

这样在 X 保持不变时，如果模型存在静态均衡(static equilibrium)，Y 也会保持它的长期均衡值不变。但如果使用式（7.2.9），即使 X 保持不变，Y 也会处于长期上升（$\hat{\alpha}_0 > 0$）或下降（$\hat{\alpha}_0 < 0$）的过程中，这意味着 X 与 Y 间不存在静态均衡。这与大多数具有静态均衡的经济理论假说不相符。很明显，如果收入保持稳定，我们就不能期望消费支出永远不停地变化。

可见，简单差分不一定能解决非平稳时间序列所遇到的全部问题，因此，误差修正模型便应运而生。

误差修正模型（Error Correction Model，ECM）是一种具有特定形式的计量经济学模型，它的主要形式是由 Davidson、Hendry、Srba 和 Yeo 于 1978 年提出的，常称为 DHSY 模型。为了便于理解，我们通过一个具体的模型来介绍它的结构。

假设两变量 X 与 Y 的长期均衡关系如式（7.2.1）所示，由于现实经济中 X 与 Y 很少处在均衡点上，因此我们实际观测到的只是 X 与 Y 间的短期的或非均衡的关系，假设具有如下（1，1）阶分布滞后形式

$$Y_t = \beta_0 + \beta_1 X_t + \beta_2 X_{t-1} + \mu Y_{t-1} + \varepsilon_t \tag{7.2.10}$$

该模型显示出第 t 期的 Y 值，不仅与 X 的变化有关，而且与 $t-1$ 期 X 与 Y 的状态值有关。由于变量可能是非平稳的，因此不能直接运用 OLS 法。对式（7.2.9）适当变形得

$$\Delta Y_t = \beta_0 + \beta_1 \Delta X_t + (\beta_1 + \beta_2) X_{t-1} - (1-\mu) Y_{t-1} + \varepsilon_t = \beta_1 \Delta X_t - (1-\mu)\left(Y_{t-1} - \frac{\beta_0}{1-\mu} - \frac{\beta_1+\beta_2}{1-\mu} X_{t-1}\right) + \varepsilon_t$$

$$\text{或 } \Delta Y_t = \beta_1 \Delta X_t - \lambda (Y_{t-1} - \alpha_0 - \alpha_1 X_{t-1}) + \varepsilon_t \tag{7.2.11}$$

式中，$\lambda = 1-\mu$，$\alpha_0 = \beta_0/(1-\mu)$，$\alpha_1 = (\beta_1+\beta_2)/(1-\mu)$

如果将式（7.2.11）中的参数 α_0，α_1 与式（7.2.1）中的相应参数视为相等，则式（7.2.11）中括号内的项就是 $t-1$ 期的非均衡误差项。于是式（7.2.11）表明 Y 的变化决定于 X 的变化以及前一时期的非均衡程度。同时，式（7.2.10）也弥补了简单差分式（7.2.8）的不足，因为该式含有用 X、Y 水平值表示的前期非均衡程度。因此，Y 的值已对前期的非均衡程度做出了修正。式（7.2.10）称为一阶误差修正模型（first-order error correction model）。

模型（7.2.11）可以写成：

$$\Delta Y_t = \beta_1 \Delta X_t - \lambda ecm + \varepsilon_t \tag{7.2.12}$$

其中，ecm 表示误差修正项。由式（7.2.10）可知，一般情况下 $|\mu|<1$，所以有 $0<\lambda<1$。我们可以据此分析 ecm 的修正作用：若 $(t-1)$ 时刻 Y 大于其长期均衡解 $\alpha_0+\alpha_1 X$，ecm 为正，则 $(-\lambda \times ecm)$ 为负，使 ΔY_t 减少；若 $(t-1)$ 时刻 Y 小于其长期均衡解 $\alpha_0+\alpha_1 X$，ecm 为负，$(-\lambda \times ecm)$ 为正，使 ΔY_t 增大。体现了长期非均衡误差对 Y_t 的控制。

需要注意的是，在实际分析中，变量常以对数的形式出现。其主要原因在于变量对数的差分近似地等于该变量的变化率，而经济变量的变化率常是稳定序列，因此适合于包含在经典回归方程中。于是长期均衡模型（7.2.1）中的 α_1 可视为 Y 关于 X 的长期弹性（long-run elasticity），而短期非均衡模型（7.2.10）中的 β_1 可视为 Y 关于 X 的短期弹性（short-run elasticity）。

更复杂的误差修正模型可依照一阶误差修正模型类似地建立。如具有季度数据的变量，可在短期非均衡模型（7.2.10）中引入更多的滞后项。引入二阶滞后后的模型为

$$Y_t = \beta_0 + \beta_1 X_t + \beta_2 X_{t-1} + \beta_3 X_{t-2} + \mu_1 Y_{t-1} + \mu_2 Y_{t-2} + \varepsilon_t \tag{7.2.13}$$

经过适当的衡等变形，可得如下误差修正模型

$$\Delta Y_t = -\mu_2 \Delta Y_{t-1} + \beta_1 \Delta X_t - \beta_3 \Delta X_{t-1} - \lambda (Y_{t-1} - \alpha_0 - \alpha_1 X_{t-1}) + \varepsilon_t \tag{7.2.14}$$

式中，$\lambda = 1-\mu_1-\mu_2$，$\alpha_0 = \beta_0/\lambda$，$\alpha_1 = (\beta_1+\beta_2+\beta_3)/\lambda$

同样地，引入三阶滞后项的误差修正模型与式（7.2.14）相仿，只不过模型中多出差分滞后项 $\Delta Y_{t-2}, \Delta X_{t-2}$。

多变量的误差修正模型也可类似地建立。如三个变量如果存在如下长期均衡关系

$$Y_t = \alpha_0 + \alpha_1 X_t + \alpha_2 Z_t \tag{7.2.15}$$

则其一阶非均衡关系可写成

$$Y_t = \beta_0 + \beta_1 X_t + \beta_2 X_{t-1} + \gamma_1 Z_t + \gamma_2 Z_{t-2} + \mu Y_{t-1} + \varepsilon_t \tag{7.2.16}$$

于是它的一个误差修正模型为

$$\Delta Y_t = \beta_1 \Delta X_t + \gamma_1 \Delta Z_t - \lambda (Y_{t-1} - \alpha_0 - \alpha_1 X_{t-1} - \alpha_2 Z_{t-1}) + \varepsilon_t \tag{7.2.17}$$

式中，$\lambda = 1-\mu$，$\alpha_0 = \beta_0/\lambda$，$\alpha_1 = (\beta_1+\beta_2)/\lambda$，$\alpha_1 = (\gamma_1+\gamma_2)/\lambda$

2. 误差修正模型的建立

（1）Granger 表述定理

误差修正模型有许多明显的优点，如一阶差分项的使用消除了变量可能存在的趋势因素，从而避免了虚假回归问题；一阶差分项的使用也消除模型可能存在的多重共线性问题；误差修正项的引入保证了变量水平值的信息没有被忽视；由于误差修正项本身的平稳性，使该模型可以用经典的回归方法进行估计，尤其是模型中差分项可以使用通常的 t 检验与 F 检验来进行选取等。因此，一个重要的问题就是是否变量间的关系都可以通过误差修正模型来表述？就此问题，Engle 与 Granger 1987 年提出了著名的 Grange 表述定理（Granger representation theorem）：

如果变量 X 与 Y 是协整的，则它们间的短期非均衡关系总能由一个误差修正模型表述

$$\Delta Y_t = lagged(\Delta Y, \Delta X) - \lambda \mu_{t-1} + \varepsilon_t, \quad 0 < \lambda < 1 \tag{7.2.18}$$

式中，μ_t 是非均衡误差项或者说成是长期均衡偏差项，λ 是短期调整参数。

对于上述（1,1）阶自回归分布滞后模型式（7.2.10），如果

$Y_t \sim I(1), X_t \sim I(1)$

那么，式（7.2.10）左边 $\Delta Y_t \sim I(0)$，右边的 $\Delta X_t \sim I(0)$，因此，只有 Y 与 X 协整，才能保证右边也是 I（0）。因此，建立误差修正模型，需要首先对变量进行协整分析，以发现变量之间的协整关系，即长期均衡关系，并以这种关系构成误差修正项。然后建立短期模型，将误差修正项看作一个解释变量，连同其他反映短期波动的解释变量一起，建立短期模型，即误差修正模型。

注意，由于式（7.2.17）中没有明确指出 ΔY 与 ΔX 的滞后项数，因此，可以是多个；同时，由于一阶差分项是 I（0）变量，因此模型中也允许使用 X 的非滞后差分项 ΔX_t。

Granger 表述定理可类似地推广到多个变量的情形中去。

（2）Engle-Granger 两步法

由协整与误差修正模型的关系，可以得到误差修正模型建立的 E-G 两步法：

第一步，进行协整回归（OLS 法），检验变量间的协整关系，估计协整向量（长期均衡关系参数）；

第二步，若协整性存在，则以第一步求到的残差作为非均衡误差项加入到误差修正模型中，并用 OLS 法估计相应参数。

需要注意的是，在进行变量间的协整检验时，如有必要可在协整回归式中加入趋势项，这时，对残差项的稳定性检验就无须再设趋势项。另外，第二步中变量差分滞后项的多少，可以残差项序列是否存在自相关性来判断，如果存在自相关，则应加入变量差分的滞后项。

（3）直接估计法

也可以采用打开误差修整模型中非均衡误差项括号的方法直接用 OLS 法估计模型。但仍需事先对变量间的协整关系进行检验。如对双变量误差修正模型式（7.2.11），可打开非均衡误差项的括号直接估计下式：$\Delta Y_t = \lambda \alpha_0 + \beta_1 \Delta X_t - \lambda Y_{t-1} + \lambda \alpha_1 X_{t-1} + \varepsilon_t$

这时短期弹性与长期弹性可一并获得。需注意的是，用不同方法建立的误差修正模型结果也往往不一样。

例 7.2.2：中国居民人均消费的误差修正模型。

例 7.2.1 中验证了中国居民人均消费（CONSP）与人均国内生产总值（GDPP）间呈协整关系。下面我们试图建立它们的误差修正模型。记 lnC=ln（CONSP），lnGDP=ln（GDPP），即我们主要针对人均消费与人均 GDP 的对数进行考察。

（1）单整检验

容易验证 lnC 与 lnGDP 是一阶单整的，它们适合的检验模型如下：

$$\Delta^2 \ln C_t = 0.047 - 0.729\Delta \ln C_{t-1}$$
$$(2.83)\quad(-3.36)$$
$$\text{LM}（1）=1.08 \quad \text{LM}（2）=1.22$$

$$\Delta^2 \ln GDP_t = 0.160 - 1.968\Delta \ln GDP_{t-1} + 1.499\Delta^2 \ln GDP_{t-1} + 0.622\Delta^2 \ln GDP_{t-2}$$
$$(3.69)\quad(-3.77)\quad\quad(4.09)\quad(1.56)$$
$$+ 0.936\Delta^2 \ln GDP_{t-3} + 0.453\Delta^2 \ln GDP_{t-4} + 0.389\Delta^2 \ln GDP_{t-5}$$
$$(3.27)\quad\quad\quad(1.96)\quad\quad\quad(1.81)$$
$$\text{LM}（1）=0.03\quad \text{LM}（2）=1.11\quad \text{LM}（3）=5.55\quad \text{LM}（4）=7.69\quad \text{LM}（5）=7.70$$

在 5% 的显著性水平下，上述两方程的 ADF 检验临界值分别为 -3.01 与 -3.07。

（2）协整检验

首先，建立 lnC 与 lnGDP 的回归模型

$$\ln C_t = 1.065 + 0.768\ln GDP_t$$
$$(8.82)\quad(46.99)$$
$$R^2 = 0.991 \quad \text{DW} = 0.505$$

发现残差项有较强的一阶自相关性。考虑加入适当的滞后项，得 lnC 与 lnGDP 的分布滞后模型

$$\ln C_t = 0.495 + 1.029\ln GDP_t + 0.600\ln C_{t-1} - 0.733\ln GDP_{t-1} \quad (7.2.19)$$
$$(2.85)\quad(5.01)\quad\quad(4.22)\quad\quad(-3.53)$$
$$R^2 = 0.994 \quad \text{DW} = 1.45 \quad \text{LM}（1）=1.73 \quad \text{LM}（2）=1.87$$

自相关性消除，因此可初步认为是 lnC 与 lnGDP 的长期稳定关系。残差项的稳定性检验：

$$\Delta \hat{e}_t = -0.754 \hat{e}_{t-1} \quad (-3.29)$$
$$R^2 = 0.3497 \quad \text{DW} = 1.89 \quad \text{LM}（1）=0.05 \quad \text{LM}（2）=0.05$$

这里的 t 检验值小于 5% 显著性水平下的 ADF 临界值 -1.96，说明 lnC 与 lnGDP 是（1，1）阶协整的，式（7.2.19）即为它们长期稳定的均衡关系。

（3）建立误差修正模型

以稳定的时间序列 $\hat{e}_t$ 作为误差修正项，可建立如下误差修正模型

$$\ln C_t = 1.146\Delta \ln GDP_t + 0.607\Delta \ln C_{t-1} - 0.866\Delta \ln GDP_{t-1} - 0.781\hat{e}_{t-1} \quad (7.2.20)$$
$$(5.54)\quad\quad(1.73)\quad\quad(-2.53)\quad\quad(-1.76)$$
$$R^2 = 0.6276 \quad \text{DW} = 1.87 \quad \text{LM}（1）=0.05 \quad \text{LM}（2）=0.33$$

由式（7.2.18）可得 lnC 关于 lnGDP 的长期弹性：$(1.029 - 0.733)/(1 - 0.600) = 0.740$；由式（7.2.19）可得 lnC 关于 lnGDP 的短期弹性：1.146。

下面用打开误差修正项括号的方法直接估计误差修正模型，适当的估计式为

$$\ln C_t = 0.495 + 1.029\Delta \ln GDP_t - 0.400\Delta \ln C_{t-1} + 0.295\Delta \ln GDP_{t-1}$$
$$(2.85)\quad(5.01)\quad\quad(-2.81)\quad\quad(2.71)$$
$$R^2 = 0.6097 \quad \sum e^2 = 0.0123 \quad \text{DW} = 1.45 \quad \text{LM}（2）=1.73 \quad \text{LM}（3）=1.87$$

写成误差修正模型的形式如下

$$\ln C_t = 1.029\Delta \ln GDP_t - 0.400\left(\ln C_{t-1} - 1.238 - 0.738\ln GDP_{t-1}\right) \quad (7.2.21)$$

由式（7.2.21）知，lnC 关于 lnGDP 的短期弹性为 1.029，长期弹性为 0.738。可见两种方法的结果比较接近。

（4）预测

由式（7.2.19）给出 2000 年关于长期均衡点的偏差：

$$\hat{e}_{2000} = \ln C_{2000} - (0.495 + 1.029 \ln GDP_{2000} + 0.600 \ln C_{1999} - 0.733 \ln GDP_{1999})$$

$$= \ln(1690.8) - [0.495 + 1.029 \ln(3789.7) + 0.600 \ln(1564.4) - 0.733 \ln(3529.3)] = 0.034$$

由式（7.2.20）预测 2001 年的短期波动

$$\ln C_{2001} = 1.146 \Delta \ln GDP_{2001} + 0.607 \Delta \ln C_{2000} - 0.866 \ln GDP_{2000} - 0.781 \hat{e}_{2000}$$
$$= 1.146 \times [\ln(4033.1) - \ln(3789.7)] + 0.607 \times [\ln(1690.8) - \ln(1564.4)]$$
$$- 0.866 \times [\ln(3789.7) - \ln(3529.3)] - 0.781 \times 0.034 = 0.030$$

于是

$$\ln C_{2001} = \ln C_{2000} + \Delta \ln C_{2001} = \ln(1960.8) + 0.030 = 7.463$$

$$C_{2001} = e^{\ln C_{2001}} = e^{7.463} = 1742.4$$

按照式（7.2.21）预测的结果为

$$\ln C_{2001} = 1.029 \Delta \ln GDP_{2001} - 0.400 (\ln C_{2000} - 1.238 - 0.738 \ln GDP_{2000})$$
$$= 1.029 \times (\ln 4033.1 - \ln 3789.7) - 0.400 \times (\ln 1690.8 - 1.238 - 0.738 \times \ln 3789.7)$$
$$= 0.023$$

于是

$$\ln C_{2001} = 0.023 + \ln C_{2000} = 0.023 + \ln(1690.8) = 7.456$$

$$C_{2001} = e^{\ln C_{2001}} = e^{7.463} = 1730.2$$

由《中国统计年鉴（2002）》的相关数据可测算出 2001 年居民人均消费支出（1990 年价）为 1782.2 元，因此两个预测结果的相对误差分别为 −2.2% 与 −2.9%。

第三节　案例分析

【案例1】 居民总消费 Y 和总量可支配收入 X 的平稳性检验

表 7.3.1　中国居民总消费和可支配收入统计表　　　　单位：亿元

年份	GDP	CONS	CPI	TAX	GDPC	X	Y
1978	3605.60	1759.1	46.21	519.28	78.03	66.79	38.07
1979	4092.60	2011.5	47.07	537.82	86.95	75.52	42.73
1980	4592.90	2331.2	50.62	571.70	90.73	79.44	46.05
1981	5008.80	2627.9	51.90	629.89	96.51	84.37	50.63
1982	5590.00	2902.9	52.95	700.02	105.57	92.35	54.82
1983	6216.20	3231.1	54.00	775.59	115.11	100.75	59.84
1984	7362.70	3742	55.47	947.35	132.73	115.65	67.46
1985	9076.70	4687.4	60.65	2040.79	149.66	116.01	77.29

续表

年份	GDP	CONS	CPI	TAX	GDPC	X	Y
1986	10508.50	5302.1	64.57	2090.73	162.75	130.37	82.11
1987	12277.40	6126.1	69.30	2140.36	177.16	146.28	88.40
1988	15388.60	7868.1	82.30	2390.47	186.98	157.94	95.60
1989	17311.30	8812.6	97.00	2727.40	178.47	150.35	90.85
1990	19347.80	9450.9	100.00	2821.86	193.48	165.26	94.51
1991	22577.40	10730.6	103.40	2990.17	218.35	189.43	103.78
1992	27565.20	13000.1	110.00	3296.91	250.59	220.62	118.18
1993	36938.10	16412.1	126.20	4255.30	292.69	258.98	130.05
1994	50217.40	21844.2	156.60	5126.88	320.67	287.93	139.49
1995	63216.90	28369.7	183.40	6038.04	344.69	311.77	154.69
1996	74163.60	33955.9	198.60	6909.82	373.43	338.64	170.98
1997	81658.50	36921.5	204.20	8234.04	399.89	359.57	180.81
1998	86531.60	39229.3	202.50	9262.80	427.32	381.57	193.72
1999	91125.00	41920.4	199.70	10682.58	456.31	402.82	209.92
2000	98749.00	45854.6	200.50	12581.51	492.51	429.76	228.70
2001	109027.99	49213.2	201.90	15301.38	540.01	464.22	243.75
2002	120475.62	52571.3	200.30	17636.45	601.48	513.43	262.46
2003	136613.40	56834.4	202.70	20017.31	673.97	575.22	280.39
2004	160956.60	63833.5	210.60	24165.68	764.28	649.53	303.10
2005	187423.50	71217.5	214.40	28778.54	874.18	739.95	332.17
2006	222712.50	80476.9	217.60	34804.35	1023.49	863.55	369.84
2007	266599.20	92458	228.00	45621.97	1169.29	969.20	405.52
2008	315974.60	111670.40	241.50	54223.79	1308.38	1083.85	462.40
2009	348775.10	123584.60	239.80	59521.59	1454.44	1206.23	515.37
2010	402816.50	140758.60	247.70	73210.79	1626.23	1330.66	568.26
2011	465731.30	164945.20	252.73	89738.39	1842.80	1487.73	652.65

资料来源：《中国统计年鉴 2012》

一、平稳时序列的图形

根据平稳时间序列均值、方差为常数的性质，平稳序列的时序图应表现出一种围绕其均值不断波动的过程，而非随机时序列表现出在不同的时间段具有不同的均值。

利用数据建立工作文件 zcf16，打开工作文件 zcf16，选定变量 GDP、CONS、CPI、TAX、GDPC、X、Y；如图 7.3.1 所示：

图 7.3.1

Eviews 工作文件窗口

双击之，打开一个群组数据，如图 7.3.2 所示。然后，在数据组 Group 文件中，点击工具栏上的 View/ Grapn，得到五个变量的曲线。

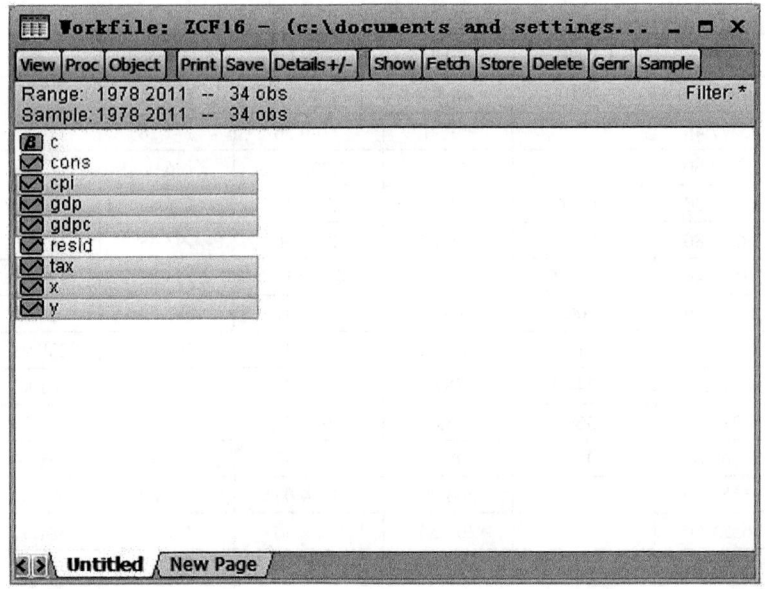

图 7.3.2 Eviews 数组窗口

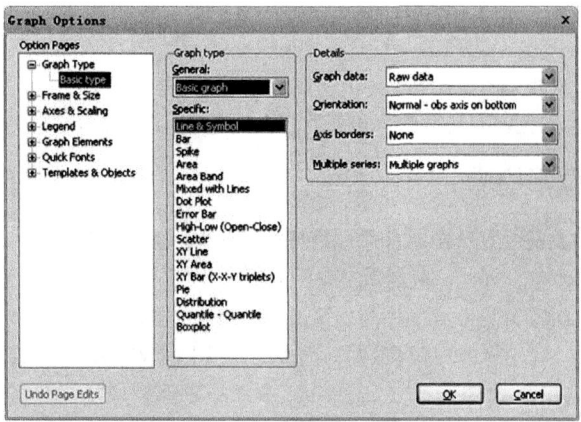

图 7.3.3　五变量的曲线图

下面，找出序列数据 GDP 的自相关函数，判断其平稳性。

在工作文件 zcf16 中双击序列数据 GDP，并点击工具栏上的 View/correlogram，在对话框 correlogram Spercification 中 "correlogram of" 一项，选择 "level"，并在 lag Spercification 栏内填入 16，如图 7.3.4 所示。

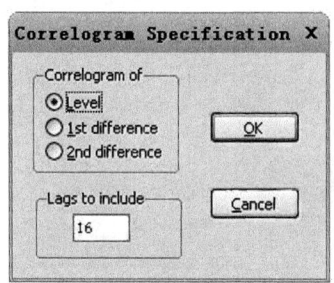

图 7.3.4　自相关分析菜单

点击 "OK" 就可以看到相关分析的结果，如图 7.3.5 所示：

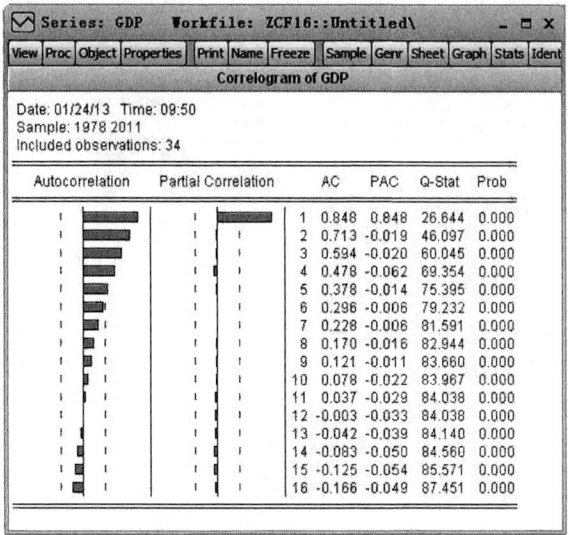

图 7.3.5　相关分析结果

Eviews 给出了偏自相关函数（PAC）和自相关函数（AC），我们只关注自相关函数。序列稳定性可以用自相关分析图判断：如果序列的自相关系数很快地趋于零，即落入随机区内，时间序列是平稳的；反之，是非平稳的。若自相关系数大于临界值，则时间序列数据有显著的自相关性。本例中，GDP 的滞后 1 期，2 期……6 期数据都有显著的自相关性。因此，时间序列 GDP 是平稳的。

二、平稳性的单位根检验

用直观图形和自相关函数图形来判断时间序列的平稳性，都是纯理论的，描述序列刻画的随机过程，通常只有有限个观测值，因此，只能做粗略的分析。

运用单位根检验（DF）来判断时间序列的平稳性，精确度更高。

打开工作文件 zcf16，双击 GDP 序列数据，点击工具栏上的 View/unitroot test，弹出对话框 unit root test，如图 7.3.6 所示，在对话框中选择"Augmented Dickey–Fuller""Level""Intercept"（不包含时间趋势变量）。

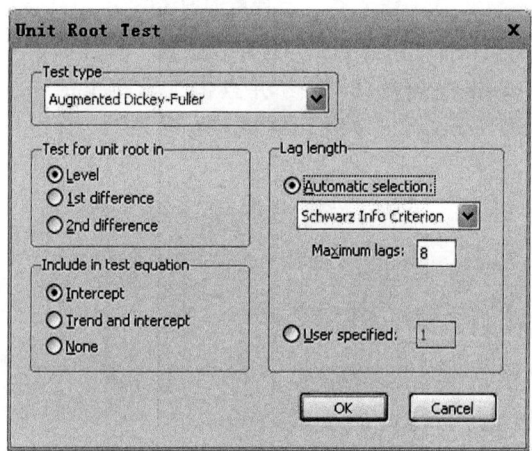

图 7.3.6　单位根检验菜单

点击"OK"，得到计算结果如图 7.3.7 所示。

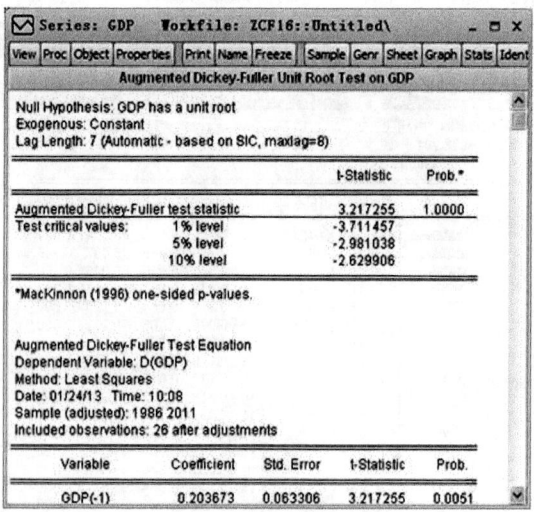

图 7.3.7　单位根检验结果

Eviews 给出的 Augmengted Dickey–Fuller（ADF）的值 DF=3.2172 大于显著性水平 10% 的临界

值 −2.6299，因此我们无法拒绝零假设，即序列是非平稳的。

DF 检验存在的问题是，总是假设被检验模型中的随机误差项不存在自相关。但是，大多数经济数据序列式不能满足此项假定的。当随机项误差存在自相关时，进行单位根检验时由扩展的狄克 – 富勒检验（Augmengted Dickey–Fuller Test）来完成的，称为 ADF 检验。

ADF 检验是将 DF 检验的右边扩展为包含滞后变化量的项：

模型 1 $\Delta y_t = \delta y_{t-1} + \sum_{j=1}^{p} \lambda_j \Delta y_{t-j} + u_t$

模型 2 $\Delta y_t = \mu + \delta y_{t-1} + \sum_{j=1}^{p} \lambda_j \Delta y_{t-j} + u_t$

模型 3 $\Delta y_t = \mu + \beta t + \delta y_{t-1} + \sum_{j=1}^{p} \lambda_j \Delta y_{t-j} + u_t$

其中，p=1.2.3，或者由试验者来确定。

模型 1 没有常数项和时间趋势；模型 2 仅含有常数项，没有时间趋势；模型 3 含有常数项和时间趋势。

现在介绍带有时间趋势变量的 ADF 检验。打开工作文件 zcf16，双击 GDP 序列数据，点击工具栏 View/unitroot test，双击 unit root test，如图 7.3.8 所示，在对话框中选择 "Augmented Dickey-Fuller" "Level" "Intercept"（不包含时间趋势变量）。

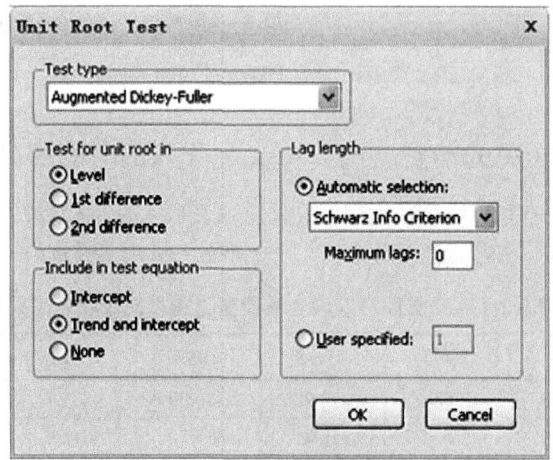

图 7.3.8　带时间趋势变量 ADF 检验菜单

点击 "OK"，得到计算结果如下图所示，该方程包含了时间趋势变量 t。

单位根统计量 Augmengted Dickey–Fuller（ADF）的值 ADF=8.6619 不小于显著性水平 1% ~ 10% 的临界值，因此我们无法拒绝零假设，即序列是非平稳的。

滚动到回归结果窗口的下端，可以找到方程的 OLS 估计结果：

$\Delta GDP_t = 222.245 - 15.5378t + 0.017692 GDP_{t-1}$

　　$t=$（0.095951）　　（−0.07776）　　（8.661958）

Augmented Dickey-Fuller Unit Root Test on GDP

Null Hypothesis: GDP has a unit root
Exogenous: Constant, Linear Trend
Lag Length: 0 (Automatic - based on SIC, maxlag=0)

		t-Statistic	Prob.*
Augmented Dickey-Fuller test statistic		8.661958	1.0000
Test critical values:	1% level	-4.262735	
	5% level	-3.552973	
	10% level	-3.209642	

*MacKinnon (1996) one-sided p-values.

Augmented Dickey-Fuller Test Equation
Dependent Variable: D(GDP)
Method: Least Squares
Date: 02/15/13 Time: 17:15
Sample (adjusted): 1979 2011
Included observations: 33 after adjustments

Variable	Coefficient	Std. Error	t-Statistic	Prob.
GDP(-1)	0.153251	0.017692	8.661958	0.0000
C	222.2453	2316.232	0.095951	0.9242
@TREND(1978)	-15.53780	199.8176	-0.077760	0.9385

R-squared	0.913500	Mean dependent var	14003.81
Adjusted R-squared	0.907733	S.D. dependent var	17373.12
S.E. of regression	5277.169	Akaike info criterion	20.06668
Sum squared resid	8.35E+08	Schwarz criterion	20.20272
Log likelihood	-328.1001	Hannan-Quinn criter.	20.11245
F-statistic	158.4099	Durbin-Watson stat	1.223178
Prob(F-statistic)	0.000000		

Path = c:\documents and settings\toshiba\my documents DB = none WF = zcf16

图 7.3.9 带有时间趋势变量的 ADF 检验结果

【案例 2】 城镇居民的消费支出与可支配收入的时间序列分析

为了深入分析研究中国城镇居民的生活费支出与可支配收入的具体数量关系，收集了中国城镇居民月人均可支配收入（SR）和生活费支出（ZC）1992 年至 1998 年各月度数据序列。

表 7.3.2 城镇居民月人均生活费支出和可支配收入序列表

序列	月份	1992	1993	1994	1995	1996	1997	1998
可支配收入 Sr	1	151.83	265.93	273.98	370.00	438.37	521.01	643.40
	2	159.86	196.96	318.81	385.21	561.29	721.01	778.62
	3	124.00	200.19	236.45	308.62	396.82	482.38	537.16
	4	124.88	199.48	248.00	320.33	405.27	492.96	545.79
	5	127.75	200.75	261.16	327.94	410.06	499.90	567.99
	6	134.48	208.50	273.45	338.53	415.38	508.81	555.79
	7	145.05	218.82	278.10	361.09	434.70	516.24	570.23
	8	138.31	209.07	277.45	356.30	418.21	509.98	564.38
	9	144.25	223.17	292.71	371.32	442.30	538.46	576.36
	10	143.86	226.51	289.36	378.72	440.81	537.09	599.40
	11	149.12	226.62	296.50	383.58	449.03	534.12	577.40
	12	139.93	210.32	277.60	427.78	449.17	511.22	606.14

序列	月份	1992	1993	1994	1995	1996	1997	1998
生活费支出 Zc	1	139.47	221.74	234.28	307.10	373.58	419.39	585.70
	2	168.07	186.49	272.09	353.55	471.77	528.09	598.82
	3	110.47	185.92	202.88	263.37	350.36	390.04	417.27
	4	113.22	185.26	227.89	281.22	352.15	405.63	455.60
	5	115.82	187.62	235.70	299.73	369.57	426.81	466.20
	6	118.20	12.11	237.89	308.18	370.41	422.00	455.19
	7	118.03	186.75	239.71	315.87	376.90	428.70	458.57
	8	124.45	187.07	252.52	331.88	387.44	459.29	475.40
	9	147.70	219.23	286.75	385.99	454.93	517.06	591.41
	10	135.14	212.80	270.00	355.92	403.77	463.98	494.57
	11	135.20	205.22	274.37	355.11	410.10	422.96	496.69
	12	128.03	192.64	250.01	386.08	400.48	460.92	516.16

资料来源：易丹辉. 数据分析与 Eviews 的应用［M］. 中国统计出版社，2002：第 141 页

由于所用数据为时间序列数据，需要检验其平稳性，并用 EG 两步法考察它们之间是否存在协整关系。

根据协整关系的检验方法，首先回答人均可支配收入（SR）和生活费支出（ZC）序列是否为非平稳序列，即考察其单整阶数。

在 Eviews 中具体操作过程如下：

在 Eviews 中建立文档，录入人均可支配收入（SR）和生活费支出（ZC）序列的数据。双击人均可支配收入（SR）序列，出现工作文件窗口，在其左上方点击 Eview 键出现下拉菜单，点击 Unit Root Test，出现对话，选择带截距项（intercept），滞后差分项（Lagged differences）选 2 阶，点击 OK，得到估计结果，见下表。

从检验结果来看，在 1%、5%、10% 三个显著性水平下，单位根检验的 Mackinnon 临界值分别为 -3.5121、-2.8972、-2.5855，t 检验统计量值 -0.862611 大于相应临界值，从而不能拒绝 H_0，表明人均可支配收入（SR）序列存在单位根，是非平稳序列。

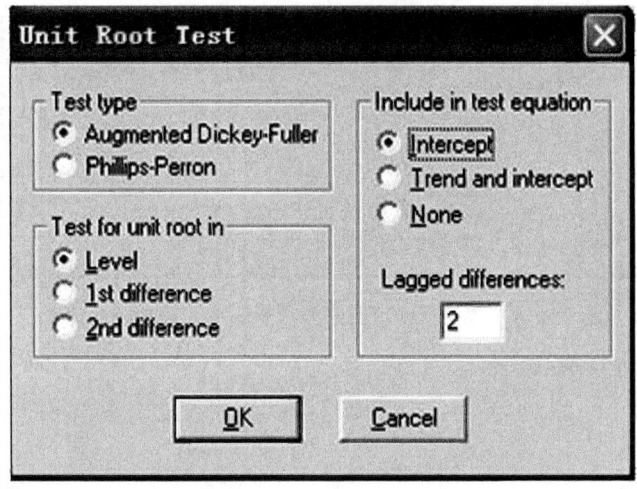

图 7.3.10 单位根检验回归方程设定（水平变量）

SR 序列的 ADF 检验结果为

表 7.3.3

ADF Test Statistic	−0.862611	1% Critical Value*	−3.5121
		5% Critical Value	−2.8972
		10% Critical Value	−2.5855

*MacKinnon critical values for rejection of hypothesis of a unit root.
Augmented Dickey–Fuller Test Equation
Dependent Variable: D(SR)
Method: Least Squares
Date: 06/08/05　Time: 10:31
Sample (adjusted): 4 84
Included observations: 81 after adjusting endpoints

Variable	Coefficient	Std. Error	t-Statistic	Prob.
SR(−1)	−0.034595	0.040105	−0.862611	0.3910
D(SR(−1))	−0.409380	0.108905	−3.759060	0.0003
D(SR(−2))	−0.336998	0.107273	−3.141502	0.0024
C	22.63601	15.75919	1.436369	0.1549
R-squared	0.221103	Mean dependent var		5.952346
Adjusted R-squared	0.190756	S.D. dependent var		60.73081
S.E. of regression	54.63220	Akaike info criterion		10.88725
Sum squared resid	229820.1	Schwarz criterion		11.00549
Log likelihood	−436.9334	F-statistic		7.285920
Durbin–Watson stat	2.151282	Prob(F-statistic)		0.000230

为了得到人均可支配收入（SR）序列的单整阶数，在单位根检验（Unit Root Test）对话框中，指定对一阶差分序列作单位根检验，选择带截距项（intercept），滞后差分项（Lagged differences）选 2 阶，点击 OK，得到估计结果。

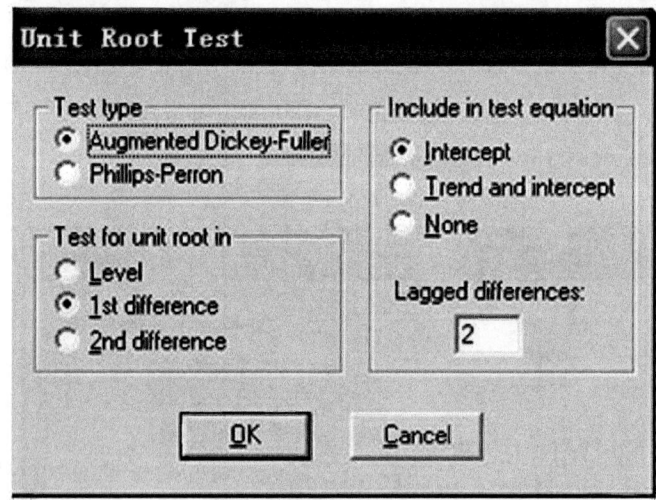

图 7.3.11　单位根检验回归方程设定（一阶差分序列）

SR 差分序列的 ADF 检验结果

表 7.3.4

ADF Test Statistic	−8.374339	1% Critical Value*	−3.5132
		5% Critical Value	−2.8976
		10% Critical Value	−2.5858

*MacKinnon critical values for rejection of hypothesis of a unit root.

Augmented Dickey-Fuller Test Equation
Dependent Variable: D（SR,2）
Method: Least Squares
Date: 06/08/05 Time: 10:40
Sample（adjusted）: 5 84
Included observations: 80 after adjusting endpoints

Variable	Coefficient	Std. Error	t-Statistic	Prob.
D（SR（-1））	-2.188331	0.261314	-8.374339	0.0000
D（SR（-1）,2）	0.674099	0.190534	3.537949	0.0007
D（SR（-2）,2）	0.225326	0.111513	2.020631	0.0468
C	12.59155	6.180708	2.037234	0.0451
R-squared	0.718058	Mean dependent var		0.348250
Adjusted R-squared	0.706929	S.D. dependent var		99.32732
S.E. of regression	53.77189	Akaike info criterion		10.85609
Sum squared resid	219747.6	Schwarz criterion		10.97519
Log likelihood	-430.2434	F-statistic		64.51970
Durbin-Watson stat	2.095341	Prob（F-statistic）		0.000000

从检验结果来看，在 1%、5%、10% 三个显著性水平下，单位根检验的 Mackinnon 临界值分别为 -3.5121、-2.8972、-2.5855，t 检验统计量值为 -8.374339，小于相应临界值，从而拒绝 H_0，表明人均可支配收入（SR）的差分序列不存在单位根，是平稳序列。即 SR 序列是一阶单整的，SR ~ I(1)。

采用同样方法，可检验得到 ZC 序列也是一阶单整的，即 ZC ~ I(1)。

为了分析可支配收入（SR）和生活费支出（ZC）之间是否存在协整关系，我们先作两变量之间的回归，然后检验回归残差的平稳性。

以生活费支出（ZC）为被解释变量，可支配收入（SR）为解释变量，用 OLS 回归方法估计回归模型，结果见下表。

ZC 对 SR 的 OLS 回归结果

表 7.3.5

Dependent Variable: ZC
Method: Least Squares
Date: 06/08/05 Time: 10:58
Sample: 1 84
Included observations: 84

Variable	Coefficient	Std. Error	t-Statistic	Prob.
C	18.98866	8.674160	2.189107	0.0314
SR	0.819677	0.021777	37.63950	0.0000
R-squared	0.945287	Mean dependent var		318.3649
Adjusted R-squared	0.944620	S.D. dependent var		134.7917
S.E. of regression	31.72051	Akaike info criterion		9.775326
Sum squared resid	82507.66	Schwarz criterion		9.833202
Log likelihood	-408.5637	F-statistic		1416.732
Durbin-Watson stat	1.609062	Prob（F-statistic）		0.000000

估计的回归模型为：$ZC_t = 18.98866 + 0.819677 SR_t + \hat{u}_t$

为了检验回归残差的平稳性，在工作文档窗口中，点击 Genr 功能键，命令 ut = Resid，将上述 OLS 回归得到的残差序列命名为新序列 ut，然后双击 ut 序列，对 ut 序列进行单位根检验。由于残差序列的均值为 0，所以选择无截距项、无趋势项的 DF 检验，模型设定见下图，估计结果见下表。

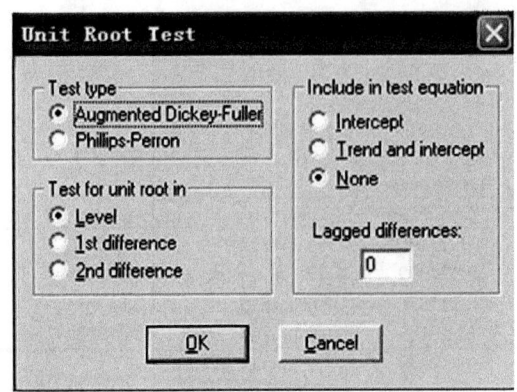

图 7.3.12　回归残差序列单位根检验的模型设定

表 7.3.6

ADF Test Statistic	−7.430111	1% Critical Value*	−2.5909
		5% Critical Value	−1.9441
		10% Critical Value	−1.6178

*MacKinnon critical values for rejection of hypothesis of a unit root.
Augmented Dickey−Fuller Test Equation
Dependent Variable: D（UT）
Method: Least Squares
Date: 06/08/05　Time: 11:21
Sample（adjusted）: 2 84
Included observations: 83 after adjusting endpoints

Variable	Coefficient	Std. Error	t-Statistic	Prob.
UT（−1）	−0.804627	0.108293	−7.430111	0.0000
R-squared	0.402360	Mean dependent var		0.051836
Adjusted R-squared	0.402360	S.D. dependent var		40.23706
S.E. of regression	31.10614	Akaike info criterion		9.724662
Sum squared resid	79342.53	Schwarz criterion		9.753805
Log likelihood	−402.5735	Durbin−Watson stat		1.973914

在 5% 的显著性水平下，t 检验统计量值为 −7.430111，大于相应临界值，从而拒绝 H_0，表明残差序列不存在单位根，是平稳序列，说明可支配收入（SR）和生活费支出（ZC）之间存在协整关系。

可支配收入（SR）和生活费支出（ZC）之间存在协整，表明两者之间有长期均衡关系。但从短期来看，可能会出现失衡，为了增强模型的精度，可以把协整回归式中的误差项 $\hat{u}_t$ 看作均衡误差，通过建立误差修正模型把生活费支出的短期行为与长期变化联系起来。误差修正模型的结构如下：

$$\Delta ZC_t = \alpha + \beta \Delta SR_t + \gamma \hat{u}_{t-1} + \varepsilon_t$$

在 Eviews 中，点击 Genr 功能键，生成可支配收入（SR）和生活费支出（ZC）的差分序列：

$$DZC_t = \Delta ZC_t = ZC_t - ZC_{t-1}$$
$$DSR_t = \Delta SR_t = SR_t - SR_{t-1}$$

然后以 DZCt 作为被解释变量，以 DSRt 和 $\hat{u}_{t-1}$ 作为解释变量，估计回归模型。

表 7.3.7

Dependent Variable: DZC
Method: Least Squares
Date: 07/03/05　Time: 21:30
Sample（adjusted）: 2 84
Included observations: 83 after adjusting endpoints

Variable	Coefficient	Std. Error	t-Statistic	Prob.
C	0.326424	3.456724	0.094432	0.9250
DSR	0.768942	0.059678	12.88490	0.0000
UT(−1)	−0.779148	0.113186	−6.883800	0.0000
R-squared	0.691102	Mean dependent var		4.538434
Adjusted R-squared	0.683380	S.D. dependent var		55.71666
S.E. of regression	31.35122	Akaike info criterion		9.763859
Sum squared resid	78631.93	Schwarz criterion		9.851287
Log likelihood	−402.2001	F-statistic		89.49261
Durbin-Watson stat	1.996276	Prob(F-statistic)		0.000000

最终得到误差修正模型的估计结果：

$$\Delta \hat{Z}C_t = 0.3264 + 0.7689\Delta SR_t - 0.7791\hat{u}_{t-1}$$

$$t = (0.094) \quad (12.88) \quad (-6.88)$$

$$R^2 = 0.6911 \quad DW = 1.9963$$

上述估计结果表明，城镇居民月人均生活费支出的变化不仅取决于可支配收入的变化，而且还取决于上一期生活费支出对均衡水平的偏离，误差项 ut 的估计系数 −0.7791 体现了对偏离的修正，上一期偏离越远，本期修正的量就越大，即系统存在误差修正机制。

【案例3】 柴达木地区工业化与城镇化关系的时间序列模型

一、模型的设定

柴达木位于青藏高原上，东西长850公里，南北最大宽度为450公里，面积约25.6万平方公里，周围有祁连山、阿尔金山、昆仑山等山脉环绕。青海柴达木盆地素有"聚宝盆"之称，是我国乃至世界上少有的资源富集区，是青海乃至整个西部地区资源开发和推进工业化的重点地区。柴达木地区包括格尔木市、德令哈市、乌兰县、都兰县等八个地方。

为了分析柴达木地区工业化与城镇化的具体关系，以2004—2011年柴达木地区工业化率与城镇化率的时间序列数据，建立协整模型。对数据进行平稳性检验及误差修正模型检验，最后通过格兰杰因果模型检验分析柴达木地区工业化与城镇化之间的内在机理关系，其中工业化率是工业增加值占GDP的比重，城镇化率是非农人口占总人口的比重，数据均来自青海省统计年鉴。其中 X 表示工业化率，Y 表示城镇化率。

表7.3.8　2004—2011年柴达木地区城镇化率与工业化率

年份	城镇化率（Y）（%）	工业化率（X）（%）
2004	61	56
2005	62	67
2006	61.3	69.7
2007	61.01	70.6
2008	61.03	73.7
2009	61.04	71.2
2010	60	71.1
2011	70	73.8

资料来源：《2012年青海统计年鉴》

柴达木地区工业化与城镇化差距很大，如下图所示，波动很大，是否平稳，需进一步判断。

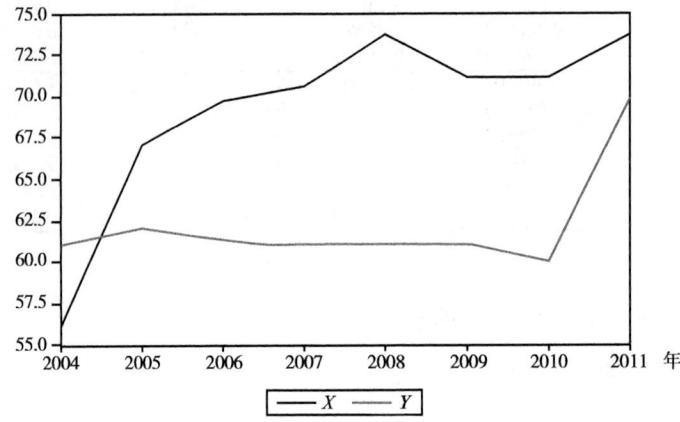

图 7.3.13　2004—2011 年柴达木地区工业化率与城镇化率发展变化图

二、协整检验

下表是 X 与 Y 时间序列数据的相关性检验，由分析可得，在三种显著性水平上，时间序列工业化率 X 和城镇化率 Y 都是平稳的，所以二者存在协整关系。

表 7.3.9　各序列的单位根（ADF）检验结果

变量	ADF 统计量	1% 临界量	5% 临界量	10% 临界量	结论
X	-6.292611	-3.803492	-3.403313	-2.841819	平稳
Y	-4.249075	-3.803492	-3.403313	-2.841819	平稳

工业化率与城镇化率之间存在协整，表明二者之间存在长期均衡的关系，但是短期内，可能会出现均衡，现在利用 eviews 软件，对模型进行修正，结果如下表所示，所以可以得出柴达木地区工业化与城镇化之间存在格兰杰因果关系。

估计结果

表 7.3.10

Null Hypothesis: RESID01 has a unit root
Exogenous: Constant
Lag Length: 0（Automatic based on SIC, MAXLAG=1）

		t-Statistic	Prob.*
Augmented Dickey-Fuller test statistic		-6.309902	0.0023
Test critical values:	1% level	-4.803492	
	5% level	-3.403313	
	10% level	-2.841819	

*MacKinnon（1996）one-sided p-values.
Augmented Dickey-Fuller Test Equation
Dependent Variable: D（RESID01）
Method: Least Squares
Date: 05/17/13　Time: 15:24
Sample（adjusted）: 2005 2011
Included observations: 7 after adjustments

Variable	Coefficient	Std. Error	t-Statistic	Prob.
RESID01（-1）	-0.709331	0.112416	-6.309902	0.0015
C	1.808974	0.615301	2.939981	0.0023

R-squared	0.888430	Mean dependent var	1.860445
Adjusted R-squared	0.866116	S.D. dependent var	4.448711
S.E. of regression	1.627791	Akaike info criterion	4.047282
Sum squared resid	13.24853	Schwarz criterion	4.031827
Log likelihood	−12.16549	Hannan−Quinn criter.	3.856270
F-statistic	39.81486	Durbin−Watson stat	1.982290
Prob（F-statistic）	0.001472		

三、格兰杰因果关系检验

表 7.3.11　格兰杰因果分析检验结果

因果关系假设	滞后阶数	F	P-value	结论
X 不是 Y 的原因	0	0.55625	0.6880	接受
Y 不是 X 的原因	0	10.7862	0.2105	接受

由上表可知，柴达木地区工业化提高是城镇化提高的原因，城镇化提高是工业化的原因，城镇化滞后工业化。城镇化与工业化的发展相互影响，互为前提，但是城市化发展更加复杂，包括经济增长、收入增加、制度环境等很多因素构成。

四、实证分析结论

城镇化与工业化之间的互动关系是其协调发展的基础和重要动力。要促进城镇化与工业化的协调发展，必须注意并正确处理好二者之间的良性互动关系，城镇化滞后会阻碍经济发展和社会进步，要尽可能使城镇化的进程与工业化、经济发展的水平趋于一致，呈现同步性。保持同步并不意味着城镇化、工业化与经济发展三者保持同样的增长速度、保持同样的发展规模或保持相同的发展水平。所谓保持同步，是一定程度的或一定比例的同步，所包含的真正含义在于：城镇化与经济发展呈正相关关系，城镇化率与工业化率互相协调，城镇人口的增长与人均国民收入的增长比较一致，农村人口城镇化的数量与经济发展提供的就业量大体平衡，城镇化的发展与农业提供的剩余农产品基本适应。这是一种经济发展推动型的比较合理的城镇化道路，它能够实现城镇化与工业化、社会经济的适度同步发展。

【案例4】　柴达木地区资源开发对生态环境影响的实证分析

一、模型的设定

为了对柴达木地区的资源开发对生态环境的影响效应做出分析，构建了一个以柴达木地区资源开发为自变量、以污染物的排放量为因变量的数据模型来进行实证分析。在具体构建模型时，还需要考虑以下两个重要控制变量：人均 GDP 和人均工业产值。

基于上述分析构造模型，研究柴达木地区企业二氧化硫排放量对各乡镇的影响，并探讨柴达木地区资源开发对其生态环境的影响。

$SO_{2it} = \alpha + \beta_{1i}GI_{it} + \beta_{2i}FDI_{it} + \beta_{3i}IND_{it} + \varepsilon_{it}$ 在模型中，SO_{2it} 为第 t 年份、第 i 镇的人均二氧化硫排放量，同理可以换成 GYC_{it}、GFC_{it}，分别代表第 t 年份、第 i 镇的人均工业烟尘排放量。因为污染物排放量分镇数据是从 1991 年才开始有的，所以此样本区间是 1991—2012 年。

本教材将柴达木地区的数据分成 29 个乡镇来考虑，这样在实证分析时，样本截面为 29 个乡镇。GI 代表人均的资源开发，IND 代表人均工业增加值。上述指标中，柴达木地区资源开发和人均 GDP 按投资价格指数进行了平减，人均工业增加值在人均 GDP 平减指数的基础上进行了平减。在运用以上变量（所有变量均取了自然对数）进行估计时，所以变量前的估计系数也可以看作弹性系数，即 β_1、β_2、β_3 分别代表了柴达木地区资源开发、GDP 和工业增加值的弹性系数，ε 是残差项。

二、模型的估计与检验

1. 模型初始估计

表 7.3.12　模型初始估计结果

变量	系数	标准误差	统计	概率
C	−16197.4700	41510.1100	−0.3902	0.6996
X_1	1.6840	0.2561	6.5763	0.0000
X_2	1.4204	0.0549	25.8798	0.0000
X_3	−580.7369	355.4395	−1.6339	0.1143
判定系数	0.9857	被解释变量均值		85805.26
校正判定系数	0.9840	被解释变量方差		95097.07
回归标准差	12024.9500	赤池信息准则		21.75092
残差平方和	3760000000.0000	准则		21.93775
对数似然估计值	−322.2638	总体 F 检验值		595.9008
杜—瓦检验值	0.9687	概率（总体 F 检验值）		0.000000

2. 多重共线性检验

表 7.3.13　相关系数矩阵

	X_1	X_2	X_3
X_1	1.000	0.665	−0.219
X_2	0.665	1.000	−0.291
X_3	−0.219	−0.291	1.000

根据多重共线性检验，解释变量之间存在线性相关，通过采用剔除变量法，多重共线性的修正结果如下：剔除 X_3。

表 7.3.14　修正多重共线性后的模型

变量	系数	标准误差	统计	概率
C	−79282.7900	15704.0500	−5.0486	0.0000
X_1	1.6990	0.2637	6.4432	0.0000
X_2	1.4383	0.0554	25.9522	0.0000
判定系数	0.9842	被解释变量均值		85805.26
校正 判定系数	0.9830	被解释变量方差		95097.07
回归标准差	12391.1400	赤池信息准则		21.78199
残差平方和	4150000000.0000	准则		21.92211
对数似然估计值	−323.7299	总体 F 检验值		840.5434
杜—瓦检验值	0.6892	概率（总体 F 检验值）		0.000000

3. 异方差性检验

表 7.3.15 ARCH 检验

效应测试:			
总体 F 检验值	5.6907	概率	0.0243
LM 统计量	5.0482	概率	0.0246
点击这个按钮可以执行公式的运算:			
因变量: 残差			
方法: 最小平方			
样品（校正）: 1984 2012			
观测项: 29 个样本量			

变量	系数	标准误差	统计	概率
C	49385817.0000	56010198.0000	0.8817	0.3857
RESID^2 (-1)	0.8991	0.3769	2.3855	0.0243
判定系数	0.1741	被解释变量均值		1.39E+08
校正 判定系数	0.1435	被解释变量方差		2.41E+08
回归标准差	223000000.0000	赤池信息准则		41.35408
残差平方和	135000000000000000.0000	准则		41.44838
对数似然估计值	-597.6342	总体 F 检验值		5.690752
杜—瓦检验值	1.3362	概率（总体 F 检验值）		0.024334

从上表可以得到数据：$(n-p)R^2=5.048272$，查表得 $\chi_2(p)=5.9915$，$(n-p)R^2=5.048272<\chi_2(p)=5.9915$，则接受原假设，不存在异方差。

4. 序列相关检验

由表可知：$DW=0.689221$，查表得 $dL=1.270$，$dU=1.563$。由此可知，存在相关性。修正如下：

表 7.3.16 修正序列相关后的模型

因变量: Y				
方法: 最小平方				
样品（校正）: 1984 2012				
观测项: 29 个样本量				

变量	系数	标准误差	统计	概率
C	2121524.0500	1270000000.0000	0.0000	1.0000
X_1	0.6127	1.0520	0.5824	0.5655
X_2	0.9995	0.3098	3.2269	0.0035
AR (1)	1.0000	0.1112	8.9938	0.0000
判定系数	0.9927	被解释变量均值		88607.31
校正判定系数	0.9919	被解释变量方差		95511.65
回归标准差	8619.7080	赤池信息准则		21.08893
残差平方和	1860000000.0000	准则		21.27752
对数似然估计值	-301.7895	总体 F 检验值		1137.613
杜—瓦检验值	0.9893	概率（总体 F 检验值）		0.000000
特征方程的特征根	1.00			
	AR 根不平稳			

修正后的 DW=0.9893。进行自相关检验，Q 统计量的发现修正后无自相关。

5. Granger 因果检验

表 7.3.17 Granger 因果检验

格兰杰因果检验			
样品：1983 2011			
延迟：1			
无效假设：	Obs	总体 F 检验值	概率
X_1 葛兰哲因果关系 Y	29	0.2113	0.6495
X_2 葛兰哲因果关系 Y	29	0.1878	0.6683

从上表可以看出：$\text{Pro}(x_1)$ 和 $\text{Pro}(x_2)$ 大于 0.1，说明 x_1 和 x_2 不是国内生产总值的 Granger 的原因。

三、相关分析

运用面板数据进行分析，结果如下表。

表 7.3.18 地方政府投资与工业烟尘、二氧化硫、工业粉尘排放关系回归结果

	二氧化硫	工业烟尘	工业粉尘
截距	0.0100*** (14.3825)	−3.3262*** (−8.7397)	2.0393 (0.8898)
GI	−0.4743** (−2.6050)	−0.1879*** (−5.2421)	−0.1818*** (−4.0999)
GDP	−0.0127* (−4.0622)	−0.0250** (−2.7808)	−0.0231* (−1.9347)
IND	0.0186*** (13.4086)	0.3470*** (7.4186)	0.4906*** (7.5914)
R2	0.4760	0.9765	0.9967
D.W 值	1.9480	2.0608	2.0276

注：***、**、*、表示在1%、5%、10%水平上显著；圆括号内的数据为 T 统计量

表中的回归分析结果分别是对 29 个乡镇的人均二氧化硫、工业粉尘、工业烟尘等的回归分析，可以看出，其结论大体上是一致，但拟合优度有明显的差异，二氧化硫的拟合优度为 0.47，而工业粉尘、工业烟尘的拟合优度均在 0.9 以上，模型的解释能力较强，也就是说，有各种污染物的排放量之间存在显著的差异。在模型的回归分析结果中，重要的是 GI 的符号在三个模型中是否都为负，分析结果都是负数。回归分析结果的统计性检验也较为显著，其中人均二氧化硫排放量与柴达木地区资源开发在 5% 的水平上呈现负相关，人均工业粉尘和人均工业烟尘与人均柴达木地区资源开发在 1% 的水平上呈负相关，这表明人均二氧化硫、人均工业粉尘和人均工业烟尘与人均柴达木地区资源开发均呈现线性递减关系，说明随着人均柴达木地区资源开发的增加，上述三类污染物排放量持续下降，即这三类污染物的排放量得到了有效的控制，柴达木地区资源开发对生态环境的影响起到了一定的改善促进作用。所以各乡镇要协调好发展经济和保护提高环境水平的关系避免发生重经济增长轻环境保护的现象。此外，从模型的变量系数中可以发现，GDP 和污染物的排放也呈递减关系，与大多数研究相矛盾。多数的研究表明，GDP 会刺激经济的增长，但也会导致更多的工业污染以及环境退化。对于 GDP 是否能产生环境正效应的直接论证并不充分。

本章小结

本章内容是时间序列中计量经济分析的基本内容，在本科教学中为供选讲的内容。通过本章学习应：达到了解经济现象中时间序列变量的基本特征；了解平稳性问题与单位根检验；了解变量的协整性检验和误差校正模型。

1. 平稳时间序列：假定某个时间序列是由某一随机过程生成的，即假定时间序列 $\{X_t\}$ ($t=1,2,\cdots$) 的每一个数值都是从一个概率分布中随机得到，则称该随机时间序列是平稳的，而该随机过程是一平稳随机过程。

2. 样本自相关函数：一个时间序列的样本自相关函数定义为

$$r_k = \frac{\sum_{t=1}^{n-k}(X_t - \bar{X})(X_{t+k} - \bar{X})}{\sum_{t=1}^{n}(X_t - \bar{X})^2}, \quad k=1,2,3,\cdots$$

易知，随着 k 的增加，样本自相关函数下降且趋于零。但从下降速度来看，平稳序列要比非平稳序列快得多。

3. 平稳性的单位根检验：一个有单位根的时间序列就是随机游走序列，而随机游走序列是非平稳的。因此，要判断某时间序列是否是平稳的，可通过

$$\Delta X_t = (\rho - 1)X_{t-1} + \mu_t = \delta X_{t-1} + \mu_t$$

判断它是否有单位根。这就是时间序列平稳性的单根检验。

4. 单整：如果一个时间序列经过一次差分变成平稳的，就称原序列是一阶单整序列，记为 I(1)。一般地，如果一个时间序列经过 d 次差分后变成平稳序列，则称原序列是 d 阶单整序列，记为 I(d)。显然，I(0) 代表一平稳时间序列。

5. 协整：许多经济变量是非稳定的，即它们是一阶或高阶的单整时间序列。非稳定的时间序列，它们的线性组合也可能成为平稳的。如 X 与 Y 是 I(1) 序列，如它间的长期均衡关系成立的话，则意味着由非均衡误差式给出的线性组合是 I(0) 序列。这时我们称变量 X 与 Y 是协整的。

6. EG 检验：第一步，用 OLS 方法估计方程并计算非均衡误差，得到

$$\hat{Y}_t = \hat{\alpha}_0 + \hat{\alpha}_1 X_t$$
$$\hat{e}_t = Y_t - \hat{Y}_t$$

称为协整回归或静态回归。

第二步，检验 $\hat{e}_t$ 的单整性。如果 $\hat{e}_t$ 为稳定序列，则认为变量 Y_t, X_t 为 (1,1) 阶协整；如果 $\hat{e}_t$ 为 1 阶单整，则认为变量 Y_t, X_t 为 (2,1) 阶协整……

7. 误差修正模型：如果变量 X 与 Y 是协整的，则它们间的短期非均衡关系总能由一个误差修正模型表述：

$$\Delta Y_t = lagged(\Delta Y - \Delta X) - \lambda \mu_{t-1} + \varepsilon_t, \quad 0 < \lambda < 1$$

式中，μ_t 是非均衡误差项或者说成是长期均衡偏差项，λ 是短期调整参数。

建立误差修正模型，需要首先对变量进行协整分析，以发现变量之间的协整关系，即长期均衡关系，并以这种关系构成误差修正项。然后建立短期模型，将误差修正项看作一个解释变量，连同其他反映短期波动的解释变量一起，建立短期模型，即误差修正模型。

本章练习题

1. 什么是单整？在单位根检验中，选择不同情形的根据是什么？如何确定滞后阶数？
2. 什么是协整？变量之间存在协整关系，在统计上和经济意义上有何意义？
3. 对非平稳变量直接建立 ARMA 模型可以吗？为什么？
4. 为什么对非平稳变量不能直接建立一般的结构模型？
5. 在 E-G 两步法中用到的单位根检验与对单个时序的单位根检验有何不同？
6. 试述误差修正模型形式的经济意义和主要优点。
7. 下表是 1978—2003 年中国财政收入 Y 和税收 X 的数据（单位：亿元），判断 $\ln Y$ 和 $\ln X$ 的平稳性，如果是同阶单整的，检验它们之间是否存在协整关系，如果协整，则建立相应的协整模型。

年度	财政收入 Y	税收 X	年度	财政收入 Y	税收 X
1978	1132.26	519.28	1995	6242.2	6038.04
1980	1159.93	571.7	1996	7407.99	6909.82
1985	2004.82	2040.79	1997	8651.14	8234.04
1989	2664.9	2727.4	1998	9875.95	9262.8
1990	2821.86	1999	1999	11444.08	10682.58
1991	2990.17	2000	2000	13395.23	12581.51
1992	3296.91	2001	2001	16386.04	15301.38
1993	4348.95	4255.3	2002	18903.64	17636.45
1994	5218.1	5126.88	2003	21715.25	20017.31

8. 下表给出了青海省 1985—2011 年进、出口额的自然对数序列 LM、LX。

年份	LM	LX	年份	LM	LX
1985	7.1608	7.6606	1999	7.6493	9.0694
1986	7.4248	7.8797	2000	8.4708	9.3237
1987	7.0274	8.2977	2001	8.6264	9.6100
1988	6.7168	8.4247	2002	8.4255	9.6230
1989	6.4602	8.6740	2003	8.7835	10.2178
1990	5.4027	8.8254	2004	9.3989	10.7249
1991	5.4788	8.9295	2005	9.1065	10.3836
1992	7.2126	9.1098	2006	9.3718	10.8860
1993	7.7265	9.2276	2007	10.0264	10.5608
1994	7.5914	9.4214	2008	10.2026	10.6424
1995	7.7911	9.5329	2009	10.4190	10.1306
1996	9.1069	9.5090	2010	10.3821	10.7500
1997	8.3030	9.4287	2011	10.1735	11.1002
1998	6.8814				

（1）对 LX 与 LM 序列进行单位根检验，检验它们的平稳性。
（2）检验 LX 与 LM 的单整性。

第八章　计量经济学应用模型

第一节　计量经济学应用模型的设定

从 1926 年，挪威经济学家费里希（Frisch）提出计量经济学（Econometric）至今，不过 80 余年的历史。但是，它的发展却极为迅速，这其中有迅速的大发展，也经历了方法论的不断反省和争论，特别是 20 世纪 70 年代中期以来，计量经济建模方法论研究又进入了一个崭新的时期。有人将 80 年代中期认为是传统计量经济建模法和现代计量经济建模法的分水岭。30 多年以来，在对以往传统建模法继承和批判的基础上，出现了几种新的建模法（也有人将其称为新的建模学派），包括 Hendry 的约化建模理论，Leamer 的贝叶斯建模法（极大边界分析），Sims 的向量自回归建模法以及前文已介绍的旨在研究非平稳单整经济变量之间长期稳定关系的协整理论。

Hendry 所倡导的约化建模理论（又称动态建模理论或"一般到特殊"的建模法），吸收了 Sims 的向量自回归建模法和协整理论的部分内容，提出了与传统的建模法不同的建模思路和一些新的概念。近年来，我国有关的学术刊物对此做了许多的介绍，给予了很高的评价。本章对约化理论作通俗简要的介绍，并将其与传统的建模法做一比较。

在论述约化建模理论之前，将计量经济学的内容分为两个方面或两个层次：一是建模技术，二是建模方法论。这有助于理解传统的计量经济学和现代的计量经济学特别是将要论述的约化建模理论之间的关系。在建模技术这个层次上，主要是指最小二乘法、极大似然法等估计技术，系数显著性的 t-检验、整体显著性的 F-检验、残差自相关检验等诊断性检验以及其他技术。建模方法论指导整个建模过程，体现了不同的建模思想。不同的建模流派正是以其各自的方法论为主要特征的，在各自的方法论下，组织运用各种建模技术，最终建立计量模型。所用建模技术大多是在 20 世纪 70 年代之前就已形成（本教材许多内容正是对此的介绍）。当然，在 70 年代中期以后，也伴随着新的建模方法论形成了许多新的概念和检验技术，这也形成了各建模学派自己的特色。本教材前边大部分都是传统计量经济学的内容，以传统的建模方法论为指导思想进行计量建模。传统的建模方法虽然有一些缺陷，但是，面对复杂的现实建模问题，它的许多思想方法仍是具有价值的。许多的计量经济学家认为，经过一些修改后，它仍是一种可取的建模策略。

一、计量经济建模方法论的一个发展

如前文所述，20 世纪 70 年代中期以后出现了许多的建模学派，所以需要明确的一点是：本节讨论的"一个发展"只是从传统计量经济建模理论到约化建模理论在方法论上的发展。

1. 传统的计量经济建模方法论

传统计量经济学的主导方法论是结构模型法。这一方法主要是以先验给定的经济理论模型为基点，以测量估计模型的参数值（结构）为重心，以参数值呼应理论预期值域为标准，以发展既不触动先验给定理论模型结构又能覆盖计量模型之统计问题的估计方法为研究方向。我们可以将这一方法概括为以下几点：

（1）依据某种已经存在的经济理论或已经提出的对经济行为规律的某种解释，设定模型的总体结构和个体结构。也就是说，模型是建立在已有的经济理论和经济行为规律假设的基础上。

（2）引进概率论的思想作为模型研究的基础，选择随机联立线性方程组作为模型的一般形式，在数理统计提供的方法基础上，发展各种参数估计，模型检验等技术。

（3）对模型进行估计并对所得模型进行检验评价，对于参数值不能处于经济理论值域或不能通过统计准则和经济计量准则下的检验的模型，可以考虑选择不同的估计方法，若仍不能通过上述检验，则必须考虑更广泛的经济理论,对模型重新设定,包括增删变量,改变函数形式等,直至通过检验为止。

(4)对所得模型进行预测功效评价,即比较模型预测值与实际观察值之间是否有显著性差异。预测功效不好的模型,说明其整体性功能不好或现实经济结构已发生了重大变化,该模型已不适合了,这时也需要考虑更广范围的经济理论,并以其为知道重新设定模型。预测功效好的模型,便可以用于经济结构分析、预测未来和评价政策等。

另外,在建模中,也注意到了节俭性原则,即要求模型尽量简单。这很容易理解,在都满足上述检验评价的条件下,简单的模型抓住了反映所研究的经济对象实质的少数关键变量,更重要的是,在样本容量有限的条件下,这可以提高模型精度,包括参数估值的精度、预测精度和政策分析精度。

现在,对这种结构模型法做简要分析。第一,模型设定依赖于先验的经济理论,或者说它假定经济理论是先验正确的,或者在同类理论中,至少有一种是正确的。按照这种设定理论建立的模型,只可能起到检验理论的作用,难以发现理论。第二,即使某经济理论是"正确的",但它一般有两条假设为前提:一是假定模型外的其他变量对模型之被解释变量无影响,即所谓"其他条件不变";二是假定模型所描述的是变量之间的长期均衡关系。因为样本数据是现实观测的,并不受经济理论假设前提的约束,结构建模法直接将数据对经济理论模型回归,便忽略了经济理论模型的假定前提与样本数据之间存在的差异:第一,经济理论是在"其他条件不变"的假定下成立的,而数据却是现实各种因素相互作用的结果;第二,经济理论反映的是变量之间的长期均衡关系,是一种静态关系,而数据却是对动态经济现实的反映。这种数据与理论的不一致便从估计后的残差或估计值中表现出来,从而,导致各种检验被拒绝是难以避免的。第三,按照结构法的建模思路,在检验被拒绝后,便要通过估计反映出的问题如自相关等对模型进行重新设定和修补,直至通过检验,将其称为隐式建模设计。这种建模策略是孤立的和盲目的。检验被拒绝,很大程度上是由于估计前模型设定未充分考虑数据特征而造成的,这时对模型重设,经济理论难以提供切实的指导,所以,具有盲目性;而仅仅估计某项诊断检验被拒绝的"病症"来修补模型,往往忽略了这些病症的内在联系,所以是孤立的。根据 Pyrrho 引理,当建模者想使某解释变量之系数达到某预期值域,或想使拟合优度达到某一水平上,或者想使回归通过某一检验时,他总能通过向回归引入适当的变量来实现这种愿望。这说明了隐式建模大随意性,容易将建模者引向歧途。第四,由于对数据特征的不够重视,容易引起伪回归问题。

总之,传统计量经济学的结构模型法采取的是理论驱动的思想,人们逐渐发现了它的一些缺陷,即它过于直接或简单地将经济理论与能够反映现实的应用模型等同起来,而不够重视样本数据的特征。

20世纪70年代初,又出现了时序建模学派。我们可以将其看作对结构模型法的一种反叛或摒弃。由于结构模型法的计量结果通常会有这样或那样的统计检验问题(如前面所述的检验不能通过、伪回归等问题),时序建模学派便将其视为经济理论模型本身的问题,因而主张摒弃结构模型,以充分描述数据特征的向量自回归模型或向量自回归移动平均模型为计量模型之基本形式。第一,显然,一旦计量模型与经济理论脱节,计量模型之经济学应用价值就大大降低了,而且用时序模型也难以进行结构分析和政策评价分析等。第二,时序建模法,实际上是一种数据驱动的建模法,它对特定样本信息过分依赖。数据所含信息中,有许多仅仅反映特定样本期内特殊事件(或异常点),这在经济时序样本数据较小(这是很现实的情况)时,时序建模法便难免将这些仅属于特定样本期内的特定数据特征错误地推广至一般,即难以找到经济变量真正的变化规律,使模型的预测效能也降低。

2. 约化建模法

在对传统的建模方法论的不断反省的基础上,20世纪80年代,英国牛津大学教授大卫·F·韩德瑞等系统提出了约化建模理论,又称动态建模法或"一般到简单"的建模法。这种建模法努力克服上述两种传统建模法的缺陷,采用经济理论与经济数据相兼的思想,在建模过程中交替运用经济理论和经济数据所提供的信息,将建模过程视为认识的循序渐进的过程。现将这种方法论概括为以下几点:

（1）以能充分反映数据生成过程（DGP）的广义无约束模型（GUM）为建模出发点，以信息损失最小化为标准向最终模型进行约化。Hendry 所倡导的约化理论认为现实经济活动中存在某种具有规律性的机制，而现实观察到的数据正是这一机制的反映，或者说数据中包含这种规律性机制。约化理论将这一机制称为数据生成过程，计量经济建模的主旨就是事先对 DGP 的结构和具体参数都未知的情况下，通过数据所反映出来的信息，将其以结构模型的形式表达出来。由于 DGP 的结构和参数都是未知的，已知的只是包含 DGP 信息的观测数据，所以，约化建模的第一步便是分析处理数据，根据概率论的思想，探索能充分模拟数据的模型，称为广义无约束模型（GUM）。在 DGP 的结构和参数都是未知的情况下，探寻这一模型只能是循序渐进的，只能在初步设定（或假定）的模型基础上，不断对比由此模型所应得到的结果与实际观察到的（数据）结果，并据对比的差异不断修正最初模型，以便其能充分反映数据，得到所谓吻合性模型。当然，这种探索过程要根据所研究的目的、经济理论以及前人相关的研究成果为指导，但是与传统的结构建模法不同的是，这里不认为经济理论所提供的结构是先验正确的，所以经济理论的作用往往只是帮助确定模型中要引入哪些变量。在实际中，这里的广义无约束模型一般设定为 VAR 模型，下文将有如何设定 VAR 模型的介绍。我们把这种循序渐进的探索过程称为动态建模途径。得到 VAR 模型之后便可以在不显著损失信息的条件下，对其进一步约化，直到得到最终模型。

（2）建模过程是从一个能充分反映数据的广义无约束模型（GUM），在信息损失最小化的标准下，逐步约化出一个简洁的具有经济解释意义的最终模型，即遵循一种显式建模策略，这样便能避免传统的隐式建模策略的不足。

（3）整个建模过程是在经济理论与数据相兼中进行的。首先，在设定最初的广义无约束模型时，就充分注意到数据特征，要求 GUM 是数据吻合的，特别是注意到了数据的动态特征，即引入了变量的滞后项，而且设定过程也接受了经济理论的指导。其次，在从 GUM（一般为 VAR 模型）向最终模型约化的过程中，将经济理论结构作为对 GUM（或 VAR）的一种约束，进行合理性检验。这样，一方面，可以部分克服特定样本的特定信息向一般规律的错误推广，另一方面，模型具有经济理论意义，利用其进行结构分析和政策分析成为可能，而且这种理论结构是经过检验的，不是先验设定的，理顺了建模的逻辑顺序。

以上便是约化建模理论区别于传统建模法的三个基本点。值得一提的是，约化建模是一个模型选择与约化的过程，约化理论为这一过程设计了一套评价约化合理性的标准，即检验体系，用以保证各步以及最终得到的模型是数据吻合的。另外，约化理论为外生性概念进行了重新定义，也是极具理论价值和实际意义的。

二、约化建模过程

1. 建立能充分反映数据生成过程（DGP）的广义无约束模型

（1）模型参数是对经济规律的集中反映

根据研究目的，结合广泛相关的经济理论确定研究对象也就是确定关注参数（或关注参数向量）μ。同时初步确定系统可能涉及的变量，并收集相关的数据。为了使所建模型的参数满足常数性（下文有解释），确定引入变量往往是一个反复的过程。

（2）正态化

只有各变量服从正态分布时，用一个线性方程（组）充分反映数据才可能是合理的。所以需要对数据进行处理，包括数据的总合变换和其他的函数变换，以便使其满足正态性要求。所谓总合是指使原始数据转化为总量，如从社会角度对同类价值的加总；从时间的角度，对同一变量加总等。根据中心极限定理，总合性变量往往服从正态分布。另外，常用的使非正态性变量转化为正态性变量的函数变换一般有对数变换差分变换等。

（3）模型延迟舍位

有了正态性变量之后，便可以建立线性化的 VAR 模型，充分反映数据生成过程，但是，我们知道，VAR 模型的滞后阶数不是越大越好，要充分反映时序数据的动态特征，也不需要无穷的滞后阶数，于是，需要确定 VAR 模型的适当的滞后阶数。至此，我们便建立了一个广义无约束模型——VAR 模型。这里 VAR 模型之所以是广义无约束的，是指它未受任何先验经济理论的结构约束（这里的经济理论只是在引入变量时起到一个指导的作用），而是以充分反映数据信息为己任。通过一系列的统计检验判断所建 VAR 模型是否真正充分反映可数据信息，这些检验一般包括模型残差的白噪声检验（包括齐方差、非自相关等检验）和正态性检验等。满足这些检验的 VAR 模型，可称为数据吻合性模型；若不满足，则需要重新进行以上过程，直至得到一个数据吻合性模型，作为下一步建模的基点。

2.VAR 模型到向量均衡修正模型（VECM）

（1）协整分析

宏观经济领域的变量大多是时序变量，分析变量的单整性和协整性是约化建模进行 I（0）映射和建立均衡修正模型所必需的，另外，弱外生性检验也往往依赖于协整分析的结果。如前所述，协整向量与经济理论所描述的关系之间往往有一致性。进行协整分析可能给建模者提供这种长期均衡关系，并且可以利用经济理论信息对数据学习加以适当的限制，协整分析包括协整向量及其个数的确定。

（2）条件化

在样本有限的情况下，VAR 模型含有"太多"的参数了，所以，我们想减少参数个数。VAR 模型把所有的变量都作为被解释变量，但是，根据我们的研究目的，也许只有其中的一部分是需要解释的，而另一部分是不需解释的。例如，引入的变量 $\mathbf{X} = (Y_1, Y_2, Z)'$，假设所建的吻合性 VAR 模型为

$$Y_{1t} = \alpha_{11}Y_{1t-1} + \alpha_{12}Y_{1t-2} + \alpha_{21}Y_{2t-1} + \alpha_{22}Y_{2t-2} + \alpha_{31}Z_{t-1} + \alpha_{32}Z_{t-2} + v_1$$
$$Y_{2t} = \beta_{11}Y_{1t-1} + \beta_{12}Y_{1t-2} + \beta_{21}Y_{2t-1} + \beta_{22}Y_{2t-2} + \beta_{31}Z_{t-1} + \beta_{32}Z_{t-2} + v_2 \quad (8.1.1)$$
$$Z_t = \gamma_{11}Y_{1t-1} + \gamma_{12}Y_{1t-2} + \gamma_{21}Y_{2t-1} + \gamma_{22}Y_{2t-2} + \gamma_{31}Z_{t-1} + \gamma_{32}Z_{t-2} + v_3$$

即所研究系统涉及三个变量 Y_1, Y_2, Z，而根据研究目的，也许只有 Y_1, Y_2 是需解释的，而 Z 不需解释，或者说我们的关注参数（向量）μ 只与 Y_1, Y_2 两个方程中的诸 α, β 有关，而与 Z 方程中的 γ 无关。进一步地，若同时 γ 与诸 α, β 没有依存关系，则称变量 Z 相对于我们的关注参数 μ 是弱外生的。这时，可将 Z 的方程约化掉，而不影响对诸 α, β 的推断，即可以将式（8.1.1）变为

$$Y_{1t} = \alpha_{11}Y_{1t-1} + \alpha_{12}Y_{1t-2} + \alpha_{21}Y_{2t-1} + \alpha_{22}Y_{2t-2} + \alpha_{31}Z_{t-1} + \alpha_{32}Z_{t-2} + v_1$$
$$Y_{2t} = \beta_{11}Y_{1t-1} + \beta_{12}Y_{1t-2} + \beta_{21}Y_{2t-1} + \beta_{22}Y_{2t-2} + \beta_{31}Z_{t-1} + \beta_{32}Z_{t-2} + v_2 \quad (8.1.2)$$

这种变换称为条件化。可以看出，条件化合理的保证是 Z 关于关注参数具有外生性。

（3）结构化

若条件化后，模型为单方程模型，则不存在结构化问题，可直接对其进行下一步的约化。若模型为多元方程组模型如式（8.1.2），则可根据经济理论对其施加结构约束，变为联立方程组模型。为了联立方程组的识别，往往还需要对原模型施加许多的参数零约束。但这些约束的合理性可以通过检验（如 Wald 检验）来判断。由此可以看出约化建模法与传统的结构建模法的一点不同是：传统的结构建模法将一定的理论结构看作先验正确的，不加以检验，而约化建模法则认为是需检验的，检验不通

过,则要么选择新的理论结构,要么重新审视整个约化过程。当然,视建模需要,这一步也可以省略,直接进行下一步的I(0)映射。

（4）I(0)映射

在式(8.1.2)或经结构约束后的联立方程组模型中,可能含有单整变量(这往往是常见的)。所谓I(0)映射就是使模型中的I(1)变量全部转化为I(0)变量,即将模型从I(1)空间映射到I(0)空间。我们知道,单整过程可以由协整变量和差分变量表示,这两种表示与原表示是等价的。所以I(0)映射实际上包括差分变换和协整变换。单整变量间的非协整线性组合为伪相关,可以(也应该)将其约化掉,而不会损失数据信息。所以I(0)映射可以约简模型中参数的数目。另外,单整变量之间往往是严重线性相关的,而I(0)变量之间的相关性会大大降低,经过I(0)影射后,可以增强变量之间的正交性,大大缓解多重共线性问题,所以I(0)映射又称为正交变换。I(0)影射可以在Eviews软件中,通过对经过了协整个数约束的VAR模型估计而实现。协整个数的确定来源协整分析的结果。至此我们得到的模型已经是(向量)均衡修正模型了,在其中以均衡项的形式内嵌了经济理论模型,与时序建模学派的向量自回归模型相比,除了赋予了模型以经济理论意义之外,还可以利用经济理论所提供的信息对体现这种长期均衡关系的协整项施加能通过数据检验的约束,重新估计,得出的模型便有困难同时利用经济理论和数据两种信息。

（5）简洁性约化

所得的(向量)均衡修正模型仍然困难,含有过多的参数,这里"过多"是指可能含有许多不显著的参数,根据节俭性原则,应将它们约化掉。同时,由上一步知道,均衡修正模型中的解释变量(或其系数)之间是近似正交的,所以,将不显著的参数约掉,不会对模型有显著的影响,即不会有显著的信息损失。将经过简洁性约化所得的最简模型,重新估计得到最终模型。由于自由度的增加,可以增加模型参数估计值的精度。

3. 模型的应用

所建模型是否有应用价值,有何应用价值,还需考察,而不能滥用。这种考察除了残差正态性、白噪声性、齐方差性等检验外,还包括以下的检验。

（1）常数性检验

对于每个数据观察点,都存在一组估计参数,如果所建模型的参数值,随观察点的改变而改变,那么它并未发现所研究领域的规律性,我们研究或所建模型便无意义了,相反,只有具有参数常数性即参数不随观察点改变而改变的模型才是我们要寻找的模型,所以,模型应用之前,须通过参数的常数性检验,实际上,在约化建模之初设定的广义无约束模型或条件化模型,就需满足常数性要求。但是,由于那时模型参数较多,进行常数性检验往往受自由度的限制,所以较实际的做法是,在得到最简模型后,再做常数性检验,若通不过检验,则需要重新研究经济理论、经济制度及数据结构变化等,引入新的变量,将影响参数常数性的各种因素如技术进步、政策突变等表示为模型中相应的变量值的变动,这就是模型常数性的发现过程,也称常数化。现有的常数性检验有邹检验等,可以利用Eview软件进行。

（2）外生性检验

在约化理论下,将变量的外生性区分为弱外生性、强外生性和超外生性。

①变量Z的弱外生性是对其进行条件化的前提,也就是说,弱外生性保证了统计推断的正确性。

②强外生性。一般地,利用条件模型进行预测,必须首先知道解释变量的值才能对被解释变量作预测,比如在模型(8.1.2)中对未来的$\{Y_{1T+i}, Y_{2T+i} | i=1,2,\cdots,H\}$做预测,必须基于确切的$\{Z_{T+i} | i=1,2,\cdots,H\}$,即

$\{Z_{T+i} | i=1,2,\cdots,H\}$ 必须是确定不变的，但是，如果 Z 是受 $Y_{t-1} = \{Y_{jt-1}, Y_{t-2}, \cdots\}(j=1,2)$ 反馈影响的，则无法给出不变的 $\{Z_{T+i} | i=1,2,\cdots,H\}$。所以，要使模型可用于预测，则必须要求 Z 不受 Y_{t-1} 的反馈影响，即要求 Y 是 Z 的 Granger 非原因。若 Z 不受 Y 的反馈影响，又是关于关注参数 μ 的弱外生变量，则称其为强外生变量。显然，强外生性检验是弱外生性检验加上 Granger 非因果性检验。

（3）超外生性

计量经济模型的另一个用途是模拟政策变动，佐助政策分析，制定合理的政策，但是，政策变动可能改变经济运行机制，从而计量经济模型结构也可能是应该改变的。这样计量模型便不能用来进行政策分析了。如果对某一类政策变化能引起弱外生变量 Z 的变化但计量模型的关注参数 μ 具有常数性，则说明模型具有政策抗变性，此时，称 Z 为关于关注参数 μ 的超外生变量。于是，超外生性检验便是在弱外生性检验的基础上，对模型参数的常数性检验以及对 Z 受政策变动影响的考察。通过超外生性检验的模型才可以用于政策分析。

总之，外生变量具有三种属性：弱外生性、强外生性和超外生性。弱外生性与正确的统计推断相对应，强外生性对应于经济预测的情形，超外生性保证了模型政策评价分析价值。弱外生性是强外生性和超外生性的基础，强外生性与超外生性之间并无包括与被包括的关系。

从以上介绍中可以发现，各约化步骤往往是需要反复进行的，所以，约化步骤之间的顺序也应灵活安排。最后，需要说明的是：约化建模理论认为建模是一项十分艰巨复杂的工作，同时，它认为所建模型的正确性是相对的，是相对于已有的其他模型和经济理论的。

三、约化建模理论与传统建模理论的比较

为了更清晰地看到，约化建模理论与传统建模理论的不同，在前文介绍的基础上，对约化理论的一般原则、所涉及的一些基本概念及检验问题加以明确，并与传统建模理论作简单比较。

1. 关于建模的一般原则

第一，约化建模法又称动态建模法。"动态"有两层含义：其一是指注意到了时序的动态特征，引入了滞后变量；其二是指整个建模过程是一个循序渐进的动态过程。第二，约化建模法又称"一般到具体"的建模法，随着计算机技术的发展，传统建模法也突破了"从简单到一般"的建模思路，走上了"从一般到具体"的道路，但是，它们的"一般"有不同的含义，约化建模理论的"一般"是数据吻合的，不受理论的先验约束的。

2. 关于一些概念性的比较

（1）关于外生变量的概念

传统建模理论将模型中的变量分为内生变量和外生变量，内生变量是随机变量，而将外生变量定义为确定于模型之外的变量。

约化建模理论认为所有变量都是随机变量，而内生变量与外生变量是相对于模型关注参数的，并将外生性具体区分为弱外生性、强外生性和超外生性。

（2）关于模型的误差项的概念

传统建模理论认为随机误差项是由模型中没有包含的因素对被解释变量的影响、模型设定误差和样本观察误差等内容组成的，即源生的。

约化建模理论认为误差项是推导出来的，误差是模型的非系统分量，等于左边的变量过程减去系统分量，因此它的分布是由变量的分布和系统的分布决定的，是衍生的。形象地说，它是被解释变量

经模型滤剩的部分，其中应不含有任何规律性信息的成分，即应该是齐方差、正态分布的白噪声过程（或新生过程）。

（3）关于多重共线性

传统建模理论认为多重共线性问题是有回归解释变量之间高度统计相关性引起的模型参数估计问题。传统的方法是替换变量或使用更加复杂的估计方法如岭回归等。

约化建模理论认为多重共线性不是模型变量选取方面的问题而是模型参数设定问题，故解决办法是对模型再参数化，如将模型转化为均衡修正模型等。

（4）关于时序的单整性

传统建模理论中没有时序的非平稳性概念，容易出现伪回归现象。

约化建模理论注重了对时序的动态特征的分析，并吸收了协整理论的成果，不仅有效避免了伪回归，而且最终模型一般是同时反映短期动态和长期均衡关系的均衡修正模型。

（5）关于理论模型与经验模型的概念

传统建模理论往往忽略理论模型与经验模型（计量模型）之间的区别，从而极易导致各种检验的拒绝。

约化建模理论认为理论模型所描述的一般是经济变量之间的静态的长期均衡关系，而从现实数据约化而来的经验模型应是对经济活动的短期非均衡动态关系，并通过其长期均衡解（或协整关系）与经济理论发生联系。

3. 关于模型评价的比较

我们知道传统建模理论对模型的评价一般是按以下四个准则进行的：第一，经济理论准则；第二，统计准则；第三，经济计量准则；第四，预测功效准则。

约化建模理论认为最终模型应满足以下准则：①常数性准则，即模型参数的常数性，否则，模型是无价值的；②解释变量的弱外生性准则，这是正确推断参数的前提；③凝聚性准则，即残差为正态、同方差的白噪声过程（高斯白噪声过程），否则，模型不是数据吻合的；④理论一致性，即模型必须与至少一种经济理论相一致或具有合理的经济解释意义，否则，是值得怀疑的；⑤预测功效准则，即具有较好的样本外特性；⑥包容性准则，即模型应包容所有对手模型：能用以解释其他约化得来的模型，而其他模型不能作为该模型的一种改进。

第二节 生产函数模型

在经济学中，生产理论是最重要内容之一，同样，在计量经济学中，生产函数模型的研究与发展始终是一个最重要的、最活跃的领域。

一、生产函数

1. 生产函数的定义

生产函数是经济学中同效用函数并列的基础函数。按新古典经济学派的观点，生产技术条件可用生产函数概括表示。生产函数是描述生产过程中投入的生产要素的某种组合同它可能的最大产出量之间的依存关系的数学表达式。即

$$Y = f(A, K, L, \cdots) \tag{8.2.1}$$

其中，Y 为产出量，A、K、L 分别为技术、资本、劳动等投入要素。这里"投入的生产要素"是生产过程中发挥作用、对产出量产生贡献的生产要素；"可能的最大产出量"是指这种要素组合应该形成

的产出量，而不一定是实际产出量。生产要素对产出量的作用与影响，主要是由一定的技术条件决定的，所以，从本质上来讲，生产函数反映了生产过程中投入要素与产出量之间的技术关系。

2. 生产函数的特性

生产函数的特性，主要通过下面这些概念来描述。

（1）规模报酬

设有任意的 $\lambda>1$，如果对于生产函数（8.2.1）中资本、劳动等非技术要素投入量同时增长 λ 倍，产出量也增长 λ 倍，即

$f(A,\lambda K,\lambda L,\cdots)=\lambda f(A,K,L,\cdots)$，则称该生产函数规模报酬不变；

如果 $f(A,\lambda K,\lambda L,\cdots)<\lambda f(A,K,L,\cdots)$，则称该生产函数规模报酬递增；

如果 $f(A,\lambda K,\lambda L,\cdots)>\lambda f(A,K,L,\cdots)$，则称该生产函数规模报酬递减。

规模报酬递增常常与某些工艺的不可分割性有关。所谓工艺的不可分割性是指这些工艺使用的某些设备要求产出量达到某一水平才能充分发挥作用，如果产出量低于这一水平，则使用这些设备不划算。当存在若干种不可分割的工艺而且起码产出水平较大的工艺具有较高的效率时，生产规模的扩大就会发生规模报酬递增现象。

规模报酬递减常常与自然条件有关。例如，捕鱼船队加倍通常难以使捕鱼量加倍，因为海洋中自然生长的鱼没有随之增加。

规模报酬不变被认为是最普遍的情况而在经济分析中广泛应用。具有规模报酬不变的生产函数在数学上称为一阶齐次函数。

（2）边际生产力

生产函数具有如下特性：

$$f(0,K)=f(L,0)=0 \quad (8.2.2)$$

$$\frac{\partial f}{\partial L}\geqslant 0，\quad \frac{\partial f}{\partial K}\geqslant 0 \quad (8.2.3)$$

$$\frac{\partial^2 f}{\partial L^2}<0，\quad \frac{\partial^2 f}{\partial K^2}<0 \quad (8.2.4)$$

这里式（8.2.2）说明两种投入要素是生产中必不可少的。式（8.2.3）表明在其他生产投入量不变的条件下，某一种生产要素投入量增加，产出也增加，把生产函数对某一生产要素的一阶偏导数定义为某一生产要素的边际生产力。式（8.2.4）说明边际生产力通常随投入量的不断增加而递减。或者说，在其他生产要素投入量不变的条件下，连续增加某一种生产要素的投入量，其单位投入增量所带来的产出增量越来越少。这种情况称为边际生产力递减规律。

（3）边际替代率

在生产中，各种生产要素之间具有某种程度的替代性。由图 8.2.1 可见，在 (L,K) 的不同组合比例下，存在等产量线 $Y_0=f(L,K)$，当要素组合从 A 点移到 B 点，

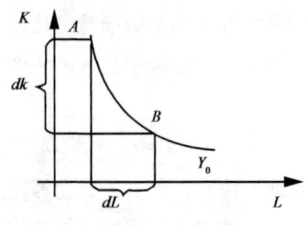

图 8.2.1

相应有要素投入增量 dL 和 Dk，而产出 Y_0 保持不变。即

$$dY_0 = \frac{\partial f}{\partial L}dL + \frac{\partial f}{\partial K}dK = 0 \tag{8.2.5}$$

由此定义边际替代率

$$R = \frac{\partial f}{\partial L} \bigg/ \frac{\partial f}{\partial K} = -\frac{dK}{dL} \tag{8.2.6}$$

或

$$R = \frac{\partial f}{\partial K} \bigg/ \frac{\partial f}{\partial L} = -\frac{dL}{dK} \tag{8.2.7}$$

式（8.2.6）称为资本 K 对劳动的边际替代率，式（8.2.7）称为劳动 L 对资本 K 的边际替代率。

边际替代率是，若减少一个单位的某一要素投入，比如资本，$dK=-1$，而增加一个单位的另一要素投入，比如劳动，$dL=R$，产出才维持不变。这说明减少 1 个单位的资本可用增加 R 个单位的劳动来代替，产出水平不变。

（4）替代弹性

在市场经济中，生产要素之间的替代是由它们的相对价格变动引起的。当劳动要素价格——工资率相对于资本要素价格——利率上升时，生产中减少劳动用量，增加资本用量就较为有利。因此，希克斯（J.R.Hicks）于 1963 年提出工资率对利润率之比变动 1% 引起资本对劳动之比变动百分之几来衡量资本与劳动之间的替代弹性。因此替代弹性可表示为

$$\sigma = \frac{d\ln\left(\frac{K}{L}\right)}{d\ln\left(\frac{w_1}{w_2}\right)} = \frac{d(K/L)/(K/L)}{d(W_1/W_2)/(W_1/W_2)} \tag{8.2.8}$$

$$\sigma = \frac{d(K/L)}{(K/L)} \bigg/ \frac{d(MP_L/MP_K)}{(MP_L/MP_K)} \tag{8.2.9}$$

一般情况下，要素替代率 σ 为一个正数。如果用 K 代替 L，则式（8.2.9）分子大于 0；由于 L 减少，其边际产量增大，而由于 K 增加，其边际产量减少，于是式（8.2.9）分母也大于 0。所以替代弹性 σ 大于 0，表明要素之间具有有限可替代性。在特殊情况下，要素之间不可以替代，此时 K/L 不变，则式（8.2.9）分子等于 0，所以替代弹性 σ 等于 0。另一种极端情况是，无论要素的数量增加或减少，其边际产量不变，此时式（8.2.9）分母等于 0，替代弹性 σ 为 ∞，表明要素之间具有无限可替代性。

（5）要素的产出弹性

某投入要素的产出弹性被定义为，当其他投入要素不变时，该要素增长 1% 所引起的产出量的变化率。这是从动态角度衡量生产要素对产出量影响的指标。一般情况下，要素的产出弹性大于 0 小于 1。

二、生产函数的设定

1. 线性生产函数模型

如果假设资本 K 与劳动 L 之间是无限可以替代的，则产出量 Y 与投入要素组合之间的关系可以用如下的模型描述：

$$Y = \alpha_0 + \alpha_1 K + \alpha_2 L \tag{8.2.10}$$

对于该模型，要素的边际产量 $MP_K = \alpha_1$，$MP_L = \alpha_2$，边际产量之比 $MP_K/MP_L = \alpha_1/\alpha_2$。于是有 $d(MP_K/MP_L) = 0$ 代入式（8.2.10）得到 $\sigma = \infty$，即要素替代弹性为 ∞。从式（8.2.10）可以直观地看出，

一种要素可以被另一种要素替代直至减少为0，产出量仍然不变。

2. 投入产出生产函数模型

另一种极端的情况是假设资本 K 与劳动 L 之间是完全不可以替代的，则产出量 Y 与投入要素组合之间的关系可以用如下形式的模型描述：

$$Y = \min\left(\frac{K}{a}, \frac{L}{b}\right) \tag{8.2.11}$$

称为投入产出型生产函数。其中 a、b 为生产1单位的产出量所必须投入的资本、劳动的数量。由于 a、b 为常数，所以产出量 Y 所必需的资本投入量 $K = aY$，劳动投入量 $L = bY$，二者之比 $K/L = a/b$ 为常数，$d(K/L) = 0$。代入式（8.2.8）得到 $\sigma=0$，即要素替代弹性为0，资本 K 与劳动 L 之间完全不可以替代。

3. C–D 生产函数模型

（1）模型形式与参数的含义。1928 年美国数学家 Charles Cobb 和经济学家 Paul Dauglas 提出的生产函数的数学形式为

$$Y = AK^\alpha L^\beta \tag{8.2.12}$$

根据要素的产出弹性的定义，很容易推出

$$E_K = \frac{\partial Y}{\partial K} \bigg/ \frac{K}{Y} = A\alpha K^{\alpha-1} L^\beta \frac{Y}{K} = \alpha , \quad E_L = \frac{\partial Y}{\partial L} \bigg/ \frac{L}{Y} = AK^\alpha \beta L^{\beta-1} \frac{Y}{L} = \beta$$

即参数 α、β 分别是资本与劳动的产出弹性。那么由产出弹性的经济意义，应该有 $0 \leqslant \alpha \leqslant 1$，$0 \leqslant \beta \leqslant 1$。

在最初提出的 C–D 生产函数中，假定参数满足 $\alpha + \beta = 1$，即生产函数的一阶齐次性，也就是假定研究对象满足规模报酬不变。因为

$$A(\lambda K)^\alpha (\lambda K)^\beta = \lambda^{\alpha+\beta} AK^\alpha L^\beta = \lambda AK^\alpha L^\beta$$

即当资本与劳动的数量同时增长 λ 倍时，产出量也增长 λ 倍。1937 年，Durand 提出了 C–D 生产函数的改进型，即取消了 $\alpha + \beta = 1$ 的假定，允许要素的产出弹性之和大于1或小于1，即承认研究对象可以是规模报酬递增的，也可以是规模报酬递减的，取决于参数的估计结果。

模型（8.2.12）中的待估参数 A 为效率系数，是广义技术进步水平的反映，在本节中还将对它进行专门讨论。显然，应该有 $A > 0$。

由上可见，C–D 生产函数模型的参数具有明确的经济意义，这是它的一个显著特点，是它被广泛应用的一个重要原因。

Cobb 和 Dauglas 利用美国 1899—1922 年的数据资料为样本，估计模型的参数，得到

$$Y = 1.01 K^{0.25} L^{0.75}$$

（2）要素替代弹性。现在来看模型（8.1.12）对要素替代弹性的假设。根据式（8.2.9），可以得到

$$\sigma = \frac{d(K/L)}{(K/L)} \bigg/ \frac{d(MP_L/MP_K)}{(MP_L/MP_K)} = d\left[\ln\left(\frac{K}{L}\right)\right] \bigg/ d\left[\ln\left(\frac{MP_L}{MP_K}\right)\right] = d\left[\ln\left(\frac{K}{L}\right)\right] \bigg/ d\left[\ln\left(\frac{\beta K}{\alpha L}\right)\right]$$

$$= d\left[\ln\left(\frac{K}{L}\right)\right] \bigg/ d\left[\ln\left(\frac{\beta}{\alpha}\right) + \ln\left(\frac{K}{L}\right)\right] = 1$$

这是一个重要的结论，它表明，C-D 生产函数模型假设要素替代弹性为 1。

显然，与上述要素之间可以无限替代的线性生产函数模型和要素之间完全不可以替代的投入产出生产函数模型相比较，C-D 生产函数模型假设要素替代弹性为 1，是更加逼近于生产活动的实际，是一个很大的进步。正因如此，加之 C-D 生产函数模型的参数具有明确的经济意义，使它一经提出，就得到广泛的应用。直到今天，它仍然是应用最广泛的一种生产函数模型。

但是，C-D 生产函数模型关于要素替代弹性为 1 的假设仍然具有缺陷。根据这一假设，不管研究对象是什么，不管样本区间是什么，不管样本观测值是什么，要素替代弹性都为 1，这是与实际不符的。例如，劳动密集型的农业与资本密集型的现代工业，资本与劳动之间的替代性质是明显不同的；再如，对于同一个研究对象，如果样本区间不同，即考察的区间不同，要素之间的替代性质也应该是不同的；即使研究对象相同、样本区间相同，对于不同的样本点，由于要素的比例不同，相互之间的替代性质也应该是不同的。所有这些，都需要人们发展新的生产函数模型。

4. 不变替代弹性（CES）生产函数模型

（1）模型形式与参数的含义。在 1961 年，由 Arrow、Cheneru、Mihas 和 Solow 四位学者提出了两要素不变替代弹性（Constant Elasticity of Substitution）生产函数模型，简称 CES 生产函数模型，其基本形式如下：

$$Y = A\left(\delta_1 K^{-\rho} + \delta_2 L^{-\rho}\right)^{-1/\rho} \tag{8.2.13}$$

其中，待估参数 A 为效率系数，是广义技术进步水平的反映，显然，应该有 $A>0$，δ_1 和 δ_2 为分配系数，$0<\delta_1<1$，$0<\delta_2<1$ 并且满足 $\delta_1+\delta_2=1$。ρ 为替代参数，下面将专门讨论。式（8.2.13）假定研究对象具有不变规模报酬，因为

$$A\left[\delta_1(\lambda K)^{-\rho} + \delta_2(\lambda L)^{-\rho}\right]^{-1/\rho} = \lambda\left[A\left(\delta_1 K^{-\rho} + \delta_2 L^{-\rho}\right)^{-1/\rho}\right]$$

即当资本与劳动的数量同时增长 λ 倍时，产出量也增长 λ 倍。后来，在应用中取消了这一假定，将（8.2.13）式改写为

$$Y = A\left(\delta_1 K^{-\rho} + \delta_2 L^{-\rho}\right)^{-m/\rho} \tag{8.2.14}$$

对式（8.2.14），有

$$A\left[\delta_1(\lambda K)^{-\rho} + \delta_2(\lambda L)^{-\rho}\right]^{-m/\rho} = \lambda^m\left[A\left(\delta_1 K^{-\rho} + \delta_2 L^{-\rho}\right)^{-m/\rho}\right]$$

即承认研究对象可以是规模报酬递增的，也可以是规模报酬递减的，取决于参数 m 的估计结果。于是参数 m 为规模报酬参数，当 $m=1(<1,>1)$ 时，表明研究对象是规模报酬不变（递减、递增）的。式（8.2.14）为实际应用的 CES 生产函数模型的理论形式。

（2）要素替代弹性。生产函数顾名思义，它是根据替代弹性 σ 的概念提出的，对于一般函数来说，替代弹性是随着 K 和 L 的不同变化的，但是在生产函数 CES 中，替代弹性 σ 为固定常数。可以证明替代弹性

$$\sigma = 1/(1+\rho) \tag{8.2.15}$$

由于要素替代弹性 σ 为一正数，所以参数 ρ 的数值范围为 $-1<\rho<\infty$

由式（8.2.15）可以看出，一旦研究对象确定、样本观测值给定，可以得到参数 ρ 的估计值，并计算得到要素替代弹性的估计值。对于不同的研究对象，或者同一研究对象的不同的样本区间，由于样本观测值不同，要素替代弹性是不同的。这使 CES 生产函数比 C-D 生产函数更接近现实。在不变

替代弹性生产函数模型中,如果参数 ρ 的估计值等于 0,则要素替代弹性的估计值为 1,此时 CES 生产函数退化为 C-D 生产函数。

在 CES 生产函数中,仍然假定要素替代弹性与样本点无关,这就是不变替代弹性生产函数模型的"不变"的含义。而这一点,仍然是与实际不符的。对于不同的样本点,由于要素的比例不同,相互之间的替代性质也应该是不同的。所以,不变替代弹性模型还可以进一步发展为如变替代弹性(VES)生产函数模型等。

5. 超越对数生产函数模型

这是一个具有一般性的变替代生产函数模型,其形式为

$$\ln Y = \beta_0 + \beta_K \ln K + \beta_L \ln L + \beta_{KK}(\ln K)^2 + \beta_{LL}(\ln L)^2 + \beta_{KL}\ln K \ln L \quad (8.2.16)$$

该生产函数模型的显著特点是它的易估计和包容性。它是一个简单线性模型,可以直接采用单方程线性模型的估计方法进行估计。所谓包容性,是它可以被认为是任何形式的生产函数的近似。例如,如果 $\beta_{KK} = \beta_{LL} = \beta_{KL} = 0$,则表现为 C-D 生产函数;如果 $\beta_{KK} = \beta_{LL} = -0.5\beta_{KL}$,则表现为 CES 生产函数。所以可以根据该生产函数的估计结果判断要素的替代性质。

三、生产函数模型的估计

1. 线性生产函数模型的估计

对于线性生产函数模型(8.2.10),其计量经济学形态为

$$Y = \alpha_0 + \alpha_1 K + \alpha_2 L + \mu$$

采用单方程线性计量经济学模型的估计方法,可以很方便地估计其参数。问题在于样本数据的选取,下面还将专门讨论。

2. C-D 生产函数模型的估计

对于 C-D 生函数模型(8.2.12)两边取对数,即可化成线性模型,然后采用单方程线性计量经济学模型的估计方法估计其参数。但是其假设条件是随机误差项可以作为方程的一个因子与理论模型相乘,即模型的计量经济学形态为

$$Y = AK^\alpha L^\beta \mu$$

如果随机误差项作为方程的一个因子与理论模型相加,即

$$Y = AK^\alpha L^\beta \mu$$

则要采用非线性模型的估计方法估计其参数。在实际应用中,都假设为前一种情况。

3. CES 生产函数模型的估计

对于式(8.2.14)所表示的 CES 生产函数模型

$$Y = A(\delta_1 K^{-\rho} + \delta_2 K^{-\rho})^{-m/p}$$

为一个关于参数的非线性模型,采用简单的方法难以化为线性模型。自 1961 年以来,关于它的估计问题有许多研究,主要由两类方法,即利用边际生产力条件的估计方法和直接估计方法。

所谓边际生产力条件,即当生产活动处于均衡的情况下,存在

$$\frac{\partial Y}{\partial K} = \frac{r}{p}, \quad \frac{\partial Y}{\partial L} = \frac{w}{p}$$

其中 r, w, p 分别表示资本的利率、劳动的工资率和产出品的价格。将该条件应用于(8.2.14),经

过适当的变换，可以得到线性计量经济学方程。由于边际生产力条件与实际生产活动有较大距离，在实际上我们基本不采用这类估计方法。顺便指出，对其他形式的生产函数模型，从理论上讲，也可以利用边际生产力条件进行估计，所以我们称其为"一类"估计方法。

直接估计方法。将 CES 生产函数模型的计量形态假设为

$$Y = A\left(\delta_1 K^{-\rho} + \delta_2 K^{-\rho}\right)^{-m/p} \mu$$

两边取对数，得到

$$\ln Y = \ln A - (m/p)\ln\left(\delta_1 K^{-\rho} + \delta_2 K^{-\rho}\right)^{-m/p} + \varepsilon \quad (8.2.17)$$

将其中的 $\ln\left(\delta_1 K^{-\rho} + \delta_2 K^{-\rho}\right)$ 在 $\rho=0$ 处展开泰勒级数，取 0 阶、1 阶、2 阶项，代入式（8.2.17），得到

$$\ln Y = \ln A + \delta_1 m \ln K + \delta_2 m \ln L - \frac{1}{2}\rho m \delta_1 \delta_2 \left[\ln\left(\frac{K}{L}\right)\right]^2 + \varepsilon \quad (8.2.18)$$

式（8.2.18）为一个简单线性模型，通过变量置换，可以表示成

$$Z = \alpha_0 + \alpha_1 X_1 + \alpha_2 X_2 + \alpha_3 X_3 + \varepsilon$$

采用单方程模型的估计方法，得到 $\alpha_0, \alpha_1, \alpha_2, \alpha_3$ 的估计值，利用对应关系和 $\delta_1 + \delta_2 = 1$，可以计算得到关于参数 A，ρ，m，δ_1, δ_2 的估计值。

选择在 $\rho=0$ 处展开泰勒级数，是因为当 $\rho=0$ 时，要素替代弹性等于 1，即模型退化为 C-D 生产函数，由于 C-D 生产函数的普遍适用性，所以可以假定 ρ 为接近于 0 的数。当参数估计完成后，可以根据 $\rho=0$ 的估计值是否接近于 0 来检验这种估计方法的可用性。

从式（8.2.18）可以看出，当 $\rho=0$ 时，方程为

$$\ln Y = \ln A + \delta_1 m \ln K + \delta_2 m \ln L + \varepsilon$$

即为 C-D 生产函数模型。所以可以认为 CES 生产函数模型是对 C-D 生产函数模型修正。

例：根据 1987—1997 年某省的有关工业统计资料，见表 8-1，估计 CES 生产函数。

表 8-1　1987—1997 年某省有关工业统计资料

年份	工业总产值 Y（亿元）	固定资产原值 K（亿元）	工业劳动者 L（万人）
1987	388.77	346.58	293.04
1988	436.09	397.61	303.83
1989	470.65	451.37	309.89
1990	488.81	539.32	311.82
1991	515.98	608.98	317.5
1992	564	724.61	328.33
1993	627.22	827.33	342.85
1994	683.58	951.44	355.05
1995	744.16	1304.71	358.37
1996	842.26	1544.28	356.52
1997	916.99	1735.08	350.08

为了估计 CES 生产函数的有关参数，首先用 OLS 法估计式（8.2.18）得

$$\ln Y = -0.1897 + 0.2912\ln K + 0.7885\ln L + 0.0747\left[\ln(K/L)\right]^2$$
$$(1.703)\qquad(1.256)\qquad(1.134)$$
$$R^2 = 0.992 \qquad F = 3.2.8 \qquad D.W. = 1.89$$

再由 $\delta_1 + \delta_2 = 1$，求得该省工业的 CES 生产函数参数的估计值分别为

$$\hat{A} = 0.8272 \quad \hat{\delta}_1 = 0.2697 \quad \hat{\delta}_2 = 0.7303 \quad \hat{m} = 1.0797 \quad \hat{\rho} = -0.7027$$

于是某省工业的 CES 生产函数的估计式为

$$\hat{Y} = 0.8272\left[0.2697K^{0.7027} + 0.7303L^{0.7027}\right]^{1.097/0.7027} \text{替代弹性}$$

$$\hat{\sigma} = 1/(1+\rho) = 1/(1-0.7027) = 3.3636$$

四、技术进步分析

技术是一种重要的生产要素，在现代生产活动中尤其重要，所以再生产函数模型中不能不考虑技术要素。如何将技术要素引入生产函数模型，如何使模型对技术要素的描述更接近于现实，是生产函数研究中的一个重要领域。

1. 改进的 C-D、CES 生产函数模型

早在 1942 年，Tinbergen 就提出在生产函数中加入时间指数趋势项以测定技术进步，1957 年 Solow 提出如下改进的 C-D 生产函数模型

$$Y = A(t)K^\alpha L^\beta$$

关于 $A(t)$ 的形式，通常由两种设定：

$$A(t) = A_0(1+\gamma)^t, \quad A(t) = A_0 e^{\lambda t}$$

前一种表达式中，γ 具有明确的经济含义，即表示技术的年进步速度；最后一种表达式中，λ 的经济含义不明确。但是，当技术进步速度很低时，由于 $\ln(1+\gamma) \approx \gamma$

于是有 $\ln\left[A_0(1+\gamma)^t\right] = \ln A_0 + \ln(1+\gamma)^t = \ln A_0 + t\lambda$

$$\ln\left(A_0 e^{\lambda t}\right) = \ln A_0 + t\lambda$$

所以也可以将后一种表达式中的看作技术进步速度。改进的 C-D 生产函数模型的表达式为

$$Y = A_0(1+\gamma)^t K^\alpha L^\beta \tag{8.2.19}$$

或 $$Y = A_0 e^{\lambda t} K^\alpha L^\beta \tag{8.2.20}$$

同样的思路，改进的 CES 生产函数模型的表达式为

$$Y = A_0(1+\gamma)^t\left(\delta_1 K^{-\rho} + \delta_2 K^{-\rho}\right)^{-m/\rho} \tag{8.2.21}$$

或 $$Y = A_0 e^{\lambda t}\left(\delta_1 K^{-\rho} + \delta_2 K^{-\rho}\right)^{-m/\rho} \tag{8.2.22}$$

需要特别注意的是，上述改进的 C-D、CES 生产函数模型是在关于技术进步的特定假设下成立的，离开了特定的假设，这些模型表达式就不正确了。

在本节关于技术进步的概念中曾经提到 3 类技术进步和 3 类中性技术进步。在改进的 C-D、CES 生产函数模型中，作为资本和劳动产出弹性的参数不随样本点变化。也就是说，技术进步不是节约资

本型和节约劳动型，而是中性的。

对于改进的 CES 生产函数模型（8.2.21）和模型（8.2.22），估计方法是相同的。

2. 生产函数模型在技术进步分析中的应用

生产函数模型是对生产活动进行数量分析的有效工具，有其广泛的应用。首先，生产函数模型的参数具有特定的经济含义，可以直接用于生产活动的结构分析；生产函数模型揭示了投入要素与产出量之间的技术关系，可以用于生产预测。生产函数模型在技术进步分析中的应用，更是其显著的功能。下面以测算技术进步速度及其对经济增长的贡献为例，说明生产函数模型的应用。

（1）技术进步速度的测定

年技术进步速度，是一项反映在一定时期内技术进步快慢的综合指标。通常用下式定义：

$$\gamma = y - \alpha_k - \beta_l \tag{8.2.23}$$

其中，γ 为技术进步速度；α、β 为资本与劳动的产出弹性；y、k、l 分别为产出、资本和劳动数量的增长速度。显然，在式（8.2.23）中是将资本与劳动数量增长之外的所有因素全部归入"技术进步"之中。

α，β 可以通过生产函数模型估计得到，y、k、l 则由样本观测值计算得到，根据式（8.2.23）就可以计算得到技术进步速度 γ 的值。

（2）技术进步对增长的贡献

技术进步对增长的贡献，是一项直接反映技术进步对增长影响的综合指标。它的定义由下式给出：

$$E_A = \frac{\gamma}{Y} \times 100\% \tag{8.2.24}$$

它是由式（8.2.23）的两边同除以 y 后得到的：

$$\frac{\gamma}{Y} = 1 - \frac{\alpha \cdot K}{y} - \frac{\beta \cdot l}{y} \tag{8.2.25}$$

例：某市纺织工业总产值 Y、固定资产 K、职工人数 L 统计资料如表，估计上海纺织工业部门改进的 C-D 生产函数，并进行技术分析。表 8-2。

表 8-2 某市纺织工业数据表

年份	工业总产值（Y）（万元）	固定资产（K）（万元）	职工人数（L）（千人）
2001	65.41	15.04	38.52
2002	69.42	15.21	38.33
2003	77.12	15.86	38.01
2004	81.16	16.60	37.60
2005	84.71	17.46	38.43
2006	87.97	18.12	38.64
2007	97.38	18.85	39.16
2008	108.16	19.63	39.76
2009	117.33	20.3	43.35
2010	130.88	21.19	45.74

设 $y = \ln Y$，$k = \ln K$，$l = \ln L$，估计对数线性形式模型：$y = \ln A + \lambda_t + \alpha_k + \beta_l + v$。由于 $\ln K$ 与 $\ln L$ 之间高度线性相关，假定规模报酬不变，即

$\alpha + \beta = 1$。令 $y_1 = \ln y - \ln l$，$k_1 = \ln k - \ln l$，于是将估计模型设定为

$$y_1 = =\ln A + \lambda t + \alpha k_1 + v$$

估计结果为

$$y_1 = 0.8867 + 0.0476 \times t + 0.4108 \times k_1$$

（4.28）（8.08）（1.86）

R^2 =0.98   F=195.92   D.W=1.55

可以看出，模型通过了各种检验。计算 $\beta = 1 - \alpha = 1 - 0.4108 = 0.5892$。于是，改进的 C-D 生产函数为

$$Y = 2.4271\, e^{0.0476 \cdot T}\, K^{0.4108}\, L^{0.5892}$$

由样本数据计算得到在这段时期，工业总产值年均增长 7.18%，固定资产年均增长 3.49%、职工人数年均增长 1.73%。由 $\alpha=0.4108$，$\beta=0.5892$，计算得到这段时期的技术进步速度 γ=7.18%−0.4108×3.49%−0.5892×1.73%=4.73%。技术进步对增长的贡献 $E_A = \gamma / y = 65.88\%$，当然，这是除了资本与劳动数量增长的贡献外所有因素对增长的贡献。同理可以计算资本贡献率 $E_K = \alpha \times \dfrac{k}{y} = 19.97\%$，劳动贡献率 $E_L = \beta * \dfrac{l}{y} = 14.20\%$。

上述用于测算技术进步速度和技术进步对增长的贡献的方法存在不少问题，主要是在"技术进步"中影响的因素过于复杂。所以，积极创造条件，主要是基础数据条件，使含体现型技术进步生产函数模型进入实际应用，将会使技术进步的定量分析水平提高一大步。

五、建立生产函数模型中的数据质量问题

在建立与应用生产函数模型过程中，有许多实际问题需要认真处理，其中较为突出的是数据质量问题。

1. 样本数据的一致性问题

可以作为生产函数模型样本数据的有两类：时间序列数据和截面数据。在选择哪类数据作样本时，需要特别注意一致性问题。正如在结论中提及的，计量经济学模型是通过样本估计母体的参数，那么样本必须是从母体中随机抽取的。例如，同行业的企业截面数据只能用于该行业企业生产函数一般选取该行业的时间序列数据为样本，如果一定要采用截面数据的话，也只能采用不同国家的时间序列数据，而不能采用企业截面数据；同样，如果采用某一企业的时间序列数据，只能估计该企业的生产函数，而不能作为行业的企业生产函数应用。

这个概念是重要的。曾经有人采用全国大中型煤炭企业的截面数据，估计生产函数模型，然后用该模型预测未来煤炭行业的产出量。这就违反了一致性原则。也曾经有人采用某钢铁企业的时间序列数据建立了一个生产函数模型，然后将该模型作为钢铁行业的一般企业生产函数应用。这也违反了一致性原则。

2. 样本数据的准确性问题

在生产函数模型估计中，经常有与样本数据口径不一致的问题。例如，估计我国工业生产函数，作为解释变量的总产值是全国口径的，作为解释变量的只有独立核算工业的数据；估计企业生产函数，作为被解释变量的产值是生产口径的，作为解释变量定额劳动力却包括非生产性人员；等等。这类为题几乎普遍存在。这就违反了数据的准确性原则。处理的方法，一是按照最小口径建立模型，然后在应用中对全口径进行估算。二是利用其他信息对样本数据首先进行调整，然后再估计模型。在特殊情

况下，当生产函数模型是线性的，或者是生产函数组，假设不同样本点上不同口径的数据之间存在固定比例，采用不同口径的样本数据不影响结构参数的估计结果，只影响常数项。

3. 样本数据的可比性问题

在生产函数模型估计中，更严重的问题是样本数据的可比性问题，而这个问题经常被忽视。主要表现是在不同的样本点上，实际相同的产出量或要素投入量出现不同的观测值数据。例如，产出量用当年价格计算时，采用时间序列数据为样本，由于价格的变化，会使不同样本点上实际相同的产出量表现出相差甚大的观测值。再如，固定资产原值按固定资产形成时价格计算，对于同行业的两个规模相通、生产工艺相同、设备技术水平相同的企业，只是因为投产时间不同，账面上的固定资产原值差别会很大，作为样本数据时，尽管在不同样本点上实际投入的固定资产数量相同，却出现不同的估测值。诸如此类的样本数据不可比问题，会给生产函数的结构参数估计制造出很大的"失真"。

第三节　需求函数模型

需求理论与生产理论一样，是微观经济学理论体系中的重要组成部分。需求函数模型，也是计量经济学中一个活跃的、重要的研究领域。在市场经济体制下，需求对生产起导向作用，关于需求的研究具有更重要的意义。

一、几个重要的概念

1. 需求函数

需求函数是描述商品的需求量与影响因素，如收入、价格、其他商品的价格等，之间关系的数学表达式。即

$$q_i = f(I, p_1, \cdots, p_i, \cdots, p_n) \tag{8.3.1}$$

其中，q_i 为对第 i 种商品的需求量；I 为收入；p_1, $\cdots$, p_i, $\cdots$, p_n 为各种商品的价格；n 为商品数目。一般来说，影响需求量的主要是收入与价格；对一些特定的商品和特定的情况，也会在需求函数中引入其他的解释变量，如耐用品的存量、一般消费品的消费习惯等。总之，需求函数反映商品的需求行为和需求规律，反映了解释变量与被解释变量之间的因果关系，所以可以用于需求的结构分析和需求预测。

2. 需求函数的 0 阶齐次性

（1）需求的收入弹性。需求的收入弹性定义为当所有商品的价格不变时，收入变化 1% 所引起的第 i 种商品需求量的变化百分比。即

$$\eta_i = \frac{\Delta q_i}{q_i} \Big/ \frac{\Delta I}{I} \to \frac{\partial q_i}{\partial I} \cdot \frac{I}{q_i} (\Delta \to 0) \tag{8.3.2}$$

一般来讲，对于生活必需品，例如食品、日用必需品、燃料等，随着收入的增加，对这些商品的需求量将增加，但在总收入中用于购买这些商品的支出将下降。也就是说，收入增加 1%，对这些商品的需求量的增加小于 1%。所以 $0<\eta_i<1$。对于高档消费品，可能出现 $\eta_i>1$ 的情况。而对于某些低质商品，η_i 将小于 0，即随着收入的增加，对这些商品的需求量将下降。

（2）需求的自价格弹性。需求的自价格弹性定义为当收入和其他商品的价格不变时，第 i 种商品价格变化 1% 所引起的第 i 种商品需求量的变化百分比。

$$\varepsilon_{ii} = \frac{\Delta q_i}{q_i} \Big/ \frac{\Delta p_i}{p_i} \to \frac{\partial q_i}{\partial p_i} \cdot \frac{p_i}{q_i} (\Delta \to 0) \tag{8.3.3}$$

一般来讲，对于生活必需品，如食品、日用必需品、燃料等，随着自身价格的上升，对这些商

品的需求量将减少，但减少得很有限，于是在总收入中用于购买这些商品的支出将上升。也就是说，自身价格上升1%，对这些商品的需求量的下降小于1%。所以 $-1<\varepsilon_{ii}<0$。对于高档消费品，可能出现 $\varepsilon_{ii}<-1$ 的情况。而对于某些特殊商品，ε_{ii} 将大于0，即随着自身价格上升，对这些商品的需求量将上升，这就是经济学中的"吉芬品之谜"。

（3）需求的互价格弹性。需求量的互价格弹性定义为当收入和其他商品的价格不变时，第 j 种商品价格变化1%所引起的第 i 种商品需求量的变化百分比。即

$$\varepsilon_{ii} = \frac{\Delta q_i}{q_i} \bigg/ \frac{\Delta p_j}{p_j} \rightarrow \frac{\partial q_i}{\partial p_j} \cdot \frac{p_i}{q_i} (\Delta \rightarrow 0) \tag{8.3.4}$$

一般来讲，对于替代品，如鱼和蛋，随着鱼的价格的上升，对它的需求量将减少，导致对蛋的需求量的增加。也就是说，第 j 种商品价格上升1%，引起第 i 种商品需求量的上升。所以 $\varepsilon_{ii} > 0$。对于互补品，例如西装和领带，随着西装价格的上升，对它的需求时将减少，导致对领带的需求量的减少。所以 $\varepsilon_{ii} < 0$。而对于互相无关的商品，ε_{ii} 应该等于0。但如果第 j 种商品是必需品，随着价格上升，对这些商品的需求量的减少是有限的，导致在总收入中该种商品的支出增加，迫使其他商品的需求量下降，即 ε_{ii} 小于0。

（4）需求函数的0阶齐次性条件。当收入、价格、其他商品的价格等都增长 λ 倍时，对商品的需求量没有影响。即

$$f(\lambda I, \lambda p_1, \cdots, \lambda p_i, \cdots, \lambda p_n) = \lambda^0 f(I, p_1, \cdots, p_i, \cdots, p_n) \tag{8.3.5}$$

这就是需求函数的0阶齐资性条件，是需求函数的一个重要特征。可以用该条件检验实际建立的需求函数模型是否正确。

3. 效用函数与需求函数

西方国家发展的需求函数模型的理论模型，尤其是联立方程模型系统，并不是经验的产物，即不是由样本观测值拟合得到的，而是由效用函数在效用最大化下导出的。

效用函数分直接效用函数和间接效用函数两大类。

直接效用函数将效用表示为商品需求量的函数。即

$$U = u(q_1, q_2, \cdots, q_n) \tag{8.3.6}$$

在预算 $\sum_{i=1}^{n} q_i p_i = I$ 约束下，对式（8.3.6）极大化，得到的商品需求量组合为最优商品组合，该组合能够实现的商品需求量是收入和价格的函数，就是需求函数。需求函数的推导过程如下：

构造如下的拉格朗日函数 $L(q_1, q_2 \cdots, q_n, \lambda) = u(q_1, q_2 \cdots, q_n) + \lambda \left(I - \sum_{i=1}^{n} q_i p_i \right) \tag{8.3.7}$

最优商品组合必须满足 $\begin{cases} \dfrac{\partial L}{\partial q_i} = \dfrac{\partial u}{\partial q_i} - \lambda p_i = 0 \\ \dfrac{\partial L}{\partial \lambda} = I - \sum_{i=1}^{n} q_i p_i = 0 \end{cases}$ $i = 1, 2, \cdots, n$

求解该方程组即可得到所求的需求函数。

间接效用函数将效用表示为收入和商品价格的函数。即

$$V = v(p_1, \cdots, p_i \cdots, p_n, I) \tag{8.3.8}$$

利用公式
$$q_i = -\frac{\partial V}{\partial p_i} \Big/ \frac{\partial V}{\partial I}, \quad i = 1, 2, \cdots, n \quad (8.3.9)$$

也可以得到使用效用达到最大的商品需求函数。

二、几种重要的单方程需求函数模型及其参数估计

1. 线性需求函数模型

线性需求函数模型将商品的需求量与收入、价格、其他商品的价格等影响因素之间的关系描述为直接线性关系。即

$$q_i = \alpha + \sum_{j=1}^{n} \beta_j p_j + \gamma \cdot I + \mu \quad (8.3.10)$$

这种需求函数模型缺少合理的经济解释，参数没有经济意义，并且不满足需求函数的 0 阶齐次性条件，但在实际中确实存在。它是由样本观测值拟合而得到的一种模型形式。可以采用单方程线性模型的估计方法估计该需求函数模型。

2. 对数线性需求函数模型

对数线性需求函数模型同样是由样本观测值拟合而得的一种模型形式，由于它具有合理的经济解释，参数具有明确的经济意义，所以是一种常用的需求函数模型。它的数学表达式为

$$\ln q_i = \alpha + \sum_{j=1}^{n} \beta_j \ln p_j + \gamma \cdot \ln I + \mu \quad (8.3.11)$$

显然，根据弹性的定义，γ 为需求的收入弹性，β_i 为需求的自价格弹性，β_j（$j \neq i$）为需求的互价格弹性。根据需求函数的 0 阶齐次性条件，应该有 $\beta_1 + \beta_2 + \cdots + \beta_n + \gamma = 0$

可以采用单方程线性模型的估计方法估计该需求函数模型。

三、线性支出系统需求函数模型及其参数估计

线性支出系统需求函数模型（Linear Expenditure System，LES），主要是它的扩展形式，即扩展的线性支出系统需求函数模型（Expend Linear Expenditure System，ELES）是一类经济意义清楚、具有广泛应用价值的需求函数模型，属于联立方程模型。

1. 线性支出系统需求函数模型（LES）

模型的导出。正如前面提到的，西方国家发展的需求函数模型的理论模型，尤其是联立方程模型系统，是由效用函数在效用最大化下导出的。线性支出系统需求函数模型正是如此。

Klein 和 Rubin 于 1947 年提出了如下形式的直接效用函数

$$U = \sum_{i=1}^{n} u_i(q_i) = \sum_{i=1}^{n} b_i \ln(q_i - r_i) \quad (8.3.12)$$

其中，r_i 为第 i 种商品的基本需求量，b_i 为边际预算份额。该效用函数认为，效用具有可加性，即总效用为各种商品的效用之和；而各种商品的效用取决于实际需求量与基本需求量之差。

英国计量经济学家 R。Stone 于 1954 年，在预算约束 $\sum_{i=1}^{n} p_i q_i = V$ 下极大化式（8.3.12），提出了线性支出系统需求函数：

$$p_j q_j = p_j r_j + b_j \left(V - \sum_{i=1}^{n} (p_i r_i) \right) \quad (8.3.13)$$

其中，利用了 $\sum_i p_i q_i = V$，$\sum_i b_i = 1$

可以将式（8.3.13）写成 $q_i = r_i + \dfrac{b_i}{p_i}\left(V - \sum_{i=1}^{n}(p_i r_i) \right) \quad i=1,2,\cdots,n \quad (8.3.14)$

线性支出系统需求函数的经济意义是很清楚的。对第 i 种商品的需求量等于两部分之和。第一部分为基本需求量，即维持基本生活所需的；第二部分为总预算扣除所有商品的基本需求支出后剩余部分中愿意用于对第 i 种商品的需求，与消费者的偏好有关。

线性支出系统需求函数式（8.3.14）中待估参数为基本需求量和边际预算份额。但是，由于总预算是对所有商品的需求支出之和，是内生变量，无法外生给出，使模型难以估计。所以线性支出系统需求函数并没有被实际应用。

2. 扩展的线性支出系统需求函数模型（ELES）

为克服 LES 在估计上的困难，1973 年 Liuch 对 LES 作了两点修改，提出了扩展的线性支出系统需求函数模型。这两点修改是：以 I 收入代替预算 V；将 b_i 的概念由边际预算份额改为边际消费倾向。于是模型表达式为

$$q_i = r_i + \dfrac{b_i}{p_i}\left(I - \sum_j p_j r_j \right) \quad i=1,2,\cdots,n \quad (8.3.15)$$

其中，待估参数为基本需求量 r_i 和边际消费倾向 b_i。按照他们的经济意义，应该有

$r_i > 0$，$0 \leqslant b_i < 1$，$\sum_i b_i \leqslant 1$

由收入和价格的样本观测值可以对模型进行估计。

3. 扩展的线性支出系统需求函数模型的估计方法

模型（8.3.15）是关于参数的非线性模型，无法采用简单方法使其线性化。对于它的估计进行了广泛的研究，最完善的方法是非线性联立方程模型的完全信息最大似然法。另外，迭代法也是估计非线性模型的常用方法。这两种方法都比较复杂，本教材不作介绍。在此仅介绍截面数据作样本时的最小二乘法。当采用截面数据作样本时，可以假定在同一截面上相对于不同的收入商品的价格是相同的，于是可以使模型变得简单，并可以直接采用普通最小二乘法进行估计。

将模型（8.3.15）改写为

$$p_i q_i = r_i p_i + b_i\left(I - \sum_{j=1}^{n}(p_j r_j) \right) + \mu_i \quad i=1,2,\cdots,n \quad (8.3.16)$$

令 $V_i = q_i p_i$，有

$$V_i = r_i p_i + b_i\left(I - \sum_{j=1}^{n}(p_j r_j) \right) + \mu_i \quad i=1,2,\cdots,n \quad (8.3.17)$$

式（8.3.17）可以写成

$$V_i = r_i p_i - b_i \sum_{j=1}^{n}(p_j r_j) + b_i I + \mu_i \quad i=1,2,\cdots,n \quad (8.3.18)$$

其中，$r_i p_i - b_i \sum_{j=1}^{n} p_j r_j$ 中的价格在同一截面上是不变的已知数，所以这一项只与 I 有关，设其为 α_i。则有

$$V_i = a_i + b_i I + \mu_i \quad i=1,2,\cdots,n \tag{8.3.19}$$

对模型（8.3.19）采用普通最小二乘法进行估计，得到 $\hat{a}_i, \hat{b}_i (i=1,2,\cdots,n)$。然后利用参数之间的关系计算 r_i（i=1,2,…,n）。

因为

$$a_i = r_i p_i - b_i \sum_{j=1}^{n} p_j r_j \tag{8.3.20}$$

故有 $\sum_{i=1}^{n} a_i = \left(1 - \sum_i b_i\right) \cdot \sum_{i=1}^{n} p_i r_i$，$\sum_{i=1}^{n} p_i r_i = \sum_i a_i \Big/ 1 - \sum_i b_i$

代入式（8.3.20）得到 $p_i r_i = a_i + b_i \sum_i a_i \Big/ 1 - \sum_i b_i$

根据该式，由 $\hat{a}_i, \hat{b}_i (i=1,2,\cdots,n)$ 可以计算得到基本需求量 $p_i r_i$ 的估计值。至此完成模型的估计。

另外，由边际消费倾向 b_i，还可以计算边际预算份额，公式为：$b_i^* = b_i / \sum b_i$。

例：利用某市家计调查资料估计扩展的线性支出系统，资料见表 8-3。

表 8-3 某市职工家庭收入调查分组资料

收入组（元）	户数(户)	人数(人)	人均生活费收入（元/月）	人均生活费收入（元/月）					
				总支出	食品	衣着	燃料	用品	非商品
20以下	1	7.00	19.12	21.14	14.21	3.45	0.66	1.50	1.33
20—25	5	25.00	21.76	22.92	14.81	2.12	0.80	3.06	2.13
25—30	26	124.00	27.96	28.49	19.31	3.36	0.65	2.57	2.60
30—35	64	282.43	32.70	31.75	20.15	4.00	0.70	3.96	2.94
35—40	76	293.00	37.60	37.74	23.03	5.19	0.78	5.20	3.54
40—45	58	227.94	42.30	40.73	24.91	4.86	0.81	6.31	3.84
45—50	57	240.10	47.86	45.18	26.74	6.77	0.72	6.84	4.11
50—55	39	158.89	52.70	50.13	31.04	6.40	0.97	7.92	3.80
55—60	33	127.31	56.76	54.89	34.56	6.74	1.00	8.20	4.39
60以上	41	138.19	67.02	63.67	37.32	8.79	1.08	11.0	5.48
总数或平均数	400	1623.86	43.35	41.98	25.80	5.52	0.81	6.13	3.72

首先估计式（8.3.19）

$V_i = a_i + b_i I + \mu_i \quad i=1,2,\cdots,5$

这里要注意的是，由于各收入组人数不等，所以估计参数时，应以各组人数为权数加权。

由于是横截面数据，可直接用最小二乘法估计，估计结果见表 8-4。

表 8-4 各类商品方程的估计结果

商品类别（i）	a_i	b_i	R^2
1. 食品	4.018 （46.2）	0.502 （258.7）	0.976
2. 衣着	−0.162 （−3.8）	0.131 （137.9）	0.921
3. 燃料	0.379 （58.4）	0.01 （69.2）	0.75
4. 日用品	−2.319 （72.2）	0.195 （271.7）	0.979
5. 非商品	0.89 （39.1）	0.065 （128）	0.91
合计	2.806	0.903	

括号中为 t 值。

根据估计结果可进一步求出对各类商品的基本生活支出 $p_i r_i$ 和边际预算份额 b_i^*（$i=1,2,\cdots,5$），见表 8-5。

表 8-5 职工家庭各项基本支出 $p_i r_i$、边际消费倾向 b_i 及边际预算份额 b_i^*

	食品（1）	衣着（2）	燃料（3）	日用品（4）	非商品（5）
$p_i r_i$	18.54	3.63	0.67	3.32	2.77
b_i	0.502	0.131	0.01	0.195	0.065
b_i^*	0.556	0.145	0.011	0.216	0.072

由上表，最后得到的该地区职工家庭消费结构的扩展线性支出系统为：

$p_1 r_1 = 18.54 + 0.502 \times (I - 28.33)$

$p_2 r_2 = 3.63 + 0.131 \times (I - 28.33)$

$p_3 r_3 = 0.67 + 0.01 \times (I - 28.33)$

$p_4 r_4 = 3.32 + 0.195 \times (I - 28.33)$

$p_5 r_5 = 2.77 + 0.065 \times (I - 28.33)$

线性支出系统可以用来分析收入变化，对消费需求结构的影响。各种消费支出中的构成，即 $p_i r_i / \sum p_i r_i$，$i=1,2,\cdots,n$，称为消费结构。由已估计的某地区职工家庭消费的扩展线性支出系统，可预测当人均月收入变化，如分别为 100 元，120 元，140 元时，各项消费支出的结构见表 8-6：

表 8-6 消费需求结构预测

人均月收入（元）	人均消费支出（元）	食品支出比重（%）	衣着支出比重（%）	燃料支出比重（%）	用品支出比重（%）	非用品支出比重（%）
100	93.65	58.21%	13.9%	1.48%	18.47%	7.93%
120	111.72	57.79%	14%	1.42%	18.98%	7.81%
140	129.78	57.48%	14.07%	1.38%	19.34%	7.73%

消费结构的研究最早是由德国统计学家恩格尔进行的。1885 年他在对比利时工人家庭的生活费支出情况的研究中得出了"食品支出在消费支出中的比例随总支出的提高而下降"这条规律，即著名的恩格尔定律。第一次表明消费需求结构变化是有一定规律的，可用数学模型加以描述。这种模型就是前面所述各种需求系统，尤其是线性支出系统。恩格尔定律为许多国家的统计资料所证实，从上表

中也可看到这个规律的趋势。消费结构的预测对制定产业发展政策有重要的作用。因为产品结果或者说产业结构归根到底是由消费需求结构决定的，当产品（或产业）结构与消费结构错位时，将降低整个经济系统的效率。若线性支出系统的参数是利用时序数据估计得到的（这时往往需要迭代法或极大似然法），则还可以用其进行各种需求的价格弹性分析。

第四节　消费函数模型

消费理论是宏观经济理论的重要内容，旨在研究消费行为。这里的消费指消费总量，而不是对具体商品或服务的消费需求，这是有别于需求理论的主要之点。消费函数是关于研究对象的总消费与影响因素，主要是可支配收入的总收入之间关系的数学表达式，也是计量经济学模型中一个重要组成部分。消费函数是在消费理论的指导下建立与发展的，是一类与行为理论联系最为密切的经济数学模型。

一、几个重要的消费函数模型及其参数估计

1. 绝对收入假设消费函数模型

（1）绝对收入假设消费函数模型。凯恩斯主义认为，消费是由收入唯一决定的，消费与收入之间存在稳定的函数关系。随着收入的增加，消费将增加，但消费的增长低于收入的增长，即边际消费倾向递减。根据这一理论假设，可以建立如下消费函数模型：

$$C_t = \alpha + \beta Y_t + \mu_t \quad t=1, 2, \cdots, T \tag{8.4.1}$$

其中，C 表示消费额，Y 表示收入，α、β 为待估参数。从经济意义上讲，α 为自发性消费，β 为边际消费倾向，于是有 $0<\beta<1$，$\alpha>0$。

模型（8.4.1）可以很方便地采用单方程模型的估计方法估计其参数。

（2）关于绝对收入假设消费函数模型的讨论。模型（8.4.1）表达了 Keynesian 的消费是由收入唯一决定的假设，但是由于边际消费倾向 β 为常数，并没有真正反映边际消费倾向递减规律。在一般的教科书上，以模型（8.4.1）满足 $0<\dfrac{\partial C}{\partial Y}<1$，$\dfrac{\partial C}{\partial Y}<\dfrac{C}{Y}$ 为由，认为模型反映了边际消费倾向递减规律。实际上，建立变参数模型，即假设

$$\beta = \beta_0 + \beta_1 Y_t$$

其中，$\beta_1<0$，代入模型（8.4.1）得到 $\quad C_t = \alpha + \beta_0 Y_t + \beta_1 Y_{t}^2 + \mu_t \quad t=1, 2, \cdots, T \tag{8.4.2}$

可以较好地反映边际消费倾向递减规律。式（8.4.2）仍然可很方便地采用单方程模型的估计方法估计其参数。

2. 相对收入假设消费函数模型

（1）"示范性"假设消费函数模型。绝对收入假设消费函数模型认为消费者的消费行为是独立的，不受周围环境的影响。这种消费行为假设是不符合客观实际的。Duesenberry 认为，消费者的消费行为不仅受自身收入的影响，也常受周围人的消费水平的影响。例如，若周围人的消费水平较高，即使某个消费者的收入水平较低，也企图接近周围人的消费水平，于是他的边际消费倾向就会比较高。这种现象被称为消费的"示范性"。

由消费的"示范性"，个人的平均消费倾向不仅与收入有关，而且与个人所处的群体的收入分布有关，在收入分布中处于低收入的个人，往往有较高的消费倾向。即

$$\dfrac{C_t}{Y_t} = \alpha_0 + \alpha_1 \dfrac{\hat{Y}_i}{Y_i} \tag{8.4.3}$$

其中，$\hat{Y}_i$ 为该消费者所处的群体的平均收入水平。从式（8.4.3）可以看出，当 α_0，α_1，$\hat{Y}_i$ 一定时，对于较低的 Y_i 其 C_i/Y_i 较高。这就是"示范性"的作用。式（8.4.3）的计量形态可表示为

$$C_i = \alpha_0 Y_i + \alpha_1 \hat{Y}_i + \mu_i \qquad i=1,2,\cdots,n \qquad (8.4.4)$$

其中，待估参数 $0<\alpha_0<1$，反映个人的边际消费倾向；$0<\alpha_1<1$ 反映群体平均收入水平对个体消费的影响。

该模型可以很方便地采用单方程模型的估计方法估计其参数。但是，样本必须取自不同的群体，否则不能反映"示范性"对消费的影响。

（2）"不可逆性"假设消费函数模型。绝对收入假设消费函数模型认为消费者的消费行为只由当前收入水平决定，与历史上曾经发生的消费活动无关。这种消费行为假设也是不符合客观实际的。Duesenberry 认为，消费者的消费支出水平不仅受当前收入的影响，也常受自己历史上曾经实现的消费水平的影响。例如，若历史上曾经达到较高的消费水平，于是他当前的边际消费倾向就会比较高。这种现象被称为消费的"不可逆性"。

由消费的"不可逆性"，当前的平均消费倾向不仅与收入有关，而且与所曾经达到的消费水平，即曾经达到的最高收入水平有关，当前收入低于曾经达到的最高收入时，往往有较高的消费倾向。即

$$\frac{C_t}{Y_t} = \alpha_0 + \alpha_1 \frac{Y_0}{Y_t} \qquad (8.4.5)$$

其中，Y_0 为该消费者曾经达到的最高收入水平。从式（8.4.5）可以看出，当 α_0，α_1，Y_0 一定时，对于较低的 Y_t 其 C_t/Y_t 较高。这就是"不可逆性"的作用。式（8.4.5）的计量形态可表示为

$$C_t = \alpha_0 Y_t + \alpha_1 Y_t + \mu t \qquad t=1,2,\cdots,T \qquad (8.4.6)$$

其中，待估参数 $0<\alpha_0<1$，反映当前的边际消费倾向；$0<\alpha_1<1$，反映曾经达支的最高收入水平对当前消费的影响。一般情况下，收入具有随时间递增的趋势，所以可以用前一个时期的收入代替曾经达到的最高收入。于是模型（8.4.6）可以改写为

$$C_t = \alpha_0 Y_t + \alpha_1 Y_{t-1} + \mu t \qquad t=1,2,\cdots,T \qquad (8.4.7)$$

该模型也可以很方便地采用单一方程模型的估计方法估计其参数。

3. 生命周期假设消费函数模型

Modigliani，Brumberg 和 Ando 于 1954 年提出，消费者现期消费不仅与现期收入有关，而且与消费者以后各期收入的期望值、开始时的资产数量和年龄有关。消费者一生中消费支出流量的现值要等于一生中各期收入流量的现值。所以，消费者的预算约束为

$$\sum_{t=1}^{T} \frac{C_t}{(1+r)^{t-1}} = \sum_{t=1}^{T} \frac{Y_t}{(1+r)^{t-1}}$$

其中，r 为贴现率。在预算约束下，消费者总希望将自己一生的全部收入在消费支出中进行最优分配，使效用函数 $U(C_1,C_2,\cdots,C_T)$ 达到最大。于是指导消费函数问题就变成下列拉格朗日函数的极值问题：

$$L(C_1,C_2,\cdots,C_T,\lambda) = U(C_1,C_2,\cdots,C_T)$$

$$\lambda\left(\sum_{t=1}^{T}\frac{Y_t}{(1+r)^{t-1}} - \sum_{t=1}^{T}\frac{C_t}{(1+r)^{t-1}}\right) \qquad (8.4.8)$$

式（8.4.8）的极值条件为 $\begin{cases} \dfrac{\partial L}{\partial C_t} = \dfrac{\partial U}{\partial C_t} - \dfrac{\lambda}{(1+r)^{t-1}} = 0 \\ \dfrac{\partial L}{\partial \lambda} = \sum_{t=1}^{T} \dfrac{Y_t}{(1+r)^{t-1}} = \sum_{t=1}^{T} \dfrac{C_t}{(1+r)^{t-1}} \end{cases}$, $i=1,2,\cdots,T$

求解该方程组，即可得到最优消费的消费函数为 $C_t = c_t(Y_1, Y_2, \cdots Y_T, r)$

表明消费是各个时期的收入和贴现率的函数。

一般近似地用下列函数描述生命周期假设消费函数模型：

$$C_t = \alpha_0 Y_t + \alpha_1 A_t + \mu t \quad t=1, 2, \cdots, T \quad (8.4.9)$$

其中，A_t 为 t 时刻的资产存量，待估参数 $0 < \alpha_0 < 1$，反映当前的边际消费倾向；$0 < \alpha_2 < 1$，反映消费者已经积累的财富对当前消费的影响。对模型（8.4.9）的理论形式（不出现随机误差项）作如下变换：$\dfrac{C_t}{Y_t} = \alpha_1 + \alpha_2 \dfrac{A_t}{Y_t}$

从中可以看出，已经积累的财富越多，其当前的消费倾向 C_t/Y_t 越高。模型（8.4.9）可以很方便地采用单方程模型的估计方法估计其参数。

不难看出，模型（8.4.9）没有考虑年龄的影响。两个消费者具有同样的资产存量和当前收入，但一个是年轻的，一个是年老的，他们的消费行为肯定是不同的。

4. 持久收入假设消费函数模型

Friedman 于 1957 年提出了消费的持久收入假设，它是对 Keynesian 的绝对收入假设的修正与补充。分析消费者的消费行为发现，在消费中有一部分是经常的必须保证的基本消费，另一部分是非经常的额外消费；而收入也可以分成两部分，一部分是可以预料到的长久性的、带有常规性的持久收入，另一部分是非连续性的、带有偶然性的瞬时收入。即

$$Y_t = Y_{tp} + Y_{tt} \quad , \quad C_t = C_{tp} + C_{tt}$$

其中，Y_t, Y_{tp}, Y_{tt} 分别为实际收入、持久收入和瞬时收入；C_t, C_{tp}, C_{tt} 分别为实际消费、持久消费和瞬时消费。持久消费由持久收入决定，瞬时消费由瞬时收入决定。于是持久收入假设消费函数模型的一种计量形态是

$$C_t = \alpha_0 + \alpha_1 Y_{tp} + \alpha_2 Y_{tt} + \mu t \quad t=1, 2, \cdots, T \quad (8.4.10)$$

估计模型（8.4.10）的参数的困难在于样本观测值的选取，因为能够得到的实际收入，而不是持久收入和瞬时收入。Friedman 建议，对于时间序列数据，第 t 时刻的持久收入可以表示为各期实际收入的加权和：

$$Y_{tp} = \lambda Y_t + \lambda(1-\lambda)Y_{t-1} + \lambda(1-\lambda)2Y_{t-2} + \cdots \quad 0 < \lambda < 1$$

即 $\quad Y_{tp} - Y_{t-1p} = \lambda(Y_t - Y_{t-1p})$

在实际应用时，首先给定一个 λ 值，计算每年的持久收入观测值，再由此计算瞬时收入观测值，然后估计模型（8.4.10）。反复修改 λ 值，直至取得满意的拟合结果。

5. 合理预期的消费函数模型

理性预期理论认为，人们可以对原因变量进行预期，然后根据原因变量的预期值对结果变量进行预测。于是，在消费函数研究中，假设第 t 期的消费是收入预期值 Y_{te} 的函数，即

$$C_t = \alpha + \beta Y_{et} \tag{8.4.11}$$

表示消费者按收入预期决定自己的消费计划和实现消费。而收入预期值 Y_{te} 是现期实际收入与前一期预期收入的加权和：$Y_{te} = (1-\lambda)Y_t + \lambda Y_{t-1e} = (1-\lambda)(Y_t + \lambda Y_{t-1} + \lambda Y_{t-2}\cdots)$

代入（8.4.11）得到

$$C_t = \alpha + \beta(1-\lambda)(Y_t + \lambda Y_{t-1} + \lambda Y_{t-2}\cdots +)$$

$$C_{t-1} = \alpha + \beta(1-\lambda)(Y_{t-1} + \lambda Y_{t-2} + \lambda Y_{t-3} + \cdots)$$

$$C_t - \lambda C_{t-1} = \alpha(1-\lambda) + \beta(1-\lambda)Y_t$$

于是可将合理预期的消费函数模型的计量形态表示为

$$C_t = \alpha(1-\lambda) + \lambda C_{t-1} + \beta(1-\lambda)Y_t \quad t=1,2,\cdots,T \tag{8.4.12}$$

模型可以很方便地采用单方程线性模型的估计方法估计其参数。

6. 适应预期的消费函数模型

适应性预期理论认为，人们可以根据原因变量的实际值对结果变量进行预期，但是实际上往往达不到预期的结果，就需要对结果变量的预期值进行调整。于是，在消费函数研究中，假设第 t 期的消费预期值 C_{te} 是收入的函数，即

$$C_{te} = \alpha + \beta Y \tag{8.4.13}$$

表示消费者按收入决定自己的消费预期。而由于种种原因，实际消费与消费预期值之间存在如下关系：$C_t - C_{t-1} = \lambda(C_{te} - C_{t-1})$

其中，λ 为调整系数。可以将该式代入模型（8.4.13）即可求得消费函数模型，其计量形态为

$$C_t = \lambda\alpha + (1-\lambda)C_{t-1} + \lambda\beta Y_t + \mu_t \quad t=1,2,\cdots,T \tag{8.4.14}$$

可以很容易估计该模型。

二、消费函数模型一般形式

上述 6 种消费函数模型，除了绝对收入假设消费函数外，都可以近似表达为

$$C_t = f(Y_t, C_{t-1}) + \mu_t \tag{8.4.15}$$

的形式，这就是目前建立消费函数一般选择 Y_t，C_{t-1} 作为解释变量的原因。

对于模型（8.4.7）所表示的相对收入假设消费函数模型 $C_t = \alpha_0 Y_t + \alpha_1 Y_{t-1} + \mu_t$

因为 $\quad C_{t-1} = \alpha_0 Y_{t-1} + \alpha_1 Y_{t-2} + \mu_{t-1}$

将该式变换后代入模型（8.4.7），忽略收入的两期滞后量的影响，则有

$$C_{t-1} = \beta_0 + \beta_1 Y_t + \beta C_{t-1} + \varepsilon_t \tag{8.4.16}$$

对于模型（8.4.9）所表示的生命周期假设消费函数模型 $C_t = \alpha_1 Y_t + \alpha_2 A_t + \mu_t$

将其中的 A_t 表述为

$$A_t = Y_{t-1} - (\alpha_1 Y_{t-1} + \alpha_2 A_{t-1}) + A_{t-1} = Y_{t-1} - \alpha_1 Y_{t-1} + (1-\alpha_2)A_{t-1} \tag{8.4.17}$$

利用 $C_{t-1} = \alpha_1 Y_{t-1} + \alpha_2 A_{t-1}$

$$C_{t-1} = \alpha_1 Y_{t-1} = \alpha_2 A_{t-1}$$

$$A_{t-1} = 1/\alpha_2 C_{t-1} - 1/\alpha_2 Y_{t-1}$$

代入式（8.4.17），得到 $A_t = Y_{t-1} - \alpha_1 Y_{t-1} + (1-\alpha_2)/\alpha_2 C_{t-1} - \alpha_1(1-\alpha_2)/\alpha_2 Y_{t-1}$，

$$(\alpha_2 - \alpha_1)/\alpha_2 Y_{t-1} + (1-\alpha_2)/\alpha_2 C_{t-1}$$

代入模型（8.4.9），得到 $C_t = \alpha_1 Y_t + (\alpha_2 - \alpha_1) Y_{t-1} + (1-\alpha_2) C_{t-1} + \mu_t$

去掉明显共线性的 Y_{t-1} 引入常数项，即得到（8.4.16）形式的计量模型

$$C_t = \beta_0 + \beta_1 Y_t + \beta C_{t-1} + \varepsilon_t$$

对于持久收入假设消费函数模型，假设 $C_{tp}=kY_{tp}$，将 $C_t=C_{tp}+C_{tt}$ 中的 C_{tt} 归入随机项，利用 $Y_{tp} = \lambda Y_t + (1-\lambda)Y_{t-1p}$

于是有 $C_t = C_{tp} + \varepsilon_t = k\lambda Y_t + k(1-\lambda)Y_{t-1p} + \varepsilon_t$

即 $C_t = k\lambda Y + (1-\lambda)C_{t-1} + \varepsilon_t$

引入常数项后可以表示成与模型（8.4.16）相同的统计形式。

对于合理预期假设与适应预期假设消费函数模型，已经是模型（8.4.16）的统计形式。

三、消费函数实证分析举例

例1：利用下表给出的美国的经济数据估计美国的消费函数。其中，C 表示个人消费支出，Y 表示个人可支配收入。

表8-7　美国个人消费支出 C 和个人可支配收入 Y 数据　　单位：10亿美元，1992年

年份	C	Y	年份	C	Y
1959	1394.6	1533.9	1976	2714.3	3017.6
1960	1432.6	1569.2	1977	2829.8	3115.4
1961	1461.5	1619.4	1978	2951.6	3276
1962	1533.8	1697.5	1979	3020.2	3365.5
1963	1596.6	1759.9	1980	3009.7	3385.7
1964	1692.3	1885.8	1981	3046.4	3464.9
1965	1799.1	2003.9	1982	3081.5	3495.6
1966	1902	2110.6	1983	3240.6	3592.8
1967	1958.6	2202.3	1984	3407.6	3855.4
1968	2070.2	2302.1	1985	3566.5	3972
1969	2147.5	2377.2	1986	3708.7	4101
1970	2197.8	2469	1987	3822.3	4168.2
1971	2279.5	2568.3	1988	3972.7	4332.1
1972	2415.9	2685.7	1989	4064.6	4416.8
1973	2532.6	2875.2	1990	4132.2	4498.2
1974	2514.7	2854.2	1991	4105.8	4500
1975	2570	2903.6	1992	4219.8	4626.7

在对上述形式的消费函数的估计中，我们发现都存在严重的多重共线性问题，例如 Y_t 与 C_{t-1} 之间的相关系数为 0.997，Y_t 与 Y_{t-1} 之间的相关系数达 0.998，

所以，我们对模型进行再参数化。例如，在生命周期假设消费函数模型

$$C_t = \alpha_1 Y_t + \alpha_1 A_t + \mu_1 \quad t=1, 2, \cdots, T \quad (8.4.9)$$

中，引入关系式

$$A_t - A_{t-1} = Y_{t-1} - C_{t-1}$$

于是由式（8.4.9）导出

$$\Delta C_t = \alpha_0(Y_{t-1} - C_{t-1}) + \alpha_1 \Delta Y_t + v_t \quad (8.4.18)$$

或

$$C_t = (1-\alpha_0)C_{t-1} + \alpha_1 Y_t + (\alpha_0 - \alpha_1)Y_{t-1} + v_t \quad (8.4.19)$$

其中，$v_t = \mu_t - \mu_{t-1}$。

对式（8.4.18）的估计结果如下：

$$\Delta C_t = 0.06(Y_{t-1} - C_{t-1}) + 0.74\Delta Y_t$$

（2.00）　（8.69）

R^2 =0.686　F=70.15　D.W.=1.99

在该模型中解释变量 $Y_{t-1} - C_{t-1}$ 与 ΔY_t 之间的相关系数仅为 0.06，可以说避免了多重共线性问题。

化为式（8.4.19）形式得：　$C_t = 0.94C_{t-1} + 0.74Y_t - 0.68Y_{t-1}$

例2：利用下表数据估计黑龙江省城镇居民的消费函数

表 8-8　黑龙江省人均个人消费支出 C 和人均个人可支配收入 Y 数据　　单位：元，1980 年不变价

年份	C	Y	年份	C	Y
1980	361	387.8	1989	868.1	893.7
1981	376.2	380.2	1990	846.4	877.6
1982	407.8	429.2	1991	872.3	881.4
1983	459.5	475.1	1992	924	958.1
1984	466.4	491.8	1993	1069.7	1125
1985	504.6	524.8	1994	1320.5	1414
1986	627.7	647.3	1995	1624.6	1736.6
1987	674.4	697	1996	1718.7	1836.9
1988	850.1	827.7			

对式（8.4.18）的估计结果如下：

$$\Delta C_t = 0.05(Y_{t-1} - C_{t-1}) + 0.80\Delta Y_t$$

（1.97）　（10.8）

R^2 =0.96　F=289.14　D.W.=2.40

化为式（8.4.19）的形式得：

$$C_t = 0.45C_{t-1} + 0.80Y_t - 0.25Y_{t-1}$$

由以上两例可以看到，如式（8.4.18）形式的消费函数具有许多的优点：首先，在这种模型形式中，解释变量一个是水平变量，另一个差分变量，所以避免或减弱了多重共线性问题；其次，这种模型形式的随机扰动项 $v_t = \mu_t - \mu_{t-1}$，所以往往也同时减弱了自相关问题；最后，资产存量 A_t 的数据资料往往较难以得到，而式（8.4.18）不需要资产存量 A_t 的数据资料。

第五节　投资函数模型

投资函数模型是投资与决定投资的诸因素之间关系的数学描述，也是一定的投资行为理论的数学描述。

一、加速模型

在西方传统的市场经济国家，投资行为理论研究主要包括两个问题：一是最优资本存量是如何决定的；二是实际资本存量如何调整到最优资本存量。投资活动是形成资本存量的过程，所以它与经济增长之间的关系是通过资本存量的变化实现的。这就决定了投资函数是由投资额、资本存量或增量和经济活动水平或增量，以及它们之间的关系构成的函数。

常见的几种重要的投资函数模型的一般形式为

$$I_t = f(\Delta Y_t) + \mu_t \tag{8.5.1}$$

$$I_t = f(Y_t, K_{t-1}) + \mu_t \tag{8.5.2}$$

$$I_t = f(Y_t, Y_{t-1} I_{t-1}) + \mu_t \tag{8.5.3}$$

$$I_t = f(\Delta Y_t, Y_{t-1} I_{t-1}) + \mu_t \tag{8.5.4}$$

其中，I_t 为第 t 年的投资额；Y_t 为第 t 年的经济活动水平，如国内生产总值；K_t 为第 t 年的资本存量，例如固定资产原值；Δ 为表示增量的算子，如 $\Delta Y_t = Y_t - Y_{t-1}$，模型（8.5.1）、模型（8.5.4）说明可以用不同的变量作为投资额的解释变量，当然它们直接反映的经济行为是不同的。但从下面的推导可以看出，它们其实都是加速模型的变种，或者说它们本质上都是加速模型。

（1）原始加速模型（Native Accelerator Model）。加速模型（Accelerator Model）是西方国家用于投资研究的主要模型，经历了漫长的发展过程。1917 年首先由 Clark 提出了原始加速模型，它是以不变的固定资产产出比为基础的模型。即　　　$K_e = \alpha Y$

其中，K_e 为最优资本存量，α 为固定资产产出比，是一个不变的参数。如果假定在每个时期实际资本存量都能及时调整为最优资本存量，则有 $I_t = K_t - K_{t-1} = K_{te} - K_{t-1} = \alpha(Y_t - Y_{t-1})$

它的计量形态为 $I_t = \alpha \Delta Y + \mu_t$ (8.5.5)

这就是模型（8.5.1）的一种具体形式，是原始的加速模型。不变的固定资产产出比假设，以及实际资本存量都能及时调整为最优资本存量的假设，都是与实际投资与生产活动不符的，所以采用模型（8.5.5），拟合效果一般很差。但是，模型（8.5.5）揭示的由产出的增量决定投资额的行为理论则是投资函数模型发展的基石。

（2）灵活的加速模型（Flexible Accelerator Model）。Koyck 于 1954 年放弃实际资本存量都能及时调整为最优资本存量的假设，提出了灵活的加速模型。该模型认为实际资本存量与最优资本存量之间存在如下关系：　　　$K_t - K_{t-1} = \lambda(K_{te} - K_{t-1})$

即 $\quad K_t = \lambda K_{te} + (1-\lambda) K_{t-1} = \lambda \alpha Y_t (1-\lambda) K_{t-1}$ (8.5.6)

其中，$0 < \lambda < 1$，为调整系数。模型（8.5.6）可以写成

$$K_t = \alpha \left[\lambda Y_t + \lambda(1-\lambda) Y_{t-1} + \lambda(1-\lambda)2 Y_{t-2} + \cdots + \right] \tag{8.5.7}$$

表明 t 时刻的资本存量不仅取决于现期产出，而且也与过去的产出水平有关。这是由多方面的原因造成的，如决策者在投资之前需要确认产出的上升是持久性的，需要足够的时间来筹措投资资金，投资品需要前期供给等。

如果考虑折旧，则有 $I_t = K_t - K_{t-1} + \delta K_{t-1} = \alpha \lambda Y_t + (\delta - \lambda) K_{t-1}$ (8.5.8)

其中，δ 为折旧率。写成计量经济方程形式为

$$I_t = \alpha\lambda Y_t + (\delta - \lambda)K_{t-1} + \mu_t \qquad (8.5.9)$$

这就是模型（8.5.2）的一种具体形式。模型（8.5.9）中两个解释变量，3 个待估参数，不能直接估计全部参数，必须先验地得到折旧率 δ，然后估计 α 和 λ。

（3）实用的加速模型。将模型（8.5.8）表示成含有内生解释变量的形式：

$$I_t - (1-\delta)I_{t-1} = \alpha\lambda Y_t + (\delta - \lambda)K_{t-1} - (1-\delta)\alpha\lambda Y_{t-1} + (1-\delta)(\delta - \lambda)K_{t-2}$$

$$= \alpha\lambda Y_t - (1-\delta)\alpha\lambda Y_{t-1} + (\delta - \lambda)I_{t-1}$$

这里利用了 $I_{t-1} = K_{t-1} - (1-\delta)K_{t-2}$。

于是有 $I_t = \alpha\lambda Y_t - (1-\delta)\alpha\lambda Y_{t-1} + (1-\lambda)I_{t-1} + \mu_t \qquad (8.5.10)$

该模型中全部参数都可以直接估计得到，而且不需要资本存量的数据，是一个比较实用的加速模型。这就是模型（8.5.3）的一种具体形式。

（4）利用最新信息的加速模型。Hines 和 Catephores 于 1970 年用 $K_{te} = Y_t - n$ 代替 $K_{te} = Y_t - n$，其中 $Y_t - n$ 表示产出水平的最新信息，他指出，人们是根据产出水平的最新信息来确定资本存量的期望值，而不是根据尚未可知的实际产出水平。于是有

$$I_t = \alpha\lambda Y_{t-n} - (1-\delta)\alpha\lambda Y_{t-n-1} + (1-\lambda)I_{t-1} = \alpha\lambda \Delta Y_{t-n} + \delta\alpha\lambda Y_{t-n-1} + (1-\lambda)I_{t-1}$$

其计量形态为

$$I_t = \alpha\lambda \Delta Y_{t-n} + \delta\alpha\lambda Y_{t-n-1} + (1-\lambda)I_{t-1} + \mu_t \qquad (8.5.11)$$

这就是模型（8.5.4）的一种具体形式。估计模型时必须先确定 n，然后估计其他参数。

（5）对加速模型的评价。加速模型假设没有资本闲置，而实际中没有资本闲置的情况是很少的；加速模型假设资本产出比为常数，实际上是假设只有外延扩大再生产，而实际中大量存在内涵扩大再生产；加速模型假设不存在自发投资，即不受产出影响的投资，而实际中由于心理因素、政治因素导致的投资是存在的；加速模型中采用几何滞后，不足以反映实际中复杂的投资行为。尽管加速模型有这样的缺点，但是它揭示了投资活动的原动力，从总体上反映了投资活动中的因果关系，所以具有较大的实际应用价值。

2. 利润决定的投资函数模型

加速模型认为投资的原动力是产出的增长。但是由于投资活动是一个多周期过程，投资决策必然与资金的回报有关，所以就要考虑产出条件、税率、利率、产品与资本品的价格等因素。那么，资本存量的预期值并不取决于产出水平，而是取决于利润水平。从这一假设出发，Grunfeld 于 1961 年提出了如下关系：

$$K_{te} = \alpha_0 + \alpha_1 V_t$$

其中，V_t 表示利润水平。加上资本存量定额调整过程，投资函数模型为

$$I_t = \lambda(K_{te} - K_{t-1}) + \delta K_{t-1} = \lambda\alpha_0 + \lambda\alpha_1 V_t + (\delta - \lambda)K_{t-1}$$

其计量形态为

$$I_t = \lambda\alpha_0 + \lambda\alpha_1 V_t + (\delta - \lambda)K_{t-1} + \mu_t \qquad (8.5.12)$$

先验地得到折旧率 δ，然后估计模型的其他参数。

3. 新古典投资函数模型

加速模型假设资本产出比为常数，即认为资本与其他要素之间不具有可替代性。Jorgenson 将新古

典生产函数引入投资函数模型，承认在生产函数中要素之间具有可替代性，提出了新古典投资函数模型。该模型以利润最大为目标，以新古典生产函数为约束条件，求解如下极值问题：

$$\text{Max } R_t = p_t Y_t - w_t L_t - r_t K_t \quad 约束：Y_t = f(K_t, L_t)$$

其中，R，p，w，r 分别为利润、产品的价格、工资率和资本的租金。求解该机制问题及得到资本的最优存量，以此决定投资。由于该模型的求解过程利用了边际生产力条件，不是一个计量经济学模型，所以不作详细介绍。

本章练习题

1. 简述约化建模理论与传统建模理论的联系与基本区别。
2. 数据生成过程的含义是什么？
3. 变量的外生性概念在约化建模理论与传统建模理论中有何不同？
4. 在实际建模中如何保证约化过程的有效性？
5. 在研究生产函数时，我们得到如下两个模型：

模型 I：$\ln \hat{\theta} = -5.040 + 0.887 \ln K + 0.893 \ln L$

Se.　　　（1.400）（0.087）（0.137）

$R^2 = 0.878 \quad n=21$

模型 II：$\ln \hat{\theta} = -8.570 + 0.027t + 0.460 \ln K + 1.285 \ln L$

Se.　　　（2.990）（0.021）（0.333）（0.324）

$R^2 = 0.889 \quad n=21$

其中，θ = 产量，K = 资本，L = 劳动时数，t = 时间，n = 样本容量。模型下括号内为参数估计的标准误。

$[\alpha = 0.05, t_{\alpha/2}(18) = 2.101, t_{\alpha/2}(17) = 2.110]$

请回答以下问题：

（1）说明模型 I 中所有系数在统计上都是显著的。

（2）说明模型 II 哪些参数的系数在统计上是不显著的。

（3）若 t 和 $\ln K$ 之间相关系数为 0.97，你将从中得出什么结论？

（4）模型 I 的规模报酬为多少？

6. 某地区 1981—1996 年工业企业的生产函数为 $Y = 2.89 L^{0.098} K^{0.902} e^{0.03994t}$，在这段时期，该地区企业职工人数年均增长 8.1554%，资本投入年均增长 4.8389%，净产值年均增长 9.1601%。试计算这一时期的劳动贡献率、资本贡献率和技术进步贡献率。

7. 简述 C-D 和 CES 生产函数的特点。

8. 消费函数与需求函数的研究内容有何不同？

9. 指出下列模型中所要求的待估参数的经济含义和数值范围：

（1）城镇居民食品类需求函数

$$\ln V = \alpha_0 + \alpha_1 \ln Y + \alpha_2 \ln P_1 + \alpha_3 \ln P_2 + \mu$$

中的 $\alpha_1, \alpha_2, \alpha_3$（$V$ 为人均购买食品支出额，Y 为人均收入、P_1 为食品类价格、P_2 为其他商品类价格）。

（2）消费函数

$$C_t = \alpha_0 + \alpha_1 Y_t + \alpha_2 C_{t-1} + \mu_t$$

中的 α_1, α_2（C 为人均消费额、Y 为人均收入）。

（3）CES 生产函数的近似形式

$$\ln Y = \ln A + \delta_1 m \ln K + \delta_2 m \ln L - \frac{1}{2}\rho m \delta_1 \delta_2 \left(\ln\left(\frac{K}{L}\right)\right)^2 + \varepsilon$$

中的 ρ、m（Y 为产出量，K、L 分别为投入的资本和劳动数量）。

10. 已知某企业 1981~1990 年有关统计资料如下表所示。试参照 C–D 生产函数形式和 CES 生产函数形式分别确定模型，对模型进行估计，并说明哪一个模型更适当。

某企业总产值、资金、职工人数统计资料

年份	工业总产值 Y	资金占用额 K	职工人数 L
1981	131.81	118.54	117.74
1982	165.62	125.07	116.6
1983	205	218.08	119.99
1984	175.65	291.85	119.62
1985	217.89	339.76	121.51
1986	233.79	365.59	126.79
1987	281.48	398.54	149.48
1988	301.05	398.62	171.32
1989	378.62	344.39	209.43
1990	409.79	355.19	257.36

第九章　Eviews 软件的基本知识

第一节　Eviews 简介

一、Eviews 的功能

Eviews（Econometric Views）软件是 QMS（Quantitative Micro Software）公司开发的、基于 Windows 平台下的应用软件，其前身是 DOS 操作系统下的 TSP 软件。Eviews 具有现代 Windows 软件可视化操作的优良性。可以使用鼠标对标准的 Windows 菜单和对话框进行操作。操作结果出现在窗口中并能采用标准的 Windows 技术对操作结果进行处理。Eviews 还拥有强大的命令功能和批处理语言功能。在 Eviews 的命令行中输入、编辑和执行命令。在程序文件中建立和存储命令，以便在后续的研究项目中使用这些程序。

Eviews 是 Econometrics views 的缩写，直译为计量经济学观察，通常称为计量经济学软件包，是专门从事数据分析、回归分析和预测的工具，在科学数据分析与评价、金融分析、经济预测、销售预测和成本分析等领域应用非常广泛。应用领域主要包括有：应用经济计量学、总体经济的研究和预测、销售预测、财务分析、成本分析和预测、蒙特卡罗模拟、经济模型的估计和仿真、利率与外汇预测等。

Eviews 引入了流行的对象概念，操作灵活简便，可采用多种操作方式进行各种计量分析和统计分析，数据管理简单方便。其主要功能有：

（1）采用统一的方式管理数据，通过对象、视图和过程实现对数据的各种操作；
（2）输入、扩展和修改时间序列数据或截面数据，依据已有序列按任意复杂的公式生成新的序列；
（3）计算描述统计量：相关系数、协方差、自相关系数、互相关系数和直方图；
（4）进行 T 检验、方差分析、协整检验、Granger 因果检验；
（5）执行普通最小二乘法、带有自回归校正的最小二乘法、两阶段最小二乘法和三阶段最小二乘法、非线性最小二乘法、广义矩估计法、ARCH 模型估计法等；
（6）对选择模型进行 Probit、Logit 和 Gompit 估计；
（7）对联立方程进行线性和非线性的估计；
（8）估计和分析向量自回归系统；
（9）多项式分布滞后模型的估计；
（10）回归方程的预测；
（11）模型的求解和模拟；
（12）数据库管理；
（13）与外部软件进行数据交换。

Eviews 可用于回归分析与预测（regression and forecasting）、时间序列（Time Series）以及横截面数据（cross-sectional data）分析。与其他统计软件（如 EXCEL、SAS、SPSS）相比，Eviews 功能优势是回归分析与预测，其功能框架见表 9.1.1：

表 9.1.1 Eviews 功能框架

分类	内容
Descriptive statistics 描述统计	Histogram and Statistics View of a Single Series Multiple Series 一个变量或多个变量的统计与图形 主要有：图形包括线型图、条形图、多种散点图等；指标有均值、方差、偏度（Skewness）、峰度 (Kurtosis)、Jarque-Bera Statistic（雅克—贝拉统计量）
	主要有：Autocorrelations（自相关）、Partial Autocorrelations（偏自相关）、Cross Correlation（交叉相关）、Q-Statistics（Q 统计量）等
Regression 回归	Standard Regression Output 标准回归输出 Regression Coefficients（回归系数）t-Statistics（T 统计量）（判定系数）等
	Actual and Fitted Values and Residuals 实际值、拟合值、残差 Actual Values（实际值）、Fitted Values（拟合值）、Residuals（残差）
	Collinearity（共线性）、Heteroskedasticity（异方差性）、Weighted Least Squares（加权最小二乘法）、Two-Stage Least Squares（二段最小二乘法）、Polynomial Distributed Lags（多项式分布滞后）、Nonlinear Least Squares（非线性最小二乘法）、Logit and Probit Models（对数概率单位模型）、Granger Causality（葛兰杰因果检验）、Forecast Variances（预测方差）、Exponential Smoothing（指数平滑）等
Serial Correlation 序列相关	主要有：Autocorrelations（自相关）、Partial Autocorrelations（偏自相关）、Cross Correlation（交叉相关）、Q-Statistics（Q 统计量）等
	Durbin-Watson Statistic（德宾—沃森统计量）
	ARIMA Models（自回归求积移动平均模型）
	Unit Root Tests（单位根检验）
	Estimation of Difference Models（差分模型的估计）
	Two-Stage Least Squares With Serial Correlation（有自相关的二段最小二乘法）
Systems 系统方法	System Estimation（系统估计法）
	Vector Autoregression（VAR 向量自回归）
	Vector Error Correction Models and Cointegration Tests（向量误差校正模型与协整检验）等
Specification and Diagnostic Tests 模型设定与诊断检验	Test on Coefficient（对系数的检验） Wald Test of Coefficient Restriction（Wald 检验）Omitted Variable（遗漏变量的检验）Redundant Variable（冗余的检验）等
	Tests on Residuals(对残差的检验) Histogram and Normality Test(相关图与正态性检验)、Series Correlation LM Test（拉格朗日乘数检验）、White Hereoskedasticity Test（怀特检验）等
	Specification and Stability Tests（模型设定与稳定性检验）如 Chow`s Breakpoint Test（邹氏检验）Ramsey`s RESET Test（拉姆齐 RESETJ 检验）
	Recursive Least Squares（递归最小二乘）

二、Eviews 的安装与窗口

（一）Eviews 的安装

（1）放入软件光盘，双击进入。

（2）查找"计量经济软件"文件夹，双击其中的 setup.exe，会出现如图 9.1.1 所示的安装界面，直接点击 next 按钮即可继续安装。

（3）指定安装 Eviews 软件的目录（默认为 C:\Eviews3，如图 9.1.2 所示），点击 OK 按钮后，一直点击 next 按钮即可。

安装完毕后，将 Eviews 的启动设置成桌面快捷方式。

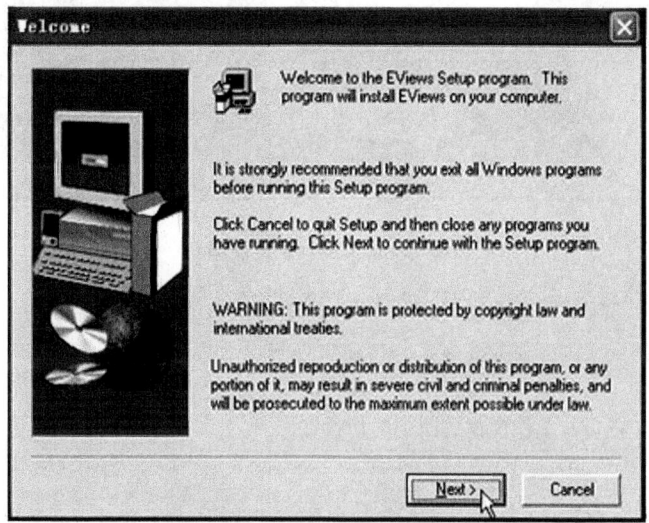

图 9.1.1 安装界面 1

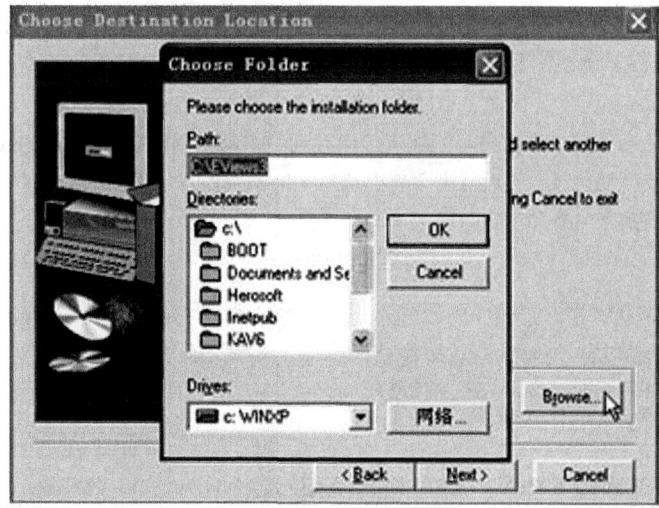

图 9.1.2 安装界面 2

（二）Eviews 的窗口

启动 Eviews 软件之后，进入 Eviews 主窗口（见图 9.1.3）。

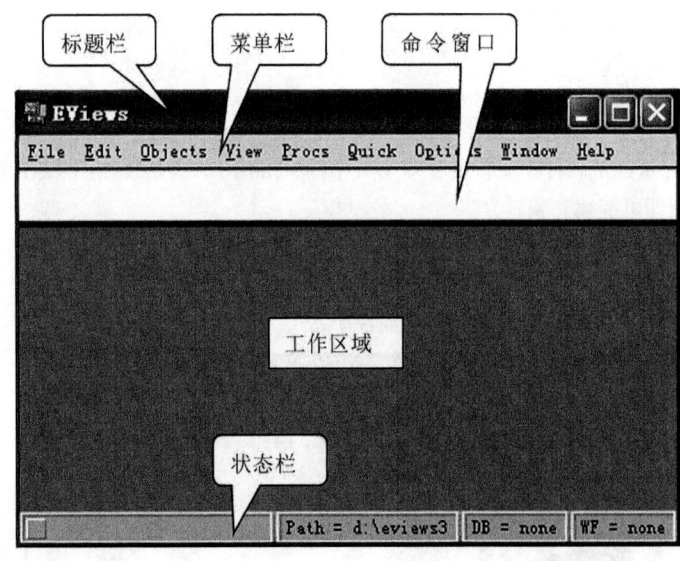

图 9.1.3 Eviews 主窗口

1. 标题栏

它位于主窗口的最上方。当 Eviews 工作区窗口处于活动状态时，工作区窗口的标题栏的颜色较其他窗口比是蓝色的，当其他窗口处于活动状态时，它的颜色会变成灰色的。可以单击 Eviews 工作区窗口的任何位置使 Eviews 工作区窗口回到活动状态。

2. 主菜单栏

紧接着标题栏下面是主菜单。移动光标至主菜单然后点击鼠标左按钮，它会出现一个下拉菜单，在这个下拉菜单中可以单击选择显现项目。

3. 命令窗口

菜单栏下面是命令窗口。把 Eviews 命令输入该窗口，按回车键即执行该命令。该窗口支持 Windows 下的剪切和粘贴功能，因此，可以在命令窗口、其他 Eviews 文本窗口及其他的 Windows 窗口之间转换文本。该命令窗口中的内容能被直接保存到一个文本文件中：通过单击窗口的任何位置确定命令窗口当前处于活动状态，然后从主菜单上选择 File/Save As 。可把光标放在命令窗口的最底端，按着鼠标按钮上下拖拽来改变命令窗口的大小。

4. 状态栏

窗口的最底端是状态栏，它被分成几个部分。左边部分有时提供 Eviews 发送的状态信息，通过单击状态线最左边的方块可清除这些状态信息；往右接下来的部分是 Eviews 寻找数据和程序的预设目录；最后两个部分显示预设数据库和工作文件的名称。

5. 工作区

位于窗口中间部分的是工作区。Eviews 在这里显示各个目标窗口，这些窗口会相互重叠且当前活动窗口处于最上方，只有活动窗口的标题栏是深色的。当需要的窗口被部分覆盖时，可单击该窗口的标题栏或该窗口的任何可见部分使该窗口处于最上方；此外，还可通过单击菜单、选择需要的窗口名称来直接选择窗口。移动窗口可通过单击标题栏并拖拽窗口来完成。单击窗口右端底部的角落并拖拽角落可改变窗口的大小。

第二节　Eviews 的功能键

一、Eviews 主菜单功能键

Eviews 主菜单共含有 9 个功能键，如图 9.2.1 所示：

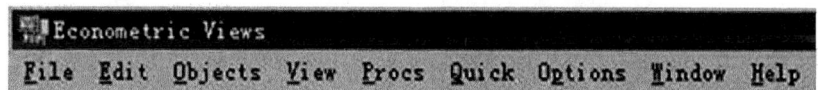

图 9.2.1　Eviews 主菜单功能键

1.File 键

主菜单中的 File 键共含有 11 种功能（见图 9.2.2）

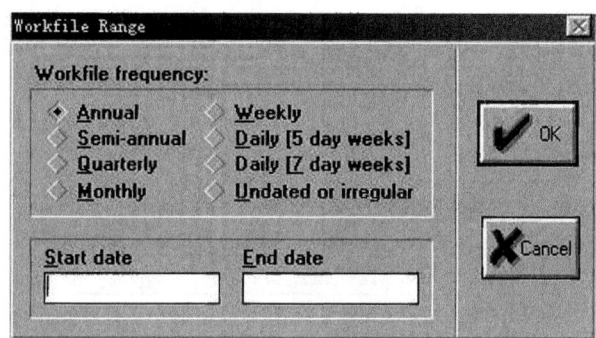

图 9.2.2　File 键的功能

具体功能说明如下：

表 9.2.1　File 键的功能说明

新建（New）	创建新工作文件（Workfile），程序文件（Program File）和文本文件（Text File）
打开（Open）	打开已有的工作文件，程序文件和文本文件
保存（Save）	使用现存的文件名保存当前的工作文件、程序文件和文本文件。如果文件尚未命名，则要求给出文件名，并指出保存路径
另存（Save as）	用另一个文件名保存当前文件
关闭（Close）	关闭当前的窗口。如尚未做最后保存，将出现对话框提醒保存
输入（Import）	把 Text，Lotus，Excel 文件输入为 Eviews 文件
输出（Export）	把 Eviews 文件输出为 Text，Lotus，Excel 文件
打印（Print）	打印当前（激活）窗口的显示结果
打印设置（Print Setup）	选择对话框控制打印设置
运行（Run）	运行 Eviews 程序文件
退出（Exit）	关闭所有窗口，并退出 Eviews

2.Edit 键

主菜单中的 Edit 键共含有 9 种功能：如图 9.2.3 所示：

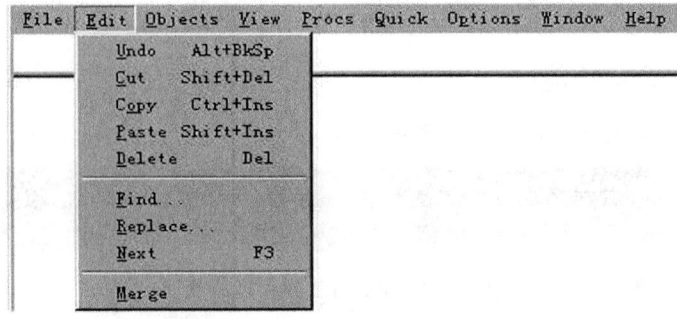

图 9.2.3　Edit 键的功能

具体功能说明如下：

表 9.2.2　Edit 键的功能说明

撤销（Undo）	撤销最后一次操作，恢复到最后一次操作以前的状态
剪切（Cut）	删除用拖动覆盖法选定的内容并放入剪切板
复制（Copy）	把所选定的内容存入剪切板
粘贴（Paste）	把复制的内容粘贴到光标所在的位置
清除（Delete）	清除所选定的内容
发现（Find）	在文本文件中寻找所指定的词
替代（Replace）	在文本文件中替换所寻找到的词
进行（Next）	执行下一个预指定操作
合并（Merge）	把一个文件合并到一个待修改的程序、模型或系统中

3. Objects 键

Objects 键包含有很多命令和程序是对对象（Object）进行操作。如果内存中没有工作文件，Objects 键的多数功能转为灰色，表明目前它们不能使用。

主菜单中的 Objects 键共含有 10 种功能：

表 9.2.3　Objects 键的功能说明

新对象（New Object）	创建一个新的 Eviews 对象，选 New Object 后，立刻得到一个关于对象类型或名称的提示
提取（Fetch）	把一个对象从 Eviews 数据库调入内存。并得到一个关于为对象起名字的提示
储存（Store）	在当前 Eviews 路径下，把选定的对象储存到磁盘的 Eviews 数据库中。并得到一个关于为对象起名字的提示。如果选择了缺省文件名，每一个对象都将按当前的名称储存
储存为（Store As）	功能和储存（Store）一样，但通过文件对话框允许用不同名称和不同路径保存
命名（Name）	在当前（激活）窗口中为对象命名
删除（Delete）	在当前（激活）窗口中删除对象。若当前（激活）窗口是工作文件窗口，则删除已选定的对象
复制对象（Copy Object）	复制一个对象
冻结对象（Freeze Object）	冻结被选对象当前的显示效果，并保存为一个新的对象
打印（Print）	打印当前（激活）窗口中的内容
功能选择（View Options）	改变当前对象的操作功能。随着当前对象性质的不同，功能选择（View Options）中的内容也不同

4. View 键和 Proc 键

这两个键所包括的功能与其他键所包括的功能有很大不同。这两个键所包括的功能随当前（激活）窗口性质的不同而不同。当工作文件窗口处于激活状态，则 View 键和 Proc 键中的功能分别与工作文件窗口中的 View 键和 Proc 键功能相同。当单序列窗口、序列组窗口、回归函数窗口等处于激活状态时，View 键和 Proc 键中的功能就分别与上述窗口中的 View 键和 Proc 键功能相同。比如，序列数据窗口处于激活状态，View 键就可以提供序列数据的各种不同显示效果，如数据表格、折线图、相关图。比如，回归函数窗口处于激活状态，View 键就可以提供回归函数代数表达式、回归函数估计结果和协方差矩阵等。Proc 键和 View 键所包括的功能都可以很容易地在当前（激活）窗口的工具条（菜单）中找到。

5. Quick 键

主菜单中的 Quick 键为反复使用各种命令提供了一个非常方便、快捷的途径。可以通过 Quick 键改变样本范围，生成新序列，生成新序列组，打开对象窗口，计算统计量的值以及估计回归式。这些命令也很容易在每个对象窗口上侧的功能键中找到。

Quick 键共含有 9 种功能：

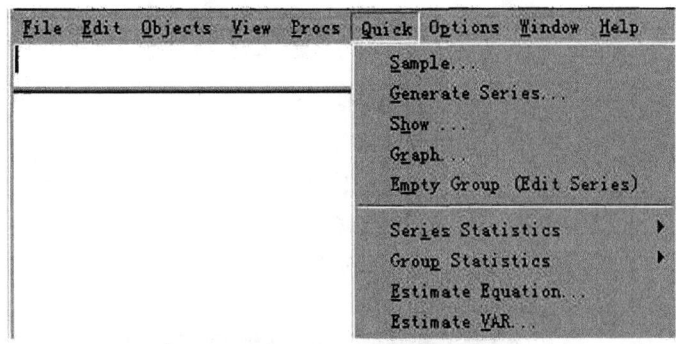

图 9.2.4　Quick 键的功能

其中，选用每个功能时，都将先打开一个对话框，从而控制命令的执行。分述如下：

（1）样本（Sample）

选样本（Sample）为以后的分析设定或改变样本范围。对话框提示你输入样本的起始日期及终止日期（起始序数及终止序数）。如图 9.2.5 所示：

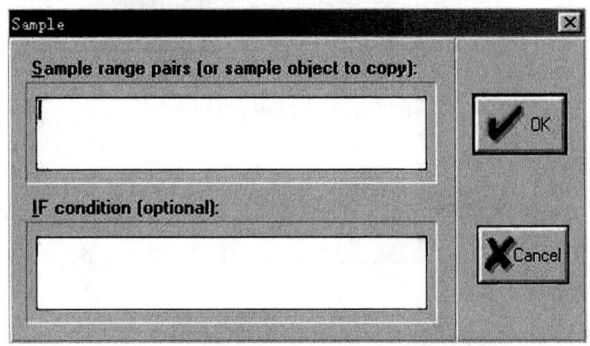

图 9.2.5　Sample 的功能

当建立一个工作文件时，样本容量被设定为一个序列的观测值个数。如果所使用的样本范围与工作文件设定的样本容量相同，可以在对话框上面的窗口输入 @ALL。对话框中的下一个窗口允许使用"如果"语句。所用样本则是上一个窗口确定的样本范围与下一个窗口满足"如果"语句观测值的交集。例如：

上窗口输入：2000—2012

下窗口输入：Y>3000

这说明只有 2000—2012 年 Y 的值大于 3000 的观测值才能进入样本。

（2）生成序列（Generate series）

选用此功能时，将先打开一个如图 9.2.6 所示的对话框。利用算符和函数在对话框的上一个窗口输入生成新序列的方程式。下一个窗口输入样本范围。

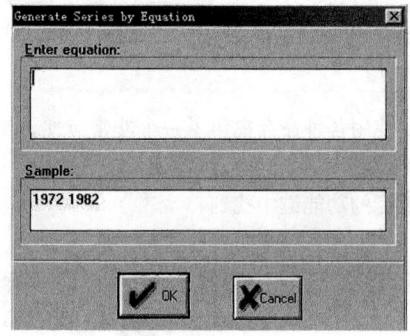

图 9.2.6　Generate series 的功能

（3）显示（Show）

点击 Quick 键，选显示（Show）功能，会遇到如图（9.2.7）所示的对话框。输入需要显示对象（包括数据名、方程式等），点击 OK 键，便可显示该对象。当在工作文件中选中若干对象，并点击 Quick 键，选显示（Show）功能时，所选对象会自动显示在对话框中。点击 OK 键，达到显示目的。在工作文件中双击某个对象可直接达到显示目的。

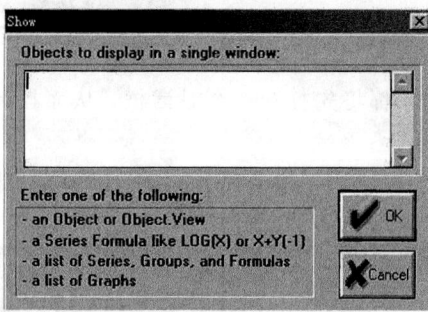

图 9.2.7　Show 的功能

（4）图（Graph）

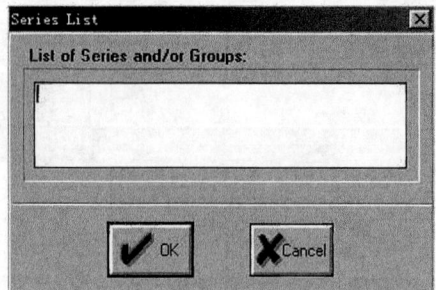

图 9.2.8　Graph 的功能

在图 9.2.8 的对话框中输入序列名,并按相关变量关系去操作,即可画出相应图来。图包括折线图、条形图、直方图、相关图、散点图、饼图等。

(5)空数据栏(Empty Group)

点击 Quick 键,选空数据栏(Empty Group)功能,会得到一个如图 9.2.9 所示的空数据栏。按列输入每一个序列的观测值,并在每一个序列上方的灰色空格内输入序列名。

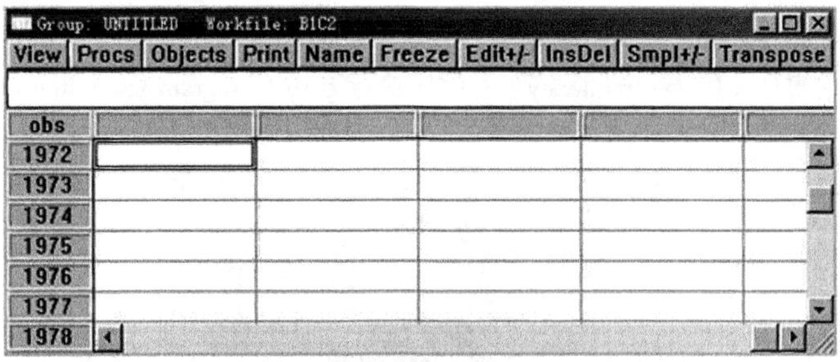

图 9.2.9　Empty Group 的窗口

(6)单序列统计分析(Series Statistics)

可以用单序列统计分析对一个序列进行各种统计计算。点击 Quick 键,选单序列统计分析(Series Statistics),其中会包括如下 6 个子功能。它们是直方图与统计特征值(Histogram and Stars)、相关图(Correlogram)、单位根检验(Unit Root Test)、指数平滑(Exponential Smoothing)、季节调整(Seasonal Adjustment)等。可以选用这些子功能做相应计算。

(7)序列组统计分析(Group Statistics)

可以对一个序列组(若干个序列)进行各种统计计算。点击 Quick 键,选序列组统计分析(Group Statistics)功能。其中会包括如下 5 个子功能。它们是统计特征值(Descriptive Statistics)、相关矩阵(Correlations)、相关图、偏相关图(Correlograms)、交叉相关矩阵(Cross Correlations)、协整(Cointegrations)检验。可以选用这些子功能做相应计算。

(8)估计回归式(Estimate Equation)

列写和估计一个回归方程式。做法是点击 Quick 键,选估计回归式(Estimate Equation)功能,将出现一个对话框。如图 9.2.10 所示:

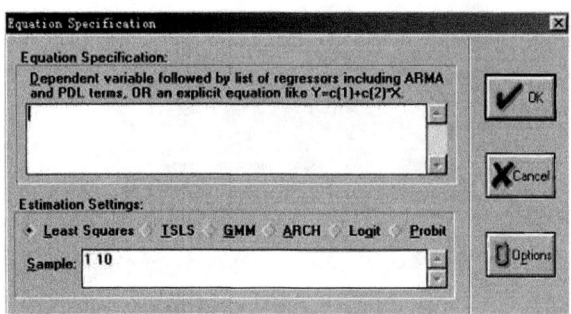

图 9.2.10　估计回归式窗口

参数估计方法包括 OLS(最小二乘),ARMA(时间序列),TSLS(两段最小二乘),GMM(广义矩法),ARCH(自回归条件异方差),GARCH(广义自回归条件异方差),Logit 模型和 Probit(概率单位模型)估计。缺省选择是最小二乘估计(Least Squares)。

(9)估计向量自回归模型(Estimate VAR)

点击 Quick 键,选估计向量自回归模型(Estimate VAR)功能。将出现一个对话框如图 9.2.11 所示。

277

输入完毕后，点击 OK 键，即可完成估计。

6.Option 键

如果点击主菜单中的选项（Option）键，可以改变 Eviews 中所有操作。这些改变甚至可以维持到退出 Eviews 以后。选项（Option）键包括的功能有：警告框控制（Window Control）；

恢复以前文件（Backup Files）；键条（Button Bar）；出错信息显示（Error Message Display）；缺省变更（Spreadsheet Defaults）；图的缺省变更（Graphics Defaults）；生成新序列的纪录（Series Auto Labels）；日期表达（Dates-frequency）；程序执行方式（Program Execution）；打印设置（Print Setup）。

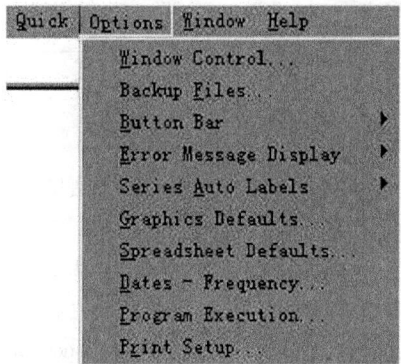

图 9.2.11　Option 键的功能

7.Window 键

点击 主菜单中的窗口（Window）键，所有功能如图 9.2.12 所示。利用窗口（Window）键可以方便地操作已打开的若干对象（Object）窗口。功能有关闭（Close All）；关闭对象（Close All Objects）；依次激活（Activate Next）。只要是已打开的窗口，在图的下部都会以编号的形式显示。也可以用直接选择的方式在此挑选想要激活的窗口。选择后，在被选的窗口条目前出现了一个对勾。例如，图 9.2.12 中选择了工作文件 B1C2 的 GRAPH1，那么 GRAPH1 处于激活状态。

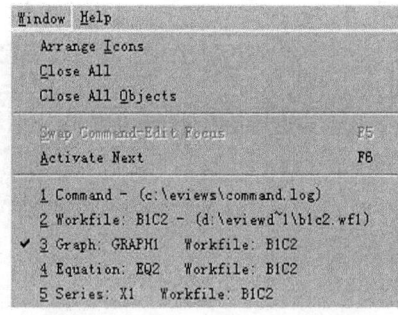

图 9.2.12　Window 键的功能

8.Help 键

Eviews 以窗口的形式给出帮助（Help）功能。点击主菜单中帮助（Help）键，会得到如图 9.2.13 所示的子菜单。

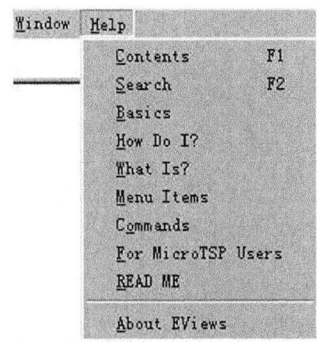

图 9.2.13 Help 键的功能

表 9.2.4 Help 键的功能说明

目录（Contents）	给出一个带热联结形式的内容目录，点击热联结可以得到进一步详细内容
搜寻（Search）	给出关键词自动索引功能。选中关键词后还能得到对关键词的进一步解释
基本内容（Basics）	提供 Eviews 的基本内容与材料
怎么做（How do I）	回答一些共同关心的问题
学术名词定义（What is）	对学术名词给出详细解释
功能键（Menu items）	对所有功能键用热联结方式给出进一步详细解释
命令（Commands）	给出全部命令，并用热联结方式给出进一步详细解释
致 MicroTSP 使用者	讨论了 TSP 向 Eviews 转换的问题
读我（Read me）	给出一些仍需要说明的重要信息
关于 Eviews	显示 Eviews 软件标识，以及软件拥有者的相关信息

二、工作文件（Workfile）窗口功能键

工作文件窗口共包括 9 个键，其中包括的所有命令都可以在 Eviews 主菜单中找到。但使用工作文件中的功能键显得更快捷，工作文件的功能键如图 9.2.14 所示：

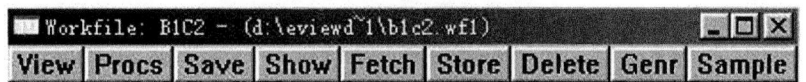

图 9.2.14 工作文件（Workfile）窗口功能键

1.View 键

View 键包括如下功能：

表 9.2.5 View 键的功能说明

Open as One Window	把被选中的对象显示在一个窗口里（对象的性质应相同）
Open as Separate Windows	把被选中的对象按一个对象一个窗口显示
Print Selected	点击 Print 键相当于把最后一个选中的对象打印出来
Deselect All	把所有的选择取消
Select All	选择全部对象
Select Series	选择全部序列对象
Select Non Series	选择全部非序列对象

续表

Select Graphs	选择全部图对象
Select Tables	选择全部表对象
Select Equations-Systems-Models	选择方程组模型
Select Matrices-Vectors	选择所有矩阵和向量对象

2. Procs 键

Procs 键包括如下功能：

表 9.2.6　Procs 键的功能说明

Sample	点击此键与点击主菜单中 Quick 键，选 Sample 功能作用相同
ExapandRange	扩大样本范围
Generate Series	点击此键与点击主菜单中 Quick 键，选 Generate Series 功能作用相同
Sort Series	给序列的观测值排序。选择此功能，将出现一个要求列写以哪一个序列为标准（基准列）排序的对话框。填写基准序列名，并在下侧的另一个选择框中说明是按从小到大排列（Ascending），还是从大到小排列（Descending）。缺省的选择是从小到大排列

3. Save 键

点击 Save 键与点击主菜单中 File 键，选 Save 作用相同。

4. Show 键

点击此键与点击主菜单中 Quick 键，选 Show 作用相同。

5. Fetch 键

点击此键与点击主菜单中 Objects 键，选 Fetch 作用相同。把数据库文件输入到工作文件中来。

6. Store 键

点击此键与点击主菜单中 Objects 键，选 Store 作用相同。把选中的对象存入数据库。

7. Delete 键

点击此键与点击主菜单中 Objects 键，选 Delete 作用相同。删除工作文件中所选中的对象。

8. Genr 键

点击此键与点击主菜单中 Quick 键，选 Generate Series 作用相同。用数学公式和已有序列生成新序列。

9. Sample 键

点击此键与点击主菜单中 Quick 键，选 Sample 作用相同。

三、单序列（Series）窗口功能键

在序列窗口上方标有 Series 字样。其下方有一个横向的功能键条。每个键都包含一系列功能（菜单）。当打开序列窗口时，功能键条可能显示不全。通过拖动窗口右侧边线扩大窗口，从而把功能键全部显示出来。若序列显示成表格形式，则功能键条如图 9.2.15 所示：

图 9.2.15　单序列（Series）窗口功能键

1. View 键

View 键共包括 8 种功能，为序列提供不同显示方式。分述功能如下：

表 9.2.7　View 键的功能说明

Spread Sheet	选择此功能，序列以数据表格形式显示。每一列为一个序列。最上一格显示序列名。当序列观测值个数大过一屏时，可以通过操作窗口右侧的滚动条显示序列观测值尚未看到的那一部分
Line Graph	用折线图方式显示当前样本范围内的序列观测值。对折线图显示效果的进一步修饰可通过双击图中相应位置，弹出对话框，做相应修改来完成。注意：Line Graph 功能不保存对图的这种修改。若想保存修改，请用 Freeze 键
Bar Graph	用以显示当前数据的条形图
Histogram and Stats	用以显示当前数据的各种统计特征数，如均值、中位数、极大值、极小值、标准差、偏度、峰度、检验正态分布性的 JB 统计量以及数据的分布直方图
Tabulat	用以显示当前序列观测值出现的频数以及累计频数
Correlogram	用以显示当前序列的相关图、偏相关图、检验序列随机性的 Ljung-Box Q 统计量的值
Unit Root Test	用以对当前序列做 ADF 和 PP 单位根检验
Label	用以对该序列做更详细的说明与记载

大多数情况下，序列关闭前的状态是下一次打开时的缺省显示方式。对于做不到这一点的情形，则缺省显示是数据的表格形式。

2. Procs 键

此键共包括 4 种功能，通过对已有序列的变换生成新序列。分述功能如下：

表 9.2.8　Procs 键的功能说明

Generate by Equation	用公式生成新序列。与从 Eviews 主菜单中点击 Quick 键，选 Generate Series …… 作用相同
Seasonal Adjustment	用季节调整方法生成新序列。包括 4 种方法，乘法 X-11，加法 X-11，比率法移动平均，差法移动平均。只适用于季节数据
Exponential Smoothing	用指数平滑法生成新序列。包括一次指数平滑法，二次指数平滑法，Holt-Winter 型指数平滑法，乘式指数平滑，加式指数平滑（通过对话框选择）
Hodrick-Prescott Filter	HP 滤波。给出 HP 趋势（通过对话框选择）

3. Objects 键

此键共包括 8 种功能，通过对已有序列的变换生成新序列。分述功能如下：

表 9.2.9　Objects 键的功能说明

Store	此功能与从 Eviews 主菜单中点击 Objects 键，选 Store 功能相同
Store As	此功能与从 Eviews 主菜单中点击 Objects 键，选 Store As 功能相同
Name	通过弹出的对话框，用于给序列命名或改名
Delete	用于删除对象。此功能与从 Eviews 主菜单中点击 Objects 键，选 Delete 作用相同
Copy Object	复制处于激活状态的对象
Freeze Object	复制处于激活状态的对象并冻结
Print	打印处于激活状态的对象
View Options	View Options 中包括 Sample +/-，Edit +/-，InsDel，Label +/-，Title 5 种功能。这 5 种功能都可以直接在单序列（Series）窗口的功能键条中找到

4.Print 键

Print 键是用于打印处于激活状态的对象。

5.Name 键

通过弹出的对话框,用于给序列命名或改名。

6.Freeze 键

复制处于激活状态的对象并冻结。此功能对于保存经过修饰改动的图非常有用。

7.Edit +/− 键

此功能用于在编辑和非编辑状态间切换。只适用于数据对象。缺省选择是非编辑状态。

8.InsDel 键

此功能用于增加或删除数据。只适用于数据对象或说明(Label)对象。

9.Sample +/− 键

此功能用于在当前样本范围和工作文件样本范围之间切换。对于一个序列,此键也可用于在单列显示和多列显示方式之间切换。

10.Label +/− 键

此功能用于在数据窗口中显示说明(Label)和非显示说明(Label)之间切换。

11.Title 键

此功能用于改变数据窗口中的标题。

12.Genr 键

此功能用公式生成新序列。与从 Eviews 主菜单中点击 Quick 键,选 Generate Series ……作用相同。

四、数据组(Group)窗口功能键的解释

在序列窗口上方标有 Group 字样。其下方有一个横向的功能键条。每一个键都包含一系列功能(菜单)。若序列显示成表格形式,则功能键条如下:

| View | Procs | Objects | Print | Name | Freeze | Edit+/- | InsDel | Smpl+/- | Transpose | Title | Sample |

图 9.2.16 数据组(Group)窗口功能键

1.View 键

View 键共包括 12 种功能,为序列提供不同显示方式。分述功能如下:

表 9.2.10   View 键的功能

Spread Sheet	见表 9.2.7 中 Spread Sheet 条目
Graph	若干序列画在一张图里。若一个序列一张图应该用 Multiple Graph 功能。当对图的显示形式做若干修改时,若想保存修改,应该用功能键条中的 Freeze 键
Multiple Graph	在一个窗口里,显示为一个序列一张图。通过拖动可以改变图的顺序
Descriptive Stats	为每一个序列计算统计特征数。对于序列中有缺失数据(用 NA 表示的空格)的情形,有两种处理方式:一种称为 Common Sample 方式,即只取对于所有序列来说都有观测值的部分计算特征数;另一种称为 Individual Sample 方式,即用每个序列各自所具有的观测值计算特征数
Crosstab	计算交叉表。有忽略 NA 和不忽略 NA 两种方式

续表

Correlations	在当前样本容量基础上计算序列组的相关系数矩阵
Covariances	在当前样本容量基础上计算序列组的协方差矩阵
Correlogram	只给出第一个序列的相关图
Cross Correlogram	只计算第一个序列与第二个序列的超前和滞后项间的交叉相关系数矩阵
Cointegration Test	用 Johansen 法检验当前序列组的协整性
Granger Causality	检验每两个序列间的 Granger 因果性
Label	对序列记载文字说明

2.Procs 键

Procs 键共包括 2 种功能。分述如下：

表 9.2.11　Procs 键的功能

Make Equation	弹出一个由当前序列组成的回归方程式对话框。等同于从 Eviews 主菜单中点击 Quick 键，选 Estimate Equation 功能
Make Vector Autoregression	弹出一个由当前序列组成的向量自回归方程对话框。等同于从 Eviews 主菜单中点击 Quick 键，选 Estimate VAR 功能

五、方程式（Equation）窗口功能键的解释

在序列窗口上方标有 Equation 字样，其下方有一个横向的功能键条。每一个键都包含一系列功能（菜单）。功能键条如下：

图 9.2.17　方程式（Equation）窗口功能键

各键功能见表 9.2.12：

表 9.2.12　方程式（Equation）窗口功能键说明

View	Representation	以代数式形式给出回归估计结果
	Estimation Output	以 Eviews 形式给出回归估计结果
	Actual,Fitted,Residual	与功能键条中 Resids 键功能相同。显示残差图。
	Covariance Matrix	给出解释变量的协方差矩阵。
	Coefficient Tests	包括三种检验即回归系数约束的 Wald 检验；丢失变量的似然比 LR 检验；多余变量的似然比 LR 检验。
	Residuals Tests	包括七种检验。残差的相关图、Q 检验； 残差平方的相关图、Q 检验； 残差的正态性 JB 检验、直方图； 残差序列相关的 LM 检验； 残差序列 ARCH 的 LM 检验； 残差序列异方差的 White 检验（无交叉项）； 残差序列异方差的 White 检验（有交叉项）。
	Stability Tests	包括四种检验。邹氏（Chow）突变检验； 邹氏（Chow）预测检验； Remsey RESET 检验； 递推估计（仅适用于 OLS 法）

续表

Procs	Specify/Estimate Forecast	弹出回归对话框。与键条中 Estimate 作用相同
	Make Regression Group	弹出预测对话框。与键条中 Forecast 作用相同
	Make Residuals Series	用数据窗口显示被解释变量和解释变量序列 用数据窗口显示残差序列
Objects		参见数据窗口中功能键 Objects 的说明
Print		参见数据窗口中功能键 Print 的说明
Name		参见数据窗口中功能键 Name 的说明
Freeze		参见数据窗口中功能键 Freeze 的说明
Estimate		恢复出已填写过的回归方程设定对话框
Forecast		用当前估计的回归式预测。①如进行样本内预测，则直接点击 Forecast 键。②如做样本外预测，则需要先扩大样本容量，并给出解释变量的值，然后通过点击 Forecast 键，并选择预测期，进行预测
Stats		恢复显示回归式估计结果
Resids		给出残差曲线，因变量的实际值和拟合值

第三节　Eviews 软件的基本操作与实验

一、数据的输入与处理

数据的输入有 3 种方法。一种是通过键盘输入；另一种是通过 Copy，Paste 命令把 Excel 或 Lotus 数据复制为 Eviews 数据；还有一种是利用 Import 功能键直接把其他数据文件变换为 Eviews 数据文件。

1. 通过键盘输入数据

数据既可输入到一个新工作文件（Workfile）里，也可以输入到一个已有的工作文件里。建立新工作文件的方法是从 Eviews 主菜单中单击 File 键，选择 NewWorkfile。则打开一个数据范围选择框（Workfile Range）。

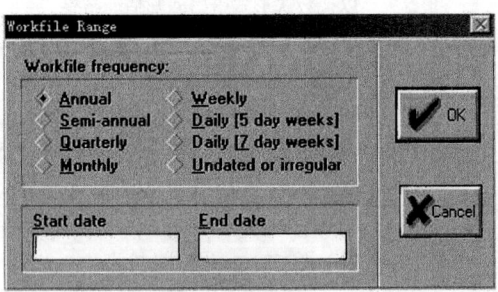

图 9.3.1　数据范围选择框（Workfile Range）

（1）选择数据性质

数据类型有年度数据（Annual）、半年度数据（Semil- Annual）、季度数据（Quarterly）、月度数据（Monthly）、周度数据（Weekly）、5 天日度数据（Daily, 5 day weeks）、7 天日度数据（Daily, 7 day weeks）、非时序数据（Undated or irregular）或截面数据。

通过点击左侧相应小方块做出选择，缺省选择为年度数据（见图 9.3.1）。

（2）起始期（Start date）

（3）终止期（End date）

这两个选择直接由键盘输入到两个相应空白处。数据的性质不用，这两个选择的输入方式也不同。对于年度数据，可输入为 1990，2000，2010 等。对于季度数据，可输入为 1990:3，2010:1 等。冒号前表示年，冒号后表示季度。对于月度数据，可输入为 1950:10，2012:12 等。冒号前表示年，冒号后表示月份。对于日度数据，表达方式分两种。美国方式是"月：日：年"。例如 4:15:2013，表示 2013 年 4 月 15 日。欧洲方式是"日：月：年"。例如 30:4:2013，表示 2013 年 4 月 30 日。Eviews 的缺省表达方式是美国方式。对于周度数据，是用每周的第一天表示该周。例如 3:10:2013，表示的是 2013 年 3 月 10 日所在的那一周。当然这属于美国表达方式。

季节调整序列除外，Eviews 中处理时间序列的所有方法都适用于非时序序列。选择完毕后，点击 OK 键。这时，会建立起一个尚未命名的工作文件（Workfile），且处于打开状态。如图 9.3.2 所示

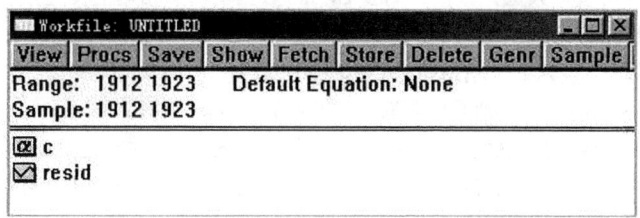

图 9.3.2　Workfile 窗口

（注意：工作文件中的 c 和 resid 是固有的两个数据向量。分别用于储存回归函数的常数项和残差项数据。因为其中的数据是随着新的回归式不断更新的，所以若想利用这些数据，必须先将它们以另外一个变量名保存，然后使用之。）

当打开新工作文件或现有工作文件后，可以通过键盘输入数据和追加数据。从 Eviews 主菜单中点击 Quick 键，选择 Empty Group 功能。这时会打开一个空白表格数据窗口（Group），如图 9.3.3 所示：

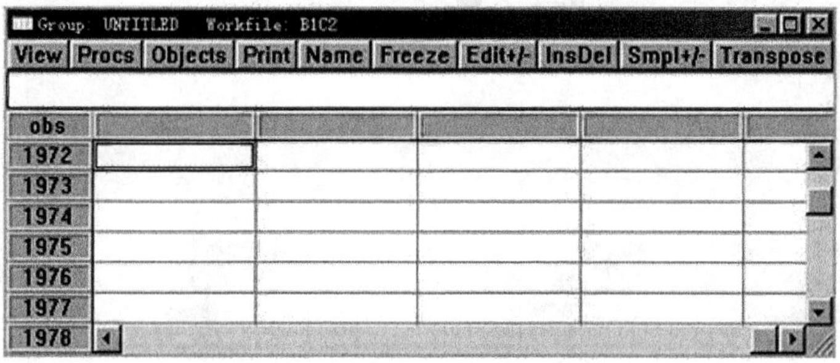

图 9.3.3　数据窗口

每一个空格代表一个观测值位置。按列依次输入每一个变量（或序列）的观测值。键入每一个观测值后，可通过按回车键（Enter 键）或方向指示键（□）进行确认。按方向指示键（□）的好处是在确认了当前输入的观测值的同时，还把光标移到了下一个待输入位置。每一列数据上方的灰色空格是用于输入变量名的。给变量命名时，字符不得超过 16 个。

（注意：下列名字具有特殊意义，给变量命名时，应避免使用。它们是：ABS, ACOS, AR, ASIN, C, CON, CNORM, COEF, COS, D, DLOG, DNORM, ELSE, ENDIF, EXP, LOG, LOGIT, LPT1, LPT2, MA, NA, NRND, PDL, RESID, RND, SAR, SIN, SMA, SQR, THEN。）

变量名的缺省选择是 SER1, SER2, …。变量命名后，在工作文件（Workfile）中会自动生成该变量名。从工作文件窗口中可以看到，在该变量名前面有一个画折线的小符号。说明这是一个序列对象（Series Object）。数据输入完毕后，即可通过工作文件（Workfile）窗口的 Save 键或者 Eviews 主菜单中的 File 键 Save 功能完成对工作文件（Workfile）的保存。

2. 通过 Copy，Paste 命令复制数据

以 Excel 数据为例，打开 Excel 数据窗口。建立相应容量的 Eviews 工作文件，并通过按 Quick 键，选择 Empty Group 打开空白 Eviews 数据窗口。在 Excel 数据窗口中，采用拖动覆盖的方法选择想要复制的数据，并按复制（Copy）键。激活 Eviews 数据窗口。点击主菜单中的 Edit 键，选 Paste。这样 Excel 数据就被复制为 Eviews 数据文件了。

（注意：首先需要说明数据是横排列的还是纵排列的。若是纵排列的，则第一行数据为各个序列的第一个观测值；若是横排列的，则第一行就是第一个序列。）

（1）若在 Excel 窗口中把数据和变量名一起复制，则在 Eviews 数据窗口中，粘贴前，应把光标放在变量名的位置上。点击 Edit 键，选 Paste 后，数据和变量名同时被粘贴。

（2）若在 Excel 窗口中只选择数据，则在 Eviews 数据窗口中粘贴前，应把光标放在第一个观测值空格位置上。点击 Edit 键，选 Paste 后，数据就会被复制，同时自动给数据赋变量名为 SER1，…。若把光标放在了非第一个空格处，粘贴后，要相应丢失数据。

（3）利用 Import 功能键直接把其他数据文件变换为 Eviews 数据文件

单击 Procs，Import Data 可以从文本文件或表格文件中输入数据。这时会看到一个对话框，如图 9.3.4 所示。问是否具体指明文件的类型和名称。若双击名称，则会弹出如下关于文件细节的对话框。

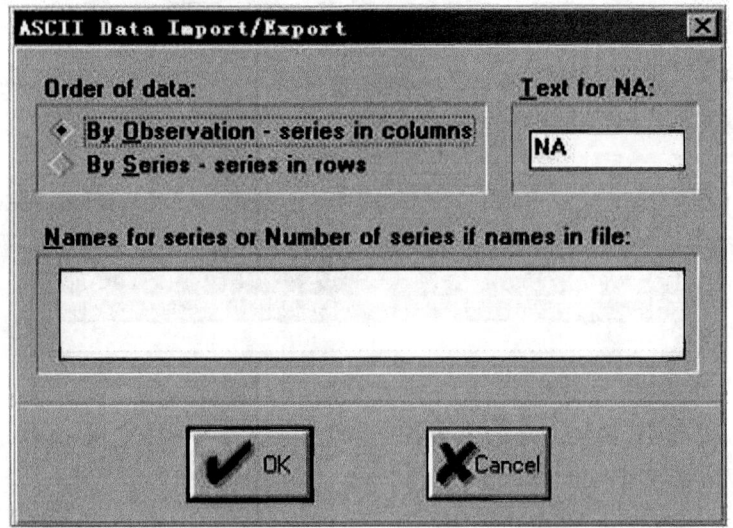

图 9.3.4 Import Data 对话框

对一个由 Microsoft Excel 或者 Lotus 123 创建的数据文件，必须在左上角空格内说明数据的特征。例如，如果数据文件里包含两个数据序列 A 和 B，且系列的名称在第一行，数据从第二行开始，则应该在左上角空格内标明 A2。在填完上述三个选项后，单击 OK 即可将数据调入当前工作文件中。

Eviews 还可以从互联网或其他在线资源中下载的数据。首先，要使用文本编辑程序（如记事本）来删除下载文件中开头和结尾部分多余的行；其次，如果数据是纵排列的就可以直接输入到 Eviews。否则，使用数据处理软件（如 Excel）对数据处理后，再输入到 Eviews。

与输入数据相同，可以单击 Procs 键下的 Export Data 功能，以三种方式输出数据。如果在选择 Procs/Export Data 之前在工作文件中通过拖动覆盖选择了需要输出的序列，就没有必要在对话框中键入它们的名称。

3. 通过函数公式生成新数据

为了方便，也可以通过对现有变量（序列）进行函数变换的方法生成新变量。

表 9.3.1　常用的运算符与运算符功能

运算符	运算符功能
AND	"与"逻辑。如果 X 和 Y 都不为零，则 X AND Y 的值为 1
OR	"或"逻辑。如果 X 或 Y 不为零，则 X OR Y 的值为 1
D（X）	X 的一阶差分，即 X-X（-1）
D（X,n）	X 的第 n 次一阶差分，即（1-L）n X。其中 L 是后滞算子
D（X,n,s）	X 的 n 次一阶差分和一次 s 阶差分，即（1-L）n n（1-Ls）X
LOG（X）	对 X 取自然对数
DLOG（X）	对 X 取自然对数后做一阶差分。LOG（X）-LOG（X（-1））
DLOG（X,n）	对 X 取自然对数后，做 n 次一阶差分，即（1-L）n LOG（X）
DLOG（X,n,s）	对 X 取自然对数后，做 n 次一阶差分和一次 s 阶差分（1-L）n（1-Ls）LOG（X）
EXP（X）	对 X 取指数变换
ABS（X）	对 X 取绝对值变换
SQR（X）	对 X 取平方根变换
SIN（X）	对 X 取正弦变换
COS（X）	对 X 取余弦变换
@ASIN（X）	对 X 取反正弦变换
@ACOS（X）	对 X 取反余弦变换
RND	生成 0-1 间均匀分布的随机数
NRND	生成均值为零，方差为 1 的标准正态分布随机数
@PCH（X）	生成相对变化或增长率序列。（X-X（-1））/X（-1）
@INV（X）	对 X 取倒数。1/X
@DNORM（X）	变 X 为标准正态密度函数
@CNORM（X）	变 X 为累计正态分布函数
@LOGIT（X）	对 X 进行 logistic 变换
@FLOOR（X）	变换 X 为不大于 X 的最大整数
@CEILING（X）	变换 X 为不小于 X 的最小整数

利用数学公式生成序列的具体操作是：从 Eviews 主菜单中点击 Quick 键，并选择 Generate Series 功能。这时会打开一个生成序列（Generate Series by Equation）对话框。按上述表格中的变换规则输入变换式，按 OK 键。一个新的序列即可生成。

例如，已有变量 Y，若要生成一个新序列 LNY，且 LNY 是 Y 的自然对数变换序列。则所用命令是 LNY=LOG（Y）；命令 X=NRND 则表示生成一个服从标准正态分布的随机序列，$X \sim N(0,1)$。滞后序列可通过在括号中使用带负号的滞后期数来得到。例如，X（-12）表示 X 的滞后 12 期序列，则 Y=X-X（-12），表示序列 Y 是序列 X 的 12 阶差分序列。可以用成对的括号表示公式中各项的计算顺序，例如 Y=（A+B/（H+K））^2 表示序列 Y 等于 H 与 K 的和除 B，再与 A 相加求和的平方。

4. 利用 @ 函数生成新序列

Eviews 有专门生成时间变量、虚拟变量和移动平均序列的 @ 函数。如表 9.3.2 所示：

表 9.3.2　@ 函数表

@TREND（d）	生成以 d 期为零的时间趋势变量，其中 d 为日期或观测值个数
@SEAS（d）	季节虚拟变量，当季节或月份等于 d 时为 1，其余为 0

续表

@MOVAV（X,n）	X 的 n 期移动平均，其中 n 为正整数
@MOVSUM（X,n）	X 的 n 期移动总和值，其中 n 为正整数

利用上述 @ 函数生成序列的具体操作是：从 Eviews 主菜单中点击 Quick 键，选择 Generate Series 功能，打开生成序列（Generate Series by Equation）对话框。然后输入变换式，按 OK 键。例如 t = @trend（2010）表示生成一个以 t 为序列名的时间序列，且以 2011 年为 1。

上述 @ 函数可以与 Eviews 其他算符和函数混合运算。例如，Y=Q+V–@MEAN（Q+V）表示一个新序列 Y 是序列 Q、V 之和减去（Q+V）的均值。D1=@seas（4）表示 D1 是一个在第四季度取 1，其余三个季度均取 0 的虚拟变量。

这些 @ 函数也可以用在估计式或定义样本中，例如，Y=C（1）+C（2）*Q+C（3）*@TREND（2010）表示一个回归式。其中 C（1）、C（2）、C（3）为回归系数，Q 为变量，@TREND（2010）表示一个 2011 年为 1，2012 年为 2，的时间趋势变量。

二、数据的描述统计分析

Eviews 可以用统计分析指标来分析一组数据的数字和其他特征。其中包括均值、中位数、极大值、极小值、标准差、偏度、峰度、相关系数、协方差、交叉相关、检验正态分布性的 JB 统计量、相关图、偏相关图、检验随机性的 Ljung-Box Q 统计量、单位根检验和 Granger 因果性检验等。下面以单组数据窗口和多组数据窗口为条件分别给予介绍。

1. 单组数据窗口求描述统计特征值

单组数据窗口条件下求均值、中位数、极大值、极小值、标准差、偏度、峰度、JB 统计量和数据直方图。

打开工作文件，双击选中的变量名，打开数据窗口；或通过点击 Show 键，输入选中的变量名打开数据窗口。点击 View 键，选择 Histogram and Stats 功能，则立即会得到一个类似于图 9.3.5 的输出结果。图 9.3.5 中除了给出均值、中位数、极大值、极小值、标准差、偏度、峰度、JB 统计量之外，还给出了数据的直方图。

以图 9.3.5 中结果为例：

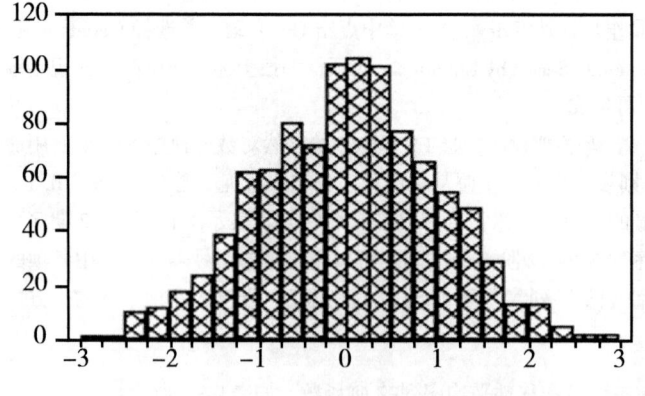

图 9.3.5　描述统计特征值与直方

（注意：判别变量是否服从正态分布的 JB 检验原假设 H0 是"该变量服从正态分布"。）

统计量 JB 服从 2 个自由度的 χ^2 分布。检验为右单端检验。图 9.3.5 中给出的概率是统计量 JB 取值大于样本 JB 值的概率，所以检验规则是，若该概率值大于 0.05（设检验水平为 0.05），则该变量服从正态分布。若该概率值小于 0.05，则该变量不服从正态分布。

因为 JB=3.88，概率 P{JB > 3.88} = 0.14，说明 JB 统计量的值落在了原假设 H0 的接受域，结论是变量 X 服从正态分布。

利用 @ 函数可以提供一组数据的一些特征值，还可以进行特征值其他运算。用 @ 函数提供的特征值，如表 9.3.3 所示：

表 9.3.3 @ 函数的特征值

@SUM（X）	X 的和
@MEAN（X）	X 的均值
@VAR（X）	X 的方差
@SUMSQ（X）	X 的平方和
OBS（X）	X 中有效观测值个数
@COV（X,Y）	X 和 Y 的协方差
@COR（X,Y）	X 和 Y 的相关系数
@CROSS（X,Y）	X 和 Y 的交叉积
@DNORM（X）	X 的标准正态密度函数
@CNORM（X）	X 的标准累计正态分布函数
@TDIST（X,d）	自由度为 d 时，大于 X 的 t 统计量的概率
@FDIST（X,n,d）	分子、分母自由度分别为 n，d 时，大于 X 的 F 统计量的概率
@CHISQ（X,d）	自由度为 d 时，大于 X 的 c2 统计量的概率

上表中 X，Y 表示序列或一组观测值。所以，上述 @ 函数应该是一个数值，但用一个相同值的向量表示。对于后 5 个 @ 函数，当 X 为标量时，@ 函数也是标量。

2. 单组数据窗口条件下求相关图、偏相关图

打开工作文件，双击选中的变量名，打开数据窗口；或通过点击 Show 键，输入选中的变量名打开数据窗口。点击 View 键，选择 Correlogram 功能，则会出现一个对话框，需要做出两种选择：

（1）是求原序列的相关图，还是求原序列的一次、二次差分序列的相关图。通过点击小方块做出选择。缺省选择是求原序列的相关图。

（2）选择相关图的最大滞后期。从理论上讲，此值不能大过样本容量（序列的观测值个数）。一般情形下，对于年度数据，此值取 15 即可。

完成上述两项选择后，点击 OK 键，立即会得到输出结果。

3. 单一序列的单位根检验

打开工作文件，双击选中的变量名，打开数据窗口，输入选中的变量名打开数据窗口。点击 View 键，选择 Unit Root Test 功能，则会出现一个如图 9.3.6 所示的单位根检验对话框。

需要做出四项选择：

（1）是做 ADF 检验，还是做 PP 检验。通过点击小方块做出选择。缺省选择是做 ADF 检验。

（2）是对原序列（Level）做单位根检验，还是对原序列的一次（1st difference）、二次差分（2st difference）序列做单位根检验。通过点击小方块做出选择。缺省选择是对原序列做单位根检验。

（3）选择检验式中包括"截距项"（Intercept），"趋势项和截距项"（Trend and Intercept）或"不包括趋势项和截距项"（None）3 种情形。通过点击小方块做出选择。缺省的选择是检验式中只包括"截距项"。

（4）检验式中包括的因变量滞后项个数。从理论上来讲，此值不能大过样本容量减 1。但对于

非季节数据，此值一般不会超过 5。因变量滞后项个数的缺省选择值随样本容量的不同而不同。

完成上述四项选择后，点击 OK 键，立即会得到单位根检验输出结果。

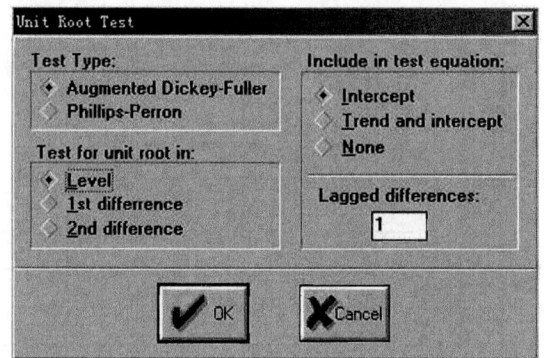

图 9.3.6　单位根检验窗口

4. 多组数据窗口条件下求数据的统计特征值

打开工作文件，双击联选的若干变量，或点击 Show 键，输入选中的若干变量名打开数据组窗口（Group）。点击 View 键，选择 Descriptive Statis 功能，则得到每个变量的描述统计特征值。包括均值、中位数、极大值、极小值、标准差、偏度、峰度和 JB 统计量。

（1）选择 Correlations，得到变量间的相关系数矩阵。

（2）选择 Covariances，得到变量间的协方差矩阵。

（3）选择 Correlogram，得到第一个变量的相关图、偏相关图。

（4）选择 Cross Correlations，得到第一个变量与第二个变量超前和滞后项间的交叉相关系数矩阵。

（5）选择 CointigrationTest，得到变量间的 Johansen 协整检验结果。

（6）选择 Granger Causality，得到每一对变量的 Granger 因果性检验结果。

三、Eviews 的画图功能

Eviews 可以画折线图、条形图、直方图、相关图、散点图、饼图等。画图可通过两种途径完成，一是通过点击数据窗口的 View 键，选择画图功能；二是通过点击 Eviews 主菜单中 Quick 键，选 Graph 功能。

1. 点击数据窗口的 View 键画图

点击数据窗口的 View 键画图可以画折线图，条形图，直方图和相关图。折线图是以时间（对应于序列数据）或序数（对应于截面数据）为横轴，序列观测值为纵轴。一张图内可以画一条折线，也可以画多条折线。在单序列数据窗口条件下，点击 View 键，选择 Line Graph，得到折线图；选择 Bar Graph 功能，得到条形图；选择 Histogram and Stats 功能，得到直方图；选择 Correlogram 功能，得到相关图。

在数据组窗口条件下，点击 View 键，若选择 Graph 功能，则得到一幅多条折线图。若选择 Multiple Graphs，则得到多幅单条折线图。

2. 点击 Eviews 主菜单中 Quick 键画图

通过点击 Eviews 主菜单中 Quick 键，选 Graph 可以画折线图、条形图、直方图、散点图、饼图等。打开工作文件。点击 Eviews 主菜单中 Quick 键，选择 Graphs 功能。在打开的对话框中输入多个变量名，点击 OK 键，将打开一个关于图的对话框，如图 9.3.7 所示：

第九章
Eviews 软件的基本知识

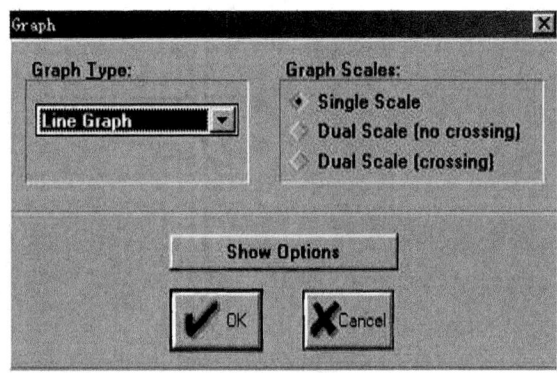

图 9.3.7　Graphs 窗口

共有以下三种选择：

（1）图类。包括折线图、条形图、散点图、饼图等。缺省选择是折线图。

（2）刻度选择有三种，即单刻度，双刻度且曲线无交叉和双刻度且曲线有交叉。

（3）图的显示效果选择对话框。点击对话框中的 Show Options 键，将打开一个关于图形显示效果的选择对话框（Graph Options），如图 9.3.8 所示：

其中包括如下选择：图类选择（Graph Type），对图的修饰（Graph Attributes），对条形图和线图的修饰（Bars and Lines），对刻度的选择（Graph Scales），人为画图范围选择（Use Manual Scaling），散点图修饰（Scatter Diagram），饼图修饰（Pie Graphs），字体、字号选择（Fonts）。

画散点图时，输入的变量应该是两个。当输入的变量多于两个时，Eviews 自动用前两个变量画散点图。在画散点图时，Eviews 自动用第一个输入的变量做纵轴，第二个变量做横轴。

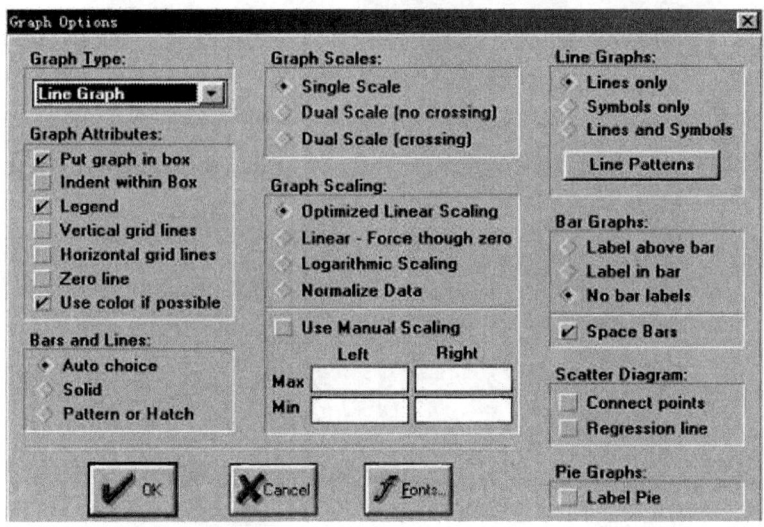

图 9.3.8　Graph Options 窗口

四、Eviews 软件的基本操作实验

（一）数据的输入、编辑与序列生成

1. 创建工作文件

实验内容中后三步以表 9.3.4 所列出的税收收入和国内生产总值的统计资料为例进行操作。

表 9.3.4　我国税收与 GDP 统计资料　　　　　　　　　　单位：亿元

年份	税收 Y	GDP X	年份	税收 Y	GDP X
1985	2041	8964	1992	3297	26638
1986	2091	10202	1993	4255	34634
1987	2140	11963	1994	5127	46759
1988	2391	14928	1995	6038	58478
1989	2727	16909	1996	6910	67885
1990	2822	18548	1997	8234	74463
1991	2990	21618	1998	9263	79396

资料来源：《中国统计年鉴2000》

（1）菜单方式：启动 Eviews 软件之后，进入 Eviews 主窗口（见图 9.3.9）。

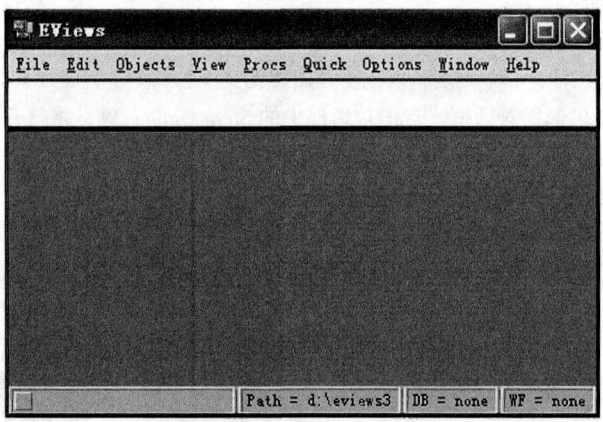

图 9.3.9　Eviews 主窗口

在主菜单上依次点击 File/New/Workfile，即选择新建对象的类型为工作文件，将弹出一个对话框（见图 9.3.10），由用户选择数据的时间频率（frequency）、起始期和终止期。

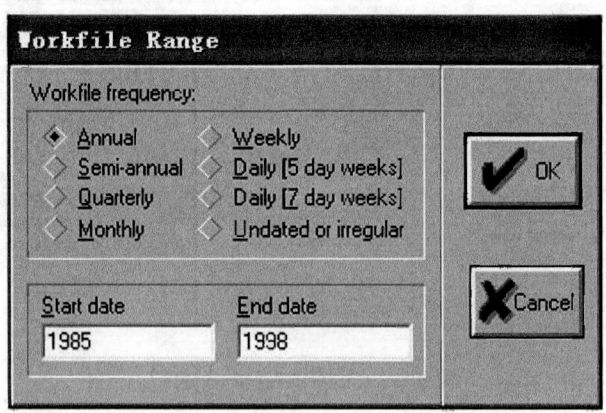

图 9.3.10　工作文件对话框

其中，Annual——年度　　Monthly——月度
　　　Semi-annual——半年　Weekly——周
　　　Quarterly——季度　　Daily——日
　　　Undated or irregular——非时序数据

选择时间频率为 Annual（年度），再分别点击起始期栏（Start date）和终止期栏（End date），输入相应的日前 1985 年和 1998 年。然后点击 OK 按钮，将在 Eviews 软件的主显示窗口显示相应的工作文件窗口（见图 9.3.11）。

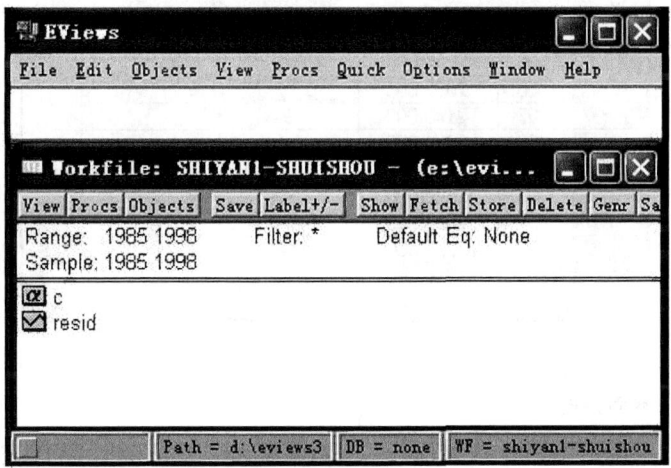

图 9.3.11 工作文件窗口

工作文件窗口是 Eviews 的子窗口，工作文件一开始其中就包含了两个对象：一个是系数向量 C（保存估计系数用），另一个是残差序列 RESID（实际值与拟合值之差）。

（2）命令方式

在 Eviews 软件的命令窗口中直接键入 CREATE 命令，也可以建立工作文件。命令格式为：
CREATE　时间频率类型　起始期　终止期

则以上菜单方式过程可写为：CREATE　A　1985　1998

2. 输入 Y、X 的数据

（1）DATA 命令方式

在 Eviews 软件的命令窗口键入 DATA 命令，命令格式为：

DATA　<序列名 1><序列名 2>…<序列名 n>

本例中可在命令窗口键入如下命令（见图 9.3.12）：

DATA　Y　X

将显示一个数组窗口（见图 9.3.13），此时可以按全屏幕编辑方式输入每个变量的统计资料。

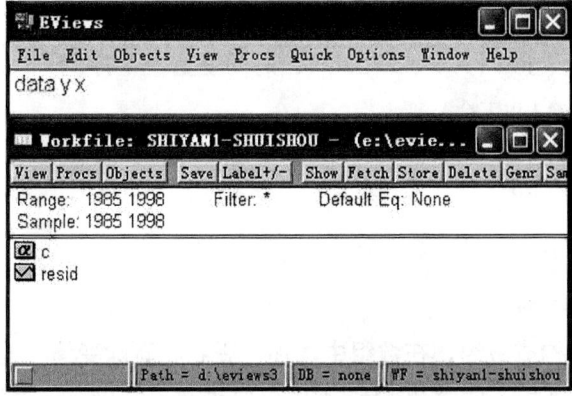

图 9.3.12　键入 DATA 命令

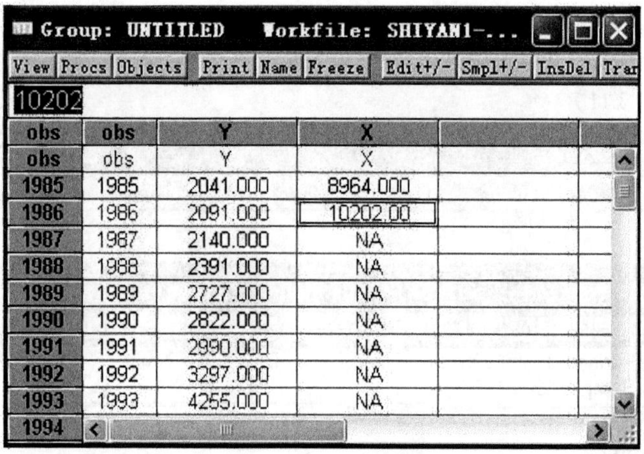

图 9.3.13 数组窗口

（2）鼠标图形界面方式

在 Eviews 软件主窗口或工作文件窗口点击 Objects/New Object，对象类型选择 Series，并给定序列名，一次只能创建一个新序列（见图 9.3.14）。再从工作文件目录中选取并双击所创建的新序列就可以展示该对象，选择 Edit＋/－，进入编辑状态，输入数据。

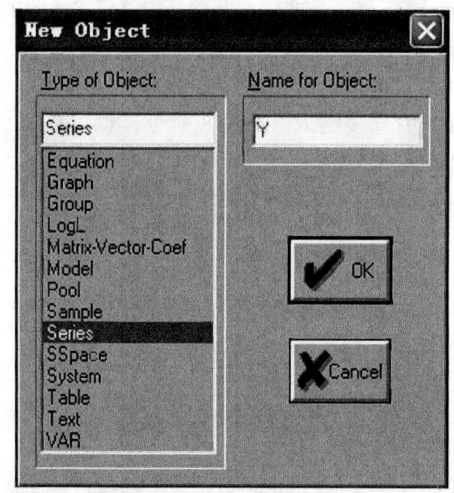

图 9.3.14 创建新对象窗口

3. 生成 log（Y）、log（X）、X^{2}、1/X、时间变量 T 等序列

在命令窗口中依次键入以下命令即可：

GENR　LOGY=LOG（Y）
GENR　LOGX=LOG（X）
GENR　X1=X^2
GENR　X2=1/X
GENR　T=@TREND（84）

4. 选择若干变量构成数组，在数组中增加、更名和删除变量

在工作文件窗口中单击所要选择的变量，按住 Ctrl 功能键不放，继续用鼠标选择要展示的变量，

选择完以后，单击鼠标右键，在弹出的快捷菜单中点击 Open/as Group 功能（见图 9.3.15），则会弹出如图 9.3.16 所示的数组窗口，其中变量从左至右按在工作文件窗口中选择变量的顺序来排列。

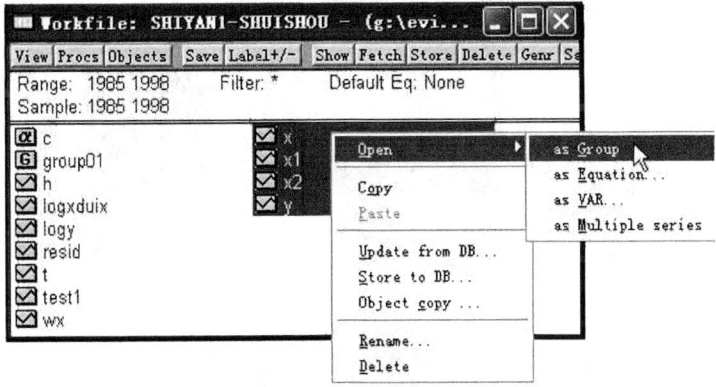

图 9.3.15　选择变量构成数组

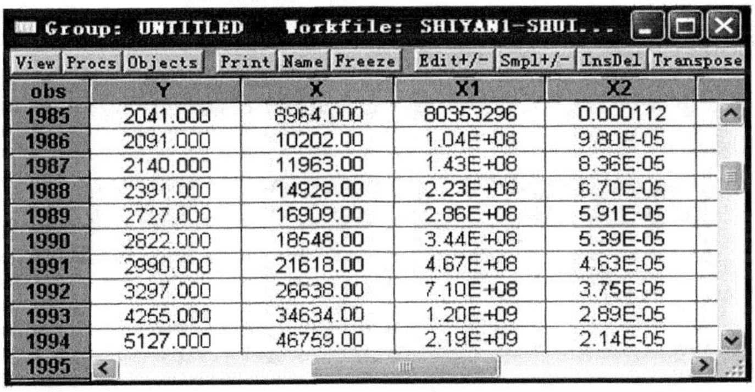

图 9.3.16　弹出的数组窗口

在数组窗口点击 Edit＋/－，进入全屏幕编辑状态，选择一个空列，点击标题栏，在编辑窗口输入变量名，再点击屏幕任意位置，即可增加一个新变量（见图 9.3.17）。

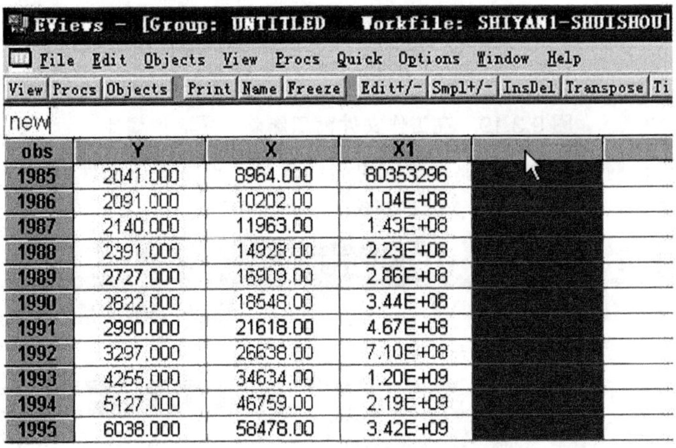

图 9.3.17　在数组窗口增加变量

增加变量后，即可输入数据。点击要删除的变量列的标题栏，在编辑窗口输入新变量名，再点击屏幕任意位置，弹出 RENAME 对话框，点击 YES 按钮即可（见图 9.3.18）。

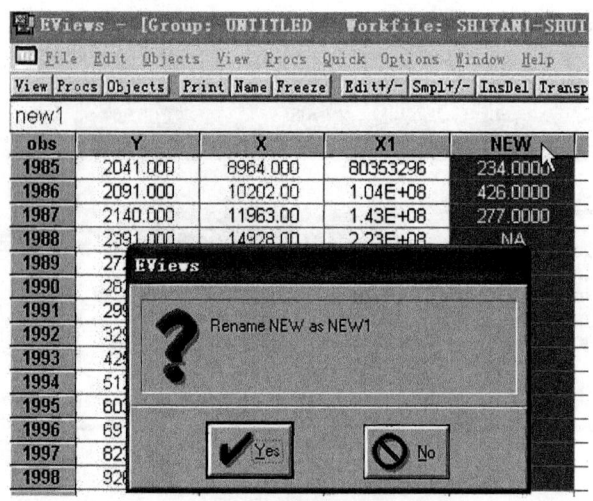

图 9.3.18 在数组窗口更名变量

5. 在工作文件窗口中删除、更名变量

（1）在工作文件窗口中选取所要删除或更名的变量并单击鼠标右键，在弹出的快捷菜单中选择 Delete（删除）或 Rename（更名）即可（见图 9.3.19）。

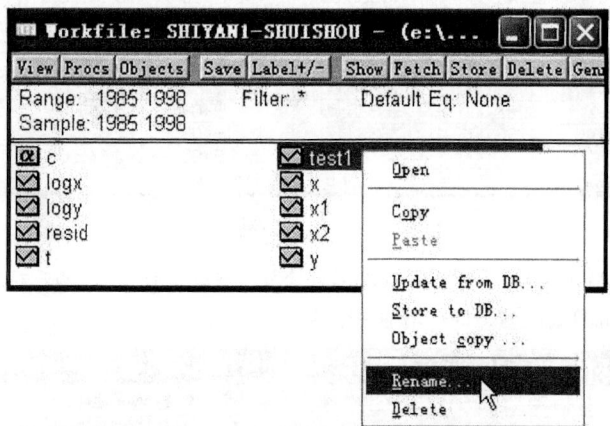

图 9.3.19 在工作文件窗口删除、更名变量 1

（2）在工作文件窗口中选取所要删除或更名的变量，点击工作文件窗口菜单栏中的 Objects/Delete selected…（Rename selected…），即可删除（更名）变量（见图 9.3.20）。

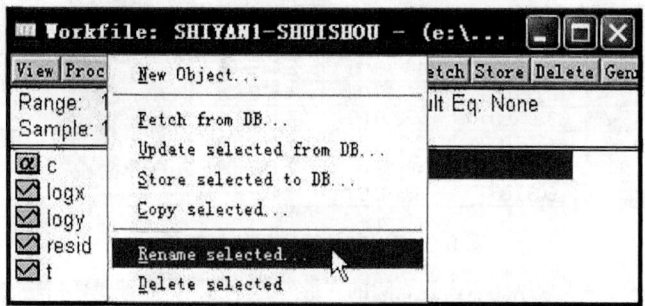

图 9.3.20 在工作文件窗口删除、更名变量 2

（3）在工作文件窗口中选取所要删除的变量，点击工作文件窗口菜单栏中的 Delete 按钮即可删除变量（见图 9.3.21）。

图 9.3.21　在工作文件窗口删除变量 3

（二）图形分析与描述统计分析

1. 利用 PLOT 命令绘制趋势图

在命令窗口中键入：PLOT　Y 则可以绘制变量 Y 的趋势（见图 9.3.22）。

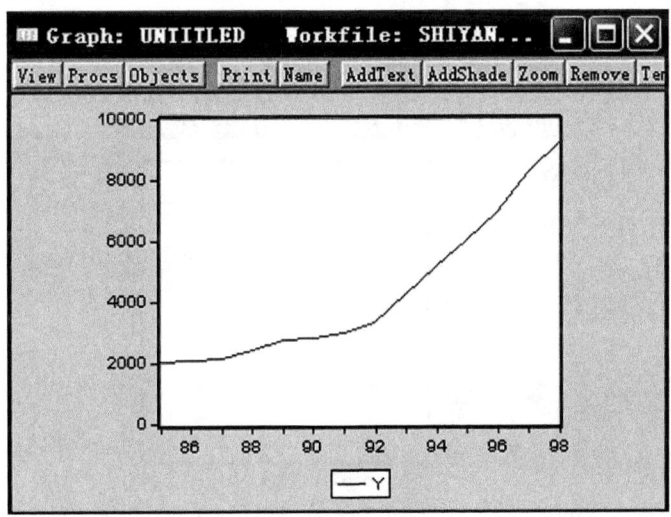

图 9.3.22　变量 Y 的趋势

从图 9.3.22 中可以看出，我国 1985—1998 年税收收入是大体呈指数增长趋势的。

也可以利用 PLOT 命令将多个变量的变化趋势描绘在同一张图中，例如键入以下命令，可以观察变量 Y、X 的变化趋势（见图 9.3.23）。

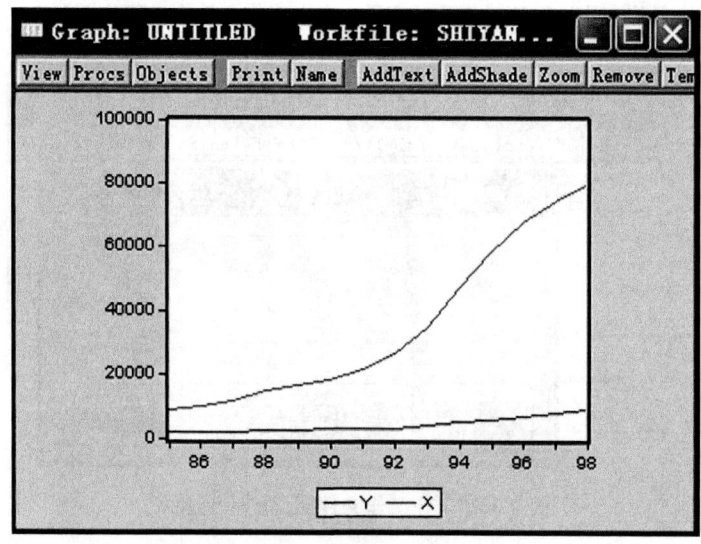

图 9.3.23　变量 Y、X 的趋势

从图 9.3.23 中可以看出，我国 1985—1998 年税收收入与 GDP 都大体呈指数增长趋势。

2. 利用 SCAT 命令绘制 X、Y 的相关图

在命令窗口中键入"SCAT　X　Y"则可以初步观察变量之间的相关程度与相关类型（见图 9.3.24）。

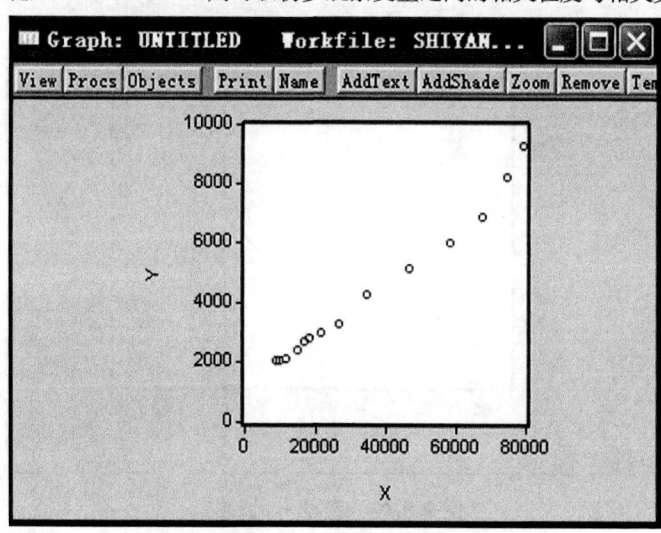

图 9.3.24　变量 X、Y 相关

图 9.3.24 表明，税收收入水平与 GDP 密切相关，税收收入水平随着 GDP 的增加而增加，两者大体呈线性变化趋势。

3. 观察图形参数的设置情况

双击图形区域中任意处或在图形窗口中点击 Procs/Options（见图 9.3.25），则会弹出如图 9.3.25 所示的 Graph Options 窗口，进入图形编辑状态。选择图形类型、图形属性（是否置入图框内，刻度，是否用彩色）、柱和线的选项，设定竖轴（单个，双个，是否交叉），设定比例尺度（优化线性尺度，强制通过 0 线，对数尺度，正态化尺度），手动设定比例尺度、线形图选项、柱形图选项、散点图选项（连接，配拟合直线）、饼图选项等。

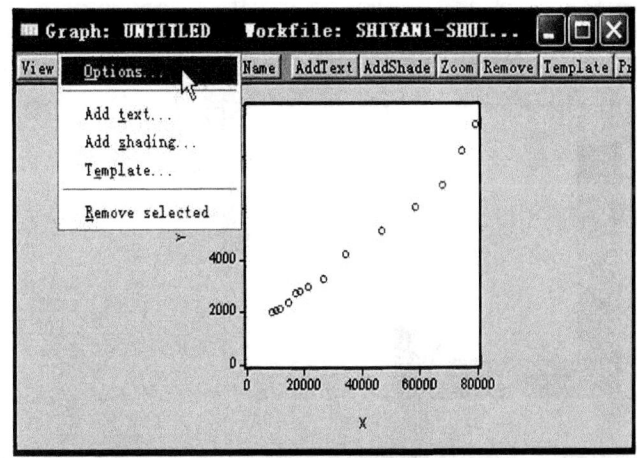

图 9.3.25 在图形窗口选择 Graph Options

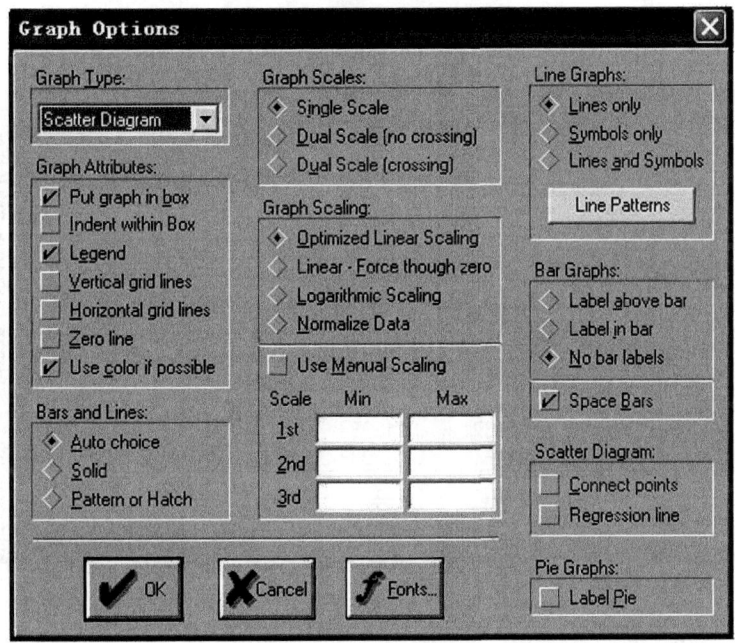

图 9.3.26 图形选项窗口

从图 9.3.26 中可以看出，本例中 X、Y 相关图使用散点图，且置入图框内，带有刻度与色彩，竖轴是单个刻度，比例尺度为优化线性尺度，散点图未连接，未配拟合直线，其余一些参数模式是自动设置的。

4. 在序列和数组窗口观察变量的描述统计量

若是单独序列窗口，从序列窗口菜单选择 View/Descriptive Statistics/Histogram and Stats，则会显示变量的描述统计量（见图 9.3.27）。

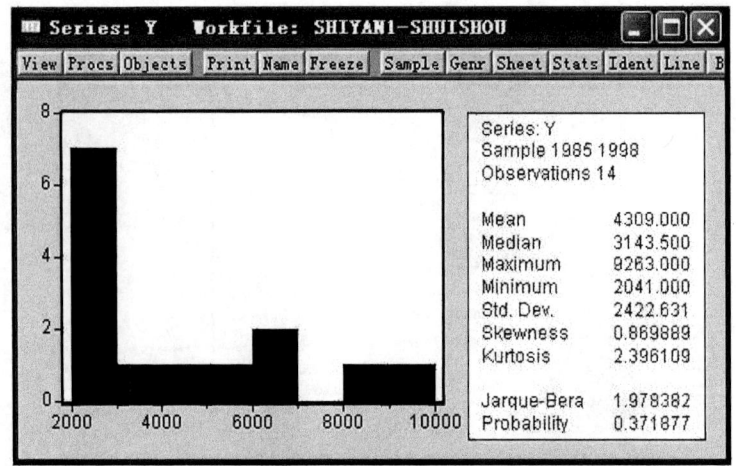

图 9.3.27　单独变量序列描述统计量窗口

若是数组窗口，从数组窗口菜单选择 View/Descriptive Stats/Individual Samples，就对每个序列计算描述统计量（见图 9.3.28）。

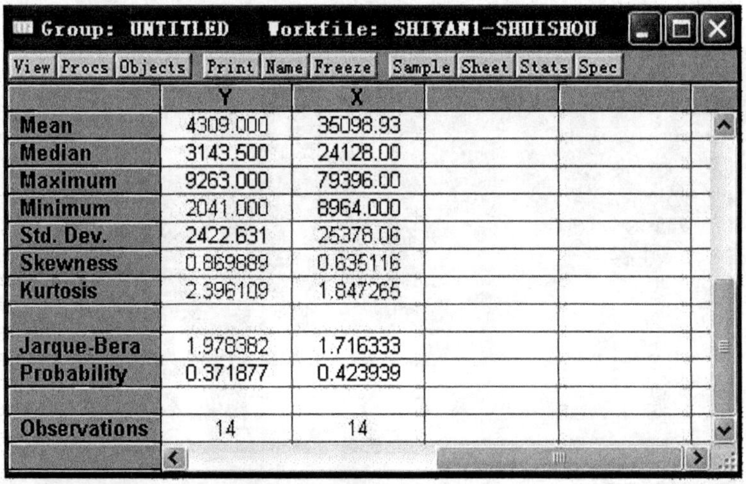

图 9.3.28　数组描述统计量窗口

其中，Mean——均值；Median——中位数；Maximum——最大值；Minimum——最小值；Std.Dev.——标准差；Skewness——偏度；Kurtosis——峰度；Jarque-Bera——正态性检验；Probability——概率；Observations——观测值个数。

（三）数据文件的存贮、调用与转换

1. 存贮并调用工作文件

（1）存贮

在 Eviews 主窗口的工具栏上选择 File/Save（Save as），再在弹出的对话框中指定存贮路径，点击确定按钮即可。

（2）调用

在 Eviews 主窗口的工具栏上选择 File/Open/Workfile，再在弹出的对话框中选取要调用的工作文件，点击确定按钮即可。

2. 存贮若干个变量，并在另一个工作文件中调用存贮的变量

在工作文件窗口中选取所要存贮的变量，点击工作文件窗口菜单栏中的 Store 按钮，弹出 store 对话框，指定存贮路径，点击 YES 按钮即可（见图 9.3.29）。

打开另一个工作文件，点击工作文件窗口菜单栏中的 Fetch 按钮，弹出 fetch 对话框，在指定目录下选取要调用的变量，点击确定按钮即可（见图 9.3.30）。

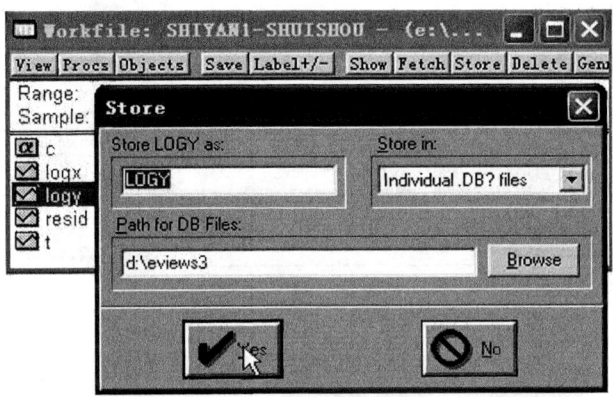

图 9.3.29　Store 窗口

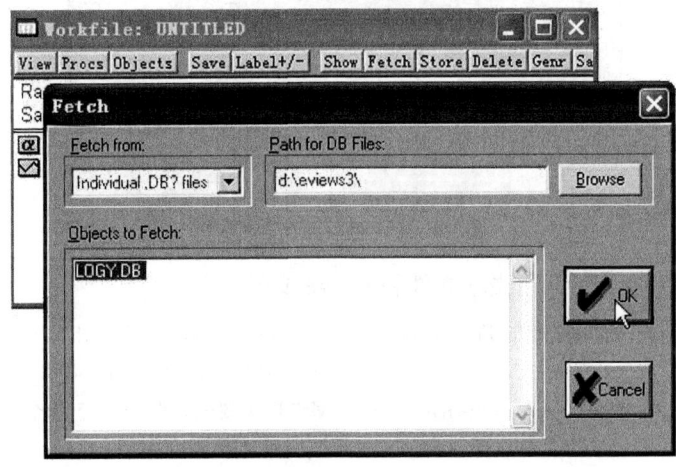

图 9.3.30　Fetch 窗口

3. 将工作文件分别存贮成文本文件和 Excel 文件

在工作文件窗口中选择要保存的一个或多个变量，点击 Eviews 主窗口菜单栏中的 File/Export/Write Text-Lotus-Excel，在弹出的对话框中指定存贮路径和存贮的文件格式（见图 9.3.31），若存贮成文本文件则选择 Text-ASCII，若存贮成 Excel 文件则选择 Excel.xls，再点击保存按钮，弹出 ASCII Text Export（Excel Export）窗口（见图 9.3.32），点击 OK 按钮即可。

其中，By Observation-Series in columns 表示各观测值按列排列，By Series-Series in rows 表示各观测值按行排列。

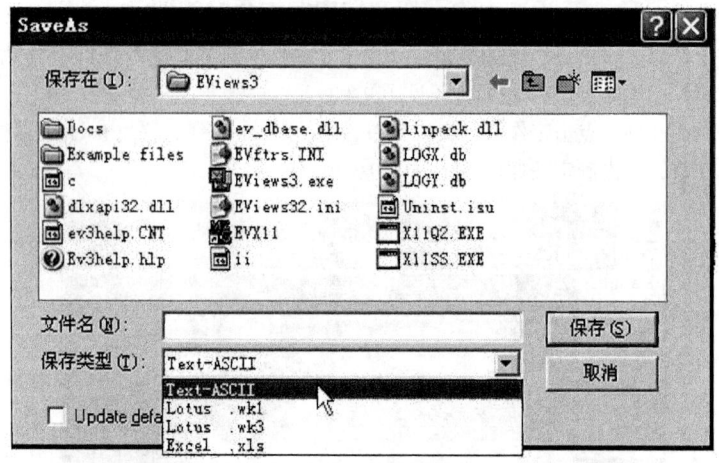

图 9.3.31　指定存贮路径

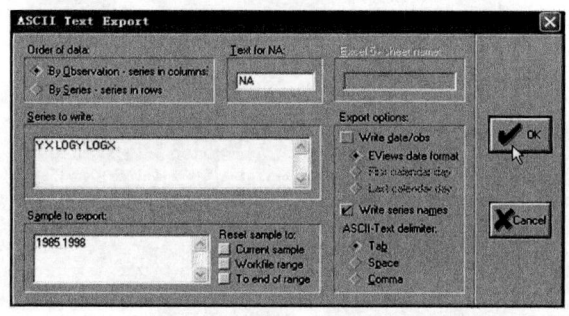

图 9.3.32　存贮为文本格式

4. 在工作文件中分别调用文本文件和 Excel 文件

点击 Eviews 主窗口菜单栏中的 File/Import/Read Text–Lotus–Excel，在弹出的对话框中选取要调用的文本文件或 Excel 文件，点击打开按钮后，弹出 ASCII Text Import（Excel Import）窗口（见图 9.3.33），在 Name for series or Number of series if file names in file 编辑框中要输入调用的变量名，点击 OK 按钮即可。

其中 in columns 表示按列调用数据，in rows 表示按行调用数据。

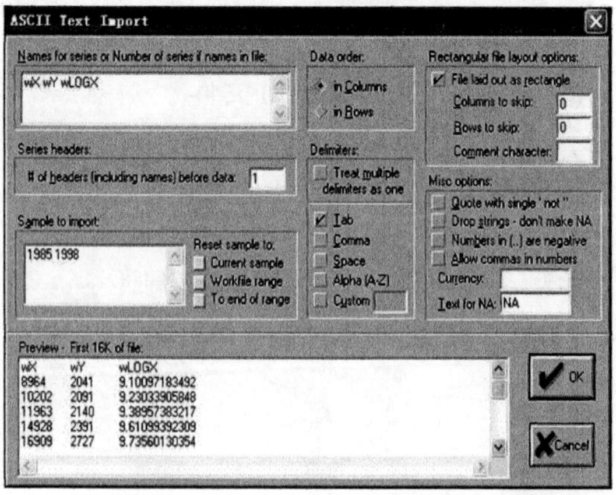

图 9.3.33　调用文本文件或 Excel 文件窗口

5. 在对象窗口中点击 Name 按钮，将对象存贮于工作文件

以 Y、X 变量组成的数组为例，点击 Name 菜单，弹出 object name 对话框，在 Name to identify object 文本框中输入要命名的数组名称，点击 OK 按钮即可（见图 9.3.34）。

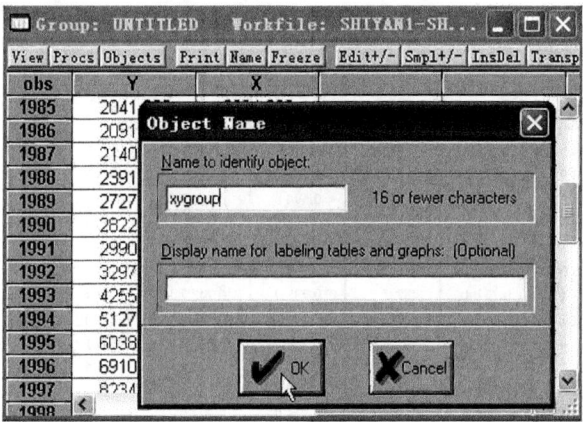

图 9.3.34　存贮对象于工作文件

附录：统计用表

表1 标准正态分布

$$\Phi(x)=\int_{-\infty}^{x}\frac{1}{\sqrt{2\pi}}e^{-\frac{t^2}{2}}\mathrm{d}t=P(X\leqslant x)$$

x	0.00	0.01	0.02	0.03	0.04	0.05	0.06	0.07	0.08	0.09
0.0	0.500 0	0.504 0	0.508 0	0.512 0	0.516 0	0.519 9	0.523 9	0.527 9	0.531 9	0.535 9
0.1	0.539 8	0.543 8	0.547 8	0.551 7	0.555 7	0.559 6	0.563 6	0.567 5	0.571 4	0.575 3
0.2	0.579 3	0.583 2	0.587 1	0.591 0	0.594 8	0.598 7	0.602 6	0.606 4	0.610 3	0.614 1
0.3	0.617 9	0.621 7	0.625 5	0.629 3	0.633 1	0.636 8	0.640 4	0.644 3	0.648 0	0.651 7
0.4	0.655 4	0.659 1	0.662 8	0.666 4	0.670 0	0.673 6	0.677 2	0.680 8	0.684 4	0.687 9
0.5	0.691 5	0.695 0	0.698 5	0.701 9	0.705 4	0.708 8	0.712 3	0.715 7	0.719 0	0.722 4
0.6	0.725 7	0.729 1	0.732 4	0.735 7	0.738 9	0.742 2	0.745 4	0.748 6	0.751 7	0.754 9
0.7	0.758 0	0.761 1	0.764 2	0.767 3	0.770 3	0.773 4	0.776 4	0.779 4	0.782 3	0.785 2
0.8	0.788 1	0.791 0	0.793 9	0.796 7	0.799 5	0.802 3	0.805 1	0.807 8	0.810 6	0.813 3
0.9	0.815 9	0.818 6	0.821 2	0.823 8	0.826 4	0.828 9	0.835 5	0.834 0	0.836 5	0.838 9
1.0	0.841 3	0.843 8	0.846 1	0.848 5	0.850 8	0.853 1	0.855 4	0.857 7	0.859 9	0.862 1
1.1	0.864 3	0.866 5	0.868 6	0.870 8	0.872 9	0.874 9	0.877 0	0.879 0	0.881 0	0.883 0
1.2	0.884 9	0.886 9	0.888 8	0.890 7	0.892 5	0.894 4	0.896 2	0.898 0	0.899 7	0.901 5
1.3	0.903 2	0.904 9	0.906 6	0.908 2	0.909 9	0.911 5	0.913 1	0.914 7	0.916 2	0.917 7
1.4	0.919 2	0.920 7	0.922 2	0.923 6	0.925 1	0.926 5	0.927 9	0.929 2	0.930 6	0.931 9
1.5	0.933 2	0.934 5	0.935 7	0.937 0	0.938 2	0.939 4	0.940 6	0.941 8	0.943 0	0.944 1
1.6	0.945 2	0.946 3	0.947 4	0.948 4	0.949 5	0.950 5	0.951 5	0.952 5	0.953 5	0.953 5
1.7	0.955 4	0.956 4	0.957 3	0.958 2	0.959 1	0.959 9	0.960 8	0.961 6	0.962 5	0.963 3
1.8	0.964 1	0.964 8	0.965 6	0.966 4	0.967 2	0.967 8	0.968 6	0.969 3	0.970 0	0.970 6
1.9	0.971 3	0.971 9	0.972 6	0.973 2	0.973 8	0.974 4	0.975 0	0.975 6	0.976 2	0.976 7
2.0	0.977 2	0.977 8	0.978 3	0.978 8	0.979 3	0.979 8	0.980 3	0.980 8	0.981 2	0.981 7
2.1	0.982 1	0.982 6	0.983 0	0.983 4	0.983 8	0.984 2	0.984 6	0.985 0	0.985 4	0.985 7
2.2	0.986 1	0.986 4	0.986 8	0.987 1	0.987 4	0.987 8	0.988 1	0.988 4	0.988 7	0.989 0
2.3	0.989 3	0.989 6	0.989 8	0.990 1	0.990 4	0.990 6	0.990 9	0.991 1	0.991 3	0.991 6
2.4	0.991 8	0.992 0	0.992 2	0.992 5	0.992 7	0.992 9	0.993 1	0.993 2	0.993 4	0.993 6
2.5	0.993 8	0.994 0	0.994 1	0.994 3	0.994 5	0.994 6	0.994 8	0.994 9	0.995 1	0.995 2
2.6	0.995 3	0.995 5	0.995 6	0.995 7	0.995 9	0.996 0	0.996 1	0.996 2	0.996 3	0.996 4
2.7	0.996 5	0.996 6	0.996 7	0.996 8	0.996 9	0.997 0	0.997 1	0.997 2	0.997 3	0.997 4
2.8	0.997 4	0.997 5	0.997 6	0.997 7	0.997 7	0.997 8	0.997 9	0.997 9	0.998 0	0.998 1
2.9	0.998 1	0.998 2	0.998 2	0.998 3	0.998 4	0.998 4	0.998 5	0.998 5	0.998 6	0.998 6
x	0.0	0.1	0.2	0.3	0.4	0.5	0.6	0.7	0.8	0.9
3	0.998 7	0.999 0	0.999 3	0.999 5	0.999 7	0.999 8	0.999 8	0.999 9	0.999 9	1.000 0

表2 T分布表

t分布表	0.1	0.05	0.025	0.01	0.005	0.001	0.0005
df	0.2	0.1	0.05	0.02	0.01	0.002	0.001
1	3.078	6.314	12.706	31.821	63.657	318.309	636.619
2	1.886	2.920	4.303	6.965	9.925	22.327	31.599
3	1.638	2.353	3.182	4.541	5.841	10.215	12.924
4	1.533	2.132	2.776	3.747	4.604	7.173	8.610
5	1.476	2.015	2.571	3.365	4.032	5.893	6.869
6	1.440	1.943	2.447	3.143	3.707	5.208	5.959

续表

t分布表	0.1	0.05	0.025	0.01	0.005	0.001	0.0005
df	0.2	0.1	0.05	0.02	0.01	0.002	0.001
7	1.415	1.895	2.365	2.998	3.499	4.785	5.408
8	1.397	1.860	2.306	2.896	3.355	4.501	5.041
9	1.383	1.833	2.262	2.821	3.250	4.297	4.781
10	1.372	1.812	2.228	2.764	3.169	4.144	4.587
11	1.363	1.796	2.201	2.718	3.106	4.025	4.437
12	1.356	1.782	2.179	2.681	3.055	3.930	4.318
13	1.350	1.771	2.160	2.650	3.012	3.852	4.221
14	1.345	1.761	2.145	2.624	2.977	3.787	4.140
15	1.341	1.753	2.131	2.602	2.947	3.733	4.073
16	1.337	1.746	2.120	2.583	2.921	3.686	4.015
17	1.333	1.740	2.110	2.567	2.898	3.646	3.965
18	1.330	1.734	2.101	2.552	2.878	3.610	3.922
19	1.328	1.729	2.093	2.539	2.861	3.579	3.883
20	1.325	1.725	2.086	2.528	2.845	3.552	3.850
21	1.323	1.721	2.080	2.518	2.831	3.527	3.819
22	1.321	1.717	2.074	2.508	2.819	3.505	3.792
23	1.319	1.714	2.069	2.500	2.807	3.485	3.768
24	1.318	1.711	2.064	2.492	2.797	3.467	3.745
25	1.316	1.708	2.060	2.485	2.787	3.450	3.725
26	1.315	1.706	2.056	2.479	2.779	3.435	3.707
27	1.314	1.703	2.052	2.473	2.771	3.421	3.690
28	1.313	1.701	2.048	2.467	2.763	3.408	3.674
29	1.311	1.699	2.045	2.462	2.756	3.396	3.659
30	1.310	1.697	2.042	2.457	2.750	3.385	3.646
31	1.309	1.696	2.040	2.453	2.744	3.375	3.633
32	1.309	1.694	2.037	2.449	2.738	3.365	3.622
33	1.308	1.692	2.035	2.445	2.733	3.356	3.611
34	1.307	1.691	2.032	2.441	2.728	3.348	3.601
35	1.306	1.690	2.030	2.438	2.724	3.340	3.591
36	1.306	1.688	2.028	2.434	2.719	3.333	3.582
37	1.305	1.687	2.026	2.431	2.715	3.326	3.574
38	1.304	1.686	2.024	2.429	2.712	3.319	3.566
39	1.304	1.685	2.023	2.426	2.708	3.313	3.558
40	1.303	1.684	2.021	2.423	2.704	3.307	3.551
41	1.303	1.683	2.020	2.421	2.701	3.301	3.544
42	1.302	1.682	2.018	2.418	2.698	3.296	3.538
43	1.302	1.681	2.017	2.416	2.695	3.291	3.532
44	1.301	1.680	2.015	2.414	2.692	3.286	3.526
45	1.301	1.679	2.014	2.412	2.690	3.281	3.520

续表

t分布表	0.1	0.05	0.025	0.01	0.005	0.001	0.0005
df	0.2	0.1	0.05	0.02	0.01	0.002	0.001
46	1.300	1.679	2.013	2.410	2.687	3.277	3.515
47	1.300	1.678	2.012	2.408	2.685	3.273	3.510
48	1.299	1.677	2.011	2.407	2.682	3.269	3.505
49	1.299	1.677	2.010	2.405	2.680	3.265	3.500
50	1.299	1.676	2.009	2.403	2.678	3.261	3.496
51	1.298	1.675	2.008	2.402	2.676	3.258	3.492
52	1.298	1.675	2.007	2.400	2.674	3.255	3.488
53	1.298	1.674	2.006	2.399	2.672	3.251	3.484
54	1.297	1.674	2.005	2.397	2.670	3.248	3.480
55	1.297	1.673	2.004	2.396	2.668	3.245	3.476
56	1.297	1.673	2.003	2.395	2.667	3.242	3.473
57	1.297	1.672	2.002	2.394	2.665	3.239	3.470
58	1.296	1.672	2.002	2.392	2.663	3.237	3.466
59	1.296	1.671	2.001	2.391	2.662	3.234	3.463
60	1.296	1.671	2.000	2.390	2.660	3.232	3.460
61	1.296	1.670	2.000	2.389	2.659	3.229	3.457
62	1.295	1.670	1.999	2.388	2.657	3.227	3.454
63	1.295	1.669	1.998	2.387	2.656	3.225	3.452
64	1.295	1.669	1.998	2.386	2.655	3.223	3.449
65	1.295	1.669	1.997	2.385	2.654	3.220	3.447
66	1.295	1.668	1.997	2.384	2.652	3.218	3.444
67	1.294	1.668	1.996	2.383	2.651	3.216	3.442
68	1.294	1.668	1.995	2.382	2.650	3.214	3.439
69	1.294	1.667	1.995	2.382	2.649	3.213	3.437
70	1.294	1.667	1.994	2.381	2.648	3.211	3.435
71	1.294	1.667	1.994	2.380	2.647	3.209	3.433
72	1.293	1.666	1.993	2.379	2.646	3.207	3.431
73	1.293	1.666	1.993	2.379	2.645	3.206	3.429
74	1.293	1.666	1.993	2.378	2.644	3.204	3.427
75	1.293	1.665	1.992	2.377	2.643	3.202	3.425
76	1.293	1.665	1.992	2.376	2.642	3.201	3.423
77	1.293	1.665	1.991	2.376	2.641	3.199	3.421
78	1.292	1.665	1.991	2.375	2.640	3.198	3.420
79	1.292	1.664	1.990	2.374	2.640	3.197	3.418
80	1.292	1.664	1.990	2.374	2.639	3.195	3.416
81	1.292	1.664	1.990	2.373	2.638	3.194	3.415
82	1.292	1.664	1.989	2.373	2.637	3.193	3.413
83	1.292	1.663	1.989	2.372	2.636	3.191	3.412
84	1.292	1.663	1.989	2.372	2.636	3.190	3.410

续表

t分布表	0.1	0.05	0.025	0.01	0.005	0.001	0.0005
df	0.2	0.1	0.05	0.02	0.01	0.002	0.001
85	1.292	1.663	1.988	2.371	2.635	3.189	3.409
86	1.291	1.663	1.988	2.370	2.634	3.188	3.407
87	1.291	1.663	1.988	2.370	2.634	3.187	3.406
88	1.291	1.662	1.987	2.369	2.633	3.185	3.405
89	1.291	1.662	1.987	2.369	2.632	3.184	3.403
90	1.291	1.662	1.987	2.368	2.632	3.183	3.402
91	1.291	1.662	1.986	2.368	2.631	3.182	3.401
92	1.291	1.662	1.986	2.368	2.630	3.181	3.399
93	1.291	1.661	1.986	2.367	2.630	3.180	3.398
94	1.291	1.661	1.986	2.367	2.629	3.179	3.397
95	1.291	1.661	1.985	2.366	2.629	3.178	3.396
96	1.290	1.661	1.985	2.366	2.628	3.177	3.395
97	1.290	1.661	1.985	2.365	2.627	3.176	3.394
98	1.290	1.661	1.984	2.365	2.627	3.175	3.393
99	1.290	1.660	1.984	2.365	2.626	3.175	3.392
100	1.290	1.660	1.984	2.364	2.626	3.174	3.390
120	1.289	1.658	1.980	2.358	2.617	3.160	3.373
∞	1.282	1.645	1.960	2.326	2.576	3.090	3.291

表3　F—分布临界值

$\alpha = 0.05$

F_α k_1 k_2	1	2	3	4	5	6	8	12	24	∞
1	161.4	199.5	215.7	224.6	230.2	234.0	238.9	243.9	249.0	254.3
2	18.51	19.00	19.16	19.25	19.30	19.33	19.37	19.41	19.45	19.50
3	10.13	9.55	9.28	9.12	9.01	8.94	8.84	8.74	8.64	8.53
4	7.71	6.94	6.59	6.39	6.26	6.16	6.04	5.91	5.77	5.63
5	6.61	5.79	5.41	5.19	5.05	4.95	4.82	4.68	4.53	4.36
6	5.99	5.14	4.76	4.53	4.39	4.28	4.15	4.00	3.84	3.67
7	5.59	4.74	4.35	4.12	3.97	3.87	3.73	3.57	3.41	3.23
8	5.32	4.46	4.07	3.84	3.69	3.58	3.44	3.28	3.12	2.93
9	5.12	4.26	3.86	3.63	3.48	3.37	3.23	3.07	2.90	2.71
10	4.96	4.10	3.71	3.48	3.33	3.22	3.07	2.91	2.74	2.54
11	4.84	3.98	3.59	3.36	3.20	3.09	2.95	2.79	2.61	2.40
12	4.75	3.88	3.49	3.26	3.11	3.00	2.85	2.69	2.50	2.30
13	4.67	3.80	3.41	3.18	3.02	2.92	2.77	2.60	2.42	2.21
14	4.60	3.74	3.34	3.11	2.96	2.85	2.70	2.53	2.35	2.13
15	4.54	3.68	3.29	3.06	2.90	2.79	2.64	2.48	2.29	2.07
16	4.49	3.63	3.24	3.01	2.85	2.74	2.59	2.42	2.24	2.01
17	4.45	3.59	3.20	2.96	2.81	2.70	2.55	2.38	2.19	1.96
18	4.41	3.55	3.16	2.93	2.77	2.66	2.51	2.34	2.15	1.92
19	4.38	3.52	3.13	2.90	2.74	2.63	2.48	2.31	2.11	1.88
20	4.35	3.49	3.10	2.87	2.71	2.60	2.45	2.28	2.08	1.84
21	4.32	3.47	3.07	2.84	2.68	2.57	2.42	2.25	2.05	1.81
22	4.30	3.44	3.05	2.82	2.66	2.55	2.40	2.23	2.03	1.78
23	4.28	3.42	3.03	2.80	2.64	2.53	2.38	2.20	2.00	1.76
24	4.26	3.40	3.01	2.78	2.62	2.51	2.36	2.18	1.98	1.73
25	4.24	3.38	2.99	2.76	2.60	2.49	2.34	2.16	1.96	1.71
26	4.22	3.37	2.98	2.74	2.59	2.47	2.32	2.15	1.95	1.69
27	4.21	3.35	2.96	2.73	2.57	2.46	2.30	2.13	1.93	1.67
28	4.20	3.34	2.95	2.71	2.56	2.44	2.29	2.12	1.91	1.65
29	4.18	3.33	2.93	2.70	2.54	2.43	2.28	2.10	1.90	1.64
30	4.17	3.32	2.92	2.69	2.53	2.42	2.27	2.09	1.89	1.62
40	4.08	3.23	2.84	2.61	2.45	2.34	2.18	2.00	1.79	1.51
60	4.00	3.15	2.76	2.52	2.37	2.25	2.10	1.92	1.70	1.39
120	3.92	3.07	2.68	2.45	2.29	2.17	2.02	1.83	1.61	1.25
∞	3.84	2.99	2.60	2.37	2.21	2.09	1.94	1.75	1.52	1.00

$\alpha = 0.10$

$F\alpha$ k_1 k_2	1	2	3	4	5	6	8	12	24	∞
1	39.86	49.50	53.59	55.83	57.24	58.20	59.44	60.71	62.00	63.33
2	8.53	9.00	9.16	9.24	9.29	9.33	9.37	9.41	9.45	9.49
3	5.54	5.46	5.36	5.32	5.31	5.28	5.25	5.22	5.18	5.13
4	4.54	4.32	4.19	4.11	4.05	4.01	3.95	3.90	3.83	3.76
5	4.06	3.78	3.62	3.52	3.45	3.40	3.34	3.27	3.19	3.10
6	3.78	3.46	3.29	3.18	3.11	3.05	2.98	2.90	2.82	2.72
7	3.59	3.26	3.07	2.96	2.88	2.83	2.75	2.67	2.58	2.47
8	3.46	3.11	2.92	2.81	2.73	2.67	2.59	2.50	2.40	2.29
9	3.36	3.01	2.81	2.69	2.61	2.55	2.47	2.38	2.28	2.16
10	3.29	2.92	2.73	2.61	2.52	2.46	2.38	2.28	2.18	2.06
11	3.23	2.86	2.66	2.54	2.45	2.39	2.30	2.21	2.10	1.97
12	3.18	2.81	2.61	2.48	2.39	2.33	2.24	2.15	2.04	1.90
13	3.14	2.76	2.56	2.43	2.35	2.28	2.20	2.10	1.98	1.85
14	3.10	2.73	2.52	2.39	2.31	2.24	2.15	2.05	1.94	1.80
15	3.07	2.70	2.49	2.36	2.27	2.21	2.12	2.02	1.90	1.76
16	3.05	2.67	2.46	2.33	2.24	2.18	2.09	1.99	1.87	1.72
17	3.03	2.64	2.44	2.31	2.22	2.15	2.06	1.96	1.84	1.69
18	3.01	2.62	2.42	2.29	2.20	2.13	2.04	1.93	1.81	1.66
19	2.99	2.61	2.40	2.27	2.18	2.11	2.02	1.91	1.79	1.63
20	2.97	2.59	2.38	2.25	2.16	2.09	2.00	1.89	1.77	1.61
21	2.96	2.57	2.36	2.23	2.14	2.08	1.98	1.87	1.75	1.59
22	2.95	2.56	2.35	2.22	2.13	2.06	1.97	1.86	1.73	1.57
23	2.94	2.55	2.34	2.21	2.11	2.05	1.95	1.84	1.72	1.55
24	2.93	2.54	2.33	2.19	2.10	2.04	1.94	1.83	1.70	1.53
25	2.92	2.53	2.32	2.18	2.09	2.02	1.93	1.82	1.69	1.52
26	2.91	2.52	2.31	2.17	2.08	2.01	1.92	1.81	1.68	1.50
27	2.90	2.51	2.30	2.17	2.07	2.00	1.91	1.80	1.67	1.49
28	2.89	2.50	2.29	2.16	2.06	2.00	1.90	1.79	1.66	1.48
29	2.89	2.50	2.28	2.15	2.06	1.99	1.89	1.78	1.65	1.47
30	2.88	2.49	2.28	2.14	2.05	1.98	1.88	1.77	1.64	1.46
40	2.84	2.44	2.23	2.09	2.00	1.93	1.83	1.71	1.57	1.38
60	2.79	2.39	2.18	2.04	1.95	1.87	1.77	1.66	1.51	1.29
120	2.75	2.35	2.13	1.99	1.90	1.82	1.72	1.60	1.45	1.19
∞	2.71	2.30	2.08	1.94	1.85	1.17	1.67	1.55	1.38	1.00

表4 Durbin.Watson 检验

显著水平 α=0.10

n	k=2		k=3		k=4		k=5		k=6	
	d_L	d_U	d_L	d_U	d_L	d_U	d_L	d_U	d_L	d_U
15	0.81	1.07	0.70	1.25	0.59	1.46	0.49	1.70	0.39	1.96
16	0.84	1.09	0.74	1.25	0.63	1.44	0.53	1.66	0.44	1.90
17	0.87	1.10	0.77	1.25	0.67	1.43	0.57	1.63	0.48	1.85
18	0.90	1.12	0.80	1.26	0.71	1.42	0.61	1.60	0.52	1.80
19	0.93	1.13	0.83	1.27	0.74	1.41	0.65	1.58	0.56	1.74
20	0.95	1.15	0.86	1.27	0.77	1.41	0.68	1.57	0.60	1.74
21	0.97	1.16	0.89	1.27	0.80	1.41	0.72	1.55	0.63	1.71
22	1.00	1.17	0.91	1.28	0.83	1.40	0.75	1.54	0.66	1.69
23	1.02	1.19	0.94	1.29	0.86	1.40	0.77	1.53	0.70	1.67
24	1.04	1.20	0.96	1.30	0.88	1.41	0.80	1.53	0.72	1.66
25	1.05	1.21	0.98	1.30	0.90	1.41	0.83	1.52	0.75	1.65
26	1.07	1.22	1.00	1.31	0.93	1.41	0.85	1.52	0.78	1.64
27	1.09	1.23	1.02	1.32	0.95	1.41	0.88	1.51	0.81	1.63
28	1.10	1.24	1.04	1.32	0.97	1.41	0.90	1.51	0.83	1.62
29	1.12	1.25	1.05	1.33	0.99	1.42	0.92	1.51	0.85	1.61
30	1.13	1.26	1.07	1.34	1.01	1.42	0.94	1.51	0.88	1.61
31	1.15	1.27	1.08	1.34	1.02	1.42	0.96	1.51	0.90	1.60
32	1.16	1.28	1.10	1.35	1.04	1.43	0.98	1.51	0.92	1.60
33	1.17	1.29	1.11	1.36	1.05	1.43	1.00	1.51	0.94	1.59
34	1.18	1.30	1.13	1.36	1.07	1.43	1.01	1.51	0.95	1.59
35	1.19	1.31	1.14	1.37	1.08	1.44	1.03	1.51	0.97	1.59
36	1.21	1.32	1.15	1.38	1.10	1.44	1.04	1.51	0.99	1.59
37	1.22	1.32	1.16	1.38	1.11	1.45	1.06	1.51	1.00	1.59
38	1.23	1.33	1.18	1.39	1.12	1.45	1.07	1.52	1.02	1.58
39	1.24	1.34	1.19	1.39	1.14	1.45	1.09	1.52	1.03	1.58
40	1.25	1.34	1.20	1.40	1.15	1.46	1.10	1.52	1.05	1.58
45	1.29	1.38	1.24	1.42	1.20	1.48	1.16	1.53	1.11	1.58
50	1.32	1.40	1.28	1.45	1.24	1.49	1.20	1.54	1.16	1.59
55	1.36	1.43	1.32	1.47	1.28	1.51	1.25	1.55	1.21	1.59
60	1.38	1.45	1.35	1.48	1.32	1.52	1.28	1.56	1.25	1.60
65	1.41	1.47	1.38	1.50	1.35	1.53	1.31	1.57	1.28	1.61
70	1.43	1.49	1.40	1.52	1.37	1.55	1.34	1.58	1.31	1.61
75	1.45	1.50	1.42	1.53	1.39	1.56	1.37	1.59	1.34	1.62
80	1.47	1.52	1.44	1.54	1.42	1.57	1.39	1.60	1.36	1.62
85	1.48	1.53	1.46	1.55	1.43	1.58	1.41	1.60	1.39	1.63
90	1.50	1.54	1.47	1.56	1.45	1.59	1.43	1.61	1.41	1.64
95	1.51	1.55	1.49	1.57	1.47	1.60	1.45	1.62	1.42	1.64
100	1.52	1.56	1.50	1.58	1.48	1.60	1.46	1.63	1.44	1.65

表5 协整检验临界值

N	模型形式	P	φ_∞	φ_1	φ_2
1	无常数项 无趋势项	0.01	−2.5658	−1.960	−10.04
		0.05	−1.9393	−0.398	0.00
		0.10	−1.6156	−0.181	0.00
	常数项 无趋势项	0.01	−3.4336	−5.999	−29.25
		0.05	−2.8621	−2.738	−8.36
		0.10	−2.5671	−1.438	−4.48
	常数项 趋势项	0.01	−3.9638	−8.353	−47.44
		0.05	−3.4126	−4.039	−17.83
		0.10	−3.1279	−2.418	−7.58
2	常数项 无趋势项	0.01	−3.9001	−10.534	−30.03
		0.05	−3.3377	−5.967	−8.98
		0.10	−3.0462	−4.069	−5.73
	常数项 趋势项	0.01	−4.3266	−15.531	−34.03
		0.05	−3.7809	−9.421	−15.06
		0.10	−3.4959	−7.203	−4.01
3	常数项 无趋势项	0.01	−4.2981	−13.790	−46.37
		0.05	−3.7429	−8.352	−13.41
		0.10	−3.4518	−6.241	−2.79
	常数项 趋势项	0.01	−4.6676	−18.492	−49.35
		0.05	−4.1193	−12.024	−13.13
		0.10	−3.8344	−9.188	−4.85
4	常数项 无趋势项	0.01	−4.6493	−17.188	−59.20
		0.05	−4.1000	−10.745	−21.57
		0.10	−3.8110	−8.317	−5.19
	常数项 趋势项	0.01	−4.9695	−22.504	−50.22
		0.05	−4.4294	−14.501	−19.54
		0.10	−4.1474	−11.165	−9.88
5	常数项 无趋势项	0.01	−4.9587	−22.140	−37.29
		0.05	−4.4185	−13.641	−21.16
		0.10	−4.1327	−10.638	−5.48
	常数项 趋势项	0.01	−5.2497	−26.606	−49.56
		0.05	−4.7154	−17.432	−16.50
		0.10	−4.4345	−13.654	−5.77
6	常数项 无趋势项	0.01	−5.2400	−26.278	−41.65
		0.05	−4.7048	−17.120	−11.17
		0.10	−4.4242	−13.347	0.00
	常数项 趋势项	0.01	−5.5127	−30.735	−52.50
		0.05	−4.9767	−20.883	−9.05
		0.10	−4.6999	−16.445	0.00

注：①临界值计算公式为 $C_p = \varphi_\infty + \dfrac{\varphi_1}{T} + \dfrac{\varphi_2}{T^2}$，其中 T 表示样本容量。②N 表示协整回归式中所含变量个数，P 表示显著性水平。③N=1 时，协整检验即转化为单变量平衡性的 ADF 检验。

参考文献

[1] 李子奈. 计量经济学[M]. 北京：高等教育出版社，2010.
[2] 李子奈，潘文卿. 计量经济学[M]. 北京：高等教育出版社，2015.
[3] 庞皓. 计量经济学[M]. 北京：科学出版社，2014.
[4] 谢识予. 计量经济学教程[M]. 上海：复旦大学出版社，2004.
[5] 王升. 计量经济学实验基础[M]. 北京：清华大学出版社，2008.
[6] 李子奈. 计量经济学模型方法论[M]. 北京：清华大学出版社，2011.
[7] 傅征. 计量经济学实验基础教程[M]. 武汉：武汉大学出版社，2010.
[8] 李子奈. 高级应用计量经济学[M]. 北京：清华大学出版社，2012.
[9] 李子奈. 计量经济学——方法与应用[M]. 北京：清华大学出版社，1992.
[10] 李子奈，叶阿忠. 高等计量经济学[M]. 北京：清华大学出版社，2000.
[11] 古扎拉蒂. 计量经济学（第3版）[M]. 林少宫，译. 北京：中国人民大学出版社，2000.
[12] 张寿，于清文. 计量经济学[M]. 上海：上海交通大学出版社，1984.
[13] 唐国兴. 计量经济学——理论、方法和模型[M]. 上海：复旦大学出版社，1991.
[14] 张保法. 经济计量学（第4版）[M]. 北京：经济科学出版社，2000.
[15] 赵国庆. 计量经济学[M]. 北京：中国人民大学出版社，2001.
[16] 吴承业，龚德恩. 应用经济计量学教程[M]. 北京：中国铁道出版社，1996.
[17] 张晓峒. 计量经济分析[M]. 北京：经济科学出版社，2000.
[18] 邹至庄. 经济计量学[M]. 郑宗成，等，译. 北京：中国友谊出版公司，1988.
[19] 劳伦斯·克莱因. 经济计量学教科书[M]. 谢嘉，译. 北京：商务印书馆，1983.
[20] 王维国. 计量经济学[M]. 大连：东北财经大学出版社，2002.
[21] 刘晓平. 计量经济学实验教程[M]. 西宁：青海民族出版社，2014.
[22] William H.Greene. Econometric Analysis(5th Edition)[M]. Upper Saddle River, Prentice-Hall Inc., 2003.